Anonymous

Deutscher Demokrat 1871

1 von 6

Anonymous

Deutscher Demokrat 1871
1 von 6

ISBN/EAN: 9783743428669

Hergestellt in Europa, USA, Kanada, Australien, Japan

Cover: Foto ©ninafisch / pixelio.de

Manufactured and distributed by brebook publishing software (www.brebook.com)

Anonymous

Deutscher Demokrat 1871

Deutscher Demokrat.

Erscheint wöchentlich einmal und wird den auswärtigen Abonnenten Freitags mit der Post zugesandt.

Nro. 1. | Vierteljährlich 6 Sgr. — 18 kr. in Preußen 6 Sgr. 9 Pf. | Kaiserslautern, 1. Januar | Inserate 3 Sgr. 12 kr. die 1spaltige Zeile. | 1871.

* Wochenschau.

Deutschland.

Der preußische Landtag ist bei der Budgetberathung mitten im Cultusministerium stecken geblieben. Wahrscheinlich wird der Etat dieses Ministeriums wiederum die Klippe bilden, an der der Landtag, wie so oft schon, kläglich Schiffbruch leidet. Herr Mühler fühlt seine Stellung fester denn je. Im Elsaß beginnt er die Volksschulen zu organisiren, d. h. die Regulative einzuführen. Der Herr Minister hat zwei seiner Adepten — und zwar, um die confessionelle Gleichberechtigung zu wahren, einen Protestanten und einen Katholiken — damit beauftragt, einen Plan zur Neu-Organisation des elsässischen Volksschulwesens auszuarbeiten, und das Machwerk dieser beiden würdigen Schulmänner ist so ausgefallen, wie man von dem Meister und seinen Lehrlingen erwarten durfte. Die Abhängigkeit der Schule von der Ortsgeistlichkeit ist darin besiegelt, der Einfluß des pietistischen und ultramontanen Clerus auf die Jugend ist darin für permanent erklärt worden. Bei so ruhmvoller Thätigkeit wird die Budgetverweigerung für diesen Minister hoffentlich noch recht lange auf sich warten lassen, trotz aller Fäuste — in den Taschen.

Die Vertagung des Abgeordnetenhauses bis zum 5. Januar beweist recht deutlich, daß die Absicht, den Landtag nach kurzer Session zu schließen, gar nicht vorgelegen hat; man hat von ihr immer nur gesprochen, um die dem Ministerium höchst unangenehme Etatsberathung so sehr als möglich abzukürzen. Es ist nun kaum die Möglichkeit vorhanden, den Landtag vor dem Anfang Februar zu schließen, zumal die eingebrachten Gesetze und die Rechnungen und Uebersichten der Staatseinnahmen und Ausgaben erledigt werden sollen.

Das Herrenhaus hat eine de- und wehmüthige Adresse an den König beschlossen, worin sie ihn unter Anerkennung der Kriegs- und nationalen Errungenschaften feierlichst beglückwünscht und damit selbstredend auf das Recht verzichtet, die mit Süddeutschland geschlossenen Verträge zu genehmigen. Das Abgeordneten-Haus, welches nur noch ein Scheindasein führt, hat zu einem so verfassungsmäßigen Schritte längst schon den Muth, richtiger vielleicht das alte Rechtsbewußtsein, das Verständniß der verfassungsmäßigen Rechte verloren.

Zu einer That hat sich das Abgeordnetenhaus doch noch ermannt. Nach dem Antrag Virchows ist der berühmte und berüchtigte Titel des Budgets Dispositionsfond zu unvorhergesehenen Ausgaben mit 400000 Thaler hinfort als rechenschaftspflichtig bezeichnet worden. Die „Zukunft" frägt dazu:

Und die Folgen? — Aber wer wird in dieser großen Zeit nach solchen Kleinigkeiten fragen.

Bekanntlich hatte der Finanzminister v. d. Heydt seiner Zeit die durch Gesetz vom 9. März 1867 bewilligte Anleihe von 24 Millionen für Eisenbahnbauten, die allmälig aufzunehmen war, in einem Posten ausgegeben, so daß dem Staate daraus ein schwerer Geldverlust erwuchs. Jetzt verlangt die Regierung für diesen Leichtsinn Indemnität und da wir heidenmäßig viel Geld haben, wird der Landtag beide Augen zudrücken.

Die Adresse des Herrenhauses wird übrigens einfach durch die Post nach dem Hauptquartier gesendet werden. Die Herren wollen ihre Haut nicht leichtsinnig zu Markte tragen! Die Kaiserdeputation ist inzwischen wohlbehalten aus Versailles zurückgekehrt, glücklich, einen Strahl der kaiserlichen Zukunftssonne erwischt zu haben.

Wenig sonnig sieht es sonderbarer Weise in der in einem Meere von Jubel und Kaiserbegeisterung schwimmenden deutschen Kaiserstadt aus. Fast scheint es, als wolle man höheren Orts das glückliche Volk bei Zeiten schon darüber belehren, was seiner Freiheit im heiligen römischen Reiche bevorsteht. Die bereits früher gemeldete Confiscation der „Vossischen Zeitung" nebst sämmtlicher Inseraten-Beilagen hatte ihren Grund in der ganzen gegenwärtigen Haltung des Blattes. Den Behörden, hat man der Redaction eröffnet, sei diese Haltung in hohem Grade mißfällig geworden und so lange diese mit Hartnäckigkeit fortgesetzt werde, müsse man sich auf wiederholte Confiscationen gefaßt machen!

Auch die „Berliner Volksztg.," welcher der commandirende General von Berlin vor Kurzem den Eingang in die hiesigen Militär-Lazarethe versagte, was damals so allgemeines Aufsehen erregte, wurde in den letzten Tagen von einer neuen Maßregelung heimgesucht. Der Eigenthümer der Volkszeitung widmete nämlich einige tausend Exemplare seines Blattes unentgeltlich den im Felde stehenden Truppen zur belehrenden Zerstreuung in dienstfreien Stunden und vermeinte mit diesem beträchtlichen finanziellen Opfer, welches er auf dem Altare des Vaterlandes niederlegte, nur eine patriotische Pflicht zu erfüllen. Aber zu seinem größten Erstaunen mußte er plötzlich erfahren, daß die k. Postämter in Folge höheren Auftrages erklärten, die Weiterbeförderung dieser Exemplare fernerhin durchaus nicht mehr übernehmen zu können. Das ist wohl für die freiheitliche Zukunft bezeichnend genug, für uns jedoch nicht wunderbar, da wir nichts Anderes erwartet hatten. Das ist das, was der Dichter so richtig mit dem Namen „Bienenloos" bezeichnet:

„Wir geben und der König nimmt,
Wir sind zum Geben nur bestimmt,
Wir sind nichts weiter als die Bienen,
Arbeiten müssen wir und dienen.

Und statt des Stachels gab Natur
Uns eine stumpfe Zunge nur,
Die dürfen wir nie unsretwegen
Und nur im Dienst des Königs regen!"

Der letzte der Lötzener Gefangenen, Buchdruckereibesitzer Sievers aus Braunschweig, ist nun ebenfalls entlassen worden und passirte gestern Berlin auf der Heimreise, in der allerdings nur schwachen Hoffnung, daß der Belagerungszustand in der Unerforschlichkeit seiner Gesetze ihm gestatten werde, sein Geschäft wieder zu eröffnen.

Die Braunschweiger Kammer will den Exkönig von Hannover wegen seiner vaterlandsverrätherischen Handlungsweise, der Nachfolge in Braunschweig verlustig erklären. Wahrscheinlich wird die endgültige Entscheidung dem Parlamente zufallen. Das Bundeskanzleramt hat so erzählt man der braunschweigischen Regierung eine größere Anzahl Akten überlassen, welche sich auf die vor Beginn des Krieges mit Frankreich innegehaltene Politik des Hietzinger Hofes beziehen.

„Wir werden zu Neujahr einen tapferen Genossen im Kampf gegen Militarismus und Bureaukratie verlieren," schreibt die Mannheimer „N. Bad. Land. Ztg." Der „Konstanzer Volksfreund," der ein Freund des Volkes im wahren Sinne des Wortes war, zeigt heute zu unserem Bedauern an, daß er mit Schluß des Quartals zu erscheinen aufhören wird. Wer, wie wir, den Kampf verfolgt hat, den dieses Blatt gegen das Stromeyer'sche Regiment und die ihm anhängende Lazarethclique der Ammoniter geführt hat, der wird den Verlust zu würdigen wissen, den die badische Demokratie mit dem Eingehen des „Volksfreundes" erleidet. Er hat frisch, fröhlich und frei für unsere gemeinsame Sache gekämpft — drei Salven auf das Grab des braven Kameraden.

Und dann — Ablösung vor! „Es bleiben immer noch genug übrig," wie der Zukunftskaiser an seine Frau schreibt.

In München ist noch keine Entscheidung erfolgt. Seitens der bayer. Regierung wird man beim Bundespräsidium eine Verlängerung der für die Verfassungsgenehmigung gestellten Frist nachsuchen. Die Genehmigung wird nicht ausbleiben, und damit wäre denn die demnächstige Zukunft Deutschlands besiegelt. Die Centralgewalt übermächtig, das Volk rechtlos und die opferwilligen Fürsten, die den Militärstaat der vernünftigen friedlichen Volksregierung vorzogen, preußische Vasallen, oder Offiziere höheren und geringeren Grades.

Vielleicht unter neuen Strömen edlen Blutes, kann das Volk sein Recht erringen; von der Gnade der Centralgewalt abhängig, steht ihm ein trauriges Loos bevor.

In Würtemberg hat die Volksvertretung zu den Verträgen mit dem Nordbund, wie nicht anders zu erwarten war, Ja und Amen gesagt. Wenn heut ein Welf herniederstiege! Paßt nicht auch heute noch des alten Uhlands Wort:

Zermalmt habt ihr die fremden Horden,
Doch innen hat sich nichts gehellt
Und Freie seid ihr nicht geworden
Wenn ihr das Recht nicht festgestellt.

Ausland.

Der neugebackene König von Spanien hat die Reise nach seinem Staate, den ihm Spaniens Retter, Prim, durch ein elendes Schwindelgeschäft bescheert, angetreten. Schöne Tage von Aranjuez erwarten den Abenteurer nicht. In den Cortes, welche die Regierung zur Auflösung gezwungen hat, wüthet der bitterste Parteienkampf, in dem die Freunde des Königs nicht den Muth haben, zu seiner Vertheidigung ein Wort zu sprechen.

In Genf wurde die Exkönigin Isabella, als sie kürzlich aus der Kirche trat, vom Volke arg insultirt.

Die gemäßigten russischen Blätter, wie die „Petersburger Ztg", der „Gerichtsbote" und andere, die in Folge höherer Weisung noch bis vor Kurzem alle militärischen Vorbereitungen Rußlands entschieden in Abrede stellten, machen heute aus denselben kein Geheimniß mehr, und dringen sogar in die Regierung, daß sie selbst in dem Falle, daß die Conferenzen zu Stande kommen sollten, die in Ausführung begriffenen Rüstungen gar nicht einstelle. In Betreff dieser Rüstungen wird der „Moskauer Zeitung" aus Petersburg telegraphisch gemeldet, daß das Kriegsministerium so eben den Befehl zur sofortigen Beschaffung der nöthigen Materialien und Utensilien zu 25 großen Feldlazarethen ertheilt habe, welche Zahl dem Etat des Kriegsfußes entspricht. Es ist schon früher vom Kriegsministerium die Bildung von Sanitätscorps und Telegraphen-Abtheilungen zur Einrichtung von Feldtelegraphen angeordnet. Die offiziösen Blätter berufen sich zur Rechtfertigung dieser Rüstungen auf den Grundsatz: Si vis pacem para bellum: Willst Du den Frieden, bereite den Krieg!

Die Einführung der allgemeinen Wehrpflicht, die neuerdings beschlossen ist, wird, nach dem „Golos", 3.433,100 bis dahin militärfreie männliche Individuen der Wehrpflicht unterwerfen, nämlich Männer der privilegirten Stände (Edelleute, Kaufleute, erbliche Ehrenbürger und Geistliche) 941.700, ferner 582,700 Bewohner Bessarabiens, 201,900 Bewohner Sibiriens (mit Ausnahme der Nichtrussen Westsibiriens), 146,600 Bewohner des Gouvernements Archangelsk, 445.500 Baschkiren, Meschtscherjaken, Teptjären und Bobylen des Gouvernements Orenburg, 194,700 Colonisten, 35.000 Tataren, Zigeuner, Armenier und andere Bewohner der Krim und 30.000 Armenier und Grusinier des Gouvernements Stawropol, astrachan'sche Armenier und Tartaren, kiew'sche Bürger, narwa'sche Handwerker und Bürger u. A. — Alles Menschen, die bisher militärfrei waren.

Der Krieg.

Während daheim in Haus und Hütte die Weihnachtskerzen strahlten, und Reich und Arm der Lieben im Felde gedachten, haben diese in neuen Schlachten ihr Blut geopfert. Statt goldener Aepfel und Nüsse die eisernen Todesboten, statt des Kerzenscheins die blutige Lohe brennender Dörfer, statt der Stille des Friedens das Gewühl der Schlacht, das Gebrüll der Kanonen! Das, lieber Leser, die Weihnacht unserer Krieger! Ist die Eroberung einiger Quadratmeilen Landes so schwerer Opfer werth?

Das Dunkel, in welches seit mehreren Tagen die Operationen der Loire-Armeen gehüllt sind, ist bis heute noch nicht geklärt. Berichte von diesem Theile des Kriegs-Theaters gelangten nicht hierher, und auch in Frankreich scheint man darüber im Ungewissen zu sein. Nur Eines können wir dem früher Mitgetheilten hinzufügen, daß das 3. Armeecorps seinen Marsch in südöstlicher Richtung aufgegeben, und am 12. bereits wieder bei Orleans gestanden hat. Was weiter mit demselben geschehen, oder welche Richtung ihr Marsch genommen, ist nicht ersichtlich. Das Dunkel, statt gelichtet zu werden, ist nur vermehrt durch die Depesche, welche den Kampf des 10. Armeekorps unter General Voigts-Rheetz, in welchem 8000 Mobilgarden von Monnaie über Notredame d'Or auf Tours zurückgeworfen wurden, meldet.

Die Armee Manteuffel's ist es, welche das Weihnachtsfest durch eine Schlacht nördlich von Amiens einleitete. Der Kampf war ein äußerst erbitterter und erst die Nacht machte dem schweren Ringen ein Ende. Manteuffel hatte es mit der 60,000 Mann starken Nordarmee zu thun. Weitere, wohl noch blutigere Kämpfe stehen in Aussicht.

In Lothringen wird für eine Empörung der Bevölkerung agitirt.

K. Die neue Parteigruppirung.

Es thut Noth, daß unser Volk sich über ein thatsächliches Verhältniß klar werde, über welches man dasselbe vielfach vorsätzlich zu täuschen sucht.

Es gibt in Wahrheit nur noch zwei politische Parteien: Kämpfer für die Grundsätze der Freiheit, und Anbeter des Erfolgs, Diener der Gewalt, Handlanger der Reaction.

Die Scheidung der alten Parteien, schon längst in der Stille vorbereitet, hat 1866 auch äußerlich begonnen und wird in Folge der Ereignisse von 1870 vollständig zu Tage kommen.

Eine weit verbreitete Classe der Erfolganbeter möchte sich freilich nebenbei auch noch den Schein der Freisinnigkeit bewahren. An freisinnigen Phrasen fehlt es ihnen nicht, und die vom Berliner Preßbureau mittelbar oder unmittelbar unterhaltenen zahlreichen Blätter stehen überall zu ihrer Verfügung. Man erinnere sich der vielen Millionen, welche die preußische „Volksvertretung" für die Exmonarchen von Hannover und Kurhessen zu votiren sich bestimmen ließ, welche Millionen dann freilich nicht an diese Verjagten bezahlt wurden, sondern aus welcher Summe nach der Confiscation eine ungeheure dauernde Rente sich ergab, über welche der „Volksvertretung" keine Rechenschaft abgelegt wird. Mit einem solchen Fond läßt sich schon erfolgreich „in öffentlicher Meinung machen," und das geschieht so viel wie möglich.

Aber je angelegentlicher jene Erfolganbeter für etwas gelten wollen, was sie nicht sind, desto mehr ist es nöthig, ihnen die Maske vom Angesicht zu ziehen. Sie sind Handlanger der Reaction, und zwar um so eifriger in dieser ihrer Dienerschaft, da sie Ueberläufer zugleich sind, und um so gefährlicher und verächtlicher überdies, da sie die Heuchelei mit verbinden, um, wenn eine freiheitliche Strömung wiederkehrte, sich nicht unmöglich gemacht zu haben, sondern vielmehr die Frucht ihrer angeblichen Freisinnigkeit ernten zu können. Es bangt ihnen nämlich vor dem doch möglichen Endergebnisse.

Darum nennen sie sich „Fortschreiter" und „Nationalliberale."

Aber die Namen werden gebraucht, nicht um das wirkliche Streben offen zu bezeichnen, sondern um dasselbe hinter falschem Scheine zu verbergen.

Der Name der „Nationalität" dient ihnen als Deckmantel bei ihren offenen Fördern der Zwecke des Absolutismus. Sie tragen kein Bedenken, sobald ihr Meister gebietet, nicht blos mit Italienern, sondern auch mit Russen gegen deutsche Interessen in Bündniß zu treten, während sie hinwieder in andern Fällen unbekümmert darum sind, daß die Interessen der gesammten Menschheit höher stehen als die einer einzelnen Nation, und während sie, ihre frühere angebliche Ueberzeugung verläugnend und abschwörend, sich nichts darum bekümmern, daß jeder Nation, folglich auch der deutschen, grundschlecht gedient ist, wenn ihr die Freiheit geraubt wird.

Sie nennen sich „Liberale" und hassen die ihnen unbequeme Freisinnigkeit. Sie wollen für „Fortschreiter" gelten, und sie fördern den Rückschritt, so oft und so bald es ihr Herr und Meister gebietet!

In Redensarten sind sie freisinnig. Sie wären ja auch „Republikanern," wenn nur die Republik bestände — und ihnen Anstellungen und Ehren böte. Da dies nicht der Fall, sind sie „Realpolitiker," welche „der Logik der Thatsachen Rechnung tragen" — und [illegible] habe. Hier ist er, wie betete Erfolg, [illegible] Joseph [illegible] ziemlich wechselvollen [illegible] ich [illegible] und wenn die gefeierte Gewalt einmal brechen [illegible] ihnen der Uebergang in das demokratische Lager leicht werden, und sie die Belohnung für ihre Biederkeit erlangen, — denn das Erlangen von Stellungen und Belohnungen bildet das Hauptziel ihrer Wünsche.

In ihrer Verzweiflung, für freisinnig zu gelten, während sie die Reaction und den Absolutismus fördern, rufen sie namentlich den alten Hader des Confessionalismus wieder hervor. Dies ist „ein beliebtes Thema," und höchst ungefährlich dabei. Der Meister gestattet seinen Knechten über Jesuiten und Verdummung nach Herzenslust zu schimpfen. Die Stiehl'schen Schulregulative bleiben doch in Kraft, und der erleuchtete Pastor Knaak darf im „protestantischen" Staate der Intelligenz eine Weltordnung lehren, die man in der Jetztzeit von keinem katholischen Pfarrer, nicht einmal von einem Kapuziner mehr vertheidigen hört.

So begegnet man allenthalben dem Scheine, dem Truge, der Heuchelei. Ein wohlorganisirtes Schandtreiben dient als Versicherung auf Gegenseitigkeit.

Möge unser Volk sich klaren Einblick in dieses unehrliche und schmachvolle Treiben verschaffen.

Nochmals: Es gibt nur noch zwei Parteien, die der Freiheit und jene der Reaction. — Fortschreiter und Nationalliberale arbeiten nicht für die Erste, sondern für die Letzte.

---

* Herr G. Fr. Kolb

hat auf die Adresse des Kaiserslauterer demokratischen Arbeiterbildungs-Vereins, um Verbleiben in seiner Stellung als Abgeordneter, folgende Antwort ertheilt:

München, 14. Dezember 1870.

An den löbl. Vorstand
des demokratischen Arbeiterbildungs-Vereins zu
Kaiserslautern.

Geehrte Freunde!

Ihre freundliche Zuschrift vom 5. d. ist mir richtig zugekommen, und ich ermangele nicht, Ihnen herzlich zu danken für das in mich gesetzte Vertrauen.

Ich war es indessen mir selbst schuldig, von der Kammer die Genehmigung meines Austritts zu verlangen. Dieselbe hat das Gesuch gestern abgelehnt. Nunmehr bin ich allerdings berechtigt und verpflichtet zugleich, auf dem alten Posten wieder zu erscheinen.

Mit herzlichem Gruße und Handschlag.
Ihr
ergebenster
G. Fr. Kolb.

Herr Dr. Johann Jacoby

hat anläßlich der ihm vom demokratischen Vereine am Neubau übersandten Zustimmungs-Adresse nach dem Wiener „Wanderer" folgendes Schreiben an den Obmann dieses Vereins gerichtet:

„Hochgeehrter Herr!

Die durch Ihre gütige Vermittlung mir zugegangene Adresse des demokratischen Vereins in Wien hat — als Beweis wohlwollender Theilnahme und übereinstimmender Gesinnung — mich innig erfreut. Empfangen Sie und die anderen Mitglieder des Vereins meinen herzlichen Dank dafür. So trostlos die politischen Zustände der Gegenwart sind, wir wollen — im festen Vertrauen auf den Sieg der Wahrheit — nicht müde werden an der Verwirklichung unserer Grundsätze zu arbeiten. Die Geschichte lehrt: Wo Recht und Freiheit des Bürgers mißachtet werden, da sind Schlachtenglück und Kriegsruhm nur ein glänzendes Elend. Auch in unserem Volke wird diese Erkenntniß sich Bahn brechen und ein in Freiheit geeintes republikanisches Deutschland die — wenn auch vielleicht späte, doch sichere — Frucht der Erkenntniß sein. Mit demokratischem Brudergruß

Ihr
Dr. Johann Jacoby.

Königsberg, 18. Dez. 1870."

⁂ Offener Abschiedsbrief an den Herrn Präsidenten Maurach.

Undruckbares Manuscript des „Bürger u. Bauernfreund."

Ohne Zweifel erwarten Sie, daß wir, die wir Ihnen stets besondere Theilnahme zugewendet, bei Ihrem Abgange einige Abschiedsworte an Sie richten. Auch wir tragen darnach Verlangen.

Sie haben gepackt. Sie müssen nach Bromberg. Sie geben vor, Sie wünschten sich zu verbessern. Wir wünschen es auch mit Ihnen. Sie sind glücklich von hier fortzukommen. Wir mit Ihnen. Sie erkennen an, daß Sie von den Bewohnern des Bezirks — mit Ausnahme weniger schlechter Subjecte — so behandelt worden sind, wie Sie es verdienen. Wir auch. So gehen Sie denn. Leben Sie so glücklich als Sie es im Bewußtsein Ihrer Thaten vermögen. Wir werden das zu thun auch versuchen.

Ueberzeugt nun, daß wir noch lange an Sie denken, werden Sie gewiß dafür Sorge tragen, daß ein tüchtiger Nachfolger Ihr Amt übernimmt. Wir geben Ihnen daher unsere Wünsche in Betreff eines solchen mit auf den Weg nach Westen.

Wir wünschen, daß Ihr Nachfolger eine eingehende Kenntniß von allen Verwaltungszweigen habe, d. h. daß er nicht nur in einem z. B. dem Polizeifach beschlagen sei. Wir wünschen, daß er den Bewohnern des Bezirks ein lebhaftes Interesse in jeder Richtung widme, d. h. nicht nur als z. B. politischer Executor auftrete. Wir wünschen, daß er über den Parteien stehe, d. h. z. B. nicht in rücksichtslosester Weise an die Spitze einer Partei und der Redaction eines Schmutzblattes trete und mit brutaler Willkür Gegner, ehrenwerthe Männer, aus lediglich politischen Beweggründen verfolge. Wir wünschen, daß er selbst arbeite und z. B. wichtige Personal- und finanzielle Fragen nicht einem Secretär überlasse, der etwa Gunst und Ungunst nach ihm in plumpster offenkundiger Weise dargebrachten Geschenken an Wild, Geld, guten Frühstücken u. s. w. austheilt und trotzend auf geheime Dienstleistungen Jeden ohne Unterschied, der nicht vor ihm kriecht, in roher brutaler Weise behandelt. Wenn wir ferner noch wünschen, daß er nüchtern zu leben und stylistisch richtig zu schreiben versuche, so haben wir damit Alles gesagt, was wir sagen wollen. Gott befohlen!

Die Ihrigen.

---

* Ein neues Zeichen der Zeit.

Die Akademie zu Dublin (Royal Irish Academy), der sich hierin neuerdings auch die Universität Dublin (Trinity College) angeschlossen, hat unter den gelehrten Körperschaften der civilisirten Länder eine Agitation eröffnet, um den Monstre-Protest der gelehrten Welt gegen die Bedrohung der wissenschaftlichen und Kunstschätze von Paris durch die Belagerung dieser Stadt hervorgerufen, der, an die englische Regierung gerichtet, letztere zur Einmischung veranlassen soll. Zur Betheiligung an diesem Proteste wurde auch die Universität Göttingen aufgefordert.

Jedermann weiß, daß der Krieg die schwer errungene Früchte unserer langjährigen Culturarbeit vernichtet, daß gerade die Wissenschaft es ist, welche er tödtlich trifft und Jedermann würde es auch begreiflich finden, wenn sich die Wissenschaft in der ersten Reihe der Friedenskämpfer bewegte, und freudig jeden Anlaß ergriffe, die schweren Schäden, welche ihr selbst drohen, abzuwenden. Ein einziger allgemeiner Schmerzensschrei durchzuckte die gebildete Welt, als Straßburgs Kunstschätze unter dem Granatenfeuer der deutschen Waffen vernichtet wurden. Doch nein, nicht allgemein war dieser Schmerz, die Nationalliberalen Deutschlands fanden beschönigende Worte und eine ihrer Hauptphrasen war ein Waschen der Hände in Unschuld; der Hinweis darauf, daß die Franzosen selbst die Schuld an dem Unglück tragen, weil sie Straßburg befestigt.

Von einer gewissenlosen politischen Partei ist eine solche Sprache erklärlich, würde aber eine wissenschaftliche Anstalt so sprechen, könnte sie nicht streng genug verurtheilt werden.

Was hat die Universität Göttingen, eine der vielberühmten deutschen Hochschulen auf die Einladung der Dubliner Akademie und Universität geantwortet? Hat sie, wie es ihrem Charakter entsprechend gewesen wäre, sich dem Proteste angeschlossen, oder hat sie, den Umständen entsprechend, nur ihr tiefes Bedauern über das Bombardement ausgesprochen, das die wissenschaftlichen und Kunstschätze von Paris zu vernichten droht? Nichts von alledem. Als Antwort erhält Dublin einen politischen Erguß, dessen sich sicher sogar mancher Nationalliberale geschämt hätte. Wir theilen den Lesern nur einige Kraftstellen mit, um sie selbst urtheilen zu lassen.

„Es kann ihr denn auch die Antwort nicht erspart werden, daß nach unserer deutschen Auffassung, welche die des gesunden Menschenverstandes ist, Derjenige, welcher der „strafenden Gerechtigkeit" in den Arm fallen will, sich selbst an dem Verbrechen betheiligt. Das deutsche Volk, das in seinem geistigen Ringen noch immer das stolze Wort des Paracelsus wahr zu machen sucht: „Engländer, Franzosen, Italiener, Ihr mir nach, nicht ich Euch," hat die Arbeit friedlicher Gesittung, das einzige Feld seines Ehrgeizes, verlassen müssen, weil durch einen feindlichen Raubanfall seine höchsten Güter, sein nationales Dasein, seine sittliche Selbstbestimmung, seine Ehre bedroht wurden; es kämpft heute in Frankreich für die künftige Sicherstellung dieses heiligen Besitzthums, zugleich aber auch für den Frieden der Welt und für die Gesittung der Menschheit."

Zum Schluß wird den englischen gelehrten Körperschaften empfohlen, der Menschheit den besten Dienst dadurch zu leisten, daß sie mit ihrem ganzen Ansehen gegen die Verletzung des Wesens der Neutralität durch England, gegen die den heutigen Machthabern Frankreichs zur Last fallende Untergrabung der Grundlagen des Völkerrechts in die Schranken zu treten.

Unterzeichnet ist dieses aus nationalliberalen Phrasen, Aufgeblasenheit und absichtlicher Verdrehung zusammengesetzte Schriftstück vom Professor Dr. Richard Dove, Prorector der Georg-Augusts Universität zu Göttingen! Wir können diese, einer deutschen Hochschule unwürdige Antwort nur tief beklagen, das deutsche Volk aber mag erkennen, welche Früchte der Krieg der Volkserziehung tragen wird. Wenn so etwas schon an einer deutschen Hochschule geschieht, was wird da erst die von der Regierung abhängige Volksschule für ein neues Geschlecht erziehen! Immer weiter frißt der Knechtssinn um sich! Demokraten Deutschlands rührt Euch so lange es noch Zeit ist, ehe das giftige Unkraut des Despotismus Alles überwuchert und den letzten Rest von Freiheitsgefühl, von Mannes-würde im Volke erstickt hat.

Herrn Professor Dove aber, welcher das Bombardement von Paris, die Zerstörung seiner wissenschaftlichen und Kunstschätze, als einen Akt der strafenden Gerechtigkeit bezeichnet, wollen wir den traurigen Ruhm lassen, den Grafen Bismarck in seiner Pontius-Pilatus-Rede vom verhungernden Paris noch übertroffen zu haben. Dafür aber wird auch die Strafe nicht ausbleiben. Von der preußischen Regierung erhält der Biedere einen Orden, vom deutschen Volk aber nur — Geringschätzung, die ihm auch die Geschichte dereinst in verdientem Maße zollen wird.

G. H. **Herzog Aosta wird König von Spanien.**

Und geendet nach langem verderblichen Streit ist die königlose, die schreckliche Zeit, und ein Herrscher ist wieder in Spanien!

Kanonendonner und Glockengeläute verkünden dem spanischen Volke, daß nach langem vergeblichen Suchen ein italienischer Herzog entschlossen ist, den Thron zu besteigen: nun wirds wieder Friede werden, die Ordnung wird einziehen in dem verlassenen Lande, Glück und Segen wird den Spaniern blühen, und die verderbliche republikanische Partei, die in unerhörter Weise auf 60 Vertreter in den Cortes gebracht hat, wird fernerhin vor einer höheren Autorität schweigen.

Der Ehrgeiz Prims und Consorten ist befriedigt. Ob das Land befriedigt ist, — wir wollen es vorderhand nicht untersuchen. Es ist freilich verlockender, Vetter zukünftiger Minister und königliches Factotum zu sein, statt, wie es die republikanische Staatsform will, nach abgelaufener Zeit wieder als einfacher Bürger zurückzutreten und vorkommenden Falles, zurücktreten zu „müssen." Es ist freilich vortheilhafter, den Marschallshut aufs Haupt zu setzen, einen großen Gehalt zu beziehen und nebenbei dem Volke als Abspeisung einige Phrasen in den Schooß zu werfen, als auf eine ehrliche Weise die Interessen des Volkes zu wahren. Es ist allerdings nicht so übel, die Gattin am Arm zu führen, den Schnurrbart zu drehen, und in goldgestickter Uniform sich ehrfurchtsvoll salutiren zu lassen, statt als Bürger zu seinen Mitbürgern zu reden und nicht zu vergessen, daß der Soldat im Bürger aufgehen muß.

Doch die schönen Tage von Aranjuez werden bald vorüber sein. Herr Prim, der wohl weiß, daß Spaniens Schicksal von der zukünftigen Gestaltung Frankreichs abhängt, greift, da er sein Ende nahen sieht, noch rasch zu einem probaten Mittel, das seinen Säckel füllt, des Volkes Säckel aber leert. Bis das Schicksal Frankreichs entschieden ist, kann man noch manches Goldvögelein in den Käfig spinnen, und trifft's dann zu, erhält sich in Frankreich, was wir hoffen wollen, die Republik, dann greift Herr Prim zum Wanderstabe. Einige Jahre hat er die Geschicke Spaniens geleitet, wie man zu sagen pflegt, was aber die Hauptsache ist, sich dabei nicht vergessen.

Wir wissen nicht, ob dem neuen Herrscher, wie Castelar meint, Maximilians Schicksal winkt — wir können nicht in die Zukunft blicken. Aber daß das neue Königreich nicht von … sein wird, kann man nach der heu[illegible]enge wohl zuversichtlich annehmen.

Bleibt Frankreich eine Republik, dann wird der erlauchte Herzog seine Krone wieder niederlegen und Prim, der ihm mit der Laterne den Weg nach Spaniens Thron gezeigt hat, wird nun mit seinem Herrn und seiner ganzen Sippe — vielleicht ohne Laterne — die Thore Spaniens finden — auf Nimmerwiedersehen!

Der ehemalige König aber kann austrafen mit seinem Collegen Johann:

„Sie haben eine fruchtlose Krone mir aufs Haupt gesetzt,
Und drückten mir ein hölzern' Scepter in die Hand!"

Correspondenz.

* —T— Wien, 22. Dez. (Die Deutschen in Oesterreich) sollen nun jene Parteiorganisation erhalten, deren dieselben zu ihrem großen Nachtheile bisher entbehrten. Der hiesige „Deutsche Verein" wählte in seiner gestrigen Sitzung eine Commission, der die Aufgabe zufällt, jenes Werk in die Hand zu nehmen. Die Deutschen machen sich diesmal praktischerweise die Erfahrungen der Gegner zu Nutzen, und werden die in erster Linie dem Materiellen zustrebende Geistesrichtung der Bauern ins Auge fassen. Die Deklaranten haben sich ihren großen Anhang auf dem böhmischen Flachlande vorzugsweise in der Weise zu verschaffen gewußt, daß sie landwirthschaftliche Kassen gründeten, die dem Landmanne Kapitalien gegen sehr geringe Verzinsung bieten. Die Deutschen werden nun dieses Mittel gleichfalls in Anwendung bringen und erhoffen sich davon den besten Erfolg. So sehr die Schaffung einer deutschen Partei in Oesterreich eine unabweisbare Nothwendigkeit geworden, wenn die Deutschen zur Möglichkeit gelangen wollen, ihre Interessen kräftig zu vertreten, und der Schädigung derselben, die von überall her, von Oben und von den Seiten ausgeht, Einhalt zu thun, so wenig darf man sich aber Illusionen hingeben: das begonnene Werk der Einigung der Deutschen in Oesterreich wird kaum in so schneller Weise zu Ende geführt werden können, als die Veranstalter etwa hoffen. Es wirken da mehrere Faktoren mit, welche es mehr als wahrscheinlich erscheinen lassen, daß diese Angelegenheit auf große Schwierigkeiten stoßen werde. Vor allem andern muß der gänzliche Mangel eines Nationalgefühles bei unserem Landvolke constatirt werden. Der österreichische Bauer deutschen Stammes hat auch nicht die geringste Ahnung davon, daß der Kampf, der jetzt durchgeführt wird zwischen Deutschland und Frankreich, auch ihn ein wenig interessiren sollte, daß seine Theilnahme daran eine andere sein sollte, als die des objektiven Zuschauers. Das Deutschthum und seine Pflege ist nur in den größeren Städten der deutschen Theile Oesterreichs zu finden, der Bauer aber kennt nur sein „Oesterreich"; die klerikale Agitation thut das Ihrige, um den nationalen Gedanken nicht aufkommen zu lassen. Eine weitere Schwierigkeit besteht darin, daß der „Deutsche Verein" allzu preußische Tendenzen verfolgt, die hier nicht beliebt werden, und die demselben in der vorbehandelten Sache die Unterstützung so manchen Mannes entziehen werden, der sonst so freudig theilgenommen hätte, würde es sich darum gehandelt haben, den nationalen Gedanken dem freiheitlichen zu unterordnen und nicht, wie es der erwähnte Verein gethan und noch später thun wird, dem Nationalliberalismus in die Hände zu arbeiten und demselben einen noch größeren Spielraum zu verschaffen, als ihm die „Logik der Thatsachen" bisher ohnehin in Deutschland geöffnet. ..

Feuilleton.

* Die Polenflüchtlinge.

Erzählung von A. Fr.

Wir sind im Spätherbste des Jahres 1863. Der polnische Freiheitskampf, das letzte verzweiflungsvolle Ringen des unglücklichen Volkes ist im Erliegen. Zerstreute Schaaren der tapfern Krieger irren in den Wäldern umher und werden von den an Zahl, Waffen und Ausrüstung weit überlegenen russischen Truppen wie wilde Thiere gejagt, gefangen, niedergehauen, oder für ein noch härteres Loos aufgespart. In Wilna hält der finstere Murawief sein Kriegsgericht und verurtheilt ohne Gnade Alle, die mit der Waffe in der Hand gefangen genommen werden, sowie Jeden, der die Insurgenten irgendwie durch Rath und That unterstützt hat. Die Grenzwachen, welche schon in Friedenszeiten das russische Reich wie eine lebendige Mauer verschließen, sind beträchtlich verstärkt worden, daß nicht einmal eine Katze unbemerkt über die Grenze schleichen kann. Dazu kommt, daß das Nachbarland den unglücklichen Flüchtlingen seinen Schutz verweigert. Wer den tausendfachen Gefahren glücklich entronnen ist und die Grenze erreicht hat, läuft die neue Gefahr, von der preußischen Polizei gefangen genommen und dem Todfeinde ausgeliefert zu werden.

Die Zeit der Denunziationen und Verräthereien ist gekommen... Die russische Regierung belohnt gut mit Geld, oder mit Orden und Vergünstigungen, und Murawief und seine Helfershelfer leihen jedem Angeber williges Gehör. Der Himmel ist hoch und der Kaiser wohnt weit; die Todten bleiben stumm; Sibirien gibt seine Verbannten selten lebend heraus; auch sichern der Henker von Wilna und seine Regierung den Verräthern strenge Discretion und Straflosigkeit.

Auf dem Bahnhofe des preußischen Grenzstädtchens N. herrschte ein geschäftiges Leben und Treiben. Der russische Zug war eben angekommen. Reisende liefen geschäftig hin und her, dazwischen Gepäckträger und Beamten in preußischen und russischen Uniformen. Die beiden hohen Wartesäle waren theils mit Gästen aus dem Orte, theils mit Reisenden angefüllt und boten ein bewegtes Bild dar. An den langen Tischen saßen Herren in eleganten Ueberröcken zwischen preußischen und russischen Beamten und polnischen Juden im langen schwarzen Kaftan. Einzelne standen an dem reich besetzten Buffet, oder schlenderten plaudernd in den weiten, schön geschmückten Räumen umher. Man frühstückte, stieß mit den Gläsern an, ließ die Champagnerpfropfen knallen, plauderte und lachte, so daß ein fast betäubendes Stimmengewirr die weiten Säle durchhallte. An einem der langen Tische saßen Bewohner des Grenzortes, zum großen Theil Kaufleute, in lebhafter Unterhaltung. Das Gespräch war laut und allgemein, so daß auch Einzelne unter den Umstehenden daran Theil nahmen.

„Was macht der Henker Murawief?" fragte ein junger Mann einen herantretenden russischen Beamten, „wieviel Köpfe hat's gestern wieder gekostet?"

Der Russe grinste und blieb aber die Antwort schuldig.

„Was wird er machen!" rief ein Anderer, „er macht in Blut und Eisen; 's ist auch ein Geschäft."

„Und kein schlechtes," ergänzte ein Dritter, „als Spesen gibt es polnische Rittergüter."

„Ja," bemerkte ein ältlicher Herr, der ernst, fast finster dreinschaute, „er bricht dem gefesselten Löwen die Fangzähne und Krallen aus, damit die gierigen Hunde ihn um so sicherer zerfleischen und an seinem Blut sich sättigen können."

„A bas la politique!" rief lustig ein junger Mann, dem der Wein bereits zu Kopfe gestiegen war. „Mir thun nur die hübschen Polinnen leid. Murawief soll so ungalant sein, sie zuweilen öffentlich auspeitschen zu lassen."

Der leichtfertige Witz rief ein allgemeines Murren hervor.

„Pfui junger Mann," rief der ältliche Herr aus, „das war nicht Ihr guter Geist, der Sie so frivole Worte sprechen ließ. Danken Sie dem Himmel, daß Ihr Vaterland frei ist und daß unser Gesetz Ihre Mutter vor den Klauen eines schamlosen Wütherichs in Schutz nimmt. Heilige Achtung vor dem erschütternden Unglücke eines freventhaft zertretenen tapferen Volkes!"

Die Anwesenden nickten Beifall. „Recht, Ehrenfels, Recht, wir sind ganz Ihrer Meinung!" erscholl es von verschiedenen Seiten.

„Meine Herren," fuhr erregt der Sprecher fort, „ich habe gestern drüben im russischen Grenzorte eine Szene erlebt, bei deren Anblick mein altes Blut zu kochen begann. Sie kennen die Wittwe des tapferen polnischen Offiziers W. Vier Söhne hat dieser unheilvolle Krieg ihr geraubt; der letzte hauchte vor nur wenigen Wochen in ihren Armen seine Heldenseele aus. Gestern wurde ihr unter Androhung von Peitschenhieben verboten, das Grab zu bekränzen, oder Trauerkleider anzuziehen. Nur der Menschlichkeit des Kapitäns hat sie es zu verdanken, daß die Strafe nicht bereits an ihr vollstreckt ist!"

In stummem Unwillen starrten die Anwesenden vor sich hin.

„Das ist schrecklich genug," nahm endlich ein feiner Herr das Wort, an dessen Gesicht und Haltung man leicht den Kaufmann aus einer großen Handelsstadt erkennen konnte. „Mich dauern die armen Leute; aber warum haben sie diesen unsinnigen Kampf begonnen? Sie mußten den Ausgang im Voraus berechnen können."

„Warum, warum?" polterte Ehrenfels heraus, „weil sie weniger Krämersinn und mehr Vaterlandsliebe und Heldenmuth besitzen." (Fortsetzung folgt.)

Verantwortlicher Redacteur und Verleger Carl Luebeck.
Druck von Ph. Rohr in Kaiserslautern.

Hier ist er, wie habe ... Jos ich!

Hugo Pensky,

Getreide-, Saaten-, Spiritus-, Wolle-, Commissions- und Agenturgeschäft

Königsberg i. Pr.

Prompte Expedition. — Billigste Spesen. — Reelle ... — Berichte.

Einladung zum Abonnement auf den

„Nürnberger Anzeiger."

Der „Nürnberger Anzeiger" beginnt mit dem 1. Januar 1871 seinen 14. Jahrgang. Als demokratisches Blatt auf die Welt gekommen, steht er fortwährend in derselben Weise ein für die einzig große Sache der Volksfreiheit und des Völkerglücks. Begegnen diese Bestrebungen in neuerer Zeit auch manchen Vorurtheilen und Hindernissen, so bleiben doch die Grundsätze der Demokratie die einzig und ewig wahren und ihnen gehört der endliche Sieg. Halten wir daher — und halten die Freunde unseres Blattes mit ... denselben und streben wir Hand in Hand vorwärts zum Ziele, gehe es auch momentan „durch Nacht zum Licht!"

Der Nürnberger Anzeiger erscheint täglich und kostet (mit sonntäglichem Unterhaltungsblatt) im ganzen deutschen Postvereinsgebiet vierteljährig 1 fl., halbjährig 2 fl. (wozu noch die übliche Postprovisionsgebühr kommt).

Inserate finden durch ihn — in und außer Bayern — große Verbreitung.

Zu recht baldiger Bestellung ladet freundlichst ein:

Nürnberg, im Dezember 1870.

Die Redaction und Expedition.

Ankäufe, Verkäufe, Pachtungen und Verpachtungen

von Hotels, Häusern, Gütern, Brauereien, Wirthschaften, Mühlen 2c., werden durch Ausschreibungen in dafür geeigneten Zeitungen am sichersten und leichtesten vermittelt, desgleichen Stellgesuche und offene Stellen 2c.

Die Annoncen-Expedition

Rudolf Mosse in München,

Nürnberg, Frankfurt a/M., Wien, Prag, Hamburg, Bremen, Berlin,

officieller Agent sämmtlicher Zeitungen

befleißigt sich, allen Anforderungen des geehrten Publikums in dieser Beziehung zu entsprechen und ist durch den intimen Verkehr mit der gesammten Zeitungspresse im Stande, jedwede Anzeige prompt und reell zu besorgen. Auch wird jeder gewünschte Aufschluß unentgeltlich ertheilt. Discretion wird in allen Fällen auf's Strengste bewahrt. Insertions-Tarif (Zeitungs-Verzeichniß) gratis und franco.

„Der Ammerländer",

demokratische Localzeitung für das Großherzogthum Oldenburg,

erscheint wöchentlich 2mal in Westerstede. Abonnements 10 Sgr. per Quartal. Insertions-Gebühren die 4spaltige Petitzeile oder Raum 10 Pf. [1,2,3]

Der Verleger **G. H. J. Ries.**

Der Bürger- und Bauernfreund

beginnt mit dem 1. Januar 1871 seinen 12. Jahrgang. Er wird fortfahren, in verständlicher, volksthümlicher Sprache freisinnige Politik zu verbreiten. Seiner alten Aufsicht treu, wird er die Fahne der Demokratie hochhalten und für ein freies Vaterland, d. h. für das freie Deutschland kämpfen, in dem Recht vor Macht gehen soll.

Mitbürger, die Ihr gleiche Ziele verfolgt, verbreitet unser Blatt namentlich in ländlichen Arbeiterkreisen.

Der Bürger- und Bauernfreund erscheint in Tilsit im Verlage von H. Post, redigirt von J. P. Frenkel in Rorupkallen bei Gumbinnen jeden Freitag 1 Bogen stark, oft mit Beilage, und kostet für das Vierteljahr durch die Post bezogen 6 Silbergroschen 6 Pfennige ohne Bestellgeld.

Inserate finden für 3 Sgr. die Zeile Verbreitung durch ganz Deutschland und darüber hinaus.

H. Post-Tilsit, Verleger. **J. P. Frenkel-Rorupkallen** bei Gumbinnen, Redakteur.

Eine Partie Lama's und Buckskin's

zu herabgesetzten Preisen bei

Fried. Welsch in Kaiserslautern.

217,14

Mit dem 1. Januar 1871 beginnt das

Memeler Dampfboot

ein neues Quartal. Das Blatt erscheint wöchentlich drei Mal und kostet, durch jede Postanstalt bezogen, vierteljährlich 20 Sgr. Anzeigen, pro Zeile 2 Sf., finden am Orte und in der Umgegend die weiteste Verbreitung.

Memel, Dezember 1870.

August Stobbe.

Neue Badische Landes-Zeitung

Mannheimer Anzeiger,

mit dem **Mannheimer Unterhaltungs-Blatt.**

Demokratische Zeitung redigirt von Dr. Joseph Stern.

Täglich 2mal in Groß-Royal-Format. — Auflage 8500.

Für das Erste Quartal 1871 (Januar, Februar, März).

im Verlage 1 fl. 30 kr., auswärts 1 fl. 18 kr.

Anzeigen die 5spaltige Petitzeile 4 kr.

Hierzu ladet ein die

Mannheimer Vereinsdruckerei.

Das Tilsiter Wochenblatt

beginnt mit dem 1. Januar 1871 seinen 56. Jahrgang. Es hat sich im Laufe dieser langen Zeit einen nicht unbedeutenden Leserkreis zu erhalten gewußt, indem es stets ein gern gesehener Hausfreund geblieben ist.

Das „Tilsiter gemeinnützige Wochenblatt" erscheint wöchentlich 3 Mal in größtem Quart-Format und bringt wahrheitsgetreue Mittheilungen über alle im Orte vorkommenden Ereignisse, Berichte über das Schwurgericht, die Stadtverordneten-Versammlungen 2c., Correspondenzen aus den größeren Städten der Provinz und der Umgegend, gibt eine kurze Uebersicht von den wichtigsten und interessantesten Vorgängen auf dem Gebiete der Politik, wobei es sich stets angelegen sein lassen wird, seinen Lesern die neuesten Nachrichten zu bringen. Es wird sich nach wie vor als ein Organ der Fortschrittspartei betrachten. Zahlreiche Anzeigen, welche durch das Blatt weitere Verbreitung finden, machen öftere Beilagen nöthig. Jeden Sonnabend bringt eine besondere Beilage neue und spannende Original-Erzählungen.

Man abonnirt mit 17½ Sgr. vierteljährlich bei allen Postanstalten, welche das Blatt für diesen Preis porto- und stempelfrei liefern.

Tilsit, 1870.

Der Herausgeber **Heinr. Post.**

Wollenhemden

von 1 fl. 30 kr. bis fl. — das Stück hält Lager und fertigt die Wollenhemdenfabrik [9,1,0] in Nürnberg an der Maxbrücke, Berlin, Spandauerstraße 38

J. Erlenbach.

Dem ärztlichen und bezw. thierärztlichen Publikum stehen sehr interessante und neue Mittheilungen über **Kumys-Milch** und die Aachener **Thermalseife** gratis zu Diensten; nur um 1 kr.-Marke zur Frankirung wird gebeten. Proben der Präparate stehen auch zu Diensten. Oeffentliche Geschäfts-Anstalt in Pirkendorf, bad. Schwarzwald.

Marktbericht.

* **Frankfurt,** 28. Dezbr. Notirungen nach dem öffentlichen Coursblatt. (Preise in ... und in Gulden ..., Lieferung per ... nur ... Posten gültig).

Wetter: Schneeluft. Weizen, Roggen, unverändert, Hafer fest, Rüböl und Branntwein unverändert.

Weizen (200 Z.-Pfd. netto) effekt. hies. und Wetterauer 14¼—15⅓, hiesiger —, fremder 14—15, auf Lieferung*) per diesen Monat 14½, per Nov. —, per April 15— B., 15½ G., per Mai 16 G.

Roggen (200 Z.-Pfd. netto) effekt. hies. 11⅛, ländlicher —, auf Lieferung*) per diesen Monat 11½, per Nov. —, per April 12⅛ B., 12 G., per Mai 12⅛ B., ⅛ G.

Gerste (200 Z.-Pfd. netto) effekt. hies. und Wetterauer — fremd. —.

Oelsaaten (200 Z.-Pfd. netto) Reps fl. —, Rübsen —.

Hafer (200 Z.-Pfd. netto) effekt. hies. 9½—10¼, fremd. —, per laufen. Monat 9⅞, per Nov. —, April 10 B., 9⅞ G., per Mai 10⅛ B., ⅛ G.

Rüböl (200 Z.-Pfd. netto) effekt. hies. (ohne Faß) in Partien von 10 Ctr. 31—, effekt. fremdes (ohne Faß) in Partien v. 10 Ctr. —, auf Lieferung**) per diesen Monat 31—; per Okt. —, per Mai 31.

Branntwein 50 pCt. Tralles per 200 Liter effekt. ohne Faß 31—.

*) Weizen mindestens 150 Pf., Roggen mindestens 140 Pfd. Naturalgewicht per 160 Liter; **) mindestens 37° nach der Fischer'schen Oelwaage und mit ... incl. Faß.

* **Köln,** 27. Dezbr. (Amtliche Notirungen der Handelsmakler. Wetter: Thauwetter.

Rüböl per Ctr. netto, per 100 Pfd. mit Faß in Eisenband effekt. in Partien von 100 Centner 17 Br., per Mai 16 B., 15⅞ G., per Okt. 14⅞ Br. 14⅞ G.

Leinöl unverändert, effekt. in Partien von 100 Centner 12 Br.

Weizen matter, effekt. 7⅞—8 — Br., fremder 7⅞—8 Br., per März 7.29.6 Br., 7.29 Gd., per Mai 8.2 bez. u. Gd., 8.2.6 B., per Juni 8.4.6 B., 8.4 G.

Roggen fest, effekt. 6.20 Br., fremder und gedörrt 5.25 bis 5.20 Br., per März 5.27.6 B., 5.26.6 G., per Mai 5.29.6 B., 5.28.6 G.

Spiritus unverändert. 30½ Br. ... in Partien von 100 Quart 21 B.

Notirungen der Produktenbändler.

Weizen matt, effekt. 6⅞—8½ Br., fremder 7⅞—8⅛ Br., per März 7.29.6 B., 7.29 Gd., per Mai 8.2, 2½ bez. u. Br., 8.2 G., per Juni 8.5 bez., 8.4.6 B., 8.4 G.

Roggen still, effekt. hies. 6⅛ Br., fremder 6—6⅛ Br., per März 5.27.6 B., 5.26.6 G., per Mai 5.29.6 B., 5.28.6 Gld.

Gerste, effekt. hies. 6⅛ Br., Brauerei 7⅛ Br.

Hafer effekt. 5⅛—⅞ Br.

Rüböl matt, effekt. in Partien v. 100 Centner in Eisenband 17 B., per Mai 16⅞ B., 16⅛ G. per Oktober 14⅞ Br. 14⅞ G.

* **Berlin,** 27. Dez. Weizen loco matter. Termine unbehauptet. — Roggen loco gut verkäuflich. Termine matter. — Hafer loco vernachlässigt. Termine in matter Haltung. — Roggenmehl niedriger. — Petroleum still. — Rüböl nachgebend. Spiritus fest aber still.

Wetter: kalt.

Weizen loco per 2100 Pfd. 65—81 thlr., weißbunt poln. 69—72 thlr., bessere 74—76½ thlr., bez., feiner 77½—79 thlr. bez., Dez. 76½— 76 thlr. bez.

Roggen loco pr. 2000 Pfd. poln. 50½—51 thlr., feiner 52½—53½ thlr. besserer 51½—52½ thlr. ab Bahn bez. pr. Dezember 52½—53 thlr. bez.

Roggenmehl pr. Dez. 4 thlr. 1½ sgr. bez.

Gerste große und kleine pr. 1750 Pfd. 34—54 thlr.

Hafer pr. 1200 Pfd. loco 23—31 thlr., ord. poln. 24—25 thlr., mittl. 26—26½ thlr., pomm. 27½—28½ thlr. ab Bahn bez. pr. Dez. 2½ thlr. B.

Erbsen pr. 2250 Pfd. Kochwaare 60—70 thlr., Futterwaare 50—56 thlr., ab Bahn 57½ thlr. bez.

Petroleum loco 7½ thlr., pr. Dez. 7⅞ thlr. bez.

Rüböl pr. Ctr. loco 15⅛ thlr. Br. per Dez. 15⅛—14⅞ thlr. bez. u. Br.

Leinöl loco 11⅛ thlr. bezahlt.

Oelsaaten pr. 1800 Pfd. Winterraps 108—112 thlr., Winterrübsen 108—110 thlr.

Spiritus pr. 10,000 Liter % loco ohne Faß 16 thlr. 13 sgr. bez., per Dez. 17 thlr. 1 sgr. bez.

* **Berlin,** 27. Dezbr. (Neuer Berliner Viehmarkt.) Es waren an Hornvieh heute 1011 Stück aufgetrieben. — Wenn schon wenig Uebrig ... verblieb, waren die Preise doch gedrückt und werden sich ... wohl nicht eher verbessern, ehe nicht die Exportverbot aufgehoben wird; auch würde, wenn der Heeresverwaltung nicht noch immer bedeutend kaufte, der Markt noch matter verlaufen sein; es wurden bezahlt: für erste Qual. 16—16½ Thlr., für zweite 14⅛—15½ Thlr., für dritte 8—9½ Thlr. pro 100 Pfd. Schlachtgewicht.

Von Schweinen waren 2051 Stück zur Stelle; da mehr ... von dem Feste mehr ... war, als der Bedarf erforderte, was kaum wenig Begehr und drückte sich auch ... die Preise etwas herunter gedrückt; es verblieb ein ... unverkaufter Ueberstand und wurden kaum als höchster Preis 17 Thlr. pro 100 Pfd. Schlachtgewicht bezahlt.

Am Besten machte sich der Markt für Kälber; von den ... aufgetriebenen 364 Stück blieb fast Nichts zurück und wurden gute Mittelpreise bezahlt.

Für Schafvieh sind die Märkte schon geraume Zeit sehr matt, auch heute war wenig Begehr; es waren 1113 Stück aufgetrieben und wurden bei großem Ueberstand kaum 5 Thlr. pro 45 Pfd. bezahlt.

* **Königsberg,** 24. Dez. In der Woche 4—22° Kälte. — Weizen für 85 Pfd. 80—90 Sgr. — Roggen für 80 Pfd. [illegible] —[illegible] Sgr. — Gerste, große und kleine für 70 Pfd. 42—[illegible] Sgr. — Hafer für 50 Pfd. 28—[illegible] Sgr. — Erbsen, weiße für 90 Pfd. 55—63 Sgr., graue, 55—73 Sgr., grüne [illegible] —[illegible] Sgr. — Bohnen für 90 Pfd. 65—73 Sgr. — [illegible] für 80 Pfd. 46—56 Sgr. — Buchweizen für 70 Pfd. 40—48 Sgr. — Leinsaat für 70 Pfd. 80—90 Sgr. — Rübsen für 72 Pfd. 112—123 Sgr. — Kleesaat, rothe 10—[illegible] Thlr., weiße 13—22 Thlr. der Centner. — Thymotheum 6—9 Thlr. der Centner. — Leinöl 11½ Thlr., Rüböl 14⅞ Thlr. der Centner mit Faß. — Leinkuchen 72—82 Sgr., Rübkuchen 68—71 Sgr. der Centner. — Spiritus 15⅞ Thlr. für 8000% Tr. ohne Faß.

Deutscher Demokrat.

Erscheint wöchentlich einmal und wird den auswärtigen Abonnenten Freitags mit der Post zugesandt.

Nro. 2. Vierteljährlich 5 Sgr. 18 kr. in Preiß 6 Sgr. 9 Pf. Kaiserslautern, 8. Januar Inserate 5 Sgr. 12 kr. die 1spaltige Zeile. 1871.

* Unsere große Zeit.

Ich bin ein Verräther — wem ist's nicht bekannt?
Es sagt's ja der Schultze, der Büttel,
Der Amtmann, der Pfarrer, die Herren von Stand,
Und fragt sie im leinenen Kittel
Der Bauer: „Er ein Verräther? warum?"
Da heißt's: „O Bauer, wie schwätzt doch so dumm!
Er hält's ja mit den Franzosen!"

O kleine, erbärmliche, alberne Zeit!
Die Narren, sie nennen's die große,
Weil ihnen ein Kaiser daher kommt geschneit,
Weil im Blute liegt der Franzose,
Weil der Franctireur aufgeknüpft am Baum
Vom Vaterlandsglück träumt den letzten Traum,
Weil Dörfer brennen und Städte!

Weil das satte Feld ist durchrieselt von Blut,
Weil Leichen rings starren an Leichen,
Weil Verwundete ächzen in Fiebergluth
Umgeistert vom Mondschein, dem bleichen,
Weil riesengroß schreitet von Land zu Land
Das Leid im Bettler- und Trauergewand,
Und Hunger grinsen und Typhus.

Verzeiht mir, erleuchtete Geister, verzeiht,
Mein Herz ist viel weicher geschaffen,
Und nimmermehr dünkt's ihm erhabene Zeit,
Wenn sich Völker befehden in Waffen,
Wenn unter dem Faustrecht die Freiheit weint,
Und wenn man vom Gott der Liebe noch meint,
Er freue, wie Mars, sich der Schlachten.

Und auf Wilhelmshöh' dort, statt auf Galgenhöh'
Der gekrönte Missethäter —
Und ringsum Patriotenhaß und blutiges Weh —
Und Franzosenfreund und Verräther
Gescholten ein Jeder, der's menschlich meint,
Und der den Menschen auch ehrt noch im Feind! —
— Zwerghafte Größe der Zeiten!

Theobald Kerner.

* Wochenschau.

Deutschland.

Die große Mehrzahl der deutschen Zeitungen hat an der Jahreswende Betrachtungen über die Vergangenheit und Zukunft angestellt und je nach der Parteistellung haben die Blätter Gutes oder Böses erblickt. Die freisinnigen Zeitungen haben ohne Ausnahme bedenklich das Haupt geschüttelt und dem Volke wenig Erfreuliches für die Zukunft prophezeit. Den Kopf des Reigens bildet die „Rhein. Ztg.," die aus der Vergangenheit eine Frucht der Erkenntniß gezeitigt sieht, die sie folgendermaßen beschreibt:

„Das Schicksal Frankreichs liegt wie ein offenes Buch vor Jedermanns Augen, das Jahr 1870 hat es aufgeschlagen. Der Despotismus eines Einzigen, der mit allen Künsten der Falschheit und Verworfenheit seine Herrschaft auf die schlechten und gemeinen Triebe des Menschen gestützt hatte — der Despotismus besitzt keine anderen Herrschaftsmittel — hat eine große Nation in das Verderben gestürzt, und sie büßt mit den grausamsten Qualen, mit dem Ruin ihres Wohlstandes, mit dem Verlust ihres Ansehens dafür, daß sie dem Götzen des Ruhmes gedient und in der Sucht nach Genuß ihren höheren Genius verloren und sich den Lüsten der Entartung hingegeben hat. Vergebens klagt sie jetzt den Einen an, der Alles verschuldet habe, es trifft sie die schwere Mitschuld, daß sie ihn duldete, und vergebens sucht sie sich durch Fortsetzung des Kampfes, den Er begonnen, der Verantwortung zu entziehen, welche die Natur des Kampfes ihr aufwälzt. Ja, an dem Kriege, daß er kam, ist kein anderer schuld, als der ihn unternommen, aber für den Krieg, daß er kommen konnte, ist die Nation verantwortlich, die, statt Herrin ihres Geschicks zu sein, sich so lange Jahre der Herrschaft des Einen unterwarf und dennoch die Herrin der anderen Nationen, die Herrscherin in Cultur und Gesittung sein zu können wähnte. Eine Nation, die nicht frei zu sein versteht, muß trotz alles Glanzes, trotz alles Reichthums der Macht des Stärkeren unterliegen, der ihr eigenes Prinzip gegen sie kehrt und in der Anwendung der äußeren Gewaltmittel sich ihr überlegen zeigt."

Betrachten wir nun vom Standpunkt dieser Erkenntniß unser deutsches Vaterland, so finden wir, daß Frankreich vor Deutschland wenig voraus hat. Auch wir wähnen uns Herrscher in der Cultur und …ung zu sein und sitzen im Despotismus bis über … Ohren und haben nicht die geringste Waffe, uns aus … erstickenden Umarmung zu befreien. „Herrin ihr… Geschickes zu sein!" Wie schön sich das liest. Wir … uns dieser Erkenntniß in dem rheinischen Blatte … hätten nur gewünscht, daß sie früher gekommen …re. Würde die preußische Fortschrittspartei von je… mehr an die Rechte und Freiheit des Volkes, und we…er an die Macht und den Glanz der Dynastie gedacht …aben, wären dem Volke die bevorstehenden schweren …e erspart worden. Um heute die Nation zur Herr… ihres Geschicks zu machen, bliebe nur der Kampf mit dem Schwert in der Hand übrig, die gesetzmäßigen Wege zur Erlangung der Freiheit hat sich das Volk selbst verschlossen und daran trägt die preußische Fortschrittspartei mit ihrer Energielosigkeit gerade nicht den geringsten Theil der Schuld!

Das preußische Herrenhaus hat es für angemessener erachtet, seine schwungvolle Adresse in Versailles selbst zu überreichen. Der König hat huldvoll gedankt, und mit den üblichen Orden reich beladen, wird die Deputation wohl bereits die heimischen Gestade wieder erreicht haben.

Eine Stimme aus Baden! Aus Baden, dem ehemaligen Heerde des deutschen Freiheitsstrebens, dessen begeisterte Flammen der heutige Kaiser aller Deutschen mit Blut und Eisen zu ersticken verstand! Regt sich das freiheitliche Bewußtsein wieder im Volke? Protestirt es etwa gegen die Annexion durch Preußen oder gegen die verderbliche Militär-Convention? Nichts von alledem, lieber Leser, das Land liegt gefesselt am Boden und nur ein Mann hatte in der Kammer den Muth, sich dem Strom entgegen zu werfen, der wackere Abgeordnete von Pforzheim, Kaiser!

Der Großherzog hat selbst gesprochen, als Antwort auf die Begrüßung der deutschen Fürsten durch den König von Preußen bei einem Festmahle am 1. Januar in Versailles. Die Rede ist zu interessant und lehrreich, als daß wir sie unseren Lesern vorenthalten sollten. Sie lautet:

„Gestatten Ew. königl. Majestät, daß ich im Namen der hier anwesenden deutschen Fürsten aufrichtig danke für die wohlwollenden Gesinnungen, welche Höchstdieselben auszusprechen geruhten. Es sei mir auch gestattet, den Gefühlen der Freude Ausdruck zu geben darüber, daß es uns vergönnt, beim Beginn dieses viel verheißenden Jahres um den sieggekrönten königlichen Heerführer versammelt zu sein. Das deutsche Heer hat unter Ew. königl. Majestät glorreicher Führung die Einigkeit der deutschen Nation gegen den äußern Feind erkämpft. Ew. königl. Majestät haben im Vereine mit den deutschen Fürsten und freien Städten den unschätzbaren Werth dieses heldenmüthigen Kampfes wohl erkannt und denselben bethätigt in dem Streben, die innere Einheit der Nation als schönsten Lohn für die großartigen Opfer zu dauernder Größe zu erheben. Der heutige Tag ist dazu bestimmt, das ehrwürdige deutsche Reich in verjüngter Kraft erstehen zu sehen.

Ew. königl. Majestät wollen aber die angebotene Krone des Reiches erst dann ergreifen, wenn sie alle Glieder desselben schützend umfassen kann. — Nichtsdestoweniger erblicken wir heute in Ew. königl. Majestät das Oberhaupt des deutschen Kaiserreichs, in dessen Krone die Bürgschaft unwiderruflicher Einheit. — König Wilhelm IV. sagte vor 21 Jahren: „Eine Kaiserkrone kann nur auf dem Schlachtfeld errungen werden." Heute, da dieses königl. Wort sich glänzend erfüllt hat, dürfen wir uns alle in dem Wunsche vereinigen: Es möge Ew. königl. Majestät durch Gottes Gnade noch recht lange und gesegnete Jahre vergönnt sein, dieses geheiligte Symbol deutscher Eintracht und Kraft in Frieden zu tragen. Zur Bekräftigung dieses aufrichtigen Wunsches rufe ich die Worte aus, welche der hohe Verbündete Ew. königl. Majestät, der König von Bayern zu geschichtlicher Bedeutung erhoben hat: „Hoch lebe Se. Majestät König Wilhelm der Siegreiche."

Da hat der König von Preußen wohl alle Ursache mit seinen deutschen Errungenschaften zufrieden zu sein!

Es gehört nachgerade nicht mehr zu den Unmöglichkeiten, daß das neue deutsche Kaiserreich auch ein römisches wird. Die Uebersiedelung des Papstes nach Fulda oder Cöln soll beschlossene Sache sein. Die deutsche Eiche mit dem kirchlichen Epheu: Die päpstliche Unfehlbarkeit unter dem Schutze des Militär-Absolutismus! Da muß der menschliche Fortschritt zu Kreuze kriechen. Das wird eine böse Zeit für Deutschland, für Europa werden!

Hessen schwimmt in Entzücken! Bismarck und Moltke haben das Ehrenbürgerrecht der guten Stadt Worms, die hessischen Kammern aber das norddeutsche Strafgesetz angenommen. So viel … mit einem Male! Wer würde davon nicht geblendet werden?

Der Stuttgarter „Beobachter" bringt an der Spitze seines … Blattes folgende Erklärung:

Ueber die Art und Weise, wie unter den gegenwärtigen Verhältnissen und den neuesten politischen Veränderungen in Deutschland gegenüber der Freiheitskampf fortzuführen sei, haben sich innerhalb der Volkspartei in Württemberg verschiedene Ansichten gebildet. Ich bekenne mich zu denjenigen, daß die bisherigen Mittel des Kampfes verbraucht und ohne Schaden für die Sache der deutschen Freiheit vorerst nicht anwendbar sind. Ich behalte mir vor, diese Meinung beim ersten Zusammentritt der Parteigenossen zu rechtfertigen, wie ich sie vor dem Landes-Comite begründet habe. Demgemäß trete ich von der Betheiligung am Beobachter zurück, indem ich dessen Lesern für die seit sechs Jahren meiner Wirksamkeit in diesem Blatte geschenkte Beachtung danke.

Stuttgart, 28. Dez. 1870.

Carl Mayer.

Zugleich zeigt das Landes-Comite der Volkspartei an, daß die Landesversammlung der Partei in den nächsten Tagen stattfinden werde, um seinerseits über das Verhältniß der Partei zu dem Parteiorgan Berathung zu pflegen.

Die Münchener Kammer der Reichsräthe hat den Verträgen mit dem Norden zugestimmt. Sämmtliche Redner, einschließlich des Justizministers, waren darüber einig, daß bei dem Geschäfte weniger das deutsche Volk als die Krone Preußen gewönne. Selbst der Referent, der die Annahme empfahl, fürchtete den militärisch-absolutistischen Einheitsstaat. Frägt man nun, warum in aller Welt die Herren trotz der auf der Hand liegenden Gefahren dennoch zugestimmt, so findet man nirgends einen nur einigermaßen stichhaltigen Grund. Die Nationalliberalen hatten es mit ihrer Agitation so haben wollen, deshalb hat man zugestimmt. Die Nationalliberalen werden uns nun auch wohl den kürzesten Weg bezeichnen, auf dem das deutsche Volk zu seiner Freiheit gelangt!

Die Abgeordneten-Kammer hat sich noch nicht mit der Verfassungsfrage beschäftigt, dagegen einen Sturmangriff gegen die ihrer Majorität verhaßte Communalschule geführt.

Die Sanktion des Kaisers von Oesterreich, welche bei dem Aufenthalte desselben in Meran das Tyroler Landesvertheidigungsgesetz erhalten, hat in den Kreisen der Verfassungstreuen und Deutschen eine arge Mißstimmung hervorgerufen. Die Gegner, welche sie durch Beust, den sie darob nicht hoch genug preisen konnten, besiegt glaubten, die Ultramontanen, haben ihnen eine Niederlage bereitet. Sie haben das Gesetz der Bewahrung alter Eigenthümlichkeit im Landtag gegen die freisinnige Partei durchgesetzt. Nach demselben liefert Tyrol an Rekruten zu der österreichischen Armee im Verhältniß zu andern Provinzen eine viel geringere Zahl. Allein zu den Kaiser-Jägern werden Tyroler eingezogen. Dafür hat das Land jedoch die Verpflichtung, im Fall eines Kriegsaufgebotes in größerer Anzahl freiwillige Kompagnien zu stellen, die jedoch hinwiederum ohne Einwilligung des Landtages zu Kriegsdiensten außerhalb des Landes nicht gebraucht werden dürfen. Als einen Verstoß gegen die in der Verfassung garantirte gleiche Berechtigung und gleiche Verpflichtung aller Staatsbürger, als einen Verfassungsbruch betrachten die Deutschen das Anerkenntniß des in Rede stehenden Gesetzes seitens der Regierung. Der Appell an das Recht der Gleichheit jedoch schafft: in Tyrol ihnen nicht Anhänger, sondern Gegner, während die Ultramontanen, als Wahrer der alten Gewohnheit, seitdem sie in ihrem alten Stammsitze sich eingebürgert haben.

Ausland.

Ein Werk, auf welches das Jahr 18[illegible]0 stolz sein darf, ist die Durchstechung des Mont Cenis, die in diesen Tagen vollendet worden ist. Dieser Riesentunnel, zur directen Verbindung Frankreichs mit Italien durch eine Eisenbahn bestimmt, wurde von beiden Völkern gemeinsam in Angriff genommen. Im Jahre 1860 wurden die Arbeiten begonnen und seitdem ununterbrochen fortgesetzt; 4000 Arbeiter waren gleichzeitig dabei beschäftigt; besondere Maschinen wurden gebaut, um die Durchbohrung des Felsens rascher und sicherer zu fördern. Auf nicht weniger als 12,220 Meter oder 36,000 Fuß, also auf eine Wegstrecke von über 3 Stunden, war eine solche Aushöhlung nothwendig, und das bei einer Breite von 180 Fuß und entsprechender Höhe. Menschliche Kunst, menschlicher Scharfsinn und menschliche Ausdauer haben vereint wiederum einen der größten Triumphe der Civilisation gefeiert.

In der tessiner Trennungsfrage hat der schweizer Bundesrath das Schreiben an die Regierung des Cantons Tessin berathen und genehmigt, welches den Beschluß der eidgenössischen Räthe, betreffend den tessiner Trennungsconflict, mittheilt. Am Schlusse desselben spricht der Bundesrath die Erwartung aus, „daß Angesichts der bestimmten Erklärung der Bundesversammlung man die seitherigen Trennungsbestrebungen hoffentlich fallen lassen werde; am Besten und Zweckmäßigsten würde es sein, wenn die beiden streitenden Theile sich aus freiem Stücken die Hände reichten und die Bedingungen ihres ferneren Zusammenlebens festsetzen würden. Eine solche freie Wiedervereinigung würde vom gesammten schweizer Volke auf das Freudigste begrüßt werden und dem Canton Tessin zu hoher Ehre und gewiß auch zu dauerndem Wohle gereichen.

Hoffen wir, daß dieser gute Rath keine tauben Ohren trifft.

Der alte Parteistreit zwischen den Demokraten und Altliberalen St. Gallens ist durch einen Vergleich beendigt worden. Die St. Galler Ztg. veröffentlicht ein von 14 angesehenen St. Gallern unterzeichnetes, förmliches Programm, welches die Einigungspunkte feststellt und dann beifügt: „Bezüglich derjenigen Fragen, in denen die Ansichten der Unterzeichneten auseinandergehen (wie namentlich der Referend.ma), bleibt offene und freie Discussion vorbehalten und wird es als ersprießlich betrachtet, wenn hiezu ein und dasselbe Preßorgan benutzt wird, weil auf diesem Wege mehr Gewähr für eine sachliche vielseitige Aufklärung geboten wird." Demgemäß soll die „St. Gall. Ztg." als Organ der geeinigten Partei anerkannt werden und Herr Berner, der Redacteur dieser Zeitung und früherer Vertreter der radikalen Partei im Nationalrath, gibt die persönliche Erklärung ab, daß er zu dieser Verständigung mitgewirkt habe und das Seinige thun werde, um sie gewissenhaft auszuführen — in der Ueberzeugung, daß die demokratischen Bestrebungen, für welche die Redaction der „St. Gall. Ztg." walte und fortwirken wird, die freieste und allseitigste Discussion nicht zu fürchten habe.

In England herrscht große Entrüstung darüber, daß Preußen zur Sperrung der Seine eine Anzahl englischer Schiffe versenkt hat. Die in preußischem Solde stehenden englischen Blätter werden nicht ermangeln, die Angelegenheit zu vertuschen. Die Stimmung der Bevölkerung selbst wird von Tag zu Tag entschiedener gegen Preußen und theilnehmender gegen die französische Republik, da man die Weltmachts-Pläne der preußischen Dynastie zu durchschauen beginnt.

Einer in Cork eingetroffenen Depesche vom Gouverneur des Portland-Gefängnisses zufolge sind die daselbst befindlichen fenischen Gefangenen am Freitag in Folge des Gnadenaktes entlassen worden.

In Dublin wurde am Montage in Gegenwart des Lordmayors und einer ungeheuren Menschenmenge eine Marmorstatue für Smith O'Brien, den Märtyrer für die irische Freiheit, unter entsprechenden Feierlichkeiten enthüllt. Smith O'Brien, einer der hervorragendsten Söhne der grünen Insel wurde vor 20 Jahren als Rebell hingerichtet.

Der Papst hat es erleben müssen, daß der mit seinen schwersten Flüchen belastete Sohn Victor Emanuel es gewagt, seinen Fuß in das heilige Rom zu setzen. Das gibt der päpstlichen Herrlichkeit einen neuen Stoß und beschleunigt jedenfalls die Uebersiedlung nach dem schönen Lande des Militär-Absolutismus. Die Bevölkerung hat dem Könige pflichtschuldigen Jubel entgegen getragen, der zum Theil auch aufrichtig gemeint war, da der päpstliche Krummstab zugleich schwerer lastet als das Scepter der neuen Regierung. Neue Besen kehren gut und das befreite Rom wird bald wieder nach neuer Freiheit seufzen.

Die republikanische Idee ist in Italien augenblicklich von der nationalen überfluthet. Daß sie jedoch noch frisch und mächtig im Volke wurzelt, beweist ein neuerdings vor den Geschworenen in Piacenza geführter Prozeß gegen die der republikanischen Verschwörung angeklagten zwölf Unteroffiziere der Brigade Modena. Sie wurden von den Geschworenen zu Piacenza glänzend freigesprochen, welches Urtheil mit stürmischem Beifall aufgenommen wurde. Die Bevölkerung [illegible] stürmische Freigesprochenen warme Sympathie [illegible] Freude, begrüßte sie, brachte ihnen [illegible] Hand, umarmte sie. Die Turiner Bürger[illegible] machte um dies Ereigniß zu feiern den [illegible] jungen Männern ein Geschenk von zwölf sch[illegible] silbernen Uhren à remontoir, die aus der Ertrag der Subscription angeschafft worden [illegible]en. Einer der Beschenkten sagte gerührt, [illegible] er seine Uhr betrachtete: „Ich gebe Ihnen [illegible] Wort, daß wenn das Geschick es fordert, [illegible] nicht die rechte Stunde versäumen werden, für die volle Unabhängigkeit des Vaterlandes zu sterben." In Folge der Freisprechung und Freilassung wurden die zwölf Unteroffiziere zur Verfügung der Militärbehörden gestellt, welche, wie zu hoffen steht, die Entscheidung der Justiz achten werden. So sind denn die zwölf braven Leute gerettet! Bei diesem Anlaß gedenkt man mit Wehmuth des armen Barsanti, der als Märtyrer für seine Gesinnungen in blühender Jugend den Tod erlitt.

Noch vor Jahresschluß, am 30. Dezember ist der neue König von Spanien im Hafen von Carthagena gelandet und von dem Contreadmiral Topete, dem Minister der öffentlichen Arbeiten, den Civil- und Militärbehörden und den Generälen empfangen worden. Es fehlte auch nicht an der üblichen „unermeßlichen Menge," welche den König, wie der Telegraph berichtet, herzlich begrüßte. Das heißt auf deutsch in stiller und gedrückter Stimmung dem ungewohnten Schauspiel beiwohnte.

Eine erschütternde Nachricht erwartete den König; vergeblich suchte sein Auge nach dem unermüdlichen Kronenhändler Prim, dessen verlockenden Worten er nicht widerstanden, dem zu lieb er der gesunden Vernunft Schweigen geboten. Statt seiner, empfing er die schreckliche Kunde, daß der einzige Freund, der seinethalb sich über Recht, Gesetz und Verfassung hinweggesetzt, ermordet worden, daß die Stimmung des Volkes eine bedenkliche sei. Zum ersten Male hat der König die Kehrseite seiner Träume, die nackte erschütternde Wirklichkeit gesehen.

In der Netschajeff'schen socialistischen Verschwörung, die seinerzeit in Rußland und in ganz Europa so viel Geräusch machte und ein ganzes Jahr hindurch den großen russischen Polizei-Apparat in Bewegung erhielt, wird jetzt gegen 43 der Theilnahme an der Verschwörung beschuldigte Individuen die Anklage erhoben werden. Auf den Ausgang dieses Prozesses, dessen Fäden die russischen Spürhunde bis nach dem Herzen Deutschlands verfolgt, darf man mit Recht gespannt sein!

Ueber die Londoner Conferenz meldet die „Montagsrevue": Der Zusammentritt der Conferenz ist um einige Tage verschoben worden, weil es bei der Schwierigkeit der Verbindungen mit der französischen Regierung nicht möglich gewesen ist, Hrn. Julius Favre rechtzeitig davon zu verständigen, daß ihm preußischer Seits ein Geleitsbrief bewilligt worden ist.

Ein neuer Conflict. Die „Times" meldet aus Pera v. 1. ds: Zwischen der Pforte und Aegypten sind neue Differenzen wegen Ausführung des die Entwaffnung anordnenden Fermans entstanden.

In Britisch-Indien ist ein Preßgesetz erlassen worden. Dasselbe lautet:

Wer durch Worte, die gesprochen werden oder gelesen zu werden bestimmt sind, oder durch Zeichen und Abbildungen versucht, gehässige Gefühle gegen die in Britisch-Indien gesetzlich bestehende Regierung zu erregen, wird mit lebenslänglicher oder bestimmte Zeit dauernder Transportation, oder mit Gefängniß bis zu 3 Jahren und einer Geldbuße bestraft.

In Allahabad herrscht ein großer Schrecken, man befürchtete eine Wiederholung der Scenen von 1857: es trat plötzlich eine allgemeine Widersetzlichkeit ein, so daß militärische Maßnahmen stattfinden mußten.

Der Krieg.

Von den Armeen in Frankreich liegen uns zur Stunde keine näheren Nachrichten vor. Lakonisch meldete der Telegraph von einer großen Schlacht bei [illegible]. Wäre sie siegreich gewesen, hätte das [illegible] Depeschen-Bureau sicher nicht ermangelt, die übliche [illegible] Bemerkung hinzuzufügen. Das [illegible] des Telegraphen über die [illegible] fort folgt Beunruhigung [illegible] der neue wahrscheinlich [illegible] mit einem Sieg[illegible] Hoffen wir, daß auch [illegible] ehrenvoll geführten Kampf [illegible] Waffen beendigt haben mögen.

Der [illegible]ohner von Wilhelmshöhe erinnerte [illegible] diesen Tagen wohl, daß sonst die Welt [illegible]gevoll an seinen Lippen hing und er wollte, [illegible] auch diesmal von ihm die Rede sein sollte. Er [illegible] eine pomphafte Ansprache an das französische Volk vorbereitet, aber von Versailles aus ist ihm die Veröffentlichung untersagt worden.

* Versailles, 3. Jan. Vor Paris auf der Ostfront am 3. Januar diesseits lebhaftes Geschützfeuer, welches der Feind nur aus Fort Rosny schwach erwiedert.

v. Podbielski.

* Boulzicourt, 3. Jan. Mézières ist gestern Mittags 1½ Uhr von den preußischen Truppen besetzt worden, über 2000 Gefangene gemacht, darunter 94 Offiziere. 106 Geschütze wurden erbeutet und viele Vorräthe an Lebensmitteln.

v. Woyna.

* Wie der Bauer dem Schulmeister die deutsche Verfassung auslegt.

III.

Der Mehrzahl unserer alten Leser wird unser verständiger Freund, der Bauer in seiner politischen Unterhaltung mit dem Schulmeister noch in frischer Erinnerung sein. Für unsere neu hinzutretenden Leser theilen wir Folgendes mit: Unser Bauer hatte in höchst ergötzlicher Weise den Gensdarm, den Reactionär, den Prediger und den Kreisrichter abgefertigt, die bei der Abgeordneten-Wahl seine Stimme für sich haben wollten. Unerschrocken hatte er zum Aerger des Landraths, der ihm mit der Einziehung des Nothstandsdarlehns drohte, wenn er nicht für ihn stimmen würde, für die Demokraten gestimmt und die Wahl zu ihren Gunsten entschieden. Später war unser Freund mit dem Schulmeister in ein langes Gespräch über die Norddeutsche Verfassung gerathen und sehr richtig hatte er zwischen dem Deutschland des deutschen Volkes und dem Deutschland des Königs von Preußen folgenden Unterschied gemacht:

Das Deutschland des Königs von Preußen schildert seine Thronrede im ersten Reichstage selbst am Klarsten. Darin heißt es:

„Einst mächtig, groß und geehrt, weil von starken Händen geleitet, sank das deutsche Reich, nicht ohne Mitschuld von Haupt und Gliedern in Zerrissenheit und Ohnmacht. — — Niemals aber hat die Sehnsucht des deutschen Volks nach seinen verlorenen Gütern aufgehört und die Geschichte unserer Zeit ist erfüllt von denselben Bestrebungen, Deutschland und dem deutschen Volke die Größe seiner Vergangenheit wiederzugeben."

Der Bauer hatte gefolgert und der Schulmeister es bestätigt, zur Zeit der deutschen Größe, welche der König von Preußen erstrebt, waren die Bauern Leibeigene und Sklaven und besaßen gar keine Rechte und Freiheiten — folglich wird der Bauer im neuen Deutschland des Königs von Preußen auch nur das traurigste Loos finden.

Darauf hatte dann der Schulmeister geantwortet: Leibeigene werden wir ja doch nicht werden, das Deutschland, welches wir jetzt schaffen, soll groß und mächtig werden, aber durch seine Freiheit nur.

„Laßt Euch nicht auslachen, Schulmeister!" hatte der Bauer entgegnet. „Hier steht es ja schwarz auf weiß und wie unser König spricht, so meint er es auch. „Mächtig, groß, geehrt, weil von starken Händen geleitet!" Da habt Ihr's ja. Eine starke Leitung muß doch immer nach unten hin den größten Gehorsam finden. Seht in meiner Wirthschaft arbeitet die ganze Familie mit, da ist der Schwager, die Frau und die Base, Alles arbeitet freiwillig; jedes hat ja Vortheil davon und ich darf nur einen Rath zu geben und das Nöthige geschieht ganz von selbst. Wie anders aber wäre es, wenn ich Knechte hätte, da muß eine starke Leitung sein, denn geht nicht Alles nach dem Schnürchen, geht die Wirthschaft rückwärts. Da darf kein Knecht nach seinem eigenen Willen handeln, er hat nur zu gehorchen, thut er dies nicht, muß ich ihn abschaffen. Nun denkt Euch einen Staat, der auf eine starke Leitung angewiesen ist, was sind wir da mehr als

Knechte? Dürfen wir einen freien Willen haben, müssen wir nicht immer gehorchen?

Wenn die starke Leitung sagt, der Bauer muß noch dreimal so viele Steuern zahlen als bisher, da das zum Glanze des Kaiserthums nothwendig ist, muß es der Bauer doch thun. Wenn die starke Leitung sagt, der Bauer braucht gar nicht so klug zu werden, er braucht keine Schulmeister, ich werde schon für ihn sorgen, dann werden die Schulmeister abgeschafft. Wenn die starke Leitung sagt, der Bauer muß Haus und Hof verlassen, Weib und Kind kann inzwischen [illegible], er aber muß in den Krieg ziehen, weil der [illegible] sich mit dem Kaiser in den Haaren liegt und [illegible] starke Leitung nicht dulden darf, daß der russischen [illegible] schaft ein Leid geschieht, erfolgt es. Nein! Nein! [illegible] wir mit der alten Reichsherrlichkeit, ich sehne mich [illegible] mal nicht nach solchen Zuständen. Ich bin ein M[illegible] des Friedens und wie ich es zu Haus liebe, liebe [illegible] auch im Staat. Wir wollen als ruhige, fri[illegible] Bürger leben und die vielen Millionen, welche uns so eine starke Leitung kostet, lieber für Waisenhäuser und Straßenbauten, Schulen und Fabriken verwenden. Seht Euch doch mal die Bettler im Lande an, jetzt sind sie schon nicht mehr zu zählen, laßt uns nur erst einmal eine starke Leitung mit noch mehr Steuern und Plackereien haben, dann kommen wir ganz auf den Hund, was sind wir dann mehr als Leibeigene, die um des täglichen Brodes willen blindlings gehorchen müssen?"

Der Schulmeister hatte auf diese Ansichten keinen Einwand. Er hatte versprochen, die irrige Anschauung des Bauern sofort durch die Nordbundesverfassung zu widerlegen, er war nach Haus geeilt, aber nicht wieder gekommen. Er hatte in der Nordbundesverfassung die Freiheit nicht gefunden.

Inzwischen hatte die Berathung der deutschen Verfassung begonnen und wir sehen jetzt den Bauer und den Schulmeister in des Ersteren Wohnung im Lesen der verschiedenen Verfassungen vertieft. Was die beiden Männer Merkwürdiges entdeckt, wollen wir den Lesern in unserer nächsten Nummer mittheilen. (Fortsetzung folgt.)

* Die Geschichte vom machtlosen Sultan und dem klugen Großvezier.

Ein Märchen für große Kinder.

Es war einmal ein großer Sultan im Norden, welcher sich durch Gewalt alle seine Nachbaren bis an die Grenze vom Mittag unterworfen hatte. Lange schon hatte er danach getrachtet, auch die im Mittag wohnenden Völker zu unterwerfen. Diesen aber war schwer beizukommen, denn unlängst erst hatten sie ihm in einer großen Gefahr, in der es ihm an's Leben zu gehen drohte, beigestanden. Da konnte er sie doch vor der Welt nicht verschlucken und das machte ihm schwere Sorge. Mit seinem Großvezier, der ihm zur ersten Eroberung gerathen, hielt er einen geheimen Rath und dieser in diplomatischen Pfiffen und Kniffen wohl erfahren, schlug ihm vor, die Fürsten im Mittag für ihre Hülfe glänzend zu belohnen. Er sollte ihnen eine Mitregentschaft im Reiche einräumen, sie über Krieg und Frieden mitsprechen lassen und auch den bereits unterjochten Fürsten größere Freiheiten gestatten. Darob wurde der Sultan denn sehr ergrimmt und schalt auf seinen Großvezier, der ihm so schlechten Rath ertheilt. Doch dieser strich seine drei Haare und lächelte. Dann zog er ein Blatt Papier aus der Tasche und darauf stand: „Zusatz zu Artikel 11. Zur Erklärung des Krieges im Namen des Bundes ist die Zustimmung des Bundes erforderlich, es sei denn, daß ein Angriff auf das Bundesgebiet oder dessen Küsten erfolgt." „Majestät," fragte der Großvezier mit schlauem Lächeln, „wer hat vor einigen Jahren den Krieg begonnen, als wir unsere ersten Eroberungen einheimsten? waren wir es nicht? und schwur nicht trotzdem jedermann im ganzen Staate darauf, daß es der Gegner gewesen? Wenn wir mal einen frischen fröhlichen Krieg haben wollen, streuen wir dem Bundesrath Sand in die Augen und der Krieg wird geführt!

Die Fürsten vom Mittag werden über unsere Dankbarkeit staunen und mit beiden Händen zugreifen, das wird ein köstliches Schauspiel werden, wenn sie das Reich zu regieren, auf dessen Geschick einen gewichtigen Einfluß auszuüben vermeinen und doch nur das fünfte Rad am unserem Staatswagen bilden, das wir gelegentlich abwerfen. Die Bevölkerung? Pah" — ein geringschätziges Lächeln flog um die Lippen des Großveziers — „werden Majestät sehen, die Schreier, welche bei jeder Gelegenheit gegen uns eine Faust in der Tasche machen, werden über unsere Großmuth wüthen und toben und das wird die Fürsten vom Mittag noch mehr bestärken, schnell zuzulangen und die Schreier werden die Ersten sein, die uns bestürmen, das fünfte Rad abzuwerfen" — „und da wir stets mit Vergnügen auf die Stimme unseres Volkes geachtet," fiel der Sultan ein, „werden wir nicht verfehlen, diesen Wunsch im Interesse des Staates zu erfüllen."

„So treffen wir übrigens mehrere Fliegen mit einem Schlage," schloß der Großvezier seinen Vortrag, „wir bekommen das Land im Mittag, werden die Fürsten los und die Schreier vergessen in ihrer Wuth über unsere Großmuth, daß sie schließlich am schlimmsten wegkommen. Haben wir einmal über eine Million Bajonnette und noch mehr zu verfügen, können auf unsere Anordnung die verhaßten Blätter im ganzen Reiche confiscirt, und die schwatzhaften Vereine auseinandergesprengt werden, was man uns der „Rechtseinheit" wegen wohl ohne Weiteres zugestehen wird, erfreut sich das Reich Ew. Majestät der sichersten Begründung, kein Nachbarstaat wird es zu erschüttern wagen, noch weniger dürfen wir von einer [illegible] Menge fürchten, die es wagen sollte, [illegible] Rechte, als die dem Volke von Ew. Majestät [illegible] zu verlangen."

Der Sultan nickte. „Auf die Menge habe ich nie etwas [illegible], gut zu Kanonenfutter! Doch sonst ohne Bedeutung."

Wenige Tage später hatte der Großvezier die Genugthuung, dem Sultan die Reiche im Mittag zu Füßen zu legen. Die Fürsten hatten zugegriffen, das Volk hatte über die Großmuth des Sultans schier den Verstand und leider [illegible] — seine Freiheit verloren. Der Großvezier aber [illegible] und wenn das fünfte Rad noch nicht vom Wagen gefallen und das Volk noch nicht ganz als Kanonenfutter verbraucht ist — so geschieht's noch!

Verbot der Berliner Volkszeitung.

Leipzig, 30 Dez. Folgendes Circular ist, wie der „Volksstaat" mittheilt, am 15. Dezbr. aus Versailles an die Commandeure sämmtlicher Bundestruppen ergangen:

Versailles, 7. Dez. 1870.

Es ist jetzt zu unserer Kenntniß gekommen, daß der Verleger der „Volkszeitung," Franz Duncker, seit der Mitte des Monats August ds. Js. täglich 1000 Exemplare seiner Zeitung für die Truppen zur Verfügung gestellt hat, und daß die Kgl. Feldpostanstalten dieses Blatt durch die Briefe ordonnanzen übernommen haben.

Da zur Vertheilung von Druckschriften an die Soldaten der Armee es mindestens der Genehmigung durch die Truppenbefehlshaber bedarf, die in diesem Falle aber — da es sich um die allgemeine Zulassung eines notorischen Oppositionsblattes handelte — von mir hätte ertheilt werden müssen, solche Erlaubniß indeß bei mir nicht nachgesucht worden ist, so untersage ich hierdurch in Uebereinstimmung mit den Intentionen Sr. Majestät die fernere Verausgabung dieser Freiexemplare der „Volkszeitung" an die Truppen, sofern deren Commandobehörden die Verbreitung qu. Zeitung nicht schon aus eigener Initiative verhindert haben.

In jedem Falle ersuche ich das General-Commando hierdurch ergebenst, die durch die Feldpostanstalten (einschließlich des Feldoberpostamtes und der Armeepostämter) etwa ferner eingehende derartige Exemplare der genannten Zeitschrift von der Postanstalt täglich abfordern und vernichten zu lassen.

Der Kriegsminister
gez. v. Roon.

* Die Pontusfrage

Wir befinden uns im bürgerlichen Leben nur dann zufrieden, wenn die bestehenden Gesetze streng geachtet werden, und wir würden in einen Schrei der Entrüstung ausbrechen, wenn heute unsere reichsunmittelbaren Junker sich nach ihrer Väter Weise dem edlen Raubritterthume widmen wollten. So „nobel" solche „Passion" auch wäre, man würde den Stegreifrittern doch bald das Handwerk legen und sie anhalten müssen, die Gesetze, welche jedes Gewaltrecht verbieten, zu achten.

Wie im schlichten bürgerlichen Leben, ist es auch im Leben der Völker, oder soll es wenigstens sein. Würden die Völker nur ihrer Arbeit, ihrer freiheitlichen Entwickelung leben können, würde es sicher keinem Staate einfallen, den anderen mit Krieg zu überziehen und Streitigkeiten durch großartige Menschenschlachtungen der beiderseitigen Angehörigen auszugleichen. Leider haben die Völker ihrer Arbeit nur soweit zu leben, als die Interessen ihrer Fürsten gestatten. Wenn die Fürsten den Krieg wollen, müssen die Völker gehorchen. So unsinnig es in unserem Jahrhundert auch klingt, ist es doch eine für die Völker beschämende Thatsache, und an fürstlichen Raubrittern gebricht zudem es leider nicht! Furcht und Mißtrauen hatten die Großmächte 1856 veranlaßt, der russischen Gefräßigkeit durch das Umhängen eines Maulkorbes in Gestalt eines Vertrages ein Ende zu machen. Der Vertrag sprach die Neutralisirung des schwarzen Meeres aus und bedrohte Rußland mit Krieg, sowie es diese Neutralität verletzen würde.

Rußland war dieser Vertrag längst ein Dorn im Auge und auch die anderen Herrscher des Continents betrachteten ihn mit scheelen Blicken, da er dem Faust- oder Gewaltrechte eine Schranke zog.

Rußland hat nun den Vertrag zerrissen und dadurch das Faustrecht wieder eingeführt. Damit hat es aber den anderen Eroberern Thür und Thor geöffnet, denn was dem einen recht ist, ist dem andern billig. Jetzt braucht das deutsche Kaiserreich Nordschleswig nicht wieder herauszugeben, es kann Luxemburg annectiren u. s. w. Warum? Wer die Gewalt, hat das Recht.

Dem Volke wird durch die Zerreißung des Vertrages vom 30. März 1856 die traurigste Aussicht eröffnet. Das Faustrecht im staatlichen Leben bedeutet dasselbe wie im bürgerlichen: ein fried- und freudloses Dasein! Das die Bedeutung der Pontusfrage!

Feuilleton.

Die Polenflüchtlinge.*)

Erzählung von A. Fr.

(Fortsetzung.)

„Wissen Sie, Herr, was es heißt, von einem rohen thierischen Volke, von den Schergen einer despotischen Regierung mit Füßen getreten und seiner heiligsten Rechte beraubt zu werden? Wahrlich, wenn mich noch das alte Feuer beseelte, das mich einst anno 48 auf die Barrikade trieb, so wäre ich mitgezogen in den Kampf für die heilige Sache der Freiheit, der Menschheit."

Der Kaufmann zuckte die Achseln. „Sie sind noch immer der alte Schwärmer, lieber Ehrenfels," sagte er lächelnd.

„Das ist keine Schwärmerei," entgegnete dieser, „sondern nur wahres Gefühl, das unser Handeln in allen Stücken leiten sollte. Wenn dies stets der Fall wäre, gäbe es vielleicht mehr Kampf und Unruhe in der Welt; aber es würde sich alles besser gestalten, als bei der ledigen Leistere ecei. Darum gehts in Amerika in allen Stücken vorwärts, weil dort das Individuum in seiner berechtigten Eigenthümlichkeit sich frei bewegen und handeln darf, ohne andere Schranken, als die des allgemeinen Gesetzes vor sich zu haben."

„Jetzt da bin, Ehrenfels, ich werde Dich begleiten," rief hinter dem Redner eine kräftige, tiefe Männerstimme. Erstaunt wandte sich der Angeredete um. Ein Mann in den mittleren Lebensjahren stand hinter seinem Stuhle und streckte ihm lächelnd beide Hände entgegen. Es war eine kräftige, schön gebaute Gestalt, die Glieder vom herrlichsten Ebenmaß, die Stirn geistvoll, das Gesicht eingerahmt von einem mächtigen dunkelbraunen Vollbart. Die tiefliegenden Augen ruhten jetzt mit dem leuchtenden Ausdrucke inniger Freude auf dem vor ihm sitzenden Freunde, der ihn noch immer verwirrt anstarrte.

„Du erkennst mich nicht mehr, alter Kamerad," rief der Fremde lächelnd, „gedenkst Du nicht mehr des jungen Mitkämpfers aus den Märztagen des großen Jahres, des jungen Studenten, den seines wackern Ehrenfels, den verwundeten Helden, einen unter dem Kugelregen der Gegner auf seine Schultern lud und in Sicherheit brachte?"

Wie ein Jüngling so rasch und freudig, sprang Ehrenfels von seinem Stuhle auf.

„Freimuth, Du lebst, Du bist hier? Und ich glaubte, Du seist gefallen im heiligen Kampfe, oder gestorben in finsterer Kerkernacht . . . . ."

„Ich war oft nahe daran, in dieser Weise zu enden," versetzte der Angeredete nach herzlicher Umarmung, „aber das Schicksal hat mich zu andern Dingen aufgespart. Du weißt, daß ich später nach Baden eilte, um dort für die Freiheit zu kämpfen. Ich wurde schwer verwundet; aber die liebevolle Pflege eines braven Demokraten, dessen Familie ich einen unbedeutenden Dienst erwiesen hatte, rettete mich vom Tode und entzog mich zugleich den Verfolgungen der Soldaten. (Forts. f.)

*) Der Abdruck ist nicht gestattet.

Verantwortlicher Redacteur und Verleger Carl Luebeck.
Druck von Ph. Rohr in Kaiserslautern.

Marktbericht.

* **Frankfurt,** 4. Jan. Notirungen nach dem städtischen Courszettel. (Notirungen sind in Gulden [illegible]. Lieferung per comptant nur für Parteien zulässig.)

Wetter: Kalt. Weizen, Roggen, Hafer, Rüböl und Branntwein unverändert.

Weizen (200 Z.-Pfd. netto) effekt. hies. und Wetterauer 14—15¹/₂, [illegible] —, fremder 14—15, auf Lieferung*) per diesen Monat 14¹/₂, per Nov. —, per April 15— B. 14⁵/₈ G., per Mai 15¹/₈ B. 15 G.

Roggen (180 Z.-Pfd. netto) effekt. hies. 11⁵/₈—12, händl. —, auf Lieferung*) per diesen Monat 11¹/₂, per Nov. —, per April 12 B., 11⁷/₈ G., per Mai 12¹/₈ B. 12 G.

Gerste (180 Z.-Pfd. netto) effekt. hies. und Wetterauer — pfälz. —.

Oelsaaten (200 Z.-Pfd. netto) Raps eff. —, Rübsen —.

Hafer (100 Z.-Pfd. netto) effekt. hies. 9¹/₂—11—, fremd. —, per diesen Monat 9³/₄, per Nov. —, April 10¹/₄ B., 10 G., per Mai 10¹/₂ B., [illegible] G.

Rüböl (100 Z.-Pfd. netto) effekt. hies. (ohne Faß in Partien von 50 Ctr. 31¹/₄, effekt. fremdes (ohne Faß in Partien von 50 Ctr. 32 auf Lieferung**) per diesen Monat —, per Oct. —, per Mai 30³/₄.

Branntwein 50 Pct. Tralles per 200 Liter eff. h. ohne Faß 31—.

*) Weizen mindestens 150 Pf., Roggen mindestens 140 Pfd. Naturalgewicht per 100 Liter; **) [illegible] nach der [illegible] Usance [illegible], incl. Faß.

* **Köln,** 3. Jan. (Amtliche Notirungen der Handelskammer.) Wetter: kalt.

Rüböl unverändert, per 100 Pfd. mit Faß in Oxhoft eff. in Partien von 100 Centner 17 Br., per Mai 15⁹/₁₀ B., 15⁷/₁₀ G., per Oct. 14⁸/₁₀ Br. 14⁷/₁₀ G.

Leinöl unverändert, effekt. in Partien von 100 Centner 12 Br.

Weizen matter, effekt. 7³/₄—8— Br., fremder 7³/₄—8 Br., per März 8.1 Br. 8 G., per Mai 8.4 B., 8.3 G., per Juni 8.7 B., 8.6 G.

Roggen fest, effekt. 6.20 Br., fremder und geldert 5.25 bis 6.20 Br., per März 6 B., 5.29 G., per Mai 6 Br. 5.29 G.

Spiritus unverändert, 80% Tr. eff. in Partien von 3000 Quart 21 B.

Notirungen der Productenhändler.

Weizen still, effekt. 8¹/₂—8³/₄ Br., fremder 7³/₄—8³/₄ Br., per März 8.1 B., 8 G., per Mai 8.4 Br., 8.3 G. per Juni 8.6 B., 8.5 G.

Roggen still, effekt. hies. 6¹/₄ Br., fremder 6—6¹/₂ Br., per März 5.29.6 B., 5.27.6 G., per Mai 5.29.6 B., 5.28.6 Geld.

Gerste, effekt. hies. 6¹/₄ Br., Brauer- 7¹/₂ Br.

Hafer effekt. 5³/₄ Br.

Rüböl behauptet, effekt. in Partien v. 100 Centner in Oxhoft 17 B., per Mai 15⁸/₁₀ bez. u. B., 15⁷/₁₀ Gd. per October 14¹¹/₂₀ bez. [illegible] Br., 14⁹/₁₀ G.

* **Berlin,** 3. Jan. Weizen loco ohne Umsatz. Termine [illegible] ruhiger. — Roggen loco mäßig umgesetzt. Termine anfangs fest, schließen matter. — Roggenmehl [illegible]. Petroleum [illegible]. — Rüböl matter. — Spiritus zu [illegible] Preise gehandelt.

Wetter: kalt.

Weizen loco pr. 2100 Pfd. 67—77 thlr., weißbunt poln. 69—71 thlr., bunter 74—76¹/₂ thlr. bez., feiner 77¹/₂—79 thlr. bez., Dez. 76¹/₂—76 thlr. bez.

Roggen loco pr. 2000 Pfd. poln. 51¹/₂—52 thlr., feiner 52¹/₂—53¹/₂ thlr., [illegible] 51¹/₄—52¹/₄ thlr. ab Bahn bez. pr. Dezember 52³/₄—53 thlr. bez.

Roggenmehl pr. Dez. 4 thlr. 1¹/₄ sgr. bez.

Gerste große und kleine pr. 1750 Pfd. 34—54 thlr.

Hafer pr. 1200 Pfd. loco 23—31 thlr., [illegible] 21—25 thlr., märk. 26—26¹/₂, [illegible] 25¹/₄—25¹/₂ thlr., ab Bahn bez., pr. Dez. 2⁷/₈ [illegible].

Erbsen pr. 2250 Pfd. Kochwaare 60—70 thlr., Futterwaare 50—56 thlr., ab Bahn 55¹/₂ thlr. bez.

Petroleum loco 7¹/₂ thlr., pr. Dez. 7¹¹/₂₄ thlr. bez.

Rüböl pr. 100 Pfd. loco 15³/₄ thlr. Br., per Dez. 15¹/₃—14²³/₂₄ thlr. bez. u. Br.

Leinöl loco 11¹/₂ thlr. bezahlt.

Oelsaaten pr. 1800 Pfd. Winterraps 106—112 thlr., Winterrübsen 108—110 thlr.

Spiritus pr. 10,000 Liter % loco ohne Faß 16 thlr. 12 sgr. bez., per Dez. 17 thlr. 1 sgr. bez.

* **Berlin,** 2. Jan. (Neuer Berliner Viehmarkt.) Der heutige Markt verlief noch matter, wie die letzten des verflossenen Jahres, weil, wenn auch nach den Festtagen immerhin der locale Bedarf sich ein wenig vermehrt, doch hauptsächlich an dem heimischen Exportverkehr lag.

Es waren 1485 Stück Hornvieh zugetrieben; der eigentliche Handel fing erst spät am Vormittage an und hätte sich noch schlechter gestaltet, wenn der Export für die Gefangenenstätte nicht hinzugekommen wäre; es wurden bei einigen Ueberstände bezahlt: für erste Qual. 16—17¹/₂ Thlr., für zweite 14—15 Thlr., für dritte kaum 9 Thlr. pro 100 Pfd. Schlachtgewicht.

Auch von Schweinen verblieb ein nicht unbedeutender Ueberstand, wenn schon die Preise sich ziemlich auf der Höhe des letzten Marktes hielten; es waren 3507 Stück aufgetrieben und wurden noch 17¹/₂ Thlr. pro 100 Pfd. Schlachtgewicht bezahlt.

Von Kälbern waren 724 Stück zur Stelle und wurden, da auf kein Ueberstand verblieben war, ziemlich schnell geräumt, erzielten auch gute Durchschnittspreise.

Von Schaafvieh waren 563 Ueberstände vom vorigen Markt zurückgeblieben und hatte sich in Folge dessen sowohl, wie in Folge der schlechten Preise die heutige Zufuhr auf das geringe Quantum von 1501 Stück beschränkt; trotzdem blieb auch heute wieder ein nicht unbedeutender Ueberstand und wurden 5 Thlr. pro 45 Pfd. als höchster Preis bezahlt.

* **Königsberg,** 31. Dez. Weizen für 85 Pfd. 90—95 Sgr. — Roggen für 80 Pfd. 53—58 Sgr. — Gerste, große und kleine für 70 Pfd. 42—46 Sgr. — Hafer für 50 Pfd. 26—32 Sgr. — Erbsen, weiße für 90 Pfd. 55—61 Sgr., graue, 55—75 Sgr., grüne 55—65 Sgr. — Bohnen für 90 Pfd. 65—72 Sgr. — Wicken für 90 Pfd. 40—55 Sgr. — Buchweizen für 70 Pfd. 40—43 Sgr. — Leinsaat für 70 Pfd. 73—90 Sgr. — Rübsen für 72 Pfd. 112—128 Sgr. — Kleesaat, rothe 10—16 Thlr., weiße 13—22 Thlr. per Centner. — Thymotheum 6—9 Thlr. per Centner. — Leinöl mit Faß 11¹/₂ Thlr., Rüböl mit Faß 14¹/₂ Thlr. per Cent. — Leinkuchen 76—82 Sgr., Rübkuchen 68—71 Sgr. per Centner. — Spiritus 15¹/₂ Thlr. für 8000% Tr. ohne Faß.

Deutscher Demokrat.

Erscheint wöchentlich einmal und wird den auswärtigen Abonnenten Freitags mit der Post zugesandt.

Nro. 3. Vierteljährlich 5 Sgr. — 18 kr. in Preußen 6 Sgr. 9 Pf. **Kaiserslautern, 13. Januar** Inserate 3 Sgr. — 12 kr. die 4spaltige Zeile. 1871

* Wochenschau.

Deutschland.

Preußen feiert das Dienstjubiläum seines Kriegsministers v. Roon. Das Hauptverdienst dieses Herrn bestand bekanntlich in der in militärischen Kreisen vielgerühmten Militär-Reorganisation, welche der Landwehr den Todesstoß versetzte. Das Jahr 1868 erschütterte bereits diesen Ruhm, da man trotz alledem der volksthümlichen Landwehr, die unter Umständen auch denken konnte, nicht zu entbehren vermochte! Und heute gar! Ist der Widerstand Frankreichs nicht erst in dem Augenblick erwacht, als das stehende französische Heer vom Kampfplatz verschwand und dem Volksheere Platz machte. Würde Preußen diesen Riesenkampf bis heute haben führen können, wenn es nicht immer tiefer in das Volk hineingegriffen hätte? Die ältesten Jahrgänge der Landwehr sind eingezogen und mit ihnen marschiren selbst solche, die zum Landsturm zählen sollten. Ehe wenige Wochen verflossen sind, wird die Zahl Derjenigen, welche seit zwanzig und mehr Jahren die Uniform abgelegt haben und nun wieder als Offiziere dem Feind gegenüber stehen oder ihn doch mindestens in den Festungen bewachen helfen, eine ganz beträchtliche sein. Werden die Gewalthaber den Nutzen aus dieser Erscheinung ziehen? Wir glauben es nicht, für den inneren Kampf, und auf den dürfte man sich nach dem Kriege wohl am meisten vorbereiten, ist die gedrillte Linie am besten zu verwenden. Da wird für den Kriegsminister wegen seiner Militär-Reorganisation, nach dem Kriege die Dotation wohl nicht ausbleiben.

Das Abgeordnetenhaus macht in der Etatsberathung mächtige Fortschritte. Weit hinten im unendlichen Meere der Vergessenheit liegt die Klippe Cultusministerium. Alles hat man bewilligt und die alte Seeschlange vom Rücktritt des Ministers, die bei jeder Etatsberathung aufzutauchen pflegt und die sich auch diesmal zeigte, ist nach der Kreuzzeitung eine Fabel. Der Minister hat die beruhigende Erklärung abgegeben, daß sein Schulsystem vom Jahre 1817 keinerlei Veränderungen erleiden würde und da bleibt die alte Schandwirthschaft noch recht lang in Kraft, so lange wenigstens, als das Volk nicht selbst Hand anlegt, sie zu beseitigen.

Der brave Herr Cultusminister von Mühler ist auch auf dem Wege, sich um das Seelenheil Gesammt-Deutschlands hochverdient zu machen. Er läßt gegenwärtig Erhebungen darüber eintreten, ob in der Grafschaft Schaumburg die in den Kirchenordnungen vorgeschriebene Teufelentsagung bei der Taufe noch in Uebung sei, und wenn nicht, seit wann sie abhanden gekommen sei. Veranlassung hierzu soll ein neuerdings in einer Gemeinde stattgefundenes Zerwürfniß mit dem Pastor gegeben haben, welcher die alte Formel wider den entschiedenen Widerspruch der Betheiligten anwenden wollte und sich auch bei der energischen Mißbilligung seines Verfahrens durch das Consistorium nicht beruhigt haben soll. Was ist natürlicher, als daß der Cultusminister, der immer unerschütterlich auf seinem Schein steht, (Schulsystem von 1817) betreffenden Falls das alte Unwesen wieder einführen wird.

Der Cultusminister hat übrigens auf die Beschwerden des Bonner akademischen Senats wegen der Uebergriffe des Hrn. Erzbischofs von Köln in der Angelegenheit der Professoren Hilgers, Reusch und Langen (dieselben haben sich bekanntlich geweigert das Dogma der päpstlichen Unfehlbarkeit glauben und lehren zu wollen), dahin beantwortet: daß er dem Herrn Erzbischof sein Bedauern über dessen einseitiges Vorgehen bereits ausgesprochen habe. Die Professoren der katholischen Theologie seien in Folge ihrer Staatsanstellung nicht berechtigt, ohne Genehmigung der staatlichen Behörde sich zu neuen Lehrnormen zu verpflichten, von denen in den Facultätsstatuten keine Rede sei. In keinem Fall aber könne der Erzbischof einseitig und direct einem Professor verbieten, Vorlesungen zu halten.

Derselbe Herr Erzbischof hat in der Sache des Pastors Dr. Tangermann, der sich auch gegen die Unfehlbarkeit erklärte, sofort ohne die vielen Proteste der Gemeinde zu berücksichtigen, ganz einseitig und eigenmächtig einen neuen Pastor nach Unkel geschickt unter gleichzeitiger Abberufung des seitherigen Vikars, der durch seinen Fanatismus einen Theil der Gemeinde zu verwirren und gegen den rechtmäßigen Pfarrer aufzureizen unablässig bemüht gewesen. Der neuernannte Pfarrer nun, der sich in aller Eile am zweiten Weihnachtstage durch den Decan bei nur geringer Theilnahme von Seiten der Gemeinde einführen ließ, hat von dem in seinem Pfarrhause von der Regierung geschützten Pastor Tangermann im Namen des Erzbischofs die Pfarrbücher und das Kirchensiegel verlangt. Beides wurde ihm entschieden verweigert.

Das Abgeordneten-Haus hat wieder verschiedene Niederlagen gegen die Regierung erlitten. Vor einem Jahr noch wurde beschlossen, die 30,000 Thlr. Aversional-Entschädigung an den norddeutschen Bund für die besonderen, im preußischen Interesse geleisteten Arbeiten der Bundesgesandten in das Extraordinarium zu setzen. In dieser Session fiel der Antrag, dank der großen Stärke der Klerikalen glänzend durch, ebenso der Antrag, in Gemäßheit der vorjährigen Beschlüsse die Beträge für die Gesandtschaften in Hamburg mit „künftig wegfallend" zu bezeichnen. Für die unbedingte Bewilligung stimmten alle Hannoveraner und Kurhessen, und auch nicht wenige unter den altländischen Nationalliberalen.

Was folgt daraus? Es geht sichtlich auf die Neige mit unserem parlamentarischen Leben! Mit der Verheißung des Grafen Bismarck aus dem Jahre 1868, schon im nächsten Budget eine Vorlage einzubringen, nach welcher jeder Provinz ein Theil des Staatsbudgets zur Selbstverwaltung überwiesen werden soll, hat es nach den Erklärungen der Regierung noch lange Wege; doch es soll dieses Versprechen nicht in Vergessenheit gerathen, erklärte die Regierung, die Selbstverwaltung erfolge". Aber wann? Wenn das gegenwärtige Centralisations-System in Trümmern liegt!

Es dürfte an dieser Stelle von Interesse sein, einen Blick auf die Schulbildung des preußischen Militärs zu werfen. — Die Recrutirung des Jahrganges 1869 und 1870 hat in Preußen folgende, nicht blos vom Standpunkte des Volksunterrichtes interessante Daten geliefert:

	Recruten	wovon nicht lesen können	in Ct.
Provinz Preußen	10,809	1183	11,[illegible]
Brandenburg	7,838	47	0,[illegible]
Pommern	4,055	47	1,[illegible]
Posen	5,577	862	17,[illegible]
Schlesien	12,005	361	2,[illegible]
Provinz Sachsen	7,516	28	0,[illegible]
Schleswig-Holstein	2,748	10	0,[illegible]
Hannover	6,188	54	0,[illegible]
Westphalen	5,806	60	1,[illegible]
Hessen-Nassau	4,359	10	0,[illegible]
Rheinprovinz	11,184	84	0,[illegible]
Hohenzollern	227	0	0,[illegible]
Lauenburg	174	1	0,[illegible]
	80,028	2696	3,[illegible]

Ostpreußen kömmt dabei am schlimmsten weg; es ist wirklich an der Zeit, in der Schule ordentlich aufzuräumen und nicht nur die Procentsätze ganz beseitigen, sondern auch alle jene Dinge, welche die heutige Erziehung vergiften. (Gumbinner Schulrath!)

In Ostpreußen schlägt übrigens jetzt die Regierung aus ihrer Nothstandsliebe Capital. Ein nordischer Freund schreibt darüber:

Aus Ostpreußen. Im Nothstandsjahre erhielten die armen Losleute von der Regierung 8 Scheffel Kartoffeln als Darlehen, um ihr Leben zu fristen. Jedermann nahm wohl an, dieselben seien ein Geschenk. Irren ist menschlich. Jetzt sollen sie dafür 4 Thaler nebst Zinsen zurückzahlen. Die Kartoffeln, die in diesem Jahre sehr faulen, kosten zur Zeit in Litthauen 12 Sg., in Masuren nur 6 Sgr. der Scheffel. Um die Schuld zu tilgen, müßten die Litthauer 10, die Masuren 20 Scheffel Kartoffeln ihres diesjährigen Wintervorraths verkaufen. Angenommen, die Losleute hätten es alle ermöglicht 3 Scheffel Kartoffeln im Frühjahre anzusetzen und, da sie den besten Acker nicht bezahlen können, davon 21 Scheffel gebaut, (von denen sie aber seit August schon gelebt haben), wie machen sie es denn, um nicht zu verhungern? — Die Herren am grünen Tisch scheinen die Verhältnisse des Volkes immer noch nicht genau zu kennen. Warum fragen sie nicht Leute die sie kennen? Fällt ihnen nie ein, und später nie auf, daß ihre Maßregeln mitunter die Ursachen scheußlichsten Elends werden? — Die Executionen sind noch nicht vollstreckt. Noch ist es Zeit, mit einem Federstrich das Elend von einer großen Zahl der Bewohner einer ganzen Provinz abzuwenden.

Die Wahlen zum Reichstage werden anscheinend etwa am 20. oder 21. Febr. stattfinden. Da nämlich die Auslegung der Listen am 10. Januar beginnen soll, so muß dieselbe (4 Wochen lang) bis zum 10. Februar dauern. Einige Tage nach geschlossener Auslegung werden dann die Wahlen stattfinden können.

Die Parteien rüsten sich zum Kampf. Die Conservativen stellen — auch ein Zeichen der Zeit! — Moltke und — Krupp als Candidaten zum Reichstage auf.

Auch die Fortschrittspartei und die Nationalliberalen regen sich. Seitens der demokratischen Partei ist der Reichstagswahl gegenüber noch kein allgemeiner Beschluß gefaßt worden.

Auch der Ausschuß der social-demokratischen Arbeiterpartei Deutschlands in Dresden, dessen Häupter Bebel und Liebknecht der Gewaltpolitik zum Opfer gefallen sind, hat ein Rundschreiben an seine Mitglieder erlassen, das in höchst würdiger Sprache die Principien der Partei und ihre gegenwärtige Lage beleuchtet und die Arbeiter zur lebendigsten Thätigkeit anspornt. Das Rundschreiben wird sicher seinen Eindruck nicht verfehlen.

In dem Landeshochverraths-Prozeß wider den Banquier Güterbock und Genossen ist die Entlassung der Angeklagten erfolgt. Sie haben die Nichtigkeitsbeschwerde angemeldet und zwar wegen der vom Staatsgerichtshofe verweigerten Erhebung des Defensionalbeweises.

Die Demokraten in Mannheim haben sich durch ihre Siege in der Bürgermeister- und Stadtrathswahl einschläfern lassen und bei der Wahl zum Bürgerausschuß eine Niederlage erlitten.

Wie man im Lande Baden über die Bündnißverträge mit dem Norden denkt, theilt uns ein Freund aus dem badischen Oberlande in folgendem Briefe mit:

Die Phrasenmacher in den „nationalliberalen" Zeitungen hochoffiziösen Schlages haben glücklich schon herausgebracht, daß das deutsche Volk dem neuen Kaiser entgegenjauchze &c. Es ist wahrhaft erstaunlich, wie diese politischen Harlekins ihre Lügen ausbreiten können, aller Scham bar, im Angesichte des Widerwillens aller Redlichen in Deutschland, deren Gesinnung unverkäuflich ist.

Bei uns in Baden und zumal im Oberlande ist aber der Widerwille am stärksten ausgeprägt gegen die Verkaufsverträge an Preußen und den von den Fürsten gemachten Kaiser, ohne das deutsche Volk nur im Mindesten zu befragen. Abgesehen von den schrecklichen Erinnerungen des Jahres 1849, wo ein uns noch sehr wohl bekannter preußischer Prinz uns so blutige Ordnung brachte und unsere besten Männer standrechtlich morden ließ; und nicht zu sprechen von dem Jahre 1866 wo die deutsche Bruderliebe jenes Prinzen sich so herrlich bewährte: flößt schon das verführerische Beispiel der benachbarten Schweiz, sowie das Andenken an Hecker und Struve und ihre politischen Grundsätze der Bevölkerung einen entschiedene Abneigung gegen die Neugestaltung der Dinge ein.

Was Wunder, wenn unsere — der Militärpflicht entgegenreifenden Söhne jetzt schon sagen: kaiserlich-preußische Freiheitsunterdrücker werden wir nicht, wir wandern aus in die neue freie Welt. Und die Eltern: „zum Todtschießen haben wir unsere

Söhne nicht groß gezogen," also fort mit ihnen über's Meer!

Eine solche Um- und Mißstimmung hat sich jetzt in [illegible] barische [illegible] unter [illegible] gibt [illegible] erkennen, daß [illegible] deutschen sind, und daß [illegible] im neuen deutschen Reich noch ungleich schlimmer werden wird, als es jemals gewesen.

Das Volk bei uns will im Frieden leben und die Früchte seines Schweißes nicht länger in den Schlund des unersättlichen Militärbudgets werfen und schon die Erinnerung an die vielen Millionen, welche die Regierung ehemals im Ausgabeetat zur Grenzbefestigung Preußens verlangt, treibt unseren schon schwer belasteten Bürgern und Bauern den Schweiß i's Angesicht."

In Bayern ist der Regierung das zur weiteren Kriegführung nöthige Geld bewilligt worden. Dagegen waren nur einige Patrioten vom christlichen und der Abgeordnete Kolb vom demokratischen Standpunkt. Die klare und geistvolle Rede des letzteren, welche das Elend unserer Zustände nur zu grell beleuchtete, lassen wir an anderer Stelle folgen.

Bayern beeilt sich, bei Zeiten in die norddeutschen Fußstapfen zu treten. Die Preßverfolgungen mehren sich, der Neujahrsnummer der Würzburger Zeitung ist der Nürnberger Anzeiger gefolgt, letzterer wegen eines Artikels, der die Ausweisung des Kriegs-Correspondenten der Frankf. Ztg. aus dem Hauptquartier besprach. Die Frankf. Ztg. selbst, welche wegen desselben Gegenstandes confiscirt war, ist freigegeben worden.

Die wackeren Nürnberger haben das nationalliberale Eis gesprengt und in einer zahlreich besuchten Volksversammlung beherzt gegen den Krieg und die Annexion Front gemacht und sich gegen die Bündnißverträge ausgesprochen. Wir kommen in nächster Nummer hierauf ausführlich zurück. Für heute wünschen wir nur, daß dieser muthige Schritt aller Orten eifrige Nachahmung finden möge.

Ausland.

Graf Bismarck hat dem Grafen Beust ein Sammtpfötchen gereicht und ihm ewige Freundschaft angetragen und Graf Beust, Oesterreichs verhängnißvollster Minister hat gute Miene zum bösen Spiele gemacht, da er Oesterreichs Staatsschiff so auf den Strand getrieben, daß ihm eine selbstständige Politik zur Rettung Oesterreichs unmöglich ist.

Die österreichischen Blätter veröffentlichen ein vom 29. v. M. datirtes Rescript, wodurch die Auflösung des kroatischen Landtags verfügt wird. — Die rumänische Frage scheint noch vor dem Zusammentritte der Conferenz das Zeitliche segnen zu wollen. Eine Privatdepesche der „N. Börs.-Ztg." meldet: „Die türkischen Gesandten sind angewiesen, den Cabineten mitzutheilen, daß die Differenzen zwischen Rumänien und der Pforte beseitigt sind und die Türkei ein lebhaftes Interesse für die Consolidirung Rumäniens hege."

Der römische Correspondent der Pall Mall Gazette will gehört haben, daß Graf Bismarck durch Baron Arnim den Papst um seine Mitwirkung bei der Beruhigung von Elsaß und Lothringen angegangen habe. Se. Heiligkeit habe eingewilligt, eine Encyklica oder ein Breve an die Bischöfe jener Provinzen zu richten, worin die Einwohner jener Provinzen zum Nachgeben ermahnt werden.

Das englische Cabinet wird einige Veränderungen erfahren. Kriegsminister Cardwell soll den Vorsitz im Unterhause übernehmen und durch Lord Lawrence oder Sir William Mansfield ersetzt werden. Der Unter-Staatssecretär des Auswärtigen, Otway, soll zurücktreten, wie die Einen sagen, aus Gesundheitsgründen. Nach einer andern Version soll er mit dem italienischen Gesandten wegen der Occupirung von Rom einen Auftritt gehabt haben, welcher sein Verbleiben im Amte unmöglich macht. (?)

In Baza (der spanischen Provinz Granada) fand eine republikanische Bewegung statt. Die Meuterer zogen aufs flache Land hinaus. Die Bewegung wird als bedeutungslos betrachtet. Wer weiß?

In Arabien ist nach den neuesten Nachrichten gegen die Pforte eine Rebellion ausgebrochen. Die Pforte beschloß vor Beginn der Action gegen die arabischen Rebellen den Scheik Emir Eigendi als außerordentlichen Commissär an dieselben zu senden, um einen friedlichen Ausgleich zu versuchen. Inzwischen aber ist bereits die Meldung eingelaufen, daß bei Salcimanie in Irak ein großer Kampf zwischen den Aufständischen und zwei Brigaden Infanterie stattgefunden. Erstere sollen (!) geschlagen sein. Auf beiden Seiten werden große Verluste beklagt.

Der Krieg.

Endlos sind [illegible]nachrichten, welche uns der Telegraph [illegible]sendet. Am 6. Jan. ging[illegible] die Armee des [illegible] Divi[illegible] über Vendome [illegible] auf [illegible] Anrücken befindliche [illegible] Armee [illegible]. Nach blutigen Kämpfen wurde [illegible] zurückgeworfen [illegible] der Vormarsch am [illegible] unter neuen [illegible]tigen Kämpfen die Abschnitte Ratron, Sarge, Savigny und La Chartre fortgesetzt. Endlich von Belfort ist es zu einer „großen" Schlacht, die der sogenannte Telegraph meldete, nicht gekommen. — Es sollen nur kleine Recognoscirungsgefechte stattgefunden haben. Dagegen ist von dem Belforter Belagerungscorps das zu Belfort gehörige Dorf Danjoutin, in dem sich die Franzosen festgesetzt hatten, gestürmt worden. Die Forts von Paris werden beschossen. Und trotz all dieser Siege keine Aussicht auf Frieden! Mit jedem Tage scheint die Widerstandskraft der Franzosen größer zu werden, mit jedem Tage werden unsere eigenen Verluste größer und furchtbarer und das Volk hüben und drüben ärmer und elender; kaum noch gibt es bei uns ein Haus oder eine Hütte wo nicht ein theures Opfer, das der Laune der Gewalthaber gefallen, beklagt wird. Die Blüthe unserer Jugend ist auf Frankreichs Schlachtfeldern verblutet, das kräftige Mannesalter ihr in den Tod gefolgt. Greise und Kinder sind zurückgeblieben und mit ihnen der Jammer um die entrissenen Stützen, die Noth, der Hunger und Kummer! Wird das Volk denn nie zur Besinnung kommen, nie einsehen, daß es gewaltsam in sein Unglück gestürzt wird. Darum ein Ende mit der nutzlosen Menschenschlächterei. Friede mit Frankreich!

Zukunftstraum eines deutschen Flüchtlings in der Neujahrsnacht 1871.

(Aus der Schweiz.)

„Mir wird von Alle dem so dumm,
„Als ging mir ein Mühlrad im Kopfe herum." —

so war mir in der That zu Muthe als ich gestern die frohe Botschaft vernahm: der deutsche Kaiser ist fertig gemacht — fertig gemacht mit Hülfe der besten Männer in Berlin, die als altgediente Realpolitiker zu diesem Behufe ihre bessere Ueberzeugung dem preußischen Donnergotte auf dem Altare des Vaterlandes geopfert hatten. — Ich las die herzerhebenden patriotischen Reden eines Lasker, Miquel, Löwe und anderer neumodischer Fortschrittsleute, — aber wunderbarerweise bekam ich bei dem Lesen dieser Reden so starkes Bauchgrimmen und Neigung zum Erbrechen, daß ich mich genöthigt sah, in's Bett zu gehen, und Kamillenthee zu trinken. —

Der Kamillenthee hatte die gehoffte Wirkung, und bald verfiel ich in einen anhaltenden Schlaf, der aber, was bei mir sonst fast nie der Fall zu sein pflegt, mit so lebhaften Träumen begleitet war, daß ich im ersten Augenblicke des Erwachens zweifelhaft war, ob das, was ich zu sehen vermeint hatte, Phantasie-Gebilde oder Wirklichkeit gewesen sei. — Ich will meinen Traum erzählen, — vielleicht ergötzt er doch den einen oder andern Leser. —

Ich schlenderte durch die Straßen einer großen deutschen Stadt; verschiedene Affichen, die ich las, sagten mir, daß ich bereits im Jahre 1872 lebte. An einer Querstraße kam ein Zug an mir vorüber, der meine ganze Aufmerksamkeit auf sich zog. An der Spitze des Zuges schritt mit gravitätischem Anstande ein Herr mit orientalischen Zügen und krummen Beinen, mit einem eleganten Frack, aber sehr abgeschabten Beinkleidern bekleidet. Neben ihm ging ein Mann, den der rothe Kragen seines Waffenrocks und ein mit Anstand getragener Ochsenziemer als einen Executiv-Beamten besonderer Gattung erkennen ließ. — Eine Masse Menschen, meist den wohlhabenden Ständen angehörig, folgten, unwillkührlich schloß ich mich dem Zuge an. Dieser gelangte auf einen großen Platz, an dessen einer Seite sich ein stattliches Haus erhob — es war das Rathhaus. Vor demselben stand eine unscheinbare Holzbank; über dieser aber stand mit großen goldenen Buchstaben geschrieben: „Altar des Vaterlandes". Gespannt erwartete ich nun, was weiter folgen werde.

Der kleine, krummbeinige Herr schwang sich mit einer Leichtigkeit, die Gewohnheit verrieth, auf die Holzbank, nahm auf dieser eine gewisse Lage ein, und wurde darauf von dem vorhin erwähnten Executiv-Beamten mit Zartheit festgebunden. — Jetzt schwang dieser den Ochsenziemer, wie ein Musikdirector, der die Aufmerksamkeit seiner Kapelle erwecken will, einigemal über seinem Kopfe, und ließ ihn sodann fünfundzwanzig Mal auf den kleinen Herrn niederfallen, dessen Frackschöße er noch zuvor mit bemerkenswerther Gewandtheit entfernt hatte. —

Die Geschichte war wunderbar genug; allein das Allerwunderbarste war doch, daß [illegible] der während der Operation, wenn [illegible] die [illegible] Da [illegible] blieb [illegible] ein [illegible] sein [illegible] diese will ich aber [illegible] zum Besten geben. Sie lautet:

„Ich bin ein Staatsmann; kennt ihr meine Farben?
Mein schönster Theil zeigt braun und blau sie an.
Schaut her, ihr Völker, was wir jüngst erworben,
Schaut, Völker, was der Staatsmann leisten kann.
Ich werd es nie vergessen,
Was man mir zugemessen,
Und dankbar bin ich meiner Obrigkeit,
Die auf des Vaterland's Altar mich weiht! —"

Das Opferlamm wurde endlich losgebunden; er sprang auf, und zeigte durch einige graziöse Griffe, daß die Operation ihm denn doch einige Beschwerden erregt habe. Dann aber schritt er majestätisch von dannen, gefolgt von dem größern Theile der Zuschauer.

Ich verstand dieses sonderbare Schauspiel nicht, war aber schließlich doch neugierig geworden. Neben mir hatte ein junger Mann mit einem zierlichen Kalabreser gestanden, der, was mir aufgefallen, nicht mit gekommen hatte. An diesen wendete ich mich mit der höflichen Frage:

„Sagen Sie, mein Herr, ist es hier wieder eingeführt, daß die Leute zum Vergnügen der Einwohner öffentlich gehauen werden?"

Der Kalabreser grinste mich freundlich an, lachte laut auf, und machte sich eilig von dannen, ohne mir auf meine Frage Antwort zu geben. Hatte er mich für einen Polizei-Spion gehalten?

Aber ein alter Herr mit weißer Kravatte hatte meine Frage gehört, und wendete sich jetzt an mich.

„Sie sind gewiß fremd hier, mein Herr?"

„Sehr fremd," antwortete ich, „sehr, Herr Geheimrath" — denn er trug die unverkennbarsten Spuren eines solchen an sich. Dem Herrn Geheimrath gefiel augenscheinlich mein Kennerblick, denn mit der freundlichsten Miene sagte er:

„Das sah ich wohl. Sie hielten jenen Biedermann für einen Hebräer. Er ist aber der deutscheste aller deutschen Männer, obschon er Franzois mit Vornamen heißen soll; einer jener Nationalliberalen, denen unser großer gütiger König hauptsächlich seine heutige Machtfülle verdankt. Wie seine Collegen war er erhaben über unzeitgemäße Freiheitsforderungen. Sein einziges Glück war der Glanz der Krone. Es war wirklich rührend, diesen Staatsmann im Kampfe gegen die Regierung zu sehen. Wasch mir den Pelz und mach mich nicht naß! Vor seinen donnernden Worten erbebte das Haus, doch die Regierung rieb sich vergnügt die Hände, sie wußte, der Biedere that nur so, und das war richtig, denn hinterher bewilligte er Alles, was die Regierung verlangte. Er war 1870 einer der ersten, welche das alte deutsche Reichsland Elsaß und Lothringen zurückverlangten, welche die tiefste moralische Versunkenheit der Franzosen verkündeten, und deren exemplarische Bestrafung zum abschreckenden Beispiel für die ganze civilisirte Welt verlangten. Doch Sie werden selbst von diesem großen Manne vernommen haben und er stand nicht vereinzelt, denn es gab viele nationalliberale Patrioten."

Und jetzt haut man ihn dafür? —

Nein dafür nicht. — Aber nachher hat sich der Mann verleiten lassen, von deutscher Freiheit und dergleichen Unsinn zu reden.

Darauf steht also nach den gegenwärtigen Gesetzen Prügelstrafe?

O nein — gesetzlich ist diese Maßregel nicht. Es ist vielmehr der eigenste Gedanke Sr. Majestät. Höchstdieselben wollten dadurch seine von ihm geliebten Unterthanen nur in ganz vertraulicher Weise an ihre Pflicht erinnern. Deshalb empfängt jener deutscheste Mann jeden Morgen zum Frühstück seine Fünfundzwanzig. Das ganze Volk anerkennt diese weise Maßregel mit der größten Dankbarkeit."

Und wie lange genießt dieser Biedermann dieses tägliche Frühstück schon?

Jetzt seit vier Wochen.

Hört denn die Prozedur gar nicht auf?

Doch, doch mein Herr; achten Sie die konstitutionelle Regierungsform?

Ich bin, mit Respect zu sagen, Republikaner. Aber ich bin schon in Rußland noch vor Aufhebung der Leibeigenschaft gereist, und achte in fremden Ländern alles Landesübliche, so weit es in meinen Kräften steht.

Daran thun Sie recht. — Wissen Sie, die Republik mag unter gewissen Umständen eine ganz gute Staatsform sein, — das wahre, modern-sittliche, humanitäre Staatsprinzip aber kann sich nur in der christlich-germanischen mit konstitutionellen Formen gezierten [illegible] sten der Herren," welche [illegible] auf dem Altare des Vaterlandes geweiht worden, würden schon [illegible] dieser doch immer etwas unangenehmen Operation befreit [illegible] Allergnädigste Majestät fürchtet für ihre noch nicht genügend befestigte politische Gesundheit. Die Herren haben sich bereits so sehr an die Sache gewöhnt, daß ein plötzliches Aufhören der Kur ihnen Schaden thun könnte. Deshalb haben Se. Majestät allergnädigst angeordnet, daß ganz allmählig vorgegangen werden solle; von Tage zu Tage werden die allerhöchsten väterlichen Ermahnungen sanfter bemessen, auch ihre Zahl allmählig vermindert.

Wir waren während dieses lehrreichen Gespräches in's [illegible] gerathen und auf eine [illegible] letzte Promenade gekommen.

Recht geschieht diesen Leuten schon, dachte ich bei mir, — aber wäre etwas Anderes doch nicht besser? — Eben wollte ich etwas dergleichen meinem Geheimrath sagen, — da erwachte ich glücklicherweise, — und mußte herzlich über meinen unsinnigen Traum lachen. Aber immerhin freute ich mich des Bewußtseins, Bürger der schweizerischen Republik und nicht K. K. christlich-germanischer Unterthan zu sein. —

T. Der Graf Beust.

Europa sah seit dem Jahre 1866 mit besonderer Aufmerksamkeit auf drei Männer: Louis Napoleon, den Herrn v. Bismarck, den Freiherrn von Beust. Die beiden letzteren sind seitdem zu Grafen emporgestiegen und Louis Napoleon ist von seinem Throne heruntergeschüttelt und, von der Hand preußischer [illegible] geworden. Der Kaiser Napoleon war von Bismarck um die ihm in Paris und Biarritz zugesagten Früchte des Krieges mit Oesterreich gebracht. Oesterreich wurde durch die Bismarck'schen Künste — Diplomatie nennt man sie — aus Deutschland, in dem es so lange Jahrhunderte die erste Stellung eingenommen hatte, völlig, ganz und gar hinaus geworfen. Wie wird Napoleon seine Rache gegen Preußen nehmen? fragte man sich. Denn der Corse oder der Bastard — konnte nur auf Rache sinnen. Wie wird Oesterreich seine halbverlorene Großmachtsstellung wieder zu gewinnen suchen? fragte man weiter. Wie wird Bismarck Preußen gegen Beide vertheidigen, retten? war die dritte Frage.

Wie Louis Napoleon in seiner Rache den verdienten Untergang gefunden, weiß die Welt schon.

Sie hat auch in den letzten Tagen klar erfahren, wie Oesterreich seinem Untergange entgegen eilt. Die deutsche Demokratie wußte es längst.

Der Kaiser von Oesterreich vertraute bald nach dem Unglück von 1866 die Leitung des Schicksals seiner Staaten dem Herrn v. Beust an. Damit war Oesterreichs Schicksal entschieden. Nicht weil einerseits der Herr von Beust Minister des kleinen Königreichs Sachsen gewesen war und jetzt den auswärtigen Angelegenheiten eines großen Staatswesens vorstehen, eine Stellung übernehmen sollte, die um so schwieriger war, als der österreichische Staat eben an seiner Großmachtsstellung jenen erheblichen Schaden genommen hatte und es darauf ankam, diesen zu repariren. Auch nicht, weil andrerseits der Herr v. Beust sich bis dahin zwar als ein sehr gewandter Diplomat gezeigt hatte, aber doch immer nur als ein gewöhnlicher Diplomat, dessen Gewandtheit im Notenschreiben bestand.

Wir kannten einen anderen Grund, der Herrn v. Beust unmöglich machte, einen großen, muthigen, vollen staatsmännischen Gedanken zu fassen und auszuführen.

Der Herr v. Beust war als sächsischer Ministerpräsident der Kerkermeister von Waldheim gewesen und er hatte dieses Amt mit der kleinlichsten, ausgesuchtesten, grausamsten Härte gerade gegen jene edelsten Männer Sachsens und Deutschlands verwaltet, die für ihre patriotischen Tugenden, für ihren Muth, für ihre vaterländische Begeisterung in dem Zuchthause zu Waldheim büßen sollten. Sechszehn Jahre lang war der Herr von Beust dieser Kerkermeister! Konnte ein solcher Mann einen Staat wieder aufrichten, einem Volke Ruhe, Ehre, Glück bringen? Das hat die Weltgeschichte noch nie erlebt! Der Fluch, den ein Mann sich so erworben, haftet immer an ihm und seinen Thaten. Der Herr v. Beust schrieb Noten und Depeschen, die sich hübsch lesen ließen, aber Oesterreich von Tag zu Tag schwächer und ohnmächtiger machten und im Innern mehr und mehr zerrissen, nach Außen mehr und mehr vereinsamten. Wir halten uns hier nur an das Letztere. Anstatt den süddeutschen Staaten den zum öftern erbetenen Schutz gegen die preußischen Vergewaltigungen zu gewähren, stieß er sie zurück, [illegible] auf Gnade oder Ungnade in die Arme Preußens werfen mußten. Anstatt alle Welt zu Verbündeten gegen die Vernichtung Frankreichs seit dem Tage von [illegible] aufzurufen, hatte der Herr v. Beust sämmtliche Vermittelungs-Vorschläge, die im preußischen Lager nur ein verächtliches Lächeln hervorzurufen vermochten. Konnte da seine letzte Depesche noch unerwartet kommen, durch die Oesterreich als Großmacht [illegible] abdankt für das Versprechen des Herrn v. Bismarck, daß der österreichische Kronprinz nach zehn oder zwölf Jahren einmal der Schwiegersohn Preußens werden soll?

Die Rede Kolb's.

Im Ausschusse habe ich erklärt, daß ich einer Geldbewilligung bis Anfang, höchstens bis Mitte Februar zustimmen werde, daß ich aber eine weitere Ausdehnung des Credites nicht bewilligen könne. Ich ging dabei von der Ueberzeugung aus, daß auch das siegreiche Deutschland des Friedens bedarf, und daß wir einen Frieden und zwar einen ehrenvollen Frieden im Laufe der von mir bezeichneten Periode haben können, wenn die Gewalthaber ihn haben wollen.

Ich muß hier auf das zurückkommen, was bereits von mehreren Seiten berührt worden ist, auf den Einwand welchem man heutzutage überall und immer begegnet; man unterstütze den Widerstand des Feindes, wenn man vom Frieden rede. Meine Herren! die Franzosen haben wahrlich nicht gewartet, um ihren Widerstand zu organisiren, bis in diesem Hause oder irgendwo sonst eine einzelne Stimme erschallt, welche Frieden verlangt, eine Stimme, die ihnen überdies keinen Mann stellt und in den ihnen entgegengerichteten Reihen keinen Mann hinwegnimmt. Wenn der Widerstand der Franzosen ein hartnäckiger ist, vielmehr geworden ist, so hat man den Grund davon in ganz anderen Dingen zu suchen, die ich hier nicht erörtern will.

Ich fürchte nicht, daß der Ruf nach Frieden unheilbringend ist, wohl aber fürchte ich, daß dieses Treiben nach Krieg gerade Deutschland zum Unheil gereicht, indem es die Eroberungssucht und die Kriegslust fördert.

Auf die Weise, die ich angedeutet habe, ist es gekommen, daß einst der alte Napoleon in den Fall gesetzt wurde, die von ihm beherrschte Nation von einem Krieg in den andern zu stürzen. So oft Jemand in dem Corps legislatif ein Wort für Frieden aussprechen wollte, da hieß es: „Still, ihr befördert den Widerstand des Feindes!"

So ging es 10, 14 Jahre lang fort, bis endlich die Catastrophe von allen Seiten hereinbrach. Da konnte man freilich Männern, wie Lainé und Raynouard den Mund nicht mehr stopfen; da war es aber zu spät für Frankreich und da konnte selbst Napoleon mit einem Scheine von Recht diesem Corps legislatif entgegenhalten: warum kommt ihr jetzt, warum habt ihr eure Stimme nicht ertönen lassen in der Zeit da wir am Siege waren?

Meine Herren! Wenn man Frieden verlangen will, wann ist der geeignete Zeitpunkt? Ist er etwa dann, wenn die Armeen des eigenen Landes im Nachtheile sich befinden?

Da hat die Sache ihr Bedenken. Keineswegs aber, wenn die Armee im Siege ist. Wer bestreiten will, daß die Volksvertretung den Wunsch nach Frieden aussprechen darf in einer Zeit, in welcher sich die inländischen Armeen im Siege befinden, der fordert damit zugleich, daß die ganze Volksvertretung mundtodt sei in dieser Angelegenheit, der verlangt mittelbar, daß die Entscheidung über die wichtigsten Interessen, über Dinge, zu denen das ganze Volk das Blut liefern muß, daß die Entscheidung darüber einzig und allein in die Hände eines Autokrators gelegt sei, der dann nach seinem Willen, nach seiner Laune verfügt.

Meine Herren! Welche Eindrücke müssen dem Könige von Preußen kommen, wenn er immerfort nur von dem Jubel hört! Muß er nicht am Ende glauben, alle Leiden, alle Opfer, die entstehen, sie würden als Kleinigkeit angesehen, wenn nur ein großer Triumph erzielt werde.

Er hört von dem Toben auf den Straßen, von dem Siegesrausch, der sich da Luft macht, er hört aber nichts davon, welcher Schmerz sich in die verborgensten Ecken der Wohnungen zurückzieht. Meine Herren, wenn in dem preußischen Hauptquartier gewisse der Kriegspartei dienende Organe regelmäßig gelesen werden, so muß dort der Eindruck entstehen, als ob durch ganz Deutschland kein anderer Wunsch gehe, als der, den ich mit nichts Anderem vergleichen kann, als mit dem jener Hindus, die sich unter die zermalmenden Räder des Wagens von Dschaggernauth werfen.

Meine Herren! Niemals hat sich die Repräsentation eines freien Volkes das Recht nehmen lassen, sich frei auszusprechen für Frieden.

In England ist der Fall wiederholt vorgekommen, die schönsten Theile in der Geschichte von Fox sind die, in welchen er kämpft für den Frieden. Und schon vor ihm, in der sehr heiklen Frage des Losreißens der nordamerikanischen Colonien von England, selbst in dieser Angelegenheit, hat die freisinnige Partei in England sich nicht nehmen lassen, für den Frieden sich auszusprechen. Und so sehr man sie gelästert hat im Anfange, zuletzt ist sie doch durchgedrungen.

Ich bin [illegible] der Ansicht, daß in diesem Falle, wie in jedem anderen, der Abgeordnete hier einzig und allein nach seiner Ueberzeugung sich auszusprechen und zu stimmen hat.

Ich habe vorhergesagt: „Auch das siegreiche Deutschland bedarf des Friedens." Man hat von der entgegengesetzten Seite gerufen: Ja, aber einen ehrenvollen Frieden wollen wir. Nun, meine Herren, ist denn von irgend anderem, als von einem ehrenvollen Frieden je die Rede gewesen?

Unterbrechung durch den [illegible] mit dem preuß. [illegible] Abgeordneten v. Schauß: Das ist eine Phrase.

Kolb: Das ist keine Phrase, übrigens bitte ich den Herrn Unterbrecher, wenn er reden will, nachher zu sprechen.

v. Schauß: Das werde ich thun.

Da thun Sie es dann. (Schluß folgt.)

* (Zur deutschen Kaiserkrönung.) Wie man im Auslande die deutsche Kaiserschaft auffaßt, läßt folgendes uns aus der Schweiz zugegangene Gedicht erkennen.

Ein Lied vom neuen Kaiser.

Fürst Wilhelm, der große Krieger
Zog nach Frankreich ein als Sieger
Schlug viel tausend Franzen todt.

Vor Paris mußt still er liegen
Weil er konnt die Stadt nicht kriegen
Viele, viele Wochen lang.

Da macht ihm die lange Weile
Bismarck rasch in aller Eile
Neuen Schwindel ihm [illegible].

Dieser bracht ein Kaiserkrönen
Und ein Blut- und [illegible],
Wird den Wilhelm amüsiren.

[illegible] seines Wink's gewärtig,
Michel, flugs den Kaiser fertig,
Bringt das Krönchen nach Versailles.

Trotz das Volk in Süd und Norden
Ist vor Freud' ganz toll geworden
Schreiet Hurrah wie verrückt.

Selbst die Raben im Kyffhäuser
Schreien sich so lange heiser
Bis der Alte ist erwacht.

[illegible] und die andern Recken,
Steht er da, in schwarzen Fräcken,
Tanzen vor dem neuen Kaiser.

Was soll es mit dem Gesindel?
Das ist so Berliner Schwindel!
Ruft er — und geht wieder schlafen. E. G.

* Literarisches.

Unsern Lesern ist bestens empfohlen das „Sonntagsblatt," welches, von Uhlich herausgegeben, wöchentlich einmal in Gotha erscheint und das „Menschenthum. Blätter für ein freies religiös-sittliches Leben der Menschheit," herausgegeben von Fr. Schön in Apolda. Beide Zeitschriften kämpfen — das „Sonntagsblatt" schon seit einer langen Reihe von Jahren — auf's Wackerste für religiöse Freiheit und Aufklärung und machen selbstverständlich auch gegen die Reactionsbestrebungen auf politischem Gebiete Front. Uhlich's Name ist unsern Lesern gewiß bekannt genug, als daß es noch einer eingehenden Empfehlung seines Blattes bedürfte. Freilich wollen wir nicht verhehlen, daß ein Demokrat — wir meinen einen wirklichen Demokraten und nicht einen sich nur so nennenden — manche Anschauungen bei Uhlich, namentlich über den jetzigen Krieg, finden wird, denen er durchaus nicht beistimmen kann, aber er wird trotzdem vieles Gute finden und das Blatt befriedigt aus der Hand legen. Das „Menschenthum" ist aus Veranlassung der Bundesversammlung freier religiöser Gemeinden vom 12. Oktober [illegible] in Berlin gegründet; Fr. Schön, Sprecher der freien Gemeinde in Apolda, redigirt es in anerkennenswerther, tüchtiger Weise. Die ersten Nummern von 1871 werden Aufsätze über Gott, Unsterblichkeit, Gebet, Glaube, Liebe, Geburt, Tod u. A. bringen, lauter Themata, die jedem denkenden Menschen von höchstem Interesse sein müssen. Das „Menschenthum" kostet pro Quartal 5 Sgr., das Sonntagsblatt 6 Sgr. — Vor einiger Zeit erschien die vom Vereine für Freiheit der Schule in Berlin preisgekrönte Schrift von Dr. Fricke: Ist der Religionsunterricht in der Schule eine pädagogische Nothwendigkeit? Berlin, Fr. Duncker. Auch ihre Lectüre wollen wir Allen warm empfehlen. G. T.

Verantwortlicher Redacteur und Verleger Carl [illegible].
Druck von Ph. Rohr in Kaiserslautern.

Marktbericht.

• **Frankfurt,** 10. Jan. Notirungen nach dem öffentlichen Courszettel. (Notirungen sind in Gulden südd. Währung per comptant nur für Partien gültig).

Wetter: Kalt. Weizen, Roggen, Hafer, Rüböl und Branntwein unverändert.

Weizen (160 Z.-Pfd. netto) effekt. hies. und Wetterauer 14—15⅞, fränkischer —, fremder 14—15, auf Lieferung*) per diesen Monat 11⅞, per Nov. —, per April 15— P. 14½ G., per Mai 15½ P. 15 G.

Roggen (150 Z.-Pfd. netto) effekt. hies. 11½—12, hänf. —, auf Lieferung*) per diesen Monat 11⅞, per Nov. —, per April 12 P., 11⅞ G., per Mai 12½ P. 12 G.

Gerste (150 Z.-Pfd. netto) effekt. hies. und Wetterauer — fränk. —

Oelsaaten (150 Z.-Pfd. netto) Reps eff. —, Rübsen —.

Hafer (120 Z.-Pfd. netto, eff. hies. 9½—11—, fremd —, per diesen Monat 9⅞, per Nov. —, April 10½ P. 10 G., per Mai 10⅞ P. [illegible] G.

Rüböl (100 Z.-Pfd. netto) effekt. hies. (ohne Faß in Partien von 10 Ctr. 31⅞, effekt. fremdes (ohne Faß in Partien v. 50 Ctr. 32 auf Lieferung**) per diesen Monat ——, per Okt. —, per Mai 30⅞.

Branntwein 50 Liter. Tralles per 200 Liter effekt. ohne Faß 31—.

*) Weizen mindestens 180 Pf. Roggen mindestens 160 Pfd. Naturgewicht per 160 Liter; **) mindestens 37° nach der Fischer'schen Oelwaage und mit Eisenband, incl. Faß.

• **Köln,** 10. Jan. (Amtliche Notirungen der Handelsmäkler.) Wetter: bewölkt.

Rüböl höher, per 100 Pfd. mit Faß in Eisenband effekt. in Partien von 100 Centner 17 Br., per Mai 15⅞ B., 15⅞ G., per Okt. 14⅞ Br. 14⅞ G.

Leinöl unverändert, effekt. in Partien von 100 Centner 12 Br.

Weizen matter, effekt. 7½—8— Br., fremder 7½—8 Br., per März 7.26 bez. Br. u. G., per Mai 7.29 B., 7.28 G Gd., per Juni 8.1 G B., 8⅞ G.

Roggen dto., effekt. 6.20 Br., fremder und gedörrt 5.25 bis 6.20 Br., per März 5.27 B., 5.26 G., per Mai 5.28 bez. u. Br. 5.27 G.

Spiritus unveränd. 80%, Tr. eff. in Partien von 3000 Quart 21 B.

Notirungen der Produktenhändler.

Weizen behauptet, effekt. 7½—8½ Br., fremder 7½—8½ Br., per März 7.26 bez. u. B., 7.25.6 Gd., per Mai 7.29 bez. u. Br., 7.28.6 G. per Juni 8.1 B., u G.

Roggen matter, effekt. hies. 6½ Br., fremder 6—7 Br., per März 5.26 b B., 5.25.6 G., per Mai 5.28 bez. 5.27.6 G., 5.27 Geld.

Gerste, effekt. hies. 6½ Br., Brauerei 7½ Br.

Hafer effekt. 6⅞ Br.

Rüböl ziemlich unveränd., effekt. in Partien von 100 Centner in Eisenband 17 B., per Mai 15⅞ [illegible] bez., 15⅞ B., 15⅞ Gd. per Oktober 14⅞ [illegible] bez. u. Br., 14⅞ G.

• **Berlin,** 10. Jan. Weizen loco still, Termine flau und billiger verkauft. — Roggen loco schwerfälliger Absatz. Termine niedriger. — Hafer loco vernachlässigt. Termine schwach preishaltend. — Roggenmehl flau. Gekündigt [illegible]. — Rüböl gedrückt. — Spiritus matt eröffnet, alsdann fester.

Wetter: trübe.

Weizen loco per 1000 Kilogr. 60—77 thlr., ord. bunt poln. 70 thlr., besserer 72 thlr., feiner 75 thlr. ab Bahn bez. pr. Jan 75 thlr. bez.

Roggen loco pr. 1000 Kilogr. rein. 50—51 thlr., feiner 51½—52½ ab Bahn bez. pr. Jan.-Februar 52½—⅞ thlr. bez. Februar-März 54½ thlr. bez.

Gerste große und kleine pr. 1000 Kilogr. 40—61 thlr.

Roggenmehl pr. Jan. 7thlr. 23½ sgr bez.

Hafer pr. 1000 Kilogr. loco 39—52 thlr., pom. 45½—47½ thlr. ab Bahn bez., ord. poln. 43½ thlr., märk. 43—45½ thlr. bez.

Erbsen pr. 1000 Kgr. Kochwaare 52—62 thlr., Futterwaare 42—50 thlr., bez.

Rüböl pr. 100 Kgr. 28⅞ thlr. per Jan. 28⅞ thlr. bez.

Leinöl pr. 100 Kgr. 21⅞ thlr. bezahlt

Petroleum pr. 100 Kgr. 16⅞ thlr., per diesen Monat 15⅞ thlr. bez.

Oelsaaten pr. 1000 Pfd. Winterraps — — — thlr., Winterrübsen — thlr.

Spiritus pr. 10,000 Liter % loco ohne Faß 16 thlr. 7 sgr. bez., per Jan.-Feb. 16 thlr. 25 sgr. bez.

• **Berlin,** 9. Jan. (Neuer Berliner Viehmarkt.) Der Auftrieb von Hornvieh war heute so stark, wie er seit dem Bestehen der Quarantäne nicht stattgehabt hat. Es liegt fast die Vermuthung nahe, daß die meisten Händler geglaubt haben, ihre Geldforderungen würden in Folge der seit längerer Zeit gerückten Preise zurückgehalten und deshalb der Auftrieb ein erneuter, der Begehr ein günstigerer sein; zum Theil mag auch der mit fortschreitender Jahreszeit nahende Futtermangel zum Verkauf zwingen, kurz es waren 1777 Stück Hornvieh frisch aufgetrieben; ein solches Quantum konnte natürlich der locale Bedarf trotz der Vorbereitungen nicht räumen, und es verblieb ein sehr starker Ueberstand; was indeß gehandelt wurde, erzielte einen für heutige Verhältnisse nicht zu niedrigen Preis. — Es wurde bezahlt für erste Qual. 17—18 Thlr., für zweite 13—14 Thlr., für dritte 10—11 Thlr. pro 100 Pfd. Schlachtgewicht.

Das Geschäft mit Schweinen verlief heute nicht so glatt, wie am Freitag voriger Woche; es waren 4530 Stück zugetrieben und wurden bei einigem Ueberstand ca. 17½ Thlr. pro 100 Pfd. Schlachtgewicht bezahlt.

Von Kälbern waren 740 Stück zur Stelle die fast ganz geräumt wurden und Mittelpreise erzielten.

Der Markt für Schaafvieh scheint sich jetzt etwas lebhafter gestalten zu wollen, es waren heute 1700 Stück herangekommen und wenn schon immer noch ein nicht unbedeutender Ueberstand verblieb war doch mehr Begehr als in den letzten Wochen und wurden im Durchschnitt 5½ Thlr. pro 45 Pfd. als Mittelwaare bezahlt.

• **Königsberg,** 7. Jan. Weizen für 85 Pfd. 85—95 Sgr. — Roggen für 80 Pfd 55—58 Sgr. — Gerste, große und kleine für 70 Pfd. 42—46 Sgr. — Hafer für 50 Pfd. 28—30 Sgr. — Erbsen, weiße für 90 Pfd. 55—61 Sgr., graue, 55—73 Sgr., grüne 55—63 Sgr. — Bohnen für 90 Pfd. 65—71 Sgr. — Wicken für 90 Pfd. 48—53 Sgr. — Buchweizen für 70 Pfd. 40—43 Sgr. — Leinsaat für 70 Pfd. 50—90 Sgr. — Rübsen für 72 Pfd. 112—122 Sgr. — Kleesaat, rothe 10—16 Thlr., weiße 18—22 Thlr. der Centner. — Thymotheum 6—9 Thlr. der Centner. — Leinöl mit Faß 11⅞ Thlr., Rüböl mit Faß 14⅞ Thlr. der Cent. — Leinkuchen — — Sgr., Rübkuchen — — Sgr. der Centner. — Spiritus 15⅞ Thlr. für 8000% Tr. ohne Faß.

Deutscher Demokrat.

Erscheint wöchentlich einmal und wird den auswärtigen Abonnenten Freitags mit der Post zugesandt.

Nro. 4. | Vierteljährlich 5 Sgr. 18 kr. in Preußen 6 Sgr. 9 Pf. | Kaiserslautern, 22. Januar | Inserate 3 Sgr. 12 kr. die 1spaltige Zeile. | 1871.

An die Leser!

Unser Leserkreis hat sich jetzt über Gesammtdeutschland ausgedehnt, für uns ein erfreuliches Zeichen, daß der Sinn für die demokratischen Grundsätze noch nicht erstorben, daß allüberall im deutschen Volke trotz Siegesrausch und Machtanbetung noch treue wackere Herzen für die Sache der Freiheit schlagen.

Doch begnügen wir uns mit diesem Erfolge nicht, sondern arbeiten wir rastlos weiter. Dazu aber bedarf es noch der thatkräftigen Unterstützung aller Freunde. Möge ein jeder deshalb in seinem Freundeskreise für uns wirken, uns neue Leser, unserer guten Sache neue Freunde gewinnen.

Jeder ist seines Glückes Schmied, der einzelne sowohl wie das gesammte Volk. Schuld des Volkes ist es, wenn es statt vorwärts zu kommen, immer mehr rückwärts gedrängt wird. Also frisch an's Werk! In der Hand des deutschen Volks allein liegt seine Zukunft! Wirke ein Jeder nach Kräften mit, daß sie eine freiheitliche werde.

Jede Postanstalt nimmt nach wie vor Abonnements für das laufende Quartal entgegen.

Leicht begreiflich.

Bekanntlich ist Ostpreußen zu Dreivierteln, wenn nicht noch mehr demokratisch. Es bedarf nur noch eines kleinen Anstoßes, um die wackeren Ostpreußen ganz für die Sache der Freiheit zu gewinnen. Es ist sonach leicht begreiflich, daß Seitens der fürsorglichen preußischen Verwaltung alle nur erdenkbaren Anstalten getroffen werden, auswärtiges Preßgift der Provinz möglichst fern zu halten. Es ist aus diesem Grunde auch leicht begreiflich, daß der Deutsche Demokrat, der sonst nur 2 Tage bis Ostpreußen gebrauchte, jetzt 6 Tage unterwegs ist, trotzdem er in Gumbinnen mit dem Kurierzuge anlangte. Es ist uns aus demselben Grunde leicht begreiflich, daß Briefe, welche Zeitungen an hervorragende Parteigenossen der Provinz enthielten, gar acht Tage unterwegs sein konnten.

Wir bitten unsere Freunde in Ostpreußen, durch dieses Verfahren sich nicht beirren, sondern unserem Blatte nach wie vor die kräftigste Unterstützung angedeihen zu lassen. Jeden speciellen Fall bitten wir, uns sofort mitzutheilen, um Beschwerde führen zu können, die allerdings, wiederum aus leicht begreiflichen Gründen — erfolglos bleiben dürfte.

Auch von Abonnenten aus anderen Theilen Deutschlands werden uns ähnliche Verschleppungen gemeldet; ungesäumt Lärm geschlagen, das ist das erste Hilfsmittel!

* Wochenschau.

Deutschland.

Johann Jacoby hat, wie die Zukunft mittheilt, eingewilligt, daß seine Kandidatur bei den Reichstagswahlen aufgestellt werde. Auf Grund dessen ist ein demokratischer Wahlverein für Berlin in der Bildung begriffen. Da bei der Reichstagswahl direct gewählt wird, ist die Wahl Jacoby's zweifellos.

Der Gegenstand führt uns dazu, die Stellung in Erwägung zu ziehen, welche die demokratische Partei im „geeinigten“ Deutschland der Reichstagswahl gegenüber einzunehmen hat.

Die liberalen Blätter in Norddeutschland sind mit Wahlartikeln zum Parlamente gefüllt, die sich meist ziemlich verzweifelt aussprechen. Wie der Ertrinkende nach dem Strohhalm greift, so klammern sich die Liberalen an Illusionen, die niemals zu verwirklichen sind: „Verminderung der Militärlast durch Verringerung der Friedensarmee und Verkürzung der Dienstzeit. Unterstützung aller auf allgemeine Abrüstung in Europa gerichteten Bestrebungen.

Unter dieser Fahne würden wir den Wahlfeldzug glänzend bestehen, schreibt z. B. die „Kieler Ztg.“, wenn die Wahlen unmittelbar nach dem Kriege, nach Abschließung eines ehrenvollen Friedens stattfänden.“

Wir geben uns keinen Täuschungen hin. Wenn auch die Wahlen nach Abschluß eines „ehrenvollen“ Friedens stattfänden, würde die Sachlage um nichts gebessert, wahrscheinlich sogar verschlechtert sein. Was können unsere Abgeordneten im Reichstage für das Volk thun? Können sie uns Rechte, die Freiheit erringen? Nichts von alledem, sie haben ja keine Macht dazu, da ihnen nur eine berathende Stimme, keine beschließende zusteht, am Militäretat vermag nichts geändert, nichts gestrichen zu werden, was die Abgeordneten allein können, wäre nur ein geschlossener Widerstand gegen das Gelüste der Central-Regierung, dem Volke noch den letzten Rest seiner Freiheit zu rauben. Das wird wohl manchen Fortschrittsmann befremden, doch es ist so. Das deutsche Parlament ist heute nur ein letztes schwaches Bollwerk gegen den Absolutismus und wer weiß, wie lange es widerstehen kann, wenn das Volk nicht aus seiner Schläfrigkeit erwacht und — Demokraten wählt. Es gilt einen Verzweiflungskampf, unterliegen wir auch diesmal, dann ist es mit der Freiheit vorerst vorbei! Darum alle Mann an die Wahlurne!

Das preußische Abgeordnetenhaus hat seine Schuldigkeit gethan, d. h. das Budget berathen und kann nun vertagt werden. Da die Vertagung wahrscheinlich in die Zeit des Karnevals fällt, wird das Abgeordnetenhaus dem Könige in der ernsten Zeit das Vergnügen einer Karnevals-Adreß-Deputation bereiten. Das wird wieder allerunterthänigste Katzenbuckel geben, der König wird huldreich lächeln und — das Volk bezahlt die Kosten der Karnevals-Komödie!

Aus den Berathungen des Abgeordneten-Hauses erwähnen wir noch den zeitgemäßen Beschluß, die Eisenbahnwagen zu vermehren, die Verlängerung der Umlaufszeit der ostpreußischen Nothstandsdarlehnsscheine.

Nach der Erklärung des Justizministers ist ein neuer Entwurf ausgearbeitet, welcher die alsbaldige Ausdehnung der Grund- und Hypothekenordnung auf Schleswig-Holstein bezweckt. Dies hätte bei den verwickelten Rechtsverhältnissen der Herzogthümer schon längst bewirkt sein können, ebenso die Regelung des Grund- und Hypothekenwesens im Bereiche des preußischen Landrechts.

Eine gerechte Eifersucht, schreibt die „Zukunft“, die wir bisher gegen die Volkszeitung empfanden, ist gestillt: auch der „Zukunft“ ist nun ihre Barackenfähigkeit abgesprochen, die Lektüre derselben in den Lazarethen zu Hannover verboten worden. Ob das Blatt damit für die gesammten Küstenlande als vogelfrei erklärt ist, deß harren wir noch.

In den Rheinlanden, wo man sich bisher einer ziemlich freisinnigen Gesetzgebung erfreute, treten die ersten Freuden des norddeutschen Strafgesetzbuchs bereits recht fühlbar hervor. Eine Menge Vergehen sind jetzt Uebertretungen geworden und dem Polizei-Anwalt überwiesen, der beliebig einen Verwahrbefehl zur Unterbringung in den Untersuchungsarrest verfügen kann. Diese dem Polizei-Anwalt übertragene Gewalt übersteigt noch die Lötzener Praxis. Was kann ein Polizei-Anwalt Alles unter Landstreicherei und Verdacht derselben verstehen!

Im „Volksstaat“, der durch Carl Hirsch einen tüchtigen Ersatz erhalten, lesen wir die nachstehende berechtigte Klage: „Verschiedene Blätter, namentlich die „Weserz.“, das „Leipz. Tagebl.“ und das „Dr. J.“, bringen häufig über die politischen Gefangenen des Leipziger Bezirksgerichts (Bebel und Liebknecht) Mittheilungen, die, wie leicht nachweisbar, aus Einer Feder herrühren und die, wenn auch gewöhnlich entstellt und mit Unwahrheiten vermischt, doch nur einer Verletzung des Dienstgeheimnisses ihren Ursprung verdanken können. Daß Polizeibeamte als Lokalberichterstatter fungiren, ist man gewöhnt, aber Gerichtsbeamten, selbst ganz untergeordneten, sollte dies nicht gestattet sein, namentlich wenn es nicht in objectiver, sondern in systematisch verdächtigender Weise geschieht.

Das Düsseldorfer Zuchtpolizeigericht verordnete die Vernichtung der in Lahr erschienenen Broschüre: „Der heilige Antonius von Padua,“ weil durch dieselbe Gegenstände der Verehrung der katholischen Kirche verspottet werden.

An das Posener General-Commando erging neuerdings, dem Vernehmen nach, auf telegraphischem Wege der Befehl, in Folge der zu erwartenden Capitulation von Paris Einrichtungen zur Aufnahme von 150,000 Mann Gefangenen in Posen, Glogau und Liegnitz zu treffen. Noch aber hat man den Bären nicht!

In militärischen Kreisen verlautet übrigens, daß der Kriegs-Minister v. Roon beabsichtige, nach Beendigung des Krieges seines angegriffenen Gesundheitszustandes halber in den Ruhestand zu treten. Als Nachfolger bezeichnet man den General-Lieutenant v. Podbielski. Dieselbe Couleur in Blau!

Die deutsche Presse hat einen ihrer Veteranen, die demokratische Partei einen wackeren Streiter verloren. Ehrenreich Eichholz, der Redacteur der von Vogel von Falckenstein unterdrückten „Deutschen Volksztg.“, einer der Gefangenen von Lötzen ist vorgestern früh nach längerem Leiden gestorben.

Die Lötzener Gefangenschaft hat ihm den Todesstoß gegeben!

„Hand auf's Herz!“ schreibt die Chemn. „Fr. Pr.“ „Wieder ein Nothschrei — wenn auch nur ein verdeckter, doch ein desto beherzigenswerther. Das hiesige Tageblatt berichtet von „kundiger“ Seite über die Verlegenheit unserer Weber- und Maschinenfabrikarbeiter, — es muß stark kommen, wenn solche Weherufe ertönen! Ja, ja, die Noth ist da, aber freilich wird sie von Wenigen beachtet, absichtlich nicht bemerkt, weil man dann der Grundursache dieser Noth nachspüren müßte! Das geht aber nicht, das will man nicht, das wagt man vor Allem nicht! Es könnte unpatriotisch, franzosenfreundlich aussehen! Auch hat man Anders zu thun, als sich um die Verlegenheiten der Arbeiter zu kümmern! Jetzt handelt's sich um den Ruhm des Vaterlandes: die bösen Erbfeinde, die so lange den Ruhm für sich allein haben wollten, müssen niederkartätscht und nebenbei, weil sie so unsittlich sind, von den sittlichen Deutschen herangebildet werden! Das ist die geschichtliche Bestimmung der deutschen Nation, die Zeit, diese Mission zu erfüllen, ist da, was darüber zu Grunde geht, darauf kommt's nicht an! So räsonnirt heute wieder die größte Anzahl der Leute, die vor einem halben Jahre noch gar nicht wußten, daß es ein Deutschland gab, die in Jedem einen Landesverräther sahen, der den Namen Deutschland über das spezielle Vaterländchen setzte, mit dem Worte Deutschland selbstverständlich Freiheit und Einheit der Nation meinte.“

Wem sind die Worte nicht aus der Seele gesprochen? Welcher vorurtheilsfreie Mensch weiß nicht wie Handel und Wandel darniederliegen und das Elend im Arbeiterstande immer tiefer sich einfrißt? Darum baldigen Frieden!

Aus Versailles geht die Nachricht ein, daß der am 18. Januar eine große militärische Feierlichkeit anläßlich der definitiven Annahme der Kaiserkrone durch den König von Preußen stattfinden sollte. Jedes Regiment sollte durch Deputationen vertreten sein. Da wird die königliche Gnadensonne hell leuchten und der Hausminister v. Schleinitz, der zur Empfangnahme der Orden in's Hauptquartier berufen, reich beladen heimkehren. Die Friedensheuler sollen diesmal allein von der Dekoration ausgeschlossen sein!

* Bei den in der vorigen Woche zu Darmstadt begonnenen Gemeinderathswahlen ist in der dritten Klasse die national-liberale Partei geschlagen worden. Da man sich der Ueberzeugung nicht verschloß, daß das Wohl der Stadt in den Händen einer Partei, der es vor allen Dingen nur um Ma

lisirung ihrer politischen Zwecke und Ziele zu thun sei, nicht zum Besten berathen sei.

Aus Baden wird der „Pfälzer Ztg." geschrieben: Es gereicht der badischen Kriegsverwaltung zur Ehre, daß sie zwei Offiziere gehörig bestraft hat. Der eine hatte sich erlaubt, einen Landwehrmann prügeln zu lassen; der andere hatte einen armen elsäßer Bauern, der über Fouragе mit einem Soldaten in Streit gerathen war, ohne Procedur sofort erschießen lassen. — Ob sie auch Prügel bekommen haben oder erschossen sind?

Die Wahl eines ersten Bürgermeisters in Freiburg ist auf den 19. und 20. anberaumt worden. Oberbürgermeister Fauler soll eine Wiederwahl dankend abgelehnt haben und Rechtsanwalt Näf für einen in Karlsruhe sehr „genehmen" Oberamtmann aus dem Oberlande agitiren. Man jage den Agitator aus dem Hause und wähle einen Demokraten statt des „sehr Genehmen"!

Mehr Achtung vor den verwundeten und kranken Kriegern, sowie mehr Rücksicht für die Angehörigen der im Felde stehenden Soldaten, welche keinen Tag sicher sind, vom Tode oder der Verstümmelung eines theueren Verwandten zu hören, schreibt der „Hohenstaufen" sollte doch das württemberg. Regierungsblatt, der „Staats-Anzeiger" bekunden.

Ist es nicht empörend, wenn man z. B. im „Staats-Anz." vom 10. Jan. auf S. 31 die Ankunft von Spital- und Krankenzügen mit vielen, vielen Verwundeten und unmittelbar darauf die Nachricht liest in Bälde ein neues Ballet im Hoftheater zur Aufführung komme, das eine ausgezeichnete Wirkung verspreche!

Wir denken, diese Mahnung gehört an eine ganz andere Adresse, aber was kümmert den Fürsten der Jammer der Schlachtopfer, Kanonenfutter hüben und drüben! - Wird das Volk nicht endlich zur Besinnung kommen und einsehen, welches Spiel mit ihm getrieben wird?

In Württemberg wurde durch königl. Erlaß zur Ergänzung der Kriegsmacht die Ersatzreserve einberufen. Noch nicht genug des Mordens?

Noch haben die Verhandlungen in der bayerischen Kammer in der Verfassungsfrage kein Ende erreicht. Die Nationalliberalen hätten Gelegenheit gehabt, sich die Sache doch ein wenig zu überlegen, denn der Minister-Präsident Graf Bray führt aus: „Man dürfe die jetzige Bewegung nicht vergleichen mit jener revolutionären von 1848; jetzt hätten sich die Regierungen selbst an die Spitze der Einigungsbewegung gestellt, wir dürfen uns derselben nicht entziehen, und auch die Kammer kann's auf die Dauer nicht." Bei den Herren ist die gesunde Vernunft ja längst abhanden gekommen!

Aus einer Zusammenstellung der drei und fünfzig vorliegenden bayerischen Verlustlisten ergibt sich, daß die bayerische Armee seit Beginn des Krieges einen Gesammtverlust von 12,031 Mann auf dem Schlachtfelde (durch Tod, Verwundung und Gefangenschaft) hat.

Die Zahlen beweisen und sie lehren klar, daß Elsaß und Lothringen nicht den entsetzlichen Verlust aufwiegen kann, den das Volk erlitten und noch fernerhin erleiden wird.

Wir meldeten die Confiscation des „Nürnb. Anz." wegen der Mecklenburgischen Herr-Führung.

Dem vor den Untersuchungsrichter geladenen Redacteur, Hrn. Meyer, wurde gleichzeitig mitgetheilt, daß in Folge Anzeige des Stadtcommissariats wegen weiterer, bereits früher in nicht confiscirten Nummern unbeanstandet erschienenen 4 Artikel, die einige Bemerkungen über den Mecklenburger Großherzog enthielten, gleichfalls Anklage erhoben wird. Die Zahl der Mecklenburgischen Opfer hat jetzt noch die „Pf. Volksztg." vermehrt, die wegen desselben Gegenstandes confiscirt worden ist. Ob der Mecklenburger dadurch reingewaschen wird?

Ausland.

Die Eröffnung der Conferenz sollte am 17. Januar ohne Frankreich stattfinden, sie ist jedoch zum 24. vertagt.

„Times" sagt, die Hauptpunkte seien durch die Conferenzmächte bereits befriedigend arrangirt. Die „Post" erklärt, die Conferenzprotokolle würden vor dem definitiven Abschlusse Frankreich jedenfalls unterbreitet werden.

Zeichen und Wunder geschehen in Italien. In Rom wurde am 12. die erste protestantische Kirche eröffnet, an deren Portal die Ueberschrift: „Freie Kirche im freien Staate" angebracht ist. Als Revange sind die Jesuiten mit ihrem Organ „Civitta Cattolica" von Rom nach Florenz übersiedelt, angeblich, weil der lange Gebrauch der Freiheit diese Stadt duldsamer gemacht habe.

Der Papst ertheilte dem spanischen Könige Amadeo in seiner Antwort auf dessen Anzeige des Regierungsantritts den Rath an den alten spanischen Traditionen bezüglich des Schutzes der katholischen Kirche und ihres Oberhauptes festzuhalten.

Das ist ein deutlicher Hinweis auf den Bann, in dem sich Victor Emanuel und dessen Angehörige befinden, eine Bedingung, zuerst die weltliche Macht des Papstes anzuerkennen und dann wieder zu kommen!

Die österreichisch-ungarische Reichsrathsdelegation ertheilte letzthin das Armeebudget im Extraordinarium und Ordinarium nebst den Resolutionen. Sämmtliche Anträge des Ausschusses wurden beinahe ohne Debatte angenommen. Giskra motivirte in längerer Rede den Antrag auf Niedersetzung einer Commission zur Feststellung eines Normalfriedensbudgets.

Bei der Berathung gelangten durchweg die Ausschuß-Anträge zur Genehmigung, welche erhebliche Abstriche bewirkten. Durchgreifende Anträge der Minorität unter Führung des Dr. Rechbauer, eines warmen Vertheidigers des Milizsystems wurden abgelehnt.

Ein Dichter-Jubiläum! Die amtliche „Wiener Zeitung" veröffentlicht ein kaiserliches Handschreiben an Grillparzer, durch welches diesem anläßlich seines achtzigsten Geburtstages das Großkreuz des Franz-Josephs-Ordens, sowie ein außerordentlicher Jahresgehalt von 3000 Gulden aus der Privatschatulle des Kaisers verliehen wird.

Die Kaiserliche Bestätigung der alten Tyroler Verfassung, wodurch die Reichsverfassung verletzt wurde, hat im Lager der Verfassungstreuen einen Sturm der Entrüstung hervorgerufen.

Der Demokraten-Verein in Graz beschloß einstimmig eine Resolution und Petition an den Reichsrath, welche verlangt, die Minister wegen des Tyroler Landesvertheidigungs-Gesetzes in Anklagestand zu versetzen. Der eigentliche Sünder ist aber der Kaiser!

Fürst Karageorgevich ist in zweiter Instanz zu achtjährigem, seine Mitangeklagten Trifkovics und Stankovics zu vierjährigem schwerem Kerker ohne Eisen verurtheilt worden. Alle drei Angeklagten wurden ferner in den Ersatz der Processkosten, sowie in den Ersatz der Verpflegungskosten während der Haftdauer verurtheilt.

Der Generalsecretär des Rathes der internationalen Arbeiter-Association in London, J. G. Eccarius, erläßt in englischen Blättern einen Hilfeaufruf zu Gunsten armer deutscher Arbeiterfamilien, deren Ernährer wegen thätiger Betheiligung an dem Erscheinen und der Verbreitung des „braunschweiger Manifestes", worin gegen die Fortsetzung des Krieges nach dem Falle von Sedan protestirt wird, eingesperrt worden sind.

Die „Independance belge" bringt ein Telegramm von London folgenden Inhalts: „Gestern wurde in Saint-James-Hall ein großes Meeting abgehalten, welches von der englischen Regierung verlangt, daß sie die französische Republik anerkenne und der Politik des Länderraubes widerstehe, die von Preußen verfolgt werde. Diese Resolutionen wurden einstimmig angenommen.

In Rußland ist der Correspondent der „Independance belge" und des „Golos", Herr Sagulajeff, an den Onegasee nach Petrosawodsk, dem Hauptorte des Gouvernements Olonez, hin verbannt worden. Diese Verbannung ist um einen kleinen Grad milder als eine nach Archangel, Wjatka oder Perm — nichtsdestoweniger ist die Gegend traurig und unwirthbar, abgeschnitten von jedem gebildeten Verkehre. Als Grund der Verbannung wird angegeben, der Correspondent habe in gehässiger Absicht wissentlich, falsche Nachrichten in die Welt geschickt. Sorgsam wird darauf geachtet werden, daß er weder jetzt, noch je in der Zukunft irgend welche Correspondenzen besorgen kann.

Die große Rathsversammlung sämmtlicher Stämme im Indianergebiet zu Okmulgee hat beschlossen, eine gemeinschaftliche Organisation zu bilden, eine republikanische Regierungsform einzusetzen, und so bald wie möglich den Congreß um Aufnahme als Staat in die Union anzugehen. Daß sich die Wilden doch ohne König behelfen können!

Der Krieg.

Abermals sind auf dem Kriegsschauplatz gewaltige Schläge gefallen. Die französische Loire-Armee unter dem General Chanzy hat bei Le Mans eine schwere Niederlage erlitten und 22,000 Gefangene verloren, letztere meistens der Mobilgarde angehörend, welche sich auflöst. Ob damit das Ende der Kämpfe auf diesem Theile des Kriegsschauplatzes gekommen ist, erscheint bei der Hartnäckigkeit des französischen Widerstandes mehr als zweifelhaft.

Doch auch von den anderen Theilen des Kriegsschauplatzes sind Nachrichten von großen Kämpfen eingetroffen. So meldet der König von Preußen der Königin Augusta am 16. Jan.:

General von Werder ist gestern von Bourbaki mit 4 Corps in seiner Position vor Belfort bei Montbeliard und Chagey angegriffen worden, und in einem 6stündigem Kampfe sind alle Angriffe abgeschlagen, so daß an keiner Stelle der Feind die Stellung durchbrach. Verlust nur 3—400 Mann, hauptsächlich Artillerie-Kampf.

Hier scheinen sich die Deutschen in sehr kritischer

Feuilleton.

* Die Polenflüchtlinge.

Erzählung von A. Fr.

(Fortsetzung.)

Wieder genesen, reiste ich in das Bad, und lernte dort mein treues, liebes Weib, eine junge Polin kennen, die sich mit ihrem alten Vater, einem Helden des Jahres 1830, daselbst aufhielt. Da ich auf eine Anstellung des Staates nicht rechnen durfte, zog ich mit meinem jungen Weibe hierher nach Polen und habe nach des Alten Tode das väterliche Gut übernommen. Dort drüben in der Nähe des großen See's, der ja zur Hälfte beiden Reichen gehört, kannst Du mein Wohnhaus und meine Wirthschaftsgebäude sehen. Aber hoffentlich wird mein alter Ehrenfels mich auf seinen Besuch nicht lange warten lassen. Du wohnst doch hier in diesem Orte?"

„Ja," entgegnete der Freund, „das große Handelshaus R. und Comp. in Berlin hat hier eine Commandite errichtet und die wackeren Chefs, unsere Gesinnungsgenossen, haben den alten Buchhalter hierhergesandt. Aber es ist drüben jetzt eine schlimme Zeit; ich mag gar nicht mehr die Grenze überschreiten, denn Zorn und Wehmuth pressen mir das Herz zusammen."

Das Antlitz des Freundes wurde ernst, fast traurig.

„Es ist entsetzlich," sagte er, „man will das tapfre Volk jetzt ganz vernichten. Zu Tausenden bringt man die Bewohner fort nach Sibirien und andern Theilen des Reiches und schickt Russen an ihre Stelle. Man verbietet ihnen, öffentlich, ja in größern Gesellschaften ihre Muttersprache zu reden, will ihnen sogar die fremde Religion aufzwingen."

Die Anwesenden, welche mit sichtlichem Interesse die Begrüßung der beiden Freunde und die darauf folgende Erzählung mit angehört hatten, nahmen wieder am Gespräche Antheil. Ein Herr, in der Uniform eines preußischen Bahnbeamten, trat grüßend an den Tisch und sagte:

„Haben Sie schon die neueste Nachricht gehört? So eben erfahre ich, das Gutsbesitzer H. nach Sibirien abgeführt ist. Einer seiner Knechte hat verrathen, daß er die Insurgenten unterstützt habe."

Die Gäste sprachen laut ihr Bedauern aus, der Fremde aber, den wir unter dem Namen Freimuth kennen gelernt, hatte bei den ersten Worten des Beamten rasch aufgeblickt, und fixirte jetzt den Sprecher so scharf, daß er selbst die Frage seines Freundes, ob er den Gutsbesitzer kenne, gänzlich überhörte. Als der Beamte, sich umwendend an das Büffet trat, schien er aus seinem Sinnen zu erwachen.

„Ehrenfels," rief er heftig, auf den Davoneilenden zeigend, „kennst Du den?"

„Ja," gab dieser zur Antwort, „es ist der Expedient v. Carlar. Er ist erst kürzlich in Stelle des braven gemaßregelten M. hierhergeschickt worden. Er spielt den Nobeln und wird oft zudringlich; ich mag ihn nicht."

„v. Carlar? So habe ich mich nicht getäuscht! Die heimtückische lauernde Fratze ist mir treu im Gedächtniß geblieben. Schon der Klang dieser krähenden Stimme weckte meine Aufmerksamkeit."

Die anderen Gäste waren neugierig geworden. „Was ist mit dem? Was hat die Sache für eine Bewandtniß?" fragte man halblaut von allen Seiten.

„Meine Herren," sagte Freimuth entrüstet, wenn mich nicht Alles täuscht, ist dieser Herr v. Carlar da derselbe verrätherische Schurke, welcher sich damals in jenen Märztagen in unser Vertrauen einschlich und uns hinterher schnöde verrieth."

„Wie?" rief Ehrenfels, „ist es etwa der Verräther, welcher die Soldaten auf Schleichwegen durch Pförtchen in unsern Rücken führte, so daß wir in das fürchterliche Kreuzfeuer geriethen, das auch mich niederstreckte?"

„Derselbe," bekräftigte der Freund.

„Ich wüßte seinen Namen nicht zu nennen, wenn

Lage zu befinden! — Im Kleinen wird indeß der Vernichtungskrieg gegen die Franctireurs mit Aufgebot aller Kräfte fortgesetzt. Dieser Krieg wird gegenseitig leider mit schonungsloser Erbitterung geführt. Was das arme Land hier leidet, ist entsetzlich. Hunger und Noth greifen immer mehr um sich, und die Bevölkerung hat kaum noch etwas zu leben. Verbrannte Häuser sieht man in manchen Dörfern weit mehr als unbeschädigte Wohnungen, und lebende Hausthiere sind oft stundenweit nicht mehr zu sehen.

Auch Paris rührt sich! Die „Times“ meldet aus Versailles vom 15 d.: Heute gegen 2 Uhr Morgens fanden Ausfälle von Bondy und Groslay aus statt. Die Franzosen griffen die Sachsen an und rückten gegen den Mont Avron vor. Ein anderer Ausfall fand in der Richtung nach Lebourget statt. Beide Ausfälle, obwohl unter Deckung einer heftigen Kanonade aus den Forts unternommen, wurden zurückgewiesen. Ueber die Verluste liegen noch keine Nachrichten vor!

Es fehlt in neuester Zeit nicht an Friedensregungen, denen die preußische Regierung nicht fern steht. Voreiligen Hoffnungen, daß der Friede für Frankreich ein billiger sein würde, widerspricht die „Kreuzztg.“: Sie schreibt, daß deutscherseits unter keinen Umständen von den aufgestellten Friedensbedingungen abgegangen wird.

Dasselbe Blatt bezeichnet die von einigen Blättern gebrachte Meldung über eine beabsichtigte Friedensvermittelung Seitens Oesterreich als voreilig.

Das Bombardement von Paris hat nach Brüsseler Nachrichten am Sonnabend das Stadtviertel, wo sich das Pantheon, St. Sulpice und Montrouge befinden, hart mitgenommen. Drei Bomben sind im Innern des Pantheon crepirt.

Der Gesammt-Verlust an Todten und Verwundeten in den siegreichen Kämpfen vom 6. bis 12. ds. Mts. beläuft sich auf 177 Offiziere und 3023 Mann. Dem Feinde wurden bis jetzt über 22000 unverwundete Gefangene, 2 Fahnen, 19 Geschütze, über 1000 beladenen Fahrzeuge und außerdem eine Menge von Waffen, Munition und Armeematerial abgenommen.

Die Proclamation des Kaisers von Deutschland an seine deutschen Unterthanen.

Wir, Wilhelm von Gottes Gnaden, König von Preußen verkünden hiermit: Nachdem die deutschen Fürsten und freien Städte den einmüthigen Ruf an Uns gerichtet haben, mit Herstellung des deutschen Reiches die seit mehr denn 60 Jahren ruhende Kaiserwürde zu erneuern und zu übernehmen, und nachdem in der Verfassung des deutschen Bundes die entsprechenden Bestimmungen vorgesehen sind, bekunden Wir hiermit, daß Wir es als Pflicht gegen das gesammte Vaterland betrachten, diesem Rufe der verbündeten deutschen Fürsten und freien Städte Folge zu leisten und die deutsche Kaiserwürde anzunehmen. Demgemäß werden Wir und Unsere Nachfolger in der Krone Preußens fortan den Kaisertitel in allen unseren Beziehungen und Angelegenheiten des deutschen Reiches führen und hoffen zu Gott, daß es der deutschen Nation gegeben sein werde, unter dem Wahrzeichen ihrer alten Herrlichkeit das Vaterland einer segensreichen Zukunft entgegenzuführen. — Wir übernehmen die kaiserliche Würde in dem Bewußtsein der Pflicht, in deutscher Treue die Rechte des Reiches und seiner Glieder zu schützen, den Frieden zu wahren, die Unabhängigkeit Deutschlands zu stützen und die Kraft des Volkes zu stärken. Wir nehmen sie an in der Hoffnung, daß es dem deutschen Volke vergönnt sein werde, den Lohn seiner heißen und opferwilligen Kämpfe in dauerndem Frieden und innerhalb seiner Grenzen zu genießen, welche dem Vaterlande die seit Jahrhunderten entbehrte Sicherheit gegen erneute Angriffe Frankreichs gewähren werden. Uns aber und Unsern Nachfolgern in der Kaiserkrone wolle Gott verleihen, allzeit Mehrer des Reiches zu sein, nicht an kriegerischen Eroberungen, sondern in den Werken des Friedens auf dem Gebiete der nationalen Wohlfahrt, Freiheit und Gesittung.“

Deutsches Volk! Hilf dir selbst, dann hilft dir Gott! Wohlfahrt und Freiheit bekömmt man von Fürsten nicht geschenkt, die müssen mühsam errungen werden!

Die Tabaksteuer.

Auch die Organe der preußischen Fortschrittspartei beginnen über die Verschlechterung der Zustände allgemach gar bedenklich den Kopf zu schütteln.

„Wenn man das preußische sowohl wie das norddeutsche Budget genau ansieht“, schreibt die „Lib. Corr.“, „so kommt man sehr bald zu der Erkenntniß, daß die Erhaltung des Gleichgewichts zwischen Ausgabe und Einnahme immer schwieriger wird, und daß wir in Gefahr sind, fortwährend unsere Schuld anwachsen zu sehen, wenn wir nicht durch Verminderung der Ausgaben oder durch Eröffnung neuer Einnahmequellen ein gesichertes Gleichgewicht herstellen. Der einfachste Weg würde allerdings die Verminderung der Ausgaben sein, aber wenn man diese Ansicht praktisch ausführen wollte, so würde ein sehr heftiger Streit darüber entstehen, wo gespart werden sollte, und an diesem Punkte wird bis zu dem Augenblick, wo die Volksvertretung ein entscheidendes Wort bei der Festsetzung der Ausgaben zu sprechen hat, jeder Versuch von Ersparnissen in großem Maßstabe scheitern.“

Das heißt mit anderen Worten, unsere Militär-Ausgaben haben mit der Zeit eine so riesige Höhe erreicht, daß die bisherige Einnahmequellen zu ihrer Deckung nicht ausreichen. Sparen am Militärbudget, was das Vernünftigste wäre, geht nicht, das leidet Bismarck nicht, auch haben wir nicht die geringsten Mittel ihn dazu zu zwingen; da wird denn bis dahin, wo wir diese Macht erringen, nichts Anderes übrig bleiben, als dem Militärbedürfnisse neue Einnahmequellen zu erschließen. Man könnte in dieser Beziehung vielleicht vorgehen wie seiner Zeit der Graf Bismarck, erst die nützlichen und dann die nothwendigen Ausgaben für das Volkswohl einstellen u. s. w. Dies liegt jedoch nicht in der Absicht der preußischen Regierung. Die „Lib. Corr.“ schreibt darüber:

„Es müssen also neue Einnahmequellen eröffnet werden, und wir dürfen wohl annehmen, daß der Finanzminister diesen Punkt sehr scharf im Auge behält. Nur scheint es, daß hierbei nicht an die Erhöhung der direkten Steuern oder an die Einführung neuer direkter Steuern gedacht wird, sondern daß man wiederum zu einer indirekten Steuer, also zur unverhältnißmäßigen Belastung des ärmeren Theiles der Bevölkerung zu greifen geneigt ist. In der That richtet man jetzt vorzugsweise sein Augenmerk auf eine Art von Steuer, welche eine schwere Belastung der Armen mit sich bringt, aber nicht blos deswegen verwerflich ist, sondern auch aus dem Grunde, daß sie bei uns eine Beschränkung der Verkehrsfreiheit einführt, die man für gänzlich beseitigt halten durfte. Es handelt sich nämlich um nicht Geringeres, als den ernstlichen Plan, das Tabaksmonopol einzuführen. Welche Meinung man auch über die Tabaksteuer haben mag, so muß man doch der Einführung eines neuen Monopols auf das Entschiedenste entgegentreten. Ein solches Monopol würde nach der Beseitigung des Salzmonopols unzweifelhaft für Deutschland ein wirthschaftlicher Rückschritt sein.“

Wie lange aber wird die Tabaksteuer reichen, bald muß man zu neuen Besteuerungen greifen, die immer wieder die Armen am härtesten treffen. Um zu retten, was heute noch zu retten ist, wähle man Demokraten in den Reichstag, der die Militärangelegenheiten zu berathen hat!

Die Rede Kolb's.

(Schluß.)

Glaubt denn Jemand, selbst die niedergeworfenen Franzosen würden sich einfallen lassen, uns einen unehrenvollen Frieden anzubieten! Aber allerdings entsteht die Frage: „Was versteht man unter einem ehrenvollen Frieden?“

Meine Herren! Wenn man einen Frieden nicht als ehrenvoll ansehen will, anders als wenn er unter der Vernichtung der Republik in Frankreich geschlossen wird, dann theile ich diese Ansicht nicht. Das ist nicht die Aufgabe, für welche deutsches Blut vergossen werden soll. Und wenn man etwa einen Frieden nicht für ehrenvoll anerkennen will, außer der Mann vom 2. Dezember, der jetzt auf Wilhelmshöhe fetirt wird, würde wieder eingesetzt auf den zusammenbrechenden Thron zu Paris — wenn man das als die Aufgabe der deutschen Heere betrachtet, so theile ich nicht nur diese Ansicht ebenfalls nicht, sondern würde es als die größte Schande und Schmach für Deutschland betrachten, wenn das das Ende des Krieges wäre.

Ich komme noch auf einen anderen Punkt, den der Herr Abgeordnete v. Miller erwähnt hat. Ist jeder Friede ein unehrenvoller, der nicht mit Eroberung endiget? Der Ansicht bin ich gar nicht. Ich betrachte vielmehr und zwar gerade speciell im gegebenen Falle, die Eroberung und Annexion ebensosehr als ein Unrecht, wie als unklug und nachtheilig, für Deutschland nicht vortheilhaft.

Ich betrachte die Annexion eines Volksstammes, welcher nicht annektirt sein will, für ein Unrecht.

Seitdem ich mir ein politisches Urtheil bilden konnte, huldige ich dem Princip des Selbstbestimmungsrechtes der Völker. Ich habe diesen Grundsatz vertreten in einem Verhältniß, in welchem der Grundsatz Deutschland zu statten kam, nämlich in der schleswig-holsteinischen Angelegenheit; ich schrecke nicht zurück, mich zu demselben Grundsatze zu bekennen auch da, wo es scheint, daß die Anwendung desselben

---

nicht der Zufall mir denselben lebhaft genug eingeprägt hätte.“

„Als ich Dich Verwundeten in das mir wohl bekannte Haus retten wollte, hörte ich den Offizier rufen: „Herr v. Cäsar, nehmen Sie den dort.“ Ich hatte schon die Thür geöffnet, als ich, mich umwendend, den Schurken mit mehreren Soldaten auf mich zustürmen sehe. Ich zog meine Pistole, aber leider war sie abgeschossen. Fast mechanisch schleuderte ich sie dem Anstürmenden nach dem Kopfe und war so glücklich, ihn so gut zu treffen, daß er zusammenbrach und mir Zeit ließ, die Thür zu schließen und von innen zu verriegeln. Sein Gesicht und der historische Name sind mir lebhaft in der Erinnerung geblieben.

„Da ist wol kein Zweifel mehr, daß er der Verräther sei,“ bemerkte ein Kaufmann. Er hat an der Stirn über dem Auge eine breite Narbe, die er behauptet im Kriege erhalten zu haben. Es müßte in der That ein ganz absonderlicher Hieb sein, der eine solche Schmarre zurückläßt.“

„Wir sind Ihnen für Ihre Mittheilung sehr dankbar,“ fiel ein Anderer ein, denn vor solch einem Gewürm muß man immer auf seiner Hut sein und es ist gut ....“

Die Stimme von Ehrenfels unterbrach ihn.

„Herr v. Cäsar!“ rief er laut über den Saal, so daß die Blicke Aller sich nach ihm wandten.

Der Gerufene verließ das Büffet und trat mit freundlich grinsendem Lächeln an den Tisch. Seine Gesichtszüge waren nicht unschön, und der stattliche Schnurrbart, der die Mundwinkel umschattete, hob sie vortheilhaft heraus; aber bei näherem Hinblicken zeigten sich eine Menge jener feinen scharfen Furchen, die immer das Zeichen eines still leidenschaftlichen Charakters sind. Der Glanz der dunkelgrünen Augen war stechend.

„Was steht zu Ihren Diensten?“ fragt er lächelnd.

„Ich wollte Sie nur fragen,“ sagte Ehrenfels kalt mit lauter Stimme, „ob Sie derselbe Herr v. Cäsar sind, der in den Märztagen des Jahres 1848 eine Anzahl tapferer Freiheitskämpfer an die Soldaten verrathen hat.“

Der Angeredete fuhr zurück, als ob er gegen eine Degenspitze gerannt wäre. Sein Gesicht wurde bleich vor innerer Erregung.

„Wer wagt das zu behaupten?“ schrie er.

„Ich“, sagte Fernmuth mit kalter Ruhe.

„Wer sind Sie, Herr?“

„Derselbe, welcher Ihnen damals zur Erinnerung die Pistole an den Kopf schleuderte und jenes Kainszeichen da an Ihre Stirn malte.“

Aus den Augen des Beamten schoß ein giftiger Blitz nach dem Sprecher hin. Einen Augenblick stockte er, dann sagte er, sich zusammennehmend:

„Ich begreife diese pöbelhafte Anschuldigung nicht. Diese Narbe habe ich im Kriege erhalten und ....

Die Anwesenden begannen bei diesen Worten verächtlich zu lachen.

„Das sieht weder nach einem Säbelhieb, noch nach einer Schußwunde aus“, rief Einer.

„Der Hahn hat ihn gehackt“, schrie ein Witzbold.

Ein höhnisches Gelächter folgte auf diese Worte. Der ganze Saal nahm gegen den Entlarvten Partei.

(Fortsetzung folgt.)

* Literarisches.

Wenn Georg Buchmann von seinem „Citatenschatz des deutschen Volkes,“ den er unter dem Titel: „Geflügelte Worte“ (ein sehr empfehlendes Buch) erscheinen ließ, eine Ausgabe veranlassen wollte, möchten wir uns erlauben, zu dem „Mut- und Eisen-Citat,“ dem er ein Plätzchen eingeräumt, an einige andere herrliche Aussprüche der Jetztzeit, die nicht verloren gehen dürfen, zu erinnern. So z. B. das herzerwärmende Wort Leo's in Halle vom „fröhlichen Kriege“ — das Bismarck'sche große Wort: „Ich werde das Geld nehmen wo ich es finde“ — das Großherzogliche Mecklenburgische geflügelte Wort: vom „herrlichen Cavalleriegefechte“ — das Königliche Wort vom: „ersten Fall in unserer Familie“ — die telegraphischen „Dank an Gott — auf den Knieen — laß Victoria schießen —“ u. s. w. Des Raumes wegen führen wir nicht noch mehr an. Schade aber wenn diese und ähnliche geflügelte Worte der Nachwelt verloren gehen sollten. — S.

Deutschland nicht zum Vortheile, sondern — wie Sie meinen — zum Nachtheile gereicht. — Dieser Grundsatz ist in der Zeit, in welcher es sich um Schleswig-Holstein handelte, von allen Parteien mit einziger Ausnahme der Stockconservativen durch ganz Deutschland anerkannt worden.

Ich besitze eine Zusammenstellung der Voten, der Deklarationen, Resolutionen, Reden, Erklärungen u. s. f., welche von Seite des Sechsunddreißiger-Ausschusses, der damals in Frankfurt zusammengetreten war, erlassen wurden. Es ist wunderlich, wenn man heute diese Erklärungen liest und damit vergleicht die Strömung, die gegenwärtig herrscht. Ich will indessen davon absehen.

Was thun Sie denn, oder was thut man denn wenn man französisches Land gegen den Willen der Bewohner annektirt? Thut man nicht genau dasselbe, was man den Franzosen als Verbrechen anrechnet, daß sie hätten thun wollen? Es ist genau das Nämliche! Was aber bei dem Einen Verbrechen ist, kann bei einem Andern nicht recht und verdienstlich sein.

Ich habe auch gesagt, ich betrachte eine solche Annexion nicht als vortheilhaft, sondern als nachtheilig für Deutschland. Sie geben sich der Hoffnung hin „Deutschland für die Zukunft sichernde Grenzen zu erhalten. Glaubt irgend Jemand im Ernste, daß, wenn man dieses Land annektirt, daß alsdann Ruhe und Frieden, wie man wünscht, herbeigeführt wird? Ich glaube, Jedermann ist vom Gegentheile überzeugt; selbst die Aeußerungen Bismarck's beweisen es gegenüber Jules Favre.

Und nun, meine Herren, ist denn die Forderung nach Frieden an sich eine ungerechtfertigte? Die bayerische Kriegsgeschichte ist unendlich reich an Schilderungen blutiger Kämpfe. Unter allen diesen Kriegen ist mit einer einzigen Ausnahme keiner, der so viel Blut gekostet hätte, wie jetzt schon der gegenwärtige. Wird der Kampf noch ausgedehnt auf dritthalb oder drei Monate, welche Gelder verlangt werden, dann können Sie sich auch darauf verlassen, daß dieser Krieg mehr Menschenleben gekostet haben wird, als selbst der russische Feldzug.

Meine Herren! Angesichts der Menschenverluste tritt jede andere Rücksicht für mich in den Hintergrund. Ich werde deßwegen mich nicht ergehen in weitere Erörterungen über die sonstigen Nachtheile dieses Krieges; es genügt mir, Sie darauf hinzuweisen, welche Verwilderung eintritt in Folge jeder derartigen Kämpfe.

Wie der Gewerbefleiß und Handel geschädigt wird durch die Fortdauer eines solchen Krieges brauche ich Ihnen nicht zu sagen. Schon die Stockungen im Eisenbahnverkehr, welche Störungen bringen sie im bürgerlichen Leben hervor? Auch ist es eine Täuschung zu glauben, die Verheerungen in Frankreich träfen blos die Franzosen. Die Rückwirkung in jedem derartigen Falle bleibt nicht aus, wir werden nach Jahren noch empfinden, was dort zerstört worden ist.

Noch Eines will ich nur im Vorbeigehen erwähnen. Die Rückerstattung für die Kriegskosten sind uns nicht gesichert, die Kosten wachsen von Tag zu Tag, und von Tag zu Tag wird es dem französischen Volke mehr und mehr unmöglich werden diese Kriegskosten in voller Summe, wie man sie fordert, zu bezahlen, wenn der Krieg fortgesetzt wird.

Landwirthschaftliches.

† (Ueber Kälberfütterung.) Nach Professor May vermehren 8½ Pfund oder 3 Maaß Milch das Lebendgewicht eines Kalbes um 1 Pfund. Nach verschiedenen von Professor May notirten Schlachtresultaten von Kälbern in einem Alter von 14—28 Tagen liefert ein Kalb im Alter von 14 Tagen, welches 61 Pfund Lebendgewicht hatte, 35½ Pfund Fleisch — den Kopf weggerechnet, — während ein anderes Kalb, das 28 Tage alt, 98 Pfund Lebendgewicht hatte, 56½ Pfund Fleischgewicht, Kopf inclusive, nach der Schlachtung ergab. Das zweite Kalb, welches also 14 Tage später, als das erste geschlachtet wurde, und dessen Lebendgewicht 37 Pfund mehr betragen, lieferte 21 Pfund mehr Fleisch. Um diese 21 Pfund Fleisch oder 37 Pfund Lebendgewicht zu produciren, mußte das Kalb 37 mal 3 Maaß Milch, d. i. 111 Maaß Milch consumiren, was also per Pfund Fleischgewicht mehr als 5 Maaß Milch beträgt. So lange 5 Maaß Milch weniger Werth haben, als 1 Pfund Kalbfleisch, ist die längere Aufzucht der Fleischkälber allerdings rentabel; wo aber die Milch 8 kr., daher 5 Maaß 40 kr. kosten, dagegen 1 Pfund Kalbfleisch durchschnittlich für 20 kr. zu haben ist, würde der Viehzüchter bei längerer Aufzucht einen großen Schaden haben, und stellt sich der Productionspreis für besseres Kalbfleisch pr. Pfund auf 40 kr. heraus.

Auf Vermehrung und Verbesserung des Rindviehes und des Fleisches muß hingearbeitet werden, aber nicht wie bei den Kälbern durch den Mehraufwand an Milch, nicht durch Vertheuerung der Sache, sondern vielmehr durch zweckmäßige Haltung der Thiere, durch vermehrten Futterbau und gute und reichliche Fütterung; bei den Aufzuchtkälbern aber durch Ersatz der Milch mit gekochter stickstoffreicher Suppe, während die Fleischkälber in der Saugzeit noch mit frischen geschlagenen Eiern gemästet werden können, — letzteres rentirt sich jedoch nur da, wo das Kalbfleisch sehr theuer, ausgezeichnete Qualität hoch bezahlt wird. Es Prof. May. Grundsatz bleibt aber, daß zur Aufzucht bestimmte Jugend gut füttern! (Pf. Wochenbl.)

Verantwortlicher Redacteur und Verleger Carl Luebeck.
Druck von Ph. Rohr in Kaiserslautern.

Marktbericht.

* Frankfurt, 18. Jan. [illegible]

* Köln, 17. Jan. [illegible]

[illegible]

Notirungen der Produktenbörse. [illegible]

* Berlin, 17. Jan. [illegible]

* Berlin, 16. Jan. [illegible]

* Königsberg, 14. Jan. [illegible]

Deutscher Demokrat.

Erscheint wöchentlich einmal und wird den auswärtigen Abonnenten Freitags mit der Post zugesandt.

Nro. 5. | Vierteljährlich 5 Sgr. = 18 kr. in Preußen 6 Sgr. 9 Pf. | Kaiserslautern, 29. Januar | Inserate 3 Sgr. = 12 kr. die 1spaltige Zeile. | 1871.

An unsere Abonnenten in Hannover.

Es ist zwar unmöglich, daß Sendungen von Kaiserslautern bis Hannover vierzehn Tage unterwegs sind, da ein Brief nur zwei, höchstens drei Tage gebraucht, doch erscheint uns diese Verschleppung im Gebiete Vogel v. Falkenstein's ebenso begreiflich wie in Ostpreußen. Hier gehen die Blätter Freitags früh mit dem Eilzuge ab und müssen sie schon Sonntags im Besitze der Leser sein. Wir bitten bei jeder derartigen Verzögerung ungesäumt Beschwerde zu führen.

---

* Wochenschau.

Deutschland.

Wir haben in voriger Nummer die Proclamation des deutschen Kaiser-Königs an seine treuen Unterthanen mitgetheilt. Noch war das Reich nicht fertig, noch debattirte man in der bayerischen Kammer über die Annahme der Verträge' Doch was frägt Graf Bismarck, was die preußische Dynastie nach dem Volke und zumal in einer rein dynastischen Frage? In den beiden Häusern des preußischen Landtags hatte die Kaiserbotschaft, die wohl schon seit Wochen im Schubfache des Ministers geruht haben mag, zu kurzen Ansprachen der Präsidenten geführt, deren Schluß als charakteristisch verzeichnet zu werden verdient. Im Herrenhause Graf Stolberg: „Unser König, der Kaiser von Deutschland lebe hoch!" Im Abgeordnetenhause: „Der deutsche Kaiser, unser König und Herr lebe hoch!" „Die Frage, ob der Kaiser dem König, oder dieser jenem vorangehe, meint die „N. Bad. Land." dürfte aus dem Bereich der Etiquette demnach bald auf das politische Geb et gebracht werden."

Wir glauben die Frage ist einfach; die Könige, nicht das Volk haben den Kaiser geschaffen, also würde er am treffendsten mit König-Kaiser zu benennen sein. Doch das Volk hat kein Interesse an der Entscheidung dieser Frage. Was der neue Kaiser dem deutschen Volke wird, hat das Abgeordnetenhaus deutlich ausgesprochen: ein Herr! Doch, werden die Leser sagen, wir sind ja freie gleichberechtigte Menschen! Ja, wenn die Unterthanen nur Menschen wären! —

Ebenso wie das Kaiserreich schon vor seiner Vollendung, war auch — die Antwort-Adresse des Abgeordnetenhauses auf die Kaiserproclamation fertig, noch ehe ihr Inhalt bekannt war. Elsaß und Lothringen wird darin verlangt und viel von nationaler Wohlfahrt, Freiheit und Gesittung und von den Arbeiten des Friedens gesprochen, die der Kaiser-König verheißen und in der Eröffnungsrede des letzten Reichstages hieß es, daß sich Deutschland auf lange schwere Kämpfe mit Frankreich gefaßt machen müsse! —

Gegen die Adresse stimmten nur die Polen, weil sie für keine Annexion ihr Votum abgeben konnten. Ein deutscher Reisender, welcher vor wenigen Tagen Rußland und Polen bereiste, theilte uns übrigens mit, daß in Polen die öffentliche Meinung anfängt, einen Umschwung zu erleiden. Während bisher Polen und Juden für Frankreich, für den Kaiser wie für die Republik schwärmten, da sie mit einem Wort von Frankreich die Herstellung eines freien Polens erhofft, also Frankreich den Sieg wünschten, wünschen sie jetzt Deutschland den Sieg, da sie von Bismarck hoffen, nach der Besiegung Frankreichs würde er Rußland den Krieg erklären, natürlich siegen und aus Polen, polnisch und russisch Lithauen, den russischen Ostseeprovinzen ein freies Reich bilden. Sonderbare Schwärmereien! Um sie mit einem Male über die weiße Seele des Grafen Bismarck zu beruhigen, wollen wir verrathen, daß in diesen Tagen per Ostbahn über Eydtkuhnen aus Coblenz, unter Begleitung dortiger Artilleristen starke Züge von Pulver an die russische Regierung gingen. Nun mögen sich Polen und Deutsche einen Vers daraus machen, was sie zu erhoffen haben vom deutschen Kaiserreiche!

Das deutsche Kaiserreich ist der Friede! Also lautet jetzt die Parole, welche in Preußen vom Cultusministerium an die untergebene Geistlichkeit ausgetheilt wird. Wie wir aus dem Munde eines zuverlässigen Geistlichen aus Ostpreußen erfahren, hat der Minister v. Mühler an alle Geistlichen geschrieben, sie möchten sich auf Friedenspredigten vorbereiten, da der Friede unerwartet und eher als man denkt, geschlossen werden würde!

Die letzten Debatten im Abgeordnetenhause haben die Zahl der Gegner des Cultusministers um manchen bisher noch Schwankenden vermehrt und selbst die Klerikalen sind nicht mehr mit ihm zufrieden. Die klerikale Presse feuert bereits die ersten Salven gegen Hrn. v. Mühler ab, der allerdings, da er der Uebertragung der Schulaufsicht von den Consistorien in Hannover an die Landdrosteien zustimmt, die Ultramontanen eben so gut kränkt als die Orthodoxen. In den nächsten Tagen werden wohl auch die Conservativen sich von dem Cultusminister lossagen, der ihrem Herzen doch noch näher stand als der Tilsiter Landrath. Da werden sich seiner schließlich noch die Liberalen erbarmen müssen!

Aus den Verhandlungen des Abgeordnetenhauses, das sich, um seinen Commissionen Zeit zur Arbeit zu schaffen, auf acht Tage vertagt hat, erwähnen wir die Verhandlung über die Auslieferung eines polnischen Priesters an Rußland. Die Regierung wollte nur eine Ausweisung zugeben. Die Abgeordnete: wußten aber sehr wohl, was eine derartige Ausweisung zu bedeuten hat und mißbilligten das Verfahren. Für die Mißbilligung stimmten auch, was für die künftige Politik dieser Herren bezeichnend ist, die Conservativen! Sie werden doch nicht gegen die Regierung Front machen? Wer weiß, wenn es in ihrem Interesse liegt!

An eine Tabaksteuer will der Finanzminister noch gar nicht gedacht haben, aber an Erhöhung der indirecten Steuern! Als ob die nicht schon hoch genug wären! Darum wähle man Demokraten in den Reichstag! — Abgelehnt wurde die Mahlsteuer auf Kraftmehl und Puder aus Reis!

Beim Abgeordneten-Hause ging aus dem Herrenhause endlich das Gesetz über den Unterstützungs-Wohnsitz ein. Die Herren haben es sehr wesentlich, meist zu seinem Nachtheile verändert. Genehmigt hat das Haus noch: 1) den Gesetzentwurf betreffend die landschaftlichen Brandcassen in der Provinz Hannover, 2) die Bewilligung von Darlehen an die Kreisverbände im Regierungsbezirk Trier. Dagegen soll das uneheliche Judenkind trotz Uebereinstimmung von der Regierung und Abgeordneten-Haus seines christlichen Erzeugers halber der Zwangstaufe nicht entgehen. In seiner Adressenwuth, die beiläufig auch den Berliner Magistrat in höchst bedenklicher Weise ergriffen, wurde das Herrenhaus selbst dem Hofe lästig. Die Königin welche mit einer großartigen Staubwälzerei bedacht war, hat sich diesen Genuß bis auf Weiteres verbeten. Das Armengesetz haben die Krautjunker im Sinne der feudalen Interessen dermaßen verschlechtert, daß die Regierungsvorlage gar nicht mehr wieder zu erkennen ist.

Wo stecken doch die vierzig Oberbürgermeister, die dem Hause angehören?

In Dortmund ist eine Geschichte passirt, wie sie nicht schöner zur Zeit des Soldatenlebens im Frieden sich zutragen kann. Das Dortmunder Wochenblatt berichtet darüber unterm 13. Januar:

„Wie bekannt, sind seit Beginn des jetzigen Krieges alle hier durchpassirenden Truppen durch Verabreichungen von Erfrischungen gestärkt worden und ist dieses sowohl von dem Offiziercorps als auch von den Soldaten mit dem größten Danke angenommen worden. Das Benehmen der Truppen war stets ein gutes und anständiges gewesen, bis auf einmal der Premier-Lieutenant v. Brockhausen vom 28. Inf.-Reg. gestern eine Ausnahme davon machte. Derselbe war Commandoführer eines Zuges Landwehr von ca. 8—900 Mann, welche gestern Nachmittag gegen 4 Uhr die Station passirten. Die Damen waren gerade in Thätigkeit, den Soldaten Caffee und Butterbrode zu überreichen, als obengenannter Lieutenant auf einige derselben zukam, diesen die Tassen aus der Hand riß, den Soldaten den Caffee ins Gesicht goß und die Tassen auf die Erde in Stücken zerwarf. Das Weißbrod und die Butterbrode folgten auf diesem Wege nach, begleitet von Ausdrücken, die wir hier nicht wiedergeben können. „Verfluchte Liebesgaben", „zum Teufel scheren" waren die gelindesten. Von mehreren Herren auf sein Betragen, besonders den Damen gegenüber, welche sich bisher mit großer Aufopferung der Verpflegung der Soldaten gewidmet, aufmerksam gemacht, fiel er diese mit groben Worten an. Den Dachdeckermeister Herrn Sonntag wollte er mit dem Degen durchbohren mit den Worten: „Ich schlage Dich nieder wie einen Hund." Einen Locomotivenführer wollte er arretiren lassen; der Tambour mußte Generalmarsch schlagen; einige Soldaten mit aufgepflanztem Bajonet sollten den Bahnhof säubern, auf welchem er nur zu befehlen habe rc.

Der Dortmunder Krieger-Hilfs-Verein will wegen dieses Auftritts sich mit einer directen Beschwerde an den Kaiser-König wenden! Doch wie man im Militär selbst über die verfluchten Liebesgaben denkt, also auch im Hauptquartier, wo man die Quellen der Liebesgaben zu verstopfen bemüht ist.

Die demokratischen Blätter werden sämmtlich aus den Lazarethen verbannt, so in Frankfurt die „Frankfurter Zeitung," das „Frkftr. Journal" und der „Beobachter." Zum Sammeln von Liebesgaben waren die Blätter gut genug! Der Beobachter wurde übrigens wegen eines Artikels über das Leichenbegängniß des verstorbenen Eichholz und die Frkftr. Ztg. wegen ihrer Berliner Briefe confiscirt. Was kann aus Berlin auch anderes als Straffälliges berichtet werden, leider wird nur immer der Unschuldige gepackt.

Dem Vernehmen nach ist in der Celler Denkmals-Angelegenheit ein den Anliegern des Platzes kürzlich proponirter Vergleich von denselben zurückgewiesen worden. Ueber die Vergleichsvorschläge haben wir noch nichts Näheres erfahren.

Ein zweites Celle entsteht in Thorn, wo der Militär-Fiscus ein Brückenhaus, das seit mehr als hundert Jahren gestanden und nie im Besitz des Militärs gewesen, beansprucht. Hoffentlich geben die Thorner den Bürgern von Celle an Zähigkeit nichts nach!

Aus Versailles, d. d. 21. Januar, wird gemeldet, daß Graf Bismarck statt des Titels „Bundeskanzler", nunmehr den Titel „Reichskanzler" führt. — Besser Reichsvogt!

Ueber „Kirchen-Erleuchtung" hat ein Vorstand der Kirchengemeinde Wiesbaden dem Mucker Decan Ohly, welcher den Vorsitz führte, den Staar gestochen. Es handelte sich um die Beleuchtung der Wiesbadener Kirche. Der betreffende Vorstand gab die treffende Erklärung ab, daß auch er für die Verbreitung des Lichtes und die Erleuchtung der Kirche sei, aber in einer anderen Weise. Vor Allem müsse die Kanzel „erleuchtet" werden. Da der Wackere dem Herrn Mucker zur Erklärung der Erleuchtung Stellen aus dessen Predigten vorhielt, wurde die Sitzung schleunigst aufgehoben. Seitdem sind die Predigten des Herrn Ohly fast ganz verwaist.

Aus Baden und Hessen werden die norddeutschen Ultramontanen einen recht sauberen Zuwachs erhalten. In Baden gibt es eine sogenannte katholische Volkspartei, die bekanntlich schnell ihren Frieden mit Graf Bismarck und seinem — Statthalter dem Herrn v. Mühler gemacht. Aus dem Programm dieser Partei guckt aller Orten der kirchliche Pferdefuß; man lasse sich also bei der bevorstehenden Reichstagswahl nicht durch süße Worte Sand in die Augen streuen, sondern wähle Männer, die durch Nichts beeinflußt sind und denen das Wohl des Volks, sein Recht und seine Freiheit höher stehen, als die Interessen irgend einer Kaste. Man wähle Demokraten!

Offener treten die Ultramontanen Hessens auf und täuschen wir uns nicht, die schwarzen Dräder sind hier vielleicht mächtiger als an irgend einem andern Platze. Sie stellen an ihre Candidaten als Mindestforderungen:

„1) daß sie für Uebertragung der die Stellung der Kirche regelnden Paragraphen aus der preußischen Landesverfassung in die Reichsverfassung stimmen wollen; 2) daß sie gegen alle beschränkenden Bestimmungen ankämpfen werden, die bei Aufstellung des Reichs-Vereinsgesetzes bezüglich der Klöster in Vorschlag gebracht werden könnten; 3) daß sie sich bemühen wollen, der Kirche den ihr gebührenden Einfluß auf Ehe und Schule zu wahren, und daß sie auf alle Fälle gegen Einführung der Civilehe, sowie auch von Communal- oder Mischschulen stimmen werden; 4) daß sie bei etwaiger Berathung der römischen Frage für die Aufrechthaltung der weltlichen Souveränetät des Papstes sich aussprechen werden.“ Das heiß' mit einem Worte: Verzicht auf alle geistigen Errungenschaften unseres Jahrhunderts!

Ob die Reichstagswahl in Hessen in freiheitlicher Beziehung große Erfolge haben wird, bezweifeln wir. Mainz, wo man nüchternen Auges den Verhältnissen gefolgt ist, dürfte seinem alten freiheitlichen Rufe auch diesmal Ehre machen, Darmstadt aber scheint, wenn auch die Nationalliberalen dort keinen Boden gewonnen haben, was deutlich die Gemeinderathswahlen zeigen, keine günstigen Aussichten für eine demokratische Wahl zu bieten. Hoffen wir jedoch, daß die Bürgerschaft, welche bei der Gemeinderathswahl das Mißtrauen gegen die Nationalliberalen zusammenfaßte, auch den weiteren Schritt thut und ihrer Abneigung gegen das freiheitsverrätherische Treiben der Main-Zeitungspartei alias Fortschrittspartei durch eine demokratische Wahl beredten Ausdruck gibt.

Auch in München ist das deutsche Reich fertig geworden. Sklavensinn hüben und drüben, Volk bessere es! Kein Jubellaut hat hier das Ende der kaiserlosen Zeit begrüßt, nur ein Gedanke erfüllt jedes freisinnigen Mannes Herz, die Ketten, welche der Freiheit geschlagen worden, zu brechen!

Ausland.

Die Conferenz ist in ein neues Stadium getreten. Preußen läßt die Maske fallen und zeigt sich als Weltmacht. Der französische Minister Jules Favre verlangte von Bismarck den von den neutralen Mächten für ihn beanspruchten, von Bismarck zugestandenen Geleitschein. Mit schneidendem Hohn hat Bismarck, nun er Frankreich nicht mehr zu fürchten hat und die Neutralen zu schwach sah, den Geleitschein verweigert. So schürt Bismarck den Zorn gegen Deutschland, für Deutschlands Frieden, für Deutschlands Freiheit gleich verhängnißvoll!

Die „Kreuzzeitung“ und die „Nordd. Allgem. Ztg.“ bestätigen, daß Graf Bernstorff die Anweisung erhalten habe, die Conferenz ohne Weiteres zu verlassen, wenn die französische Frage auf derselben angeregt würde.

Eine neue bisher nur in telegraphischem Auszug vorliegende Depesche Bismarcks, welche das Begehren mehrerer auswärtiger Diplomaten, daß es ihren Landsleuten gestattet werden möge, das bombardirte Paris zu verlassen, abschläglich bescheidet, wandelt recht einfach und zeitgemäß das alte: „Mitgefangen, mitgehangen“ in ein: „Mitcernirt, mitbombardirt“ um.

Eine Liebe ist der anderen werth! Der Kaiser-König von Deutschland hat dem Pabste seine Unterstützung, aller Wahrscheinlichkeit auch ein sorgenfreies Quartier, versprochen und der Pabst hatte es dafür für gut und wünschenswerth gehalten, daß die bayerische Abgeordnetenkammer die Versailler Verträge annehme; eine Verwerfung derselben würde nur das republikanische Element in Frankreich zum Nachtheil der europäischen Staatenordnung stärken.

Auf König Amadeus von Spanien ist noch immer kein Attentat erfolgt.

Daß Rußland seine Militäreinrichtungen geändert, eine Art allgemeine Wehrpflicht eingerichtet, berichteten bereits alle Zeitungen. Aus dem Munde eines Reisenden, der eine Tour durch ganz Rußland gemacht und als gewesener preußischer Landwehroffizier Verständniß und Interesse für die Sache hat, erfahren wir, daß in Rußland die Rüstungen zu einem gewaltigen Kriege vollständig beendet sind.

In Dänemark und Schweden zwingen die kriegerischen Ereignisse die Völker zu riesigen Mehrausgaben für Militärzwecke. Das Jahr 1870 und 71 wird Europa noch lange im Magen liegen!

Der spanische Ministerrath billigte ein im conservativen Sinne gehaltenes Circular des Ministers des Aeußern über dessen auswärtige Politik. Der Ministerrath hegt den Wunsch, gute Beziehungen mit dem Papste zu unterhalten. Die Montpensieristen hielten eine Versammlung, um sich über ihr Verhalten zu einigen. Die Republikaner erließen ein Manifest, in welchem sie Theilnahme an den Wahlen empfehlen.

Die Stellung des Fürsten Karol von Rumänien soll bereits ganz unhaltbar geworden und Preußen aus Rücksicht für Oesterreich nicht mehr gewillt, für die Aufrechterhaltung der Herrschaft des jungen Hohenzollern etwas zu thun, und zwar um so weniger, als die Zeit vorüber sei, in welcher die dortige Secundo-Genitur für das deutsche Einigungswerk habe fördernd wirken können. — Der Mohr kann gehen.

In Syrien sind die Zustände ziemlich verzweifelter Natur. Eine tiefe Noth nagt am Marke der Bevölkerung; der Regen fehlt seit August sowohl im Libanon und Antilibanon, wie auch in Hauran und Jerusalem. Was die Bevölkerung im Frühjahre machen wird, da selbst die Saatkörner fehlen, darüber herrscht traurige Ungewißheit; jedenfalls kann die Ruhe dadurch ernstlich in Frage gestellt werden.

Der arabische Aufstand ist im Wachsen begriffen. Die Pforte mußte, wie in Wiener Blättern gemeldet wird, zum Zweck der Militärtransporte nicht nur 6 Kriegsschiffe, 2 kaiserliche Yachten, alle Dampfer der Aziziye-Gesellschaft in Anspruch nehmen, sondern auch 62 Segelschiffe miethen. Dennoch hält man sich des Erfolgs nicht völlig sicher und sucht den Frieden auf anderem Wege herzustellen. Der gewesene Groß-Mufti von Mekka, Scheich Ben Sain, ist in einer außerordentlichen Mission zu den Rebellen gesandt worden, um durch gute Worte glänzende Versprechungen und reiche Geschenke den Assyrer zu gewinnen.

Der Krieg.

Es ist den Franzosen nicht gelungen, die Aufstellung des General Werder zu durchbrechen. Nach mehrtägigem Ringen hat die französische Armee den Rückzug angetreten und ist vorläufig aus dem Gesichtskreise der Deutschen geschwunden. Das schließt jedoch nicht aus, daß sie an irgend einer anderen Stelle wiederkehrt, worauf das Schlachten von Neuem beginnt.

Francstireurs haben einen glücklichen Stoß gegen die deutsche Etappen-Linie ausgeführt und die Eisenbahnbrücke bei Toul in die Luft gesprengt, wodurch der Verkehr auf längere Zeit unterbrochen ist. Wie bestialisch dieser kleine Krieg geführt wird, läßt ein Feldpostbrief der „Volksztg.“ erkennen. Es heißt darin:

Nanzig (Nancy), 23. Okt. in Frankreich! Hochgeehrtester Herr Gevatter Wilhelm. Stadt Nanzig ist eine sehr Wunderschöne, Reiche Stadt, aber auch sehr schöne böse Leute gibt es drin es rotten sich solche Bummler-Banden und schießen die Posten Todt. Den 16. Okt. d. M. haben die Bummler einen Bayerischen Soldaten, der auf Posten gestanden hat, geschossen, aber Gott der Allmächtige hat geholfen, daß er nicht Todt geschossen wurde, blos der rechte Fuß vom Knie an ist durchgeschossen worden, aber diese Bande wurde gefangen genommen, die Bande gerechnet 200 Stück; diese haben sich müssen selber die Löcher graben und jeder bei seinem Loche mußte stehn bleiben und wurden ein nach dem andern erschossen, der erschossen war, mußte der Nebenmann dann zu schiren (zuscharren) und wurde wieder erschossen. Fürchterliches zu hören und zu schauen.

Eine Correspondenz aus dem Hannoverschen berichtet, daß wenn die Menschen-Lieferungen zum Kriegsschauplatze nicht bald aufhören und noch weiterer Ersatz nachgeschickt werden muß, würde die Bestellung der Felder den Vögeln überlassen werden müssen; und die Fabriken könnten zu Hospitälern eingerichtet werden, „wenn sie uns erst das nöthige Zeug zu Bettladen geliefert haben.“ Zu den vielen andern Uebeln, komme seit längerer Zeit, die Steinkohlennoth. Der schönste Holzwuchs, die vielen Waldungen wurden hier wie fast überall in kurzsichtigster Weise ruinirt, und so sind wir fast ausschließlich auf Steinkohlen als Brennmaterial angewiesen. Die Bergwerke haben aber nicht mehr die halben Hände, welche nöthig wären, nur die nöthigsten Kohlen zum täglichen Gebrauch zu liefern; ihre besten Mannschaften helfen in Frankreich siegen — und so kostet hier das Brennmaterial dreimal so viel als gewöhnlich.

Alle bürgerlichen Beschäftigungen liegen darnieder und eben so schwer wird der Handelsstand getroffen. Am 15. Jan. ging die Leipziger Messe zu Ende. Sie ist kläglich ausgefallen. Nur Leder, wollene Strumpfwaaren und Flanell fanden guten Absatz.

Wie wird es erst nach dem Kriege werden, wenn die Arbeiter aus der Armee zurückkehren, nirgends Handel und Wandel ist und der Verdienst mit den neuen Ankömmlingen noch getheilt werden muß? Das wird eine schwere Zeit für die Arbeiter werden! Möchten sie nur daraus die Lehre ziehen, den Militärstaat, in dem die Arbeit niemals gedeihen kann, durch demokratische Wahlen zu stürzen!

Feuilleton.

* Die Polenflüchtlinge.

Erzählung von R. Fr.

(Fortsetzung.)

„Pfui,“ schrieen Einige, „hinaus mit dem Judas!“ tönte es von der andern Seite, während noch Andere mit lauter Stimme die Herbeieilenden von den Thatsachen in Kenntniß setzten. Eine ungeheure Aufregung hatte sich des ganzen Saals bemächtigt. Selbst die Kellner blieben stehen und starrten neugierig dem Angegriffenen in's Gesicht. Dieser schien es für gerathen zu halten, sich zurückzuziehen. Seine ganze unsichere Haltung verrieth nur zu deutlich, daß er sich schuldig fühlte aber den vollen Triumph wollte er seinen Gegnern nicht gewähren.

„Sie werden für Lügen büßen“, schrie er Freimuth zu, ich werde Sie zu finden wissen.“

„Schamloser Verräther, hinaus mit Dir!“ rief dieser, sich erhebend, „glaubst Du, ich hätte Deine Judasfrage je vergessen können?“

Die Worte verhallten in dem allgemeinen Stimmengewirr und dem Hohngelächter, mit dem man den davoneilenden Verräther begleitete. Als er verschwunden war, legte sich allmählich die Aufregung.

Jetzt trat der Kaufmann, welcher vorhin den alten Ehrenfels einen Schwärmer genannt hatte, auf Freimuth zu und fragte:

„Kommen Sie drüben mit dem Polizeimeister in Berührung, so daß sie dessen Chicane fürchten müssen?“

Freimuth zuckte zusammen und eine gewisse Unruhe zeigte sich auf seinem Gesichte.

„Wieso?“ fragte er kurz.

„Nehmen Sie sich in Acht,“ erwiderte der Kaufmann. „Ihr Gegner ist, wie ich Gelegenheit hatte, zu beobachten, mit dem hiesigen Polizeianwalt sehr intim geworden, und dieser hat gegenwärtig drüben einen bedeutenden Einfluß, weil man seiner zum Fange der flüchtigen Polen bedarf. Man arbeitet sich gegenseitig in die Hände, um Orden und Vergünstigungen zu erlangen. Sie verstehen.“

„Gewiß, gewiß“, bekräftigte Freimuth, sichtlich erleichtert. „Nun, mein alter Ehrenfels wird mein treuer Eckard sein, wenn man gegen mich Pläne schmieden sollte.“

„Soviel in meinen Kräften steht,“ meinte dieser und sah den Freund wie fragend an.

„Hast Du irgendwie Grund zu Besorgnissen?“ fragte er nach einer Pause.

Freimuth bog sich zu ihm hinüber.

„Ich habe drüben eine sehr wichtige Mission zu erfüllen,“ sagte er ernst mit leiser Stimme, „und muß allerdings fürchten, mit der herrschenden Gewalt in Conflict zu kommen. Wir werden später darüber sprechen, wenn wir allein sind.“

Ehrenfels drückte ihm die Hand.

„Ich glaube Dich zu verstehen,“ sagte er mit Wärme, „auch ich habe Dir Wichtiges mitzutheilen, und wenn ich nicht irre, wird uns noch einmal die Liebe für das unterdrückte Recht zu gemeinsamem Handeln führen. Komm mit in meine Wohnung, dort wollen wir uns darüber verständigen.

In der Nähe des oben erwähnten Grenzstädtchens liegt ein großer Landsee, dessen ovale Wasserfläche sich von Norden nach Süden hinzieht. Die Grenze durchschneidet ihn der Länge nach, so daß das östliche Ufer Rußland, das westliche Preußen gehört. Dies letztere ist größtentheils sandig und bis in die Nähe des Wassers bebaut; man sieht da 2 Fischerdörfchen liegen. Das östliche, russische zeigt fast überall ödes Haideland, nur an seiner Nordspitze sieht man einige ärmliche Hütten und dazwischen ein paar Stationshäuser der Grenzsoldaten. In der Nähe der Südspitze erblickt man das stattliche Wohnhaus, den Hof und die Arbeiterwohnungen des Gutes, dessen Besitzer wir bereits kennen gelernt haben.

Die russische Seite des See's trägt der ganzen Länge nach einen breiten Gürtel von hohem Schilf

△ Parlamentarismus.

Aus dem Kalender kann es Jedermann ersehen, daß das alte Jahr zu Ende ist und wir in ein neues getreten sind, aber — die alte Dummheit lebt noch, damit ist's nicht eine Spur anders geworden.

Unser Blatt wird im ganzen Deutschland gelesen, und doch werden es unsere Leser nicht übel nehmen, wenn wir uns zunächst, was den Nachweis der besagten Dummheit betrifft, mit dem preußischen Abgeordnetenhause beschäftigen und mit dem im fernen, fernen Nord-Osten liegenden Gumbinnen, wo sich ein brillanter Fall ereignet.

Das denkende Volk ist lange darüber einig, daß, wenn wir freiheitlich vorwärts wollen, die Volks-Schulen gehoben werden müssen, damit die Dummheit aufhöre. Was die Regierung darüber denkt, ist am klarsten in Gumbinnen zu Tage getreten. Stadt und Umgegend sind beglückt mit dem überfrommen, sogar Teufel austreibenden Consistorial-Heinrici und einem Schulrath Tyrol, der wohl weiter kein Verdienst hat, auch wohl nie in die Stelle gerückt wäre, wenn er nicht seiner Zeit im Hause des Grafen Lehndorf (Compagnon des Dr. Strousberg bei nobeln Eisenbahnspeculationen) Hauslehrer gewesen wäre. Die beiden Schwarzröcke leben zwar zu Zeiten wie Katz und Hund; zu Zeiten machen sie sich aber auch in die Hand, daß es ein Vergnügen anzusehen ist. Was schadets, wenn Heinrici den Unterstützung oder dergleichen nachsuchenden Lehrern sagt: „Tyrol giebt Dir nichts. Warte, bis er verreist ist, dann habe ich das Heft in Händen, ich werde Dir geben." Was schadet's, wenn Tyrol manchmal die Maaßnahmen Heinrici's verleugnet, was schadt's, wenn Tyrol im Regierungscollegium ein vom Ortsgeistlichen warm befürwortetes Hülfsgesuch eines armen Lehrers vorträgt und auf Anfrage aus dem Collegium, ob das Gesuch unterstützt sei, rund weg mit einem „nein" antwortet, da Pfarrer und Lehrer freisinnig (natürlich hat der Lehrer von Heinrici auch nichts zu erwarten, wenn er das Heft in Händen hat), wo es Verdummung gilt, sind sie, trotz scheinbarer Gegnerschaft, ein Herz und eine Seele. Ein neuer Stundenplan für den Kreis Gumbinnen — die berüchtigten Regulative langen für die Herren ja lange nicht aus — in dem fast nur Religionsstunde und eine Schreibstunde vorkommen, ein Kind oder wenigstens ein Stiefkind Heinrici's ist, trotz scheinbarer Gegnerschaft, eines der Dinge, wobei sie sich in die Hand gemacht.

Er besteht, aber etwas verändert, das heißt verschlimmert noch heute, trotz Protesten der Schulgemeinden, trotz Protesten der vernünftigen Geistlichen der Gegend. Was will man im neuen Jahre mehr an Dummheit?

Gewiß mit Recht darf man aber voraussetzen, daß dieser Fall kirchlichen Eingriffs in die Rechte des Volkes, da vor nicht gar so langer Zeit alle freisinnigen Zeitungen darüber sprachen, allen preußischen Abgeordneten bekannt sein müßte.

Und was thun die edlen Abgeordneten, die Preußens Volk als seine Vertreter gen Berlin gesandt? Der unabsetzbare Minister von Mühler, oder um uns richtig auszudrücken, seine Frau Adelheid, geborne v. Goßler, nachdem sie — er hat nicht mitzureden, da sie die Hosen anhat — kaum einer Musikschulen-Geschichte wegen gründlich auf die Nase bekommen hat, verlangt von den Abgeordneten Gelder, um in Gumbinnen noch einen zweiten Schulrath anzustellen. Ob der eine Tyrol mit überfrommem Adjutanten Heinrici nach Ansicht der Frau Adelheid nicht ausreicht, den demokratischen Kreis Gumbinnen genügend zu verdummen, oder ob sie einen anderigen Schützling anzustellen hat, wir wissen es nicht, das aber ist in den Kammerberichten zu lesen, daß dagegen von den Abgeordneten des Regierungsbezirks Gumbinnen Niemand dagegen sprach, Niemand den berüchtigten erwähnten neuen Stundenplan in Erinnerung brachte. Die sogenannte Fortschrittspartei schwieg überhaupt, bis auf den national angekränkelten Dr. Löwe, der gegen den neuen Schulrath das Wort nahm. Nationalliberale und Reactionäre sprachen gleichfalls gegen Geldbewilligung für die neue Stelle und bei der Abstimmung wurden die 1500 Thaler doch bewilligt. Uns graut vor unseren Abgeordneten, vor dem zeitigen preußischen Parlamentarismus — das heißt dem Rechte des Volkes sich und seine Rechte und Wünsche durch Abgeordnete vertreten zu lassen, wobei bemerkt sei, daß es mit dem Parlamentarismus in allen deutschen Ländern zur Zeit eben so schlecht oder nur wenig besser aussieht als in Preußen. — Was hilft der ganze Kram, wenn die Völker nicht Abgeordnete hinsenden, die thun, was ihre Pflicht ist? Und daß solche Abgeordneten, wie sie eben da sind, hingeschickt, daran sind die zeitigen politischen Parteiungen schuld, doch darauf kommen wir später zurück, daran ist das Volk schuld, welches noch nicht einsehen gelernt, daß die Beamten seinetwegen da sind, und daß es nicht der Beamten wegen da ist, daran ist das Volk schuld, welches nicht unbeirrt den Weg geht, den sein Interesse es führen sollte, sondern welches vor den Beamten unbegründete Furcht hat, sich von den Beamten leiten läßt, statt, wenn eigene klare Ansicht fehlt, allein auf die Stimme seiner wahren Freunde aus dem Volke zu hören. Der deutsche Michel schläft!

Die böse Welt bildet den deutschen Michel als einen gutmüthigen, dummen Bauernjungen, mit schläfrigem Gesichte, über die Ohren gezogener Zipfel-Schlafmütze ab.

Wer ist der so abgebildete deutsche Michel? Viele, unendlich viele Bürger verschiedener deutscher Staaten. Geht vor den Spiegel, seht in einen blankpolirten Kessel, guckt in eine nasse Schmutzlache und Viele werden das schläfrige, gedankenlose Michelbild von ihrer höchsteigenen Person abgespiegelt sehen. Solche Kerle taugen für den Parlamentarismus nichts. Nun denkt aber dabei einmal an Euer gemeinsames großes deutsches Vaterland, an das Unrecht, das Euch bisher immer und immer geschehen, und dessen Spiegelbild Euch dann ein Aufleuchten in den Augen, ein Knirschen mit den Zähnen widerspiegelt, der hat die Zipfelmütze abgeworfen, der ist kein deutscher Michel mehr, der ist berechtigt, mitzuhelfen an dem Bau der deutschen Einheit und Freiheit, im deutschen Parlament!

Werft Alle die Zipfelmützen ab, erwacht und seht Euch an, wie Deutschlands Fürsten, vom Volke nicht gebeten, die sogenannte deutsche Einheit in „Reich und Kaiser" geschaffen. Wenn Ihr das Ding recht ansehet, wird's Euch bald klar werden, daß das nicht Einheit, noch weniger Freiheit ist, wie das denkende deutsche Volk sich beide gewünscht, geträumt. Mit dem Träumen soll's aber vorbei sein; der Michel hat die Zipfelmütze abgeworfen!

„Reich und Kaiser" sind aber da, was nun? Wir müssen zusammenstehen und dämmen, daß uns nicht alle Rechte verloren gehen, wir müssen kämpfen, daß wir neue Rechte erringen.

Zum deutschen Reichstage soll gewählt werden. Der Parlamentarismus ist also unsere Waffe. Wie unbrauchbarer Parlamentarismus, wie unbrauchbare Abgeordnete aussehen, haben wir durch einen speciellen Fall am Anfange unseres Artikels geschildert.

Nun, Deutsche aller Gauen, machts bei dieser ersten Wahl für den Reichstag des ganzen Deutschlands anders. Tretet alle heran an den Wahltisch, vorher aber brecht mit den alten, überlebten Parteien! Wir sprechen nur zu den Freisinnigen, lassen also die Reactionspartei, den verlumpten mittelalterlichen Schwindel, aus dem Spiele. Seht aber die Parteien an, die sich liberal nennen. Alle, bis zur Fortschrittspartei hinauf, haben ihr Stück ausgespielt, sich überlebt, und zwar durch eigene Schuld. Durch Rechnungtragen, Klügeln, Deuteln, Diplomatisiren, Anerkennen ungesetzlicher Thatsachen, haben sie sich selbst auf den Hund gebracht, sie und ihre Anhänger sind zu parlamentarischen Vertretern weder in Sonderkammern, noch im deutschen Reichstage mehr zu brauchen. Das Volk und nicht Parteien mit überwundenen Standpunkten soll, wo mit Parlamentarismus gearbeitet wird, vertreten sein, also, Volk, schaare Dich zusammen zur „Volkspartei" auf breitester demokratischer Grundlage und dann wähle aus Deiner eigenen, wahrhaft allmächtigen Partei Vertreter. Suche Deine Vertreter aus dieser Partei nicht in der Ferne, nimm sie aus nächster Nähe. Nicht große Studirtheit, sondern Klarheit über das, was dem Volke Noth thut, eiserne Festigkeit befähigen zum Abgeordneten.

Das halte fest, deutsches Volk, damit mit dem neuen Jahre, mit der neuen Aera des deutschen Reichstages die Dummheiten aufhören. Vor Allem, das deutsche Volk in seiner vernünftigen Mehrheit wünscht Frieden mit der französischen Republik. Wähle Abgeordnete die diesem Deinem gerechten Wunsche Ausdruck geben den Mächtigen gegenüber, die, um ähnliche Kriege zu vermeiden, ringen, die Entscheidung des Rechtes über Krieg und Frieden in die Hand des Volkes zu bringen, die damit die unendliche Last des Militarismus vom Volke nehmen. Das liegt am nächsten, wenn unsere Abgeordneten auch fernere Ziele, als gleiches Recht für Alle, freie Schule, Trennung der Kirche vom Staate, der Schulen von der Kirche, wirkliche Religionsfreiheit nicht vergessen sollen.

Legt alle Hand an, daß das neue Jahr trotz seines blutigen Anfanges ein gesegnetes für Deutschlands Einheit und Freiheit werde!

G. U. Ein permanentes, internationales Völkerschiedsgericht.

Der amerikanische Correspondent der Frankfurter Zeitung bringt uns von jenseit des Oceans eine interessante Mittheilung. Er bestätigt, daß in Amerika — wie vielleicht überall — es Leute giebt, die bezüglich der Annexion von Elsaß und Lothringen mit Herrn v. Bismarck und Consorten ein Herz und eine Seele sind. Aber ein beträchtlicher Theil der amerikanischen Bevölkerung steht auf der Seite unseres großen Parteigenossen Jacoby und erklärt

---

und Röhricht. An einzelnen Stellen sind sumpfige Buchten voll schwimmender Karpfen und hoher Wassergewächse. Der Rand ist überall von einer grünen Rasendecke bekleidet, die schon dicht am Ufer bei jedem Tritte wellenförmig sich bewegt und weiter nach dem See hin von Löchern durchbrochen ist, aus denen der schwarze schlammige Untergrund hervorsieht. Wehe dem Unvorsichtigen, unter dessen Füßen die grüne Decke reißt! Er sinkt in das unheimliche Grab, das sich still und geräuschlos über seinem Haupte schließt, um ihn nimmer wieder an's Licht zu bringen. Hie und da haben Weiden- und Erlengebüsche in der Grasdecke ihre Wurzeln geschlagen; sie ziehen sich in einem etwa 50 Schritte breiten Gürtel das sanft aufsteigende Ufer entlang bis dahin, wo der Rand der niedrigen Hochebene beginnt, die an den nicht fernen waldigen Hügelketten endet.

Etwa in der Mitte der russischen Uferseite steht hart am Rande dieser Ebene ein Wachthaus, von dem man nach beiden Seiten hin das Seegestade überblicken kann. In der Nähe liegt die Ruine eines ehemaligen Klosters, um dessen Mauertrümmer noch viele uralte Linden stehen, die einst mit ihren mächtigen weitragenden Aesten den Mönchen Kühlung und Schatten gewährten, jetzt auf deren längst verfallene Gräber herabschauen. Einzelne Bäume, wahrscheinlich die Reste einer ehemaligen Allee, ziehen sich bis zu dem Walde hin, der in einer Entfernung von etwa 800 Schritten seinen Anfang nimmt und mit seinen dunklen Baummassen noch die nahen Berge bedeckt.

An dem Abende desselben Tages, da unsere Erzählung begann, stieß von der preußischen Seite ein Boot mit drei Männern vom Ufer und glitt leise, durch fast unhörbare Ruderschläge getrieben, in der Richtung des russischen Wachthauses über die Wasserfläche. In dem Boote lagen mehrere Päcke, in Form gerollter Soldatenmäntel geschnürt, daneben lehnten Gewehre. Die Männer trugen kurze Pelzröcke; in dem Gurte, der den Leib umschloß, steckten Pistolen. Es waren kräftige Gestalten, namentlich ließen die Glieder und die Bewegungen des Mannes am Steuer auf Gewandtheit und große Körperkraft schließen.

(Fortsetzung folgt.)

* (Kobes I.) Vor wenigen Tagen hat der Demokrat Jacob Venedey einen Artikel gegen die demokratischen Friedensheuler geschrieben, den die „Volkszeitung" mit vielem Widerstreben, die nationalliberale Meute in Nord und Süd aber mit wahrer Gier nachgedruckt hat. Ist es doch in letzter Zeit schon seltener geworden, daß Leute, die im Rufe der Ueberzeugungstreue standen, eine neue Heimath im Lager der Machtanbeter suchten. Jacob Venedey war übrigens nie ein Charakter und hat nie völlig zur Demokratie gehört. Der Dichter Heinrich Heine hatte diesem Mann eine große Zukunft zugedacht. Schon zur Zeit Heines war Venedey's Franzosenwuth bekannt. Elsaß-, Burgund- und Lothringenland waren von jeher sein Steckenpferd gewesen und nach Vollendung des Colner Domb.. sieht der Dichter Venedey's Hand sich nach den geraubten Provinzen ausstrecken.

> Er nimmt ihnen Elsaß und Lothringen ab,
> Daß sie dem Reiche entwendet
> Er zieht auch siegreich nach Burgund —
> Sobald der Dom vollendet.
>
> Ihr Deutsche! bleibt ihr bei eurem Sinn,
> Wollt ihr durchaus einen Kaiser,
> So sei es ein Carnevalskaiser von Cöln
> Und Kobes der Erste heißt er!

Doch auch ein Dichter kann sich trotz seiner prophetischen Begabung irren. Der Dichter wußte nicht, daß sich bei Jacob Venedey etwas „kaiserte." Da nun die Demokraten keinen Kaiser wollten, die deutschen Fürsten Jacob Venedey bei der Kaiserwahl vergaßen, es Jacob Venedey aber immer noch kaiserte, that er jenen verhängnißvollen einen Schritt von der Demokratie zu den Nationalliberalen. Konnte er nicht Kaiser werden, war er doch für dessen Diener nicht zu schlecht. Darum ärgern ihn die Friedensheuler!

rundweg, daß dieser Krieg nur ein willkommener Diener des Absolutismus sei.

Die Meinungen beim **Beginn** des Krieges waren natürlich sehr getheilt und die Deutsch-Amerikaner, sowie die Amerikaner selbst, standen ganz auf deutscher Seite. Nach **Sedan** aber hat sich das Blättchen gewendet und ein gewaltiger Umschlag ist in der Stimmung hervorgetreten, als man anfing, die Republik zu bekämpfen und Eroberungen zu begehren.

Und um dieser Stimmung Ausdruck zu verleihen, fand am 10. Nov. in New-York, durch die **Deutschen** veranlaßt, eine „**internationale Friedens-Massenversammlung**“ statt, die von ca. 2000 Personen, hauptsächlich von Deutschen, dann auch von Czechen, Franzosen, Polen und Amerikanern besucht war. Ein edler Bismarckverehrer forderte in einer deutschen Zeitung auf, die Versammlung auseinanderzu**prügeln** — ein Beweismittel, das jedoch nicht zur Ausführung kam.

Sieben Resolutionen wurden einhellig angenommen — Beschlüsse, die jedenfalls große Wahrheiten enthalten, denn sonst dürfte der Correspondent nicht annehmen, daß beim Abdruck derselben die deutschen Journale in die angenehme Lage versetzt werden, alte Bekanntschaften zu erneuern. Der Inhalt der gefaßten Beschlüsse ist im Wesentlichen folgender: Verurtheilung eines Fortführens des Kriegs als **ungerecht** und nur dem Despotismus dienend; Beileids-Aeußerung für die Opfer eines dynastischen Krieges in Frankreich und in Deutschland; starke (nicht wiederzugebende) Bezeichnung der gewaltsamen Annexion von Elsaß und Lothringen; Aufforderung an alle gutgesinnten Bürger der Ver.-Staaten, von der Unionsregierung zu verlangen, „daß sie ihren ganzen Einfluß zu Gunsten der Republik anwende, um nach dem Geiste der amerik. Unabhängigkeitserklärung handelnd, dazu beizutragen, diesem Krieg ein Ziel zu setzen.“ Sodann heißt es weiter: „daß wir von der Regierung der Ver.-Staaten verlangen, den europäischen Mächten vorzuschlagen und diesen Vorschlag nachdrücklich zu unterstützen, daß die **stehenden Heere abgeschafft** und ein **beständiges, internationales Völkerschiedsgericht hergestellt** werde.“ Endlich werden „Alle, denen Freiheit, Gleichheit und ewiger Friede am Herzen liegt, dringend eingeladen, sich zu einer Gemeinschaft zu vereinigen, welche allen Völkern eine wirkliche Selbstregierung sichere“ — den Nachlaß übergeht der Correspondent. „Mit dieser Versammlung — heißt es am Schluß — hat eine Bewegung begonnen, welche nicht übersehen werden kann. Schon am Schlusse der Versammlung konnte der Vicepräsident Gregory mittheilen, daß bald eine Reihe ähnlicher Versammlungen folgen werde; das Comite sei bereits veranlaßt, sich für beständig zu erklären. Die gefaßten Resolutionen selbst sind in Tausenden von Abdrücken, u. a. in Plakatform, 3 Spalten, englisch-deutsch und deutsch-französisch verbreitet.“

Wir begrüßen diese Bewegung mit freudigem Herzen. Anerkennenswerth ist es jedenfalls, daß drüben im Lande der Freiheit dieser Gedanke gehegt und gepflegt wird, aber wir fürchten, es ist zu kühn gedacht. Ein schöner Wunsch ist es, — aber auch nur ein Wunsch! Sollte er lebendige Gestalt annehmen, dann müßten vorher die heiligen Götter dieser Erde nebst ihrem ungeheueren Gefolge herabsteigen von ihren Thronen und ihre sogenannten Rechte niederlegen zu den Füßen des Volkes. Damit aber hätten sie sich ihr eigenes Grab gegraben..... Lieb Vaterland, magst ruhig sein!

⊙ Der Adler und die Katze (Fabel.)

1775.

(Aus Hessen.)

Am Vorabend der Trennung Amerika's von England dichtete Benjamin Franklin, der inmitten so vieler Aufregungen seine Geistesgegenwart und Lebhaftigkeit bewahrte, eines Tages eine Fabel, die uns durch John Adams, den zweiten Präsidenten der Vereinigten Staaten, aufbewahrt wurde. Es war aus dem eigenen Munde Franklin's, woher Adams dieses Gleichniß hatte.

Als eines Abends, bei einem englischen Lord, die Unterhaltung auf die Fabeln gekommen war, behauptete Jemand, daß die berühmten Fabeldichter Aesop, la Fontaine und Gay den Stoff erschöpft hätten. Die Gesellschaft stimmte diesem Urtheil bei, Franklin schwieg. Da man in ihn drang seine Meinung zu sagen, erwiederte er, daß er die Fabel für einen nicht auszuschöpfenden Brunnen halte. Würden Sie eine erfinden können? frug man ihn. Franklin antwortete, daß, wenn man ihm Feder und Tinte geben wolle, er auf der Stelle eine machen werde. Und in wenig Minuten schrieb er folgendes Gleichniß nieder, das in geistreicher Weise die Verlegenheit schildert, in welcher England sich befand, nachdem es mit Amerika in einen Krieg verwickelt war.

„Es war einmal ein Adler, der, um einen Meierhof streifend, und einen Hasen erspähend, wie der Blitz auf seine Beute niederschoß, sie mit seinen Krallen packte und sie in die Lüfte davon trug. Aber der Adler merkte bald, daß er es mit einem muthigeren und stärkeren Thier zu thun habe als mit einem Hasen; denn, trotz der Schärfe seines Blickes, hatte er sich getäuscht; es war eine Katze, was er erwischt hatte. Nicht nur, daß die Katze sich auf das Hartnäckigste wehrte und um sich schlug, sie machte sich auch aus den Klauen des Adlers los, krallte sich mit ihren vier Tatzen in seinen Leib, und grub ihm ihre Zähne in die Kehle. Laß: mich los, sagte der Adler, und ich gebe Dich frei. Gut, sagte die Katze, ich verspüre jedoch keine Lust von dieser Höhe herabzustürzen, um zerschmettert in tausend Stücken zu sterben. Du hast mich davon getragen, fliege nieder und bringe mich wieder dahin, wo Du mich geholt hast.

Und der Adler sah, daß es nothwendig war, sich herabzulassen, wie es die Katze ihm gesagt hatte. —

Die Moral von der Geschichte für uns? — **Preußen und Frankreich!**

Verantwortlicher Redacteur und Verleger **Carl Luebeck**.
Druck von Ph. Rohr in Kaiserslautern.

Marktbericht.

* **Frankfurt**, 25. Jan. Notirungen nach dem öffentlichen Consortial. (Notirungen sind in Gulden südd. Währung per comptant nur für Partien gültig).

Wetter: Gelinde. Weizen, Roggen, Hafer, Rüböl und Branntwein unverändert.

Weizen (200 Z.-Pfd. netto) effekt. hies. und Wetterauer 14—15, fränkischer —, fremder 13½—14¼, auf Lieferung*) per diesen Monat 14—, per Nov. —, per April 14¼ B. ⅛ G., per Mai 14⅛ B. ⅛ G.

Roggen (200 Z.-Pfd. netto) effekt. hies. 11⅛—⅛, fränk. —, auf Lieferung*) per diesen Monat 11⅛, per Nov. — per April 11⅛ B. ⅛ G., per Mai 11⅛ B. ⅛ G.

Gerste (200 Z.-Pfd. netto) effekt. hies. und Wetterauer — fränk. —.

Oelsaaten (200 Z.-Pfd. netto) Reps eff. —, Rübsen —.

Hafer (200 Z.-Pfd. netto) effekt. hies. 9⅛—10⅛, fremd. —, per diesen Monat 9⅛, per Nov. —, April 10⅛ B. ⅛ G., per Mai 10⅛ B. ⅛ G.

Rüböl (200 Z.-Pfd. netto) effekt. hies. (ohne Faß) in Partien von 10 Ctr. 31⅛, effekt. Kölnisches (ohne Faß in Partien v. 50 Ctr. 32 auf Lieferung**) per diesen Monat ——, per Okt. —, per Mai 31⅛.

Branntwein 50 pCt. Tralles per 160 Liter effekt. ohne Faß 31—.

*) Weizen mindestens 150 Pf., Roggen mindestens 140 Pfd. Naturalgewicht per 160 Liter; **) mindestens 37° nach der Fischer'schen Oelwaage und mit Eisenband, incl. Faß.

* **Köln**, 25 Jan. (Amtliche Notirungen der Handelsmäkler.) Wetter: [illegible].

Rüböl unveränd., per 100 Pfd. mit Faß in Eisenband effekt. in Partien v. 100 Centner 16⅛ Br., per Mai 15 [illegible] bez., 16 B., 15⅛ G., per Okt. 15⅛ [illegible] bez. 15⅛ Br. 15⅛ G.

Branntwein unverändert, effekt. in Partien von 100 Centner 12⅛ Br.

Weizen höher, effekt. 7½—8— Br., fremder 7⅛—8 Br., per März 7.28 Br. 7.29.6 G., per Mai 8.4 B., 8.3 Gd., per Juni 8.7 B., 8.6 G.

Roggen [illegible], effekt. 6.20 Br., fremder und geliefert 6.25 bis 6.20 Br., per März 5.28.6 B., 5.27.6 G., per Mai 6 bez. G. 6.1 Br.

Spiritus unveränd. 80⅛ Tr. eff. in Partien von 3000 Quart 21 B.

Notirungen der Produktenhändler.

Weizen fester effekt. 7¾—8⅛ Br., fremder 7⅛—8⅛ Br., per März 7.28, 28 bez. u. B., 7.28.6 Gd., per Mai 8.2.6, 3 bez. u. G. 8.3.6 Br. per Juni 8.7 B. 8.6 G.

Roggen [illegible], effekt. hies. 6⅛ Br., fremder 6—7 Br. per März 5.28.6 B., 5.27 G., per Mai 5.29, 6 bez. u. Geld 6⅛ B.

Gerste, effekt. hies. 6⅛ Br., Brauerei 7⅛ Br.

Hafer effekt. 5⅛ Br.

Rüböl fester effekt. in Partien von 100 Centner in Eisenband 16⅛ B., per Mai 16⅛ bez. 16 B. 15⅛ Gd., per Oktober 15⅛ ⅛ u. ⅛ bez. 15⅛ Br. u. G.

* **Berlin**, 21. Jan. Weizen loco geringen Sorten schwer verkäuflich, Termine matt. — Roggen loco mäßiger Handel, Termine still und ohne Aenderung. — Hafer loco schleppender Handel, Termine beliebt. — Roggenmehl matter. — Petroleum unverändert. — Rüböl ruhiger. — Spiritus fest und höher bezahlt.

Wetter: kalt und neblig.

Weizen loco per 1000 Kilogr. 60—75 thlr., weißbunt poln. 63—64 thlr., ab Bahn bez. pr. Jan 75 thlr. Br.

Roggen loco pr. 1000 Kilogr. poln. 50⅛—50⅛ thlr., fein poln. 52—52 thlr., mittel poln. 49 thlr., ab Bahn bez. pr. Jan.-Februar 51⅛—51⅛ thlr. bez. Februar-März 51⅛—51⅛ thlr. bez.

Roggenmehl pr. Jan.-Febr. — thlr. — sgr. bez.

Gerste große und kleine pr. 1000 Kilogr. 38—51 thlr.

Hafer pr. 1000 Kilogr. loco 35—52 thlr., ord. poln. 39⅛—42⅛ thlr., mittl. 43⅛—45⅛ thlr., pom. 45⅛—46⅛ thlr., ab Bahn bez., per Jan. 46⅛ thlr. bez.

Erbsen pr. 1000 Kgr. Kochwaare — — thlr., Futterwaare — thlr., bez.

Petroleum pr. 100 Kgr. 16⅛ thlr., per Januar 15⅛ thlr. bez.

Oelsaaten pr. 1800 Pfd. Winterraps — — — thlr., Winterrübsen — thlr.

Leinöl pr. 100 Kgr. — thlr. bezahlt.

Spiritus pr. 10,000 Liter % loco ohne Faß 16 thlr. 18 sgr. bez., per Jan.-Febr. 16 thlr. 27 sgr. bez.

* **Berlin**, 23. Jan. (Neuer Berliner Viehmarkt.) Der heutige Auftrieb von Hornvieh war der stärkste seit Eröffnung des Marktes; es waren 1870 Stück hinzugekommen. Die Händler haben wohl zu sehr auf den Export gerechnet, der indeß immer noch verschwindend gering ist. — In Folge dessen zog sich der Markt heute sehr in die Länge und hinterließ einen ziemlich bedeutenden Ueberstand; auch wurde nur für gute Waare, die wenig vertreten war, der Preis des letzten Marktes erreicht, während geringere Waare sich herunterdrückte. — Es wurde bezahlt: für erste Qual. 17—18 Thlr., für zweite 12—13½ Thlr., für dritte 9—10 Thlr. pro 100 Pfd. Schlachtgewicht.

Von Schweinevieh waren 4485 außer dem Ueberstande am Markt und war auch hier der Handel matt und schleppend, so daß kaum 15—16 Thlr. pro 100 Pfd. Schlachtgewicht erreicht wurde und ein nicht unbedeutender Ueberstand verblieb.

Auch Kälbern, von denen 835 Stück zur Stelle waren, handelte sich heute langsamer wie sonst und erzielten eben nur Mittelpreise.

Von Hammeln war ein für die jetzigen Verhältnisse ziemlich bedeutendes Quantum (5157 Stück) zugetrieben und zwar zum Schaden der Händler, da der Markt für Schafvieh noch immer darniederliegt; es war sehr wenig Nachfrage, so daß ein großer Ueberstand verblieb und für Mittelwaare nur 4½—5⅛ Thlr. pro 45 Pfd. Schlachtgewicht bezahlt wurde.

* **Königsberg**, 21. Jan. Weizen für 85 Pfd. 86—96 Sgr. — Roggen für 80 Pfd. 55—58 Sgr. — Gerste, große und kleine für 70 Pfd. 40—45 Sgr. — Hafer für 50 Pfd. 28—30 Sgr. — Erbsen, weiße für 90 Pfd. 65—61 Sgr., graue, 65—73 Sgr., grüne 58—68 Sgr. — Bohnen für 90 Pfd. 65—68 Sgr. — Wicken für 90 Pfd. 48—56 Sgr. — Buchweizen für 70 Pfd. 40—47 Sgr. — Leinsaat für 70 Pfd. 50—90 Sgr. — Rübsen für 72 Pfd. 118—122 Sgr. — Kleesaat, rothe 10—18 Thlr., weiße 13—22 Thlr. der Centner. — Thymotheum 6—9 Thlr. der Centner. — Leinöl mit Faß 11⅛ Thlr., Rüböl mit Faß 14⅛ Thlr. der Centner. Leinkuchen 78—81 Sgr., Rübkuchen 68—71 Sgr. der Centner. — Spiritus 15⅛ Thlr. für 8000% Tr. ohne Faß. Auf Lieferung Juli 17⅛ Thlr.

Deutscher Demokrat.

Erscheint wöchentlich einmal und wird den auswärtigen Abonnenten Freitags mit der Post zugesandt.

Nro. 6. Vierteljährlich 5 Sgr. = 18 kr. in Preußen 6 Sgr. 9 Pf. **Kaiserslautern, 3. Februar** Inserate 3 Sgr. 12 kr. die 4spaltige Zeile. 1871.

Zur Postbestellung.

Wie uns mitgetheilt wird, wollte ein Gutsbesitzer im Kreise Gumbinnen, bei der ihm zunächstgelegenen Poststation Wallwischken, von der er seine Briefe rc. empfängt, unsern „Deutschen Demokrat" bestellen, wurde aber abgewiesen, „da man das Blatt nicht kenne." Uns scheint es nicht darauf anzukommen, daß die verehrten Herren Post-Expedienten die Blätter die das Publikum bei ihnen bestellt, kennen, sondern daß sie aus dem Zeitungspreiscourant wissen, was bestellbar ist und auf solche Blätter, unweigerlich Abonnements annehmen. In erwähntem Falle wollte sich der Besteller nicht auf Weitläufigkeiten und Verzögerung einlassen, und bestellte es in Gumbinnen, von wo er es nun abholen lassen muß. Unbequem, aber es geht auch so! Dem Herrn Wallwischker Postexpedienten übrigens für einen Wiederholungsfall zur Nachricht, daß der „Deutsche Demokrat" im großen Berliner Zeitungs-Preiscourant für 1871, der, wie ihm vielleicht bekannt sein wird, die bei den norddeutschen Posten bestellbaren Zeitungen aufführt, unter Nro. 889 a (Nachtrag) verzeichnet steht.

P. Sonst und jetzt.

Einst hieß von uns: „nur Preußen ist euer Vaterland!"
Nun wird allein auf Deutschland das ganze Herz gewandt!
Verzeiht Ihr Herrn! Europa ist jetzt uns selbst zu klein,
Das Vaterland des Menschen kann nur die Erde sein.

* Der Krieg.

„Gib uns, wonach die Erde lechzt,
Sonst wird die Schale voll und voller;
Nicht nach dem Ruhm der Hohenzoller,
Der Friede ist's, nach dem sie ächzt,
Den wir allein bis heute kennen,
Laß' uns, den Ruhm der Menschlichkeit:
Er wird zu Rauch, wo Städte brennen,
Zu Sünde wo der Hunger schreit.
Und du, mein Land, gibst für den Wahn
Dahin des Ideales Kränze?
Soll dich der Völker Haß als Grenze
Umschlingen wie ein Ocean?
Verderben zeugt nur Verderben,
Den Tod ruft, wer auf Leichen tritt;
Kein Volk noch sah allein ich sterben,
Am Siege stirbt der Sieger mit."

So sang vor wenigen Wochen noch der Dichter und im ganzen deutschen Lande, an allen Orten, wo friedliche Menschen wohnten, denen der Ruhmeswahnsinn noch nicht das Menschlichkeitsgefühl im Herzen erstickt, fanden seine Worte den lebhaftesten Beifall. So sehr sich die Reactionären und Nationalliberalen auch abmühten, so sehr sie über die „Franzosen im Innern," die „Friedensheuler" auch spotteten und witzelten, es ließ sich das sehnliche Verlangen des friedlichen Bürgers nach der Wiederkehr friedlicher Zustände nicht hinwegleugnen. Im Rathe des Kaiser-Königs war es anders beschlossen. Getreu den Grundsätzen seiner Regierung, daß das Wohl des Bürgers immer dem des Staates nachstehe, daß der Bürger leiden und zu Grunde gehen kann, wenn nur der Staatszweck erreicht wird, mußten die Völker hüben und drüben die Schaale des Krieges bis zum letzten Tropfen leeren.

Heute stehen wir endlich am Vorabende des Friedens. Frankreichs Heere, die aus dem Boden wuchsen, sind nach heldenmüthigem Widerstande zertrümmert, Paris hat capitulirt und ein Waffenstillstand ist vereinbart, aus dem voraussichtlich der Frieden hervorgehen wird! Was wird die Zeit des Friedens uns bringen? Gar düster schaut derselbe Dichter in die Zukunft:

Wenn heimgekehrt — gib Acht, gib Acht,
Ob du nicht einst in Trauertagen
Beneidest, den dein Schwert geschlagen,
Trotz neuer Macht und neuer Pracht.
Ob du nicht einst mit trübem Blick
Zurückschaust auf die Siege alle —
Ob nicht vom Tisch der Republik
Ein Bröslein dir der Freiheit falle?

Was folgt daraus für uns? Rast- und ruhelos sollen wir jetzt eintreten für die innere, die freiheitliche Sache, der Welt zeigen, daß die Friedensheuler auch Friedensarbeiter sind, daß sie mit Aufgebot aller Kräfte zu kämpfen verstehen für Recht und Freiheit des Volkes. Rüsten wir uns denn zur Wahlschlacht, schaffen wir ein freies Deutschland, daß wir nicht nach dem Tische der Republik zu sehen brauchen. Erringen wir uns selbst unsere Freiheit — wählen wir Demokraten.

Nach einer Versailler Mittheilung der „Köln. Ztg." hätte der „Kaiser-König Wilhelm" sich persönlich „mit eherner Festigkeit" für den Triumpheinzug in Paris ausgesprochen; diese Ansicht mußte indeß vor politischen Rücksichten zurücktreten. Genau dasselbe berichtet ein anderer Officiöser in der Augsb. „A. Ztg." u. der „N. Ztg". Darum das Bombardement!

* Wochenschau.

Deutschland.

Die preußische oder deutsche Fortschrittspartei hat einen Wahlaufruf erlassen, der dem der nationalliberalen Partei fast so ähnlich ist wie ein Ei dem andern. Vielleicht zum letzten Male hat die Fortschrittspartei als solche den Wahlkampf aufgenommen, die Partei wird es sich schwerlich verhehlen, daß sie bereits mit einem Fuß im Grabe steht und sich in Mitten eines Zersetzungsprozesses befindet, der die Partei in zwei Lager scheidet. Der linke Flügel derselben wird zur Demokratie gehen und der übrige Theil sich mit den Nationalliberalen verbinden. Noch einmal ist es den Führern gelungen, die tiefen Risse in der Partei nothdürftig zu verkleistern. Verschwommen, inhaltslos ist das Programm, man fühlt sich außer Stande, bestimmte Forderungen zu stellen und so wird denn die heute aus den buntesten Meinungsverschiedenheiten zusammengewürfelte Partei bei der ersten ernsteren Frage kläglich Schiffbruch leiden.

Während wir obige Zeilen schreiben, geht uns eine die Fortschrittspartei aufs trefflichste charakterisirende Mittheilung aus Ostpreußen zu:

Ostpreußen hat fast nur Fortschrittler ins Abgeordnetenhaus geschickt. Ein echter Fortschrittler kann behaupten er sei Demokrat und doch für die Annexion von Elsaß und Lothringen schwärmen. Wie die Abstimmung in der Adreßdebatte — die Adresse ist einstimmig angenommen — nachweist. Kann sich ein Fortschrittler aber auch zu Hause gegen die Annexion von Elsaß und Lothringen aussprechen und dort für die Adresse, in der für Annexion gesprochen wird, stimmen? Ein Fortschrittler kann soweit Alles, auch sich umkehren wie ein Handschuh, den Pelz waschen ohne ihn naß zu machen. — Hoffentlich gehen dem Volke über die Fortschritts-Abgeordneten nach solchem Beispiel endlich die Augen auf, hoffentlich sieht es endlich ein, daß die zusammengewürfelte Fortschrittspartei sich überlebt, zu nichts mehr nütze ist, und es bildet sich eine „demokratische Volkspartei," die feste, klare Männer in's Abgeordnetenhaus in den Reichstag wählt. Glück auf! Alle Mann ins Gefecht!!

Das Herrenhaus hat sich mit der Steuerfrage beschäftigt. Aus der Hauptrede des Herrn v. Kleist-Retzow ergaben sich folgende vier Punkte: 1) der gegenwärtige Krieg wird ganz bedeutende Erhöhungen der Steuerlast in seinem Gefolge haben, 2) will man eine Erhöhung der directen Steuern möglichst vermeiden, weil, wie Redner pfiffig bemerkt: das Mißmuth im Lande erzeuge, die Regierung von den Parlamenten abhängig, die Opposition stark und kräftig mache, der Verwaltung in den inneren Angelegenheiten die Hände binde, wogegen man bei indirecten Abgaben die Steuerlast nicht merke. 3) während der früheren Zollvereinsverfassung waren die Zölle so wünschenswerth wie möglich für die Gewerbe eingerichtet, während sie jetzt für den Fiscus nutzbar gemacht werden können, 4) ist nach dem Eintritt von Bayern die Einführung des Tabaksmonopols unvermeidlich.

Der Finanzminister hat sich natürlich noch ein Bischen geziert, aber man merkt die gute Absicht und — wählt Demokraten in den Reichstag, die den Beutel zuhalten!

Im Abgeordnetenhause wurde eine Sünde des ehemaligen Finanzministers v. d. Heydt in der mehrerwähnten Eisenbahn-Sache bestattet. Richter, Virchow und Dr. Löwe sprachen gegen die Indemnitätsertheilung, die Majorität beschloß sie jedoch und so hat man denn wieder eine riesige Summe rein zum Fenster hinausgeworfen. Erwähnung verdient noch ein Antrag des Abgeordneten Hagen, der die Aufhebung der Beamtenbevorzugung bei der Besteuerung bezweckte. Er wurde mit Hülfe der Klerikalen, die sich selbst getroffen fühlten, abgelehnt.

Ueber die Dauer der Session hat der Abgeordnete Lasker eine Interpellation eingebracht. Soll das Gesetz über den Unterstützungswohnsitz jedoch zu Stande kommen, bleibt der Landtag mindestens bis zum 20. Februar beisammen.

Huldvollst hat die Kaiserlich-Kgl. Maj. die Adreßdeputation des Abgeordnetenhauses empfangen. Ein späteres Geschlecht wird sich wenig über ein absolutes deutsches Kaiserreich im Jahrhundert der Intelligenz verwundern, das Volk will es ja nicht besser haben. Wird der Kaiser-König nicht wahrhaft mit Zustimmungs- und Glückwunsch-Adressen und Deputationen überschüttet, eine immer ehrfurchtsvoller und kriechender als die andere, muß er nicht zu'etzt selbst daran glauben, daß das Volk im Glücke schwelgt, daß er nur so fortzufahren braucht, um ein Halbgott zu werden? Schmach über diese elenden menschlichen Eintagsgeschöpfe!

In der „Erstadt der reinen Vernunft" Königsberg hatte der nationalmiserabele Magistrat eine Glückwunsch-Adresse an Se. Majestät den Kaiser von Deutschland „von Fürstengnade" beschlossen. Man glaubte dieselbe würde den Stadtverordneten gar nicht vorgelegt werden, aber man täuschte sich. Es geschah! Man hatte richtig speculirt, und um mit der Vergangenheit ganz zu brechen, den Weltweisen Kant ganz zu verleugnen, der der Stadt, die es weiland durch ihre Aufführung verdiente, den Namen der Stadt der reinen Vernunft einbrachte, sprach nur Dr. Johann Jakoby dagegen, alle Anderen beugten sich und — gratulirten! Armes, armes Deutschland! wenn deine Kinder so entarten.

Wackerer haben sich die Berliner Stadtverordneten gezeigt, sie haben die Abordnung einer Deputation nach Versailles abgelehnt und, damit wohl zusammenhängend, hat sich in der Versammlung eine demokratische Fraktion gebildet. Recht so!

Nach uns zugegangenen Privatbriefen aus Bromberg, schreibt uns ein Freund aus Ostpreußen, ist der weiland Gumbinner Maurach dort bereits das Herzblatt aller seiner Beamten geworden, und soll er in liebenswürdigster, freisinnigster Weise sich den Bürgern nähern und viele Herzen in diesen Kreisen auch bereits gewonnen haben. Das macht die Erziehung, die der Regierungs-Bezirk Gumbinnen ihm werden ließ. Freilich wurde demselben die Arbeit leicht, denn Maurach war nur ein Renegat der Demokratie. Jedes Kind kannte seine Vergangenheit, wußte wie er der Leiche, des wegen Majestätsbeleidigung im Duell erschossenen Referendarius Schade (Friedrich Wilhelm IV. sagte von diesem Manne: „herzerwärmend, selbst in ritterlicher Uebertreibung schön.") mit deutscher Fahne folgte. An solchem Manne war nicht Hopfen und Malz verloren! Es wurde so lange er hier war, an ihm gebessert und gemakelt, und siehe da den Erfolg, wenn unsere Nachrichten richtig sind. — Man gebe uns wieder einen erziehungsfähigen Präsidenten, wir werden versuchen, was aus ihm zu machen ist!!!

Der Verein Berliner Künstler hat sich bei dem Bescheide des Cultusministers v. Mühler an den Senat der Akademie, die Censur über „unzüchtige" Bilder auf der Kunstausstellung betreffend, nicht beruhigt, sondern eine geharnischte Erklärung dagegen veröffentlicht. Die Künstler erblicken in der

Zurechtweisung, welche dem Senat ertheilt worden, einen Angriff auf die Gesammtheit der Künstlerschaft und eine Bedrohung der wichtigsten künstlerischen Interessen. (Der Pietismus schmälert aus Heuchelei die Freiheit, die Wahrheit u. Schönheit der Kunst.)

Die Confiskation des „Frankfurter Beobachters" wegen eines Artikels über den Tod und die Bestattung von Ehrenreich Eichholz ist auf Anordnung der Staatsanwaltschaft wieder aufgehoben worden. Ein Zeichen, daß der Artikel auf Wahrheit beruht.

Dr. Gustav Rasch hatte sich an die Berliner Kronanwaltschaft mit dem Ersuchen gewandt, von dem Kriegsministerium die Niedersetzung eines Kriegsgerichtes zum Behufe der Bestrafung des Generals v. Falkenstein wegen der in Hannover vorgenommenen Verhaftungen und Internirungen zu verlangen. Die kürzlich ergangene Antwort lautet, nach der „Z. f. N." dahin: daß die Kronanwaltschaft nicht befugt sei, Anträge auf Einleitung eines kriegsgerichtlichen Verfahrens zu stellen. — Eine weitere Instanz? — Eine Krähe hackt der anderen die Augen nicht aus!

Unsere höchst prosaische Zeit ist nicht ganz frei von Wundern, wir meinen nicht etwa die Verwandlung freier Denkweise in Knechtssinn und Machiandienung, das ist eine alltägliche Erscheinung, charakterlose Lumpe hat es ja immer gegeben — wir meinen kirchliche Wunder!

Alljährlich am 15. Sept. wird in der berühmten, dem heiligen Dominicus geweihten Kirche zu Soriano eine lebensgroße, aus Holz geschnitzte Statue des Heiligen in feierlicher Prozession herumgetragen. Als in diesem Jahre die Statue auf der linken Seite des Altars zur Verehrung ausgesetzt war, sahen nach Beendigung der gottesdienstlichen Funktionen kurz vor Mittag etwa 30 Personen, die noch in der Kirche beteten, wie das Bild, als lebte es, vortrat und wieder zurückging, den rechten Arm erhob, die Stirn runzelte, strenge und drohende Blicke auf die Umstehenden richtete und dann wieder bald mit traurigen, bald mit zärtlichen und ehrfürchtigen Blicken die Jungfrau vom heiligen Rosenkranz anschaute. — Wers glaubt wird selig!

Was die Welt doch für unsinniges Zeug von einer Erkaltung der Beziehungen zwischen Preußen und Rußland spricht. Noch niemals ist die Freundschaft inniger gewesen als in diesem Augenblicke. Beinahe täglich wandern riesige Munitionstransporte, häufig sogar Kanonen jeden Kalibers nach Rußland unter preußischer militärischer Begleitung bis Wirballen, was man wohl kaum als ein Zeichen der Erkaltung deuten wird. Diese Ausrüstung Rußlands mit allen nur möglichen Mordinstrumenten läßt vielmehr auf eine ewige Allianz zwischen den beiden ersten Staaten der Welt schließen. Wenn auch der Thronfolger und seine Gemahlin nicht besonders gut auf Preußen zu sprechen sind, in einer Frage sind sie jedoch mit der preußischen Dynastie eng verbunden — in der Bekämpfung der europäischen Revolution, welche beide Dynastieen auf ihre Fahnen geschrieben haben. Man vergesse doch nie, daß die höheren Ideen, nach denen heute die Staaten regiert werden, sowohl über die zeitweiligen Unterthanen als auch über die augenblicklichen Regenten hinweggehen. Die Niederwerfung der Revolution, wie die Herrscher die Erstickung des Freiheitsstrebens in den Völkern bezeichnen, ist so eine höhere Staatsidee, und wenn auch Dagmar auf den Kaiser-König wüthend ist, in der Hauptsache bleiben sie doch die besten Freunde.

Die Geschütz- und Munitionssendungen nach Rußland waren in den letzten Tagen so massenhaft, daß der Privatverkehr auf den russischen Grenzbahnen ganz eingestellt werden mußte.

Auch in Süddeutschland findet die Wahlbewegung. In Württemberg sind die Mitglieder der Volkspartei zu einer Delegirtenversammlung auf den 5. Februar nach Stuttgart einberufen. Auf der Tagesordnung steht Berathung und Beschlußfassung über die Aufgaben der Volkspartei nach Annahme der Verträge und ihr Verhalten zu den Reichstagswahlen. Nur jetzt keine Halbheit wie nach dem Kriege! In Berlin bedarf man ganzer Männer!

Am weitesten vorgeschritten ist Baden. In Mannheim hat eine Versammlung der demokratischen Partei folgende Beschlüsse gefaßt:

I. Es ist die erste und heiligste Pflicht des deutschen Reiches und des Reichstages eine ausreichende Sorge für die Opfer des Krieges zu bethätigen.

II. Zur Sicherung der Volksfreiheit ist die Einführung der deutschen Grundrechte, die Schaffung eines verantwortlichen Reichsministeriums, die jährliche Feststellung des Militärbudgets und die Beseitigung der Diätenlosigkeit der Reichstagsabgeordneten nothwendig.

III. Das Volk erwartet von dem Reichstag eine Verminderung der öffentlichen Lasten, vorerst wenigstens eine Herabsetzung der Dienstzeit im stehenden Heere und eine Reform des Steuersystems unter Beseitigung der indirecten Steuern.

IV. Im Interesse des Friedens ist die Mitwirkung des Reichstags zu Krieg und Frieden verfassungsmäßig festzustellen.

Möchten diese Grundsätze überall im Lande von der Demokratie verfochten werden, und mag das Volk in Baden zeigen, daß das freiheitliche Bewußtsein noch wie vor in seinem Herzen lebt. Der Demokratie gehört die Zukunft! Darum wähle man Demokraten!

Ausland.

Die Akten über den großen Wiener Arbeiter-Hochverrathsprozeß sind noch immer nicht geschlossen. Es waren vom Wiener Oberlandesgericht wegen Hochverrathes, zur Strafe des schweren Kerkers, und zwar H. Oberwinder in der Dauer von 6 Jahren, A. Scheu in der Dauer von 4 Jahren, J. Pabst und J. Most in der Dauer von 3 Jahren, mit einem Fasttage in jedem Monate, zum Ersatze der Kosten des Strafverfahrens und des Strafvollzuges verurtheilt und H. Oberwinder und J. Most aus allen Kronländern des österreichischen Kaiserstaates verwiesen worden. Dieses Urtheil ist wegen eines Formfehlers vom obersten Gerichtshofe in allen Punkten aufgehoben und zur nochmaligen Verhandlung an das Oberlandesgericht verwiesen worden. Wahrscheinlich wird der ursprüngliche Spruch auch bei der zweiten Verhandlung aufrecht erhalten werden. Der Arbeiter, dem in anderen Staaten jetzt auch das Recht, seine Klagen und Wünsche laut werden zu lassen, gewaltsam verkümmert wird, hat in Oesterreich längst nur das Recht des Hungerns und Duldens besessen.

Zimmermann, Herausgeber der „Freiheit" in Graz wurde wegen seiner politischen Haltung durch Statthalterei-Erlaß aus den österreichischen Staaten ausgewiesen. Zimmermann ist Hessen-Darmstädter und hat sich nach Ungarn begeben. Der Gemeinderath von Graz hat das Ministerium um Aufhebung des Ausweisungsbefehls gegen Zimmermann ersucht und weiter beschlossen, eine Petition an die Regierung und den Reichsrath um ein Gesetz zur Regelung des Verhältnisses der Ausländer zu richten; ferner wurde beschlossen, die steierischen Deputirten um eine kräftige Interpellation wegen der Angelegenheit Zimmermanns zu ersuchen. Verlorene Liebesmüh! Wie könnte auch unter dem Kerkermeister von Waldheim und seinen ministeriellen Kollegen die Freiheit in Oesterreich gedeihen!

In den österreichischen und ungarischen Delegationen haben Debatten über die auswärtige Politik Oesterreichs stattgefunden. Beide haben — so wunderbar es auch klingen mag, die Uebereinstimmung der Volksvertretungen mit der Beust'schen Politik ergeben, und das noch unlängst preußenfeindliche Ungarn hat für den Reichskanzler Vorwürfe gehabt — weil er nicht schon längst der Weltmacht Preußen in die Arme gesunken!

Im Volksthing zu Kopenhagen wurde die Verhandlung über das Budget des Kriegsministeriums beendigt. Trotz des entschiedenen Widerspruches des Kriegsministers, der die für die friedliche Zukunft wenig erfreuliche Mittheilung machte, daß die Situation Europa's im allerhöchsten Grade gefährlich und zweifelhaft sei und daß kein Land in Europa, welches seine Selbstständigkeit bewahren wolle, sicher sei, nicht in einen Krieg gezogen zu werden, wie fest auch sein Vorsatz sei sich außerhalb desselben zu halten und es daher nöthig sei, sich vorzubereiten und sich nicht allein auf die im Heergesetze vorgesehenen Ausgaben strenge zu beschränken — erkämpfte die Friedenspartei im Volksthing doch den Sieg, indem sie größere Abstriche durchsetzte und Mehrbewilligung zur Ablehnung brachte.

Aehnliche Gründe wie die des dänischen Kriegsministers werden in den schwedisch-norwegischen Kammern eine Erhöhung der Kriegslasten bringen. In der Thronrede heißt es sehr bezeichnend: „Zwar ist die Kriegsflamme bisher auf die beiden von Anfang an kämpfenden Völker begränzt gewesen, aber Anlässe, ihr weiteres Umsichgreifen zu befürchten, fehlen keineswegs. Tractate, abgeschlossen zur Anordnung der gegenseitigen Verhältnisse der verschiedenen Staaten, sind nicht von derselben Heilighaltung wie zuvor umgeben, und der politische Rechtszustand kann also als auf einem unsicheren Fundament ruhend betrachtet werden. Unter solchen Umständen muß die Frage, welche in unserem Lande lange verhandelt worden ist, über die Anordnung der Landesvertheidigung auf solche Weise, daß die äußere Ruhe und eine selbstständige Stellung gesichert werden möge, von so hervorragender Wichtigkeit werden, daß die Sache nicht länger beiseite geschoben werden kann." Werden die Völker denn nicht endlich begreifen, daß Ruhe und Friede nur dann kommen, wenn sie selbst über Krieg und Frieden zu entscheiden haben? Wer kann es übrigens den kleinen Staaten verdenken, wenn sie alle Kräfte aufbieten, ihr Selbstständigkeit zu retten!

Die Tage des Papstes werden immer schmerzvoller. Dem Besuche Victor Emanuels ist der des

Feuilleton.

* Die Polenflüchtlinge.

Erzählung von A. Fr.

(Fortsetzung.)

Er trug außer den Pistolen noch einen Hirschfänger an der Seite, und das Gewehr vor ihm war eine Doppelbüchse von ausgesuchter Arbeit. Auf dem Kopfe trugen alle drei Männer littauische Mützen, jene eigenthümliche Kopfbedeckung, welche heruntergeschlagen, Kopf, Hals und Nacken in der Weise wie ein alter Ritterhelm mit der Halsberge verhüllt. Der Mann am Steuer hatte die seinige aufgeschlagen, so daß das Gesicht frei zu sehen war. Es zeigte unverkennbar den slavischen Typus. Die Züge waren markig, die Nase scharf geschnitten und leicht gekrümmt, die Augen blitzten unter buschigen Brauen hervor, den Mund verbarg ein mächtiger grauer Schnurrbart. Der ganze Ausdruck des Gesichts war wild, aber nicht unedel. Er erinnerte lebhaft an einen jener alten Polenhelden, welche die Kunst auf so vielen Bildern verherrlicht und dem Gedächtniß überliefert hat. Ueber die rechte Backe lief eine breite Narbe vom Auge bis zum Kinn herunter.

Der Abend war bereits stark vorgerückt, so daß die Männer nach kurzer Zeit das Ufer aus den Blicken verloren. Desseanungeachtet ruderten sie schweigend über die dunkle Wasserfläche hin, deren Wellen von leichtem Winde gekräuselt wurden. Der Mann am Steuer — er steuerte vermittelst kräftiger Ruderschläge, die zugleich das Boot vorwärts trieben — schaute unverwandt mit gespannter Aufmerksamkeit in die Ferne und schien namentlich scharf nach dem fernen Ufer hinzuhorchen, von wo in einzelnen Intervallen das Gebell der wachsamen Hofhunde herübertönte.

„Greift mehr aus", befahl er in flüsterndem Tone seinen beiden Gefährten, „hier ist noch keine Gefahr und wir haben Eile, denn der Mond wird bald aufgehen."

Die Männer handhabten die Ruder mit solcher Geschicklichkeit, daß das Boot rauschend über die Fläche schoß. Bald traten die dunkeln Schilfmassen des russischen Gestades in schwachen Umrissen hervor. Langsam und vorsichtig ruderten die Männer bis zu einer großen Bucht, von der man die erleuchteten Fenster des Wachthauses in nicht großer Entfernung blinken sehen konnte.

Der Führer lenkte in eine Art von Schilfbude, die sich mitten in dem Röhricht vor ihnen aufthat und alle drei zogen das Boot an den Schilfstengeln bis in die Nähe eines großen Weidengebüsches, das hier auf einer mächtigen Kämpe Wurzel geschlagen hatte.

Ein Steg war wie eine Art Fallbrücke zwischen den Zweigen und Wurzeln befestigt, und reichte bis zum Schilfe. Die Männer hoben das ihnen zugekehrte Ende über den Rand des Bootes, ergriffen ihre Gewehre, hingen die geschnürten Päcke um die linke Schulter und schickten sich zum Gehen an.

Der Führer blieb stehen, winkte Ruhe und ahmte zweimal den lauten heisern Ruf des Reihers nach. Aus den Ufergebüschen ließ sich dreimal der pfeifende Lockton des Käuzchens vernehmen. Noch einmal ertönte der Reiherschrei und wieder antwortete vom Ufer von derselben Stelle her das eigenthümlich klagende Pfeifen des nächtlichen Vogels.

„Janko wacht", flüsterte der Führer, „wir können gehen."

Er betrat zuerst die schmale Brücke und schlich vorsichtig gebückt bis zu dem Gebüsch. Von hier aus zog sich ein nur den Eingeweihten bekannter Steg von Brettern, die künstlich in dem Grase verborgen waren, über den gefährlichen Boden fort von einem Gebüsch zum andern, von Kämpe zu Kämpe, bis man zuletzt den zwar noch immer schwankenden, aber doch schon tragfähigen Boden erreichte. Hier blieb der Führer stehen, spannte vorsichtig die Hähne seiner Doppelbüchse und schlich, beständig hinter Gebüschen Deckung suchend, bis zum Rande der Hoch-

kronprinzlichen Paares gefolgt; trotz Bann und Fluch u. trotz des schlechtesten Wetters von der Welt hat das Volk die Gäste mit Begeisterung begrüßt. In der Florentiner Kammer dauern die Verhandlungen über die Garantien der Unabhängigkeit des Papstes fort. Der Deputirte Morelli hat in dieser Frage der Sache auf den Grund geschaut und in der Kammer erklärt, daß er in dem Gesetzentwurfe nur die Wiederherstellung der weltlichen Macht des Papstes erkenne. Die Regierung habe damit einfach die ganze Sachlage übertölpelt; der König wird in Rom einziehen, um den heiligen Pantoffel zu küssen und wir, die italienischen Gesetzgeber werden ihm dabei Lakaidienste verrichten. Das Papstthum ist ein Cadaver, ein Cadaver von einem Alter, das kein Mensch mehr betrauert. (Heiterkeit.) Ihr habt nach Rom zu gehen, um dort das zu thun, was man mit einem Cadaver macht, nämlich, ihn zu begraben. Ihr habt dort eine Regierung der Wäscherei und Luftreinigung aufzuschlagen. Kirchen, Kasernen, Kerker und Galgen müssen verschwinden. Alles Uebel und alles Elend, das wir beklagen, kommt von kirchlichen Einflüssen her. Ihr müßt die Gemeinsamkeit des Wissens einführen, mittelst der Schule und mittelst des Weibes.

In Spanien werden nicht weniger denn vier Wahlen auf einander folgen, für die Landtage, die Gemeinderäthe, den Senat, die Cortes. Bis jetzt hat die Regierung nichts gespart, um zur Gesinnungstreue anzuspornen. Etwa einem Hundert derjenigen, die für Amadeus gestimmt haben, sind italienische und spanische Orden zugewendet, und diejenigen, welche noch nicht Beamte waren, sind durch neuere Ernennungen dazu gemacht worden. Amadeus seinerseits erweckt durch seine Freigebigkeit eine Tugend, welche die Spanier höher schätzen als jedes andere Volk, gut königliche Gesinnung. Leider wird die Freigebigkeit nur meist aus dem Volksbeutel bestritten. Trotz alledem verfügt der König bis jetzt nur über bestochene Beamten und Schmarotzer. Derartige Gesinnungstreue dürfte nicht dazu dienen, seinen wackligen Thron zu befestigen.

Man telegraphirt der „Presse" von Athen: „Der englische Gesandte, Mr. Erskine, verlangte, daß die Untersuchung gegen die Mitschuldigen aus dem Prozesse in der Marathon-Affaire nochmals aufgenommen werde. Die Antwort der Regierung lautet verneinend." — Dasselbe Blatt meldet: „Um dem drohenden Staatsbankerott zu entgehen, beschloß der Ministerrath, die Verwaltung zu decentralisiren, die Beamtenzahl zu verringern und die Gehalte zu verkleinern; ferner wurde eine entschiedene Friedenspolitik acceptirt." Das beste, was der griechische Frosch, der zeitweilig an Großmachtswahnsinn auf Kosten der Türkei und zum Heile Rußlands leidet, nur thun kann!

Fürst Carl von Rumänien bereitet sich auf den Wechsel der Dinge vor. In einem Schreiben an eine hochgestellte Persönlichkeit in Deutschland beleuchtet er seine bisherige Regierung und stellt dem Volke der Auserwählten gerade kein glänzendes Zeugniß seiner politischen Bildung aus. Wäre ihm das Land nicht zu lieb gewesen, hätte er längst den Staub von seinen Füßen geschüttelt. Er tröstet sich mit einem sorgenfreieren, unabhängigeren Leben mit schönstem Familienglück in der Heimath, wozu wir ihm nur Glück wünschen. Wenn doch alle Fürsten so dächten, ihnen wäre wohl und den Völkern besser!

Bei der in Bukarest stattgehabten Deputirtenwahl hat die rothe Partei vollständig gesiegt; dieselbe brachte ihre sämmtlichen Candidaten durch.

Der türkische Kriegsminister hat alle Anordnungen getroffen, daß türkische Truppen sofort in die Donaufürstenthümer einrücken, wenn der Fürst gezwungen sein sollte, Bukarest zu verlassen.

Ein neuer Krieg! Eine von Butler im amerikanischen Repräsentantenhause eingebrachte Resolution, Rossa und andere kürzlich angekommene Fenier zu bewillkommen, wurde vom Repräsentantenhause mit 172 gegen 21 Stimmen angenommen.

Das ist eine Demonstration gegen England, der ein Krieg folgen kann!

---

* In Sachen contra von Mühler.

Herr Redacteur! Zur Zeit in Berlin, kann ich es nicht unterlassen, Ihnen von hier aus zwei Geschichten aus nächster Nähe Gumbinnens mitzutheilen, die im nahen Zusammenhange zu einander stehen und der Verwaltungsbranche des Herrn v. Mühler angehören, unseres würdigen Cultusministers, der sich vom Abgeordnetenhause einen zweiten Schulrath für Gumbinnen erkämpft.

In einem Dorfe (Namen der betreffenden Lehrer und Orte, lassen wir als nicht zur Sache unumgänglich nöthig, trotzdem sie uns angegeben, fort. Die Redaction.) wurde vor nicht gar zu langer Zeit ein junger, verheiratheter Lehrer angestellt und geberdete sich als freisinnig und Fortschrittsmann. Plötzlich hatte seine Magd das Unglück einen kleinen Staatsbürger in die Welt zu setzen, dessen Vaterschaft er nicht ableugnen konnte, und als gar noch Gerüchte von Nothzucht, verübt von dem Lehrer gegen ein junges, die Dorfschule besuchendes, also nicht eingesegnetes Mädchen zu cursiren anfingen, stand die Sache, da beide Fälle zur Kenntniß seiner vorgesetzten Behörden gekommen waren, die Mutter des Mädchens klagbar werden wollte, recht schief und schlimm für den Ehrenmann und dachte er an eine Auswanderung nach Amerika. Es wurde ihm aber guter Rath gegeben. Er warf sich auf die reactionäre und fromme Seite. Er wählte bei nächster Wahl für die Reaction, er besuchte die Kirche und Gebetverhöre (eine bei Ihnen hoffentlich unbekannte Muckereinrichtung) unseres Consistorialrath Heinrici, und siehe da, von dem neu geborenen Weltbürger war amtlich gar nicht mehr die Rede, und die Mutter des angeblich genothzüchtigten Kindes, die vorher gerichtlich klagen wollte, war nach Rücksprache mit dem Geistlichen über das beleidigende Gerücht so empört, daß sie durch eine Hebamme (der Kreisphysikus wurde wohlweislich nicht zugezogen) die Grundlosigkeit desselben feststellen ließ. Der jetzt fromme und in der Achtung (?) seiner nächsten und hohen Vorgesetzten rehabilitirte Lehrer brauchte nicht nach Amerika auszuwandern, sondern blieb an demselben Orte Lehrer. Seine Schulsocietät glaubte aber fest an seine Schuld in beiden Fällen — sie hatte ja auch vollgültige Beweise dafür, da der Lehrer sich selbst zu beiden Vergehen bekannt und offen über die gebotene Auswanderung nach Amerika gesprochen — und seine Stellung wurde unhaltbar. Ein „frommer" (?) Mann, der sich an die Reaction durch ein Verbrechen, auf das Zuchthausstrafe steht, gekettet, darf aber nicht fallen gelassen werden und er wurde nach einem bekannten Muckerdorfe in eine bedeutend bessere Stelle versetzt.

Das war starker Tabak, aber noch nicht genug.

Einem vor Jahren wegen Trunkes cassirten Lehrer, der sich freilich unterdessen diesem Laster nicht entfremdet, wohl aber für die Reaction gewirkt, wurde die Stelle anvertraut. Damit war es aber auch noch nicht genug des Scandales. Er gab seinen Sohn bei einem Gerbermeister in Gumbinnen, der nebenbei einen Materialladen hat, in die Lehre und verpflichtete sich, seinen Sohn während der Lehrjahre zu bekleiden. Als die Ladencasse nicht stimmte, kam heraus, daß der Sohn den Vater neu und gut bekleidet, statt umgekehrt, ihm Lebensmittel, Teller, Messer und Gabeln, Löffel ꝛc. in die Wirthschaft geliefert. Nach kleinem Verhöre gestand der Ehrenknabe eine Unterschlagung von 100 Thlr. und der vermögenslose Vater Lehrer zahlte sie sofort baar retour, ein Beweis, daß er sie vom Sohne baar erhalten, denn sonst hätte er sie nicht haben können.

Meilenweit um Gumbinnen erzählt man sich die Geschichten. Die eine ist älter, die eine ganz neu, die erstere ist amtlich durch Versetzung des verbrecherischen Lehrers erledigt, die andere, läßt man erzählen, läßt den Lehrer im Amt, ja man hat nicht einmal nachgefragt, was dem Gerüchte von Diebstahl und Hehlerei Wahres zum Grunde liegen mag.

Das, verehrter Herr Redacteur! die beiden Geschichten aus dem Departement des Ministers v. Mühler und seiner Helfershelfer in Gumbinnen, denen ein zweiter Schulrath beigegeben werden soll.

Daß man so erzählt, können Sie mir auf's Wort glauben, und wenn Sie meine Meinung wissen wollen: „ich glaube, daß auch Alles so geschehen, wie ich es Ihnen schreibe."

Nicht wahr, was zu arg ist, ist zu arg?

(Wir können nicht anders annehmen, als daß vorstehender Brief des Herrn aus der Gumbinner Gegend, der zur Zeit in Berlin ist, von einem Abgeordneten dortiger Gegend herrührt. Warum hat er die Thatsachen nicht im Abgeordnetenhause bei der Geldforderung für den neuen Gumbinner Schulrath zum Vortrage gebracht? Die Redaction.)

---

* Wie der Bauer dem Schulmeister die Nordbundsverfassung auslegt.

IV.

„Schulmeister," sagte der Bauer, nachdem er lange in der Nordbundsverfassung geblättert hatte, „das ist doch ein merkwürdiges Ding, ich finde in der ganzen Verfassung keinen einzigen Paragraphen, der bestimmt, daß das Volk Antheil an der starken Leitung habe. Hier steht nur im Art. 11: „Das Präsidium des norddeutschen Bundes steht der Krone Preußen zu, welche in Ausübung desselben den Bund völkerrechtlich zu vertreten, im Namen des Bundes Krieg zu erklären und Frieden zu schließen, Bündnisse und andere Verträge mit fremden Staaten einzugehen, Gesandte zu beglaubigen u. s. w. berechtigt ist."

Der Schulmeister erwiderte nichts, sondern brachte nur ein Hm! Hm! hervor.

„Was hab ich Euch neulich gesagt, Schulmeister"

---

ebene vor. Dicht hinter ihm folgten seine Gefährten. — Aus einem der letzten Gebüsche trat ein Mann ihnen entgegen. Er war ähnlich gekleidet, doch trug er keine Flinte, sondern nur einen starken unten mit Eisen beschlagenen Knüttel, der jedenfalls keine verächtliche Waffe war.

Die Männer schüttelten sich schweigend die Hände.

„Wie steht's, Janko", fragte der Führer, „ist die Luft rein?"

„Den Weg am Gute vorbei dürfen wir heute nicht einschlagen," versetzte der Angeredete, „dort ist uns der Paß verlegt. Die russischen Hunde müssen Etwas im Schilde führen. Der alte Hermann gab mir den Wink, daß unten, auf jener Seite des Herrenhauses in dem verfallenen Kalkofen 4 Kosacken mit ihren Pferden halten und auf dieser Seite, hart am Rande des Bruches, wo gewöhnlich unser Weg führt, liegen wenigstens 6—8 in dem Graben versteckt. Ich schlich mich so nahe heran, daß ich deutlich ihre Gestalten erkennen konnte. Wir müssen uns hier in der Senkung an dem Kloster vorbei nach dem Walde ziehen. Ich bin bis in die Nähe jener alten Birke dort gekrochen und habe nichts Verdächtiges wahrgenommen."

Der Führer ließ seine scharfen Augen prüfend nach allen Richtungen schweifen.

„Ist die Wache schon passirt?"

„Ja, bereits vor einer Viertelstunde. Die Hunde schwatzten laut genug, so daß ich sie schon aus der Ferne kommen hörte. Ich hörte sie auch in's Wachthaus treten."

„Vorwärts denn, der Mond ist aufgegangen, wir haben keine Zeit zu verlieren. Ich wünschte, wir wären erst aus dem verdammten weitläufigen Hochwalde dort heraus."

Während der Unterredung hatte einer der beiden Gefährten aus dem Boote einen weißen Shawl aus der Tasche gezogen und war noch beschäftigt, denselben mehrere Mal breit um seinen Hals zu wickeln.

„Spute Dich, Iwan", befahl der Führer. „Uebrigens," fuhr er, auf den Shawl deutend, fort, „hättest Du lieber ein dunkles Tuch nehmen sollen, dies weiße hebt sich von Deinem dunklen Rocke zu hell ab."

„Ich fand gerade kein anderes", murmelte der Angeredete und folgte darauf schweigend den Uebrigen.

Von dem Orte, wo die Unterredung stattgefunden, zog sich eine schmale Bodensenkung ähnlich dem Bette eines ausgetrockneten Baches, in der Richtung des Klosters nach dem Walde hin; ein weit ausgedehnter wohl 2000 Schritte breiter Sumpf, ein Moosbruch, voller Wasserlachen, Binsen, Weidengestrüpp und Kämpen. Rings um war eine ziemlich breite Wasserfläche, hie und da mit Erlenstubben bewachsen, so daß die Gegend auf den ersten Anblick weder für Thiere, noch für Menschen zugänglich zu sein schien.

Die Männer mochten etwa 200 Schritte in der Senkung fortgeschlichen sein, da blieb der Führer plötzlich stehen und hielt die Gefährten zurück.

„Was ist das?" rief er leise und kurz, „der Wald ist besetzt!"

„Woraus willst Du das schließen?" fragten die Andern bestürzt.

„Hört Ihr dort nicht die Krähen schreien?" antwortete der Führer, indem er auf die Gegend wies, nach der sie hineilen wollten. „Ich weiß, daß sie auf den hohen Bäumen dort ihre Nachtruhe halten. Die Thiere müssen durch etwas Besonderes erschreckt worden sein. Raubthiere wagen sich nicht in ihre Gesellschaft. Dort stehen Menschen unter den Bäumen!"

Alle schauten scharf nach der Richtung hin, von welcher das laute Krächzen der Vögel herübertönte; nur Iwan blieb ruhig.

„Es kann auch ein Schubu sein, der sich dort eine Beute geholt hat," bemerkte er.

„Hast Du schon je gehört oder gesehen," entgegnete der Führer, „daß der Schubu eine Gesellschaft von Krähen angreift?"

(Fortsetzung folgt.)

fuhr der Bauer fort, „die Krone ist Alles, die kann uns in den Krieg stürzen und über unsere Köpfe hinweg alles Mögliche treiben und wir haben gar nicht das Recht, etwas dagegen einzuwenden. Ja, ja, wenn wir mehr Steuern zahlen sollen, geschieht es, was können wir dagegen machen und mit den Schulmeistern ists ebenso, die werden weggejagt, so wie es der Krone gefällt."

„Laßt Euch doch nicht Dinge träumen, die unmöglich sind," entgegnete der Schulmeister. „Recht habt Ihr, daß wir, was Krieg und Frieden anbetrifft, keine Rechte haben, aber über die Lehrer hat der Kaiser nichts zu sagen, das ist ja Sache jedes einzelnen Staates, Ihr müßt auch nicht schwärzer malen, als es wirklich ist."

„Wißt Ihr noch, Schulmeister," versetzte der Bauer, „wie man mit dem Verfassungsrecht des Volkes in Preußen gewirthschaftet hat, wie man die nützlichen und nothwendigen Ausgaben des Volkes eingestellt, wie man die Lehrer hungern ließ, als es dem Grafen Bismarck so beliebte?

„Seht, dieselbe preußische Regierung soll nun die Kaiserkrone bekommen, glaubt Ihr nicht auch, daß eine Wiederholung derartiger Mißhandlungen des Volks möglich ist?"

„Dafür haben wir ja aber unsere Verfassung," rief ägerlich der Schulmeister, „wenn der Reichstag kein Geld bewilligt, darf die Regierung auch keinen Groschen ausgeben. Das ist unser Schutz und Schirm für alle Zukunft, eine Schraube, die wir nur zu drehen brauchen, um die Regierung ganz fügsam zu machen."

Der Bauer schwieg und blätterte. „Das ist eine gar merkwürdige Verfassung," sagte er endlich, „hier steht im 12. Abschnitt im 69. Artikel: Alle Einnahmen und Ausgaben des Bundes müssen für jedes Jahr veranschlagt und auf den Bundeshaushalts-Etat gebracht werden. Was nun dieser Artikel bestimmt, das nimmt ein anderer wieder weg. Da heißt es nun im Art. 60: „Die Friedenspräsenzstärke des Bundesheeres wird bis zum 31. Dezember 1871 auf ein Procent der Bevölkerung von 1867 normirt (festgesetzt) und wird pro rata (nach Maßgabe) derselben von den einzelnen Bundesstaaten gestellt. Für die spätere Zeit wird die Friedenspräsenzstärke des Heeres im Wege der Bundesgesetzgebung festgestellt." Dann aber lautet es Art. 62: „Zur Bestreitung des Aufwandes für das gesammte Bundesheer und die zu demselben gehörigen Einrichtungen bis zum 31. Dez. 1871 sind dem Bundesfeldherrn jährlich so viel mal 225 Thaler, als die Kopfzahl der Friedensstärke nach Art. 60 beträgt, zur Verfügung zu stellen. Nach dem 31. Dezember 1871 müssen diese Beträge von den einzelnen Staaten des Bundes fortgezahlt werden. Zur Berechnung derselben wird die im Artikel 60 interimistisch (vorläufig) festgestellte Friedenspräsenzstärke so lange festgehalten, bis sie durch ein Bundesgesetz abgeändert ist."

„Was also Artikel 69 bestimmt," fuhr der Bauer fort, „hebt Artikel 60 und 62 wieder auf. Es heißt das auf deutsch, ein Ausgabengesetz ist zwar ganz hübsch, aber es schadet auch Nichts, wenn keins zu Stande kömmt, am allerwenigsten dürfen die Militärausgaben eingestellt werden. Artikel 63 sagt ja: Der Bundesfeldherr hat die Pflicht und das Recht, dafür Sorge zu tragen, daß innerhalb des Bundesheeres alle Truppentheile vollzählig und kriegstüchtig vorhanden sind. Dazu bedarf man aber unter allen Umständen Geld und wird dasselbe vom Reichstage verweigert, nimmt man es aus der Bundeskasse, wohin es fortgesetzt zu fließen hat, oder wo sonst her und man würde sich kein Gewissen daraus machen, dem deutschen Volke auch die Schulmeister zu nehmen."

„Aber das Präsidium muß doch dem Bundesrathe und dem Reichstage zur Entlastung jährlich Rechenschaft geben," warf der Schulmeister in heller Verzweiflung ein.

„Ja wohl," entgegnete der Bauer, „wenn es will, wenn es dazu aber keine Lust hat, bleibt es beim Alten, das Bundespräsidium ist ja keinem Menschen Rechenschaft über seine Handlungsweise schuldig. Es kann schalten und walten wie es will und unser Geld rein zum Fenster hinauswerfen und uns noch obendrein auslachen. In der Verfassung steht keine Silbe davon, daß nicht bewilligte Gelder auch nicht ausgegeben werden dürfen oder daß das Präsidium dafür zur Strafe gezogen werden kann.

Ihr werdet selbst einsehen, Schulmeister, daß solche Verfassung eigentlich keine Verfassung, sondern nur eine Presse ist, um den Bundesstaaten auf die bequemste Weise das Geld zu Militärzwecken abzuquetschen, was sie sehr gut zu andern segensvollen Zwecken verwenden könnten."

„Aber mein Gott," sagte der Schulmeister ganz kleinlaut, „wozu ist denn der Reichstag da, der sich zum deutschen Parlament gestalten soll, wozu die ganze Verfassung?"

„Das wollen wir gleich sehen," erwiderte der Bauer.

(Fortsetzung folgt.)

* **Kreuzerverein.**

Der demokratische Arbeiter-Bildungs-Verein Kaiserslautern hat sich entschlossen, um thunlichst allen seinen Mitgliedern das Lesen des „Deutschen Demokrat" zu ermöglichen, unter seinen Mitgliedern einen Kreuzerverein zu bilden. Jedes Mitglied zahlt zu diesem Zweck einen wöchentlichen Beitrag von mindestens 1 kr. Wohlhabende Mitglieder zahlen 3, 6 und 12 kr. wöchentlich, wofür jedes Mitglied ein Exemplar des Demokrat erhält. Durch die Ueberzeichnung ist es dem Vorstande des Vereins möglich gewesen, ca. 100 Exemplare mehr zu bestellen als Mitglieder des Kreuzer-Vereins sind. Diese 100 Exemplare werden unter die unbemittelten Mitglieder des demokratischen Arbeiterbildungs-Vereins vertheilt. Gehet hin und thut das Gleiche.

Verantwortlicher Redacteur und Verleger Karl Luebeck.
Druck von Ph. Rohr in Kaiserslautern.

Marktbericht.

* **Frankfurt**, 1. Febr. Notirungen nach dem öffentlichen Coursblatt. (Notirungen sind in Gulden südd. Währung per Centner nur für Partien gültig).

Wetter: Kalt. Weizen, Roggen, Hafer, Rüböl und Branntwein unverändert.

Weizen (200 Z.-Pfd. netto) effekt. hies. und Wetterauer 14½, 15¾, künf. 14½,—15, fremder 13½, B., ½, G. auf Lieferung*) per diesen Monat ——, per Nov. — per April 15— B. 14½, G. per Mai 15⅛, B. 15 G.

Roggen (200 Z.-Pfd. netto) — effekt. hies. 11½,—, künf. —, auf Lieferung*) per diesen Monat 11⅝, per Nov. — per April 12¼, B. 12 G., per Mai 12⅜, B. ¼, G.

Gerste (200 Z.-Pfd. netto) effekt. hies. und Wetterauer — fränk. —.

Oelsaaten (150 Z.-Pfd. netto) Reps eff. —, Rübsen —.

Hafer (200 Z.-Pfd. netto) effekt. hies. 9½,—10¼, fremd. —, per diesen Monat 9½, per Nov. —, April 10¼, B. 10 G., per Mai 10½, B. ¼, G.

Rüböl (200 Z.-Pfd. netto) effekt. hies. (ohne Faß) in Partien von 10 Ctr. 31¼, effekt. Rübsenöl (ohne Faß in Partien v. 10 Ctr. 32 auf Lieferung**) per diesen Monat ——, per Okt. —, per Mai 31.

Branntwein 50 pCt. Tralles per 100 Liter effekt. ohne Faß — —

*) Weizen mindestens 150 Pf., Roggen mindestens 140 Pfd. Naturalgewicht per 160 Liter; **) mindestens 17° nach der [illegible] Oelwaage und mit Eisenband, incl. Faß.

* **Köln**, 1. Feb. (Amtliche Notirungen der Handelsmäkler.)

Wetter: bewölkt.

Rüböl unverändert, per 100 Pfd. mit Faß in Eisenband effekt. in Partien von 100 Centner 16⅛, Br., per Mai 15⅞, bez. u. B., 15¾, G., per Okt. 15⅞, [illegible] bez. 15⅞, Br., 15¾, G.

Leinöl unverändert, effekt. in Partien von 100 Centner 12½, Br.

Weizen höher, effekt. 8½,—9— Br., fremder 8¼,—9 Br., per März 8.7 Br., 8.6.6 G., per Mai 8.13, 12, 11 bez. 8.11.6 B., 8.11 G., per Juni 8.14.6 B., 8.13.6 G.

Roggen böh., effekt. 6.20 Br., fremder und gedörrt 6 bis 6.20 Br., per März 6.4.6 B., 6.3.6 G., per Mai 6.6.6 Br., [illegible] G.

Spiritus unverändert, 80%, Tr. eff. in Partien von 3000 Quart 21 B.

Notirungen der Produktenhändler.

Weizen höher, effekt. 8⅛,—9 Br., fremder 8¼,—9 Br., per März 8.7.6 7, 6½, bez. u. G., 8.7 B., per Mai 8.11, 12, 11½, bez. u. Br. 8.11 G., per Juni 8.14.6 B. 8.13.6 G.

Roggen dito, effekt. hies. 6½, Br., fremder 6⅞,—7 Br. per März 6.5 bez. 6.4 B., 6.3.6 G., per Mai 6.6.6, 7, 6½ bez. u. B. 6.6 Geld, per Juni 6.8.6 B., 6.7.6 G.

Gerste, effekt. hies. 6½, Br., fremde 7½, Br.

Hafer effekt. 6½, Br.

Rüböl höher effekt. in Partien von 100 Centner in Eisenband 16⅛, B., per Mai 15⁸⁄₁₀ [illegible] bez., 15¹¹⁄₂₀ B. 15⅗ Gd., per Oktober [illegible] bez. u. Br. 15¹¹⁄₂₀ G.

* **Berlin**, 31. Jan. Weizen loco geringen Cortin schwer verkäuflich. Termine matt. — Roggen loco mäßiger Handel. Termine still und ohne Aenderung. — Hafer loco schleppender Handel. Termine leblos. — Roggenmehl matter. Petroleum unverändert. — Rüböl ruhiger. — Spiritus fest und höher bezahlt.

Wetter: Strenger Frost.

Weizen loco per 1000 Kilogr. 60—77 thlr., weißbunt poln. 68 thlr., ab Bahn bez. pr. Jan. 75½, thlr. Br.

Roggen loco pr. 1000 Kilogr. poln. 50¾,—50½, thlr., fein poln. 52—52 thlr., ordin. poln. 43 thlr., ab Bahn bez. pr. Jan.-Februar 51⅝,—51½, thlr. bez. Februar-März 51⅝,—51½, thlr. bez.

Roggenmehl pr. Jan.-Febr. — thlr. — sgr. bez.

Gerste große und kleine pr. 1000 Kilogr. 39—62 thlr.

Hafer pr. 1000 Kilogr. loco 38—52 thlr., ord. poln. 39½,—42½, thlr., schles. 45⅝,—45½, thlr. pom. 45⅝,—46⅝, thlr., ab Bahn bez. per Jan. 46½, thlr. bez.

Erbsen pr. 1000 Kgr. Kochwaare — — thlr., Futterwaare — thlr., bez.

Petroleum pr. 100 Kgr. 16⅛, thlr., per Januar 15⅝, thlr. bez.

Oelsaaten pr. 1000 Pfd. Winterraps — — — thlr., Winterrübsen — thlr.

Leinöl pr. 100 Kgr. — thlr. bezahlt.

Spiritus pr. 10,000 Liter %, loco ohne Faß 16 thlr. 16 sgr. bez., per Jan.-Feb. 16 thlr. 27 sgr. bez.

* **Berlin**, 30. Jan. (Neuer Berliner Viehmarkt.) Für den heutigen Markt sah man, da der Export seit längerer Zeit freigegeben ist, da ferner auch die Verproviantirung für Paris gesichert ist, etwas mehr Lebhaftigkeit voraus, wie sie an den letzten Märkten stattgehabt hatte; indeß schleppte sich auch heute der Handel im Rindviehhandel sehr hin; für den Orient wurde verhältnißmäßig sehr wenig gekauft, was hauptsächlich daran liegt, daß die Transportmittel fehlen. Die Erdenwucht?? hatte sich am letzten Montag so reichlich versehen, daß ihr Bedarf heute auch ein geringer war. Es waren 1682 Stück Rinder zugetrieben. Es wurde bezahlt: für erste Qual. 16—17⅔ Thlr., für zweite 12—13 Thlr., für dritte 10 Thlr. pro 100 Pfd. Schlachtgewicht.

Den Schweinemarkt waren 2534 außer dem Ueberstande am Markt und war auch hier der Handel matt und schleppend, so daß kaum 15—16 Thlr. pro 100 Pfd. Schlachtgewicht erreicht wurde und ein nicht unbedeutender Ueberstand verblieb.

Nach Kälber, von denen 551 Stück zur Stelle waren, handelte sich heute langsamer wie sonst und erzielten eben nur Mittelpreise.

Den Hammeln war ein für die jetzigen Verhältnisse ziemlich bedeutendes Quantum (2158 Stück) zugetrieben und zwar zum Schaden der Händler, da der Markt für Schafvieh noch immer darniederliegt; es war sehr wenig Nachfrage, so daß ein großer Ueberstand verblieb und für Mittelwaare nur ca. 5 Thlr. pro 45 Pfd. Schlachtgewicht bezahlt wurde.

* **Königsberg**, 30. Jan. Weizen für 85 Pfd. 85—95 Sgr. — Roggen für 80 Pfd. 55—58 Sgr. — Gerste, große und kleine für 70 Pfd. 40—45 Sgr. — Hafer für 50 Pfd. 28—30 Sgr. — Erbsen, weiße für 90 Pfd. 55—61 Sgr., graue 55—73 Sgr., grüne 55—58 Sgr. — Bohnen für 9. Pfd. 65—68 Sgr. — Wicken für 90 Pfd. 45—56 Sgr. — Buchweizen für 70 Pfd. 40—42 Sgr. — Leinsaat für 70 Pfd. 50—90 Sgr. — Rübsen für 72 Pfd. 112—122 Sgr. — Kleesaat, rothe 10—16 Thlr., weiße 13—22 Thlr. der Centner. — Thymothem 6—9 Thlr. der Centner. — Leinöl mit Faß 11½, Thlr., Rüböl mit Faß 14½, Thlr. der Cent. Leinkuchen 75—81 Sgr., Rübkuchen 68—71 Sgr. der Centner. — Spiritus 15½, Thlr. für 8000, Tr. ohne Faß. Auf Lieferung Juli 17⅜, Thlr.

Deutscher Demokrat.

Erscheint wöchentlich einmal und wird den auswärtigen Abonnenten Freitags mit der Post zugesandt.

Nro. 14. | Vierteljährlich 5 Sgr. — 18 kr. in Preußen 6 Sgr. 9 Pf. | Kaiserslautern, 2. April | Inserate 3 Sgr. — 12 kr. die 1spaltige Zeile. | 1871

Eingesandt.

Der „Deutsche Demokrat" wird laut Ankündigung im Blatte Freitags in Kaiserslautern zur Post gegeben. Briefe, die laut Poststempel Freitags zur Post gegeben, treffen in Gumbinnen spätestens Sonntags ein. Die an demselben Tage zur Post gegebene Zeitung aber mehrstentheils erst Dienstags. Das ist jedenfalls auffallend und man wünscht, daß die Redaction sich in Berlin bescheiden Aufklärung ausbäte. Durch den Landbrießträger bestellte Exemplare sind in dieser Woche erst am Donnerstage abgegeben. Das ist doch mehr als zu lang! (Wir haben uns mit einer Beschwerde an das Zeitungscomptoir in Berlin gewandt; wir bitten gleichzeitig unsere Abonnenten uns Störungen und Verspätungen sofort direkt zu melden. Die Red.)

Der Krieg.

Die Festung Bitsch an der pfälzischen Grenze ist endlich übergeben worden. Die Franzosen, welche das Fellennest mit der größten Tapferkeit vertheidigten, haben freien Abzug erhalten, doch mußten sie das Festungsmaterial zurücklassen. Das bayer. Cernirungscorps, aus Landwehr bestehend, ist in die Heimath geschickt worden. Die Stadt Bitsch ist durch das zwecklose Bombardement schwer heimgesucht worden. Ein großer Theil derselben liegt in Trümmer. — Die Landwehr kehrt ohne Unterbrechung aus Frankreich zurück; die Linie bleibt einstweilen bei den Fahnen, um der neuesten französischen Revolution gegenüber, eine abwartende Stellung einzunehmen. Von einem Rückmarsch und Bombardement von Paris ist jedoch nicht die Rede; die Haltung der deutschen Truppen wird eine „passive und friedliche" sein..

Wie der „N. Corr." hört, soll von den Bundesstaaten die 2. bayr. Armeedivision als Occupationstruppe in Frankreich verbleiben und während dessen je 1 Bataillon vom Leibregiment nach Augsburg, vom 1. Regiment nach Ulm und vom 2. Regiment nach Ingolstadt verlegt werden. Vom 6., 7., 9. und 14. Infanterieregiment kommt je ein Bataillon nach Germersheim.

In dem nun beendigten Krieg hat das bayerische Heer einen Gesammtverlust von 12,227 Mann gehabt, wobei auf 18 außer Gefecht gesetzte Leute des Mannschaftsstandes 1 Offizier trifft (nach dem Formationsstand trifft erst auf 35 Mann 1 Offizier).

* Wochenschau.

Deutschland.

Der Deutsche Reichstag hat seine Präsidenten gewählt, Simson mit 270 Stimmen, den Fürsten Hohenlohe mit 223 Stimmen und Weber von Stuttgart mit 150 Stimmen. Ueber die Arbeiten des Reichstages läßt sich noch nicht viel berichten, da sich derselbe bisher meist mit Wahlprüfungen beschäftigt hat. Als ein erfreuliches Ereigniß begrüßen wir, daß der Reichstag gleich von vornherein, dem alten Schlendrian, Rechnungen im vollen Hause prüfen zu lassen, ein Ende gemacht. Es handelt sich um Etats-Ueberschreitungen, deren Prüfung schließlich einer Commission überwiesen wurde. Von Interesse ist auch, daß der Bundescommissär eine Vorlage in Betreff eines Bundes-Oberrechnungshofes in Aussicht stellte. Wann derselbe jedoch ins Leben treten soll und wie groß das Maß seiner Verantwortlichkeit sein wird, wissen die Götter.

Der Adreßentwurf des Reichstages an den Kaiser schließt mit dem Satze: „Jetzt kennt Deutschland keinen höheren Wunsch, als im Wettkampf um die Güter der Freiheit und des Friedens den Sieg zu erringen!" — Wenn nur die Centralgewalt nicht anderer Meinung, der Wettkampf um die Freiheit nicht ausschließlich gegen die Regierung und die Fürsten gerichtet wäre! Auf jedem anderen Gebiete ist der Freiheitskampf natürlich gestattet.

Der Adreßentwurf enthält übrigens auch einen Passus, der mit Bezug auf die römischen Dinge jede Einmischung in die Angelegenheit anderer Völker ausschließt.

Behufs Freilassung des Abgeordneten Bebel waren zwei Anträge eingelaufen, von denen der des Abgeordneten Schraps entschieden der bessere war, da er die Freilassung fordert. Bebel ist inzwischen in Freiheit gesetzt worden.

Das Kieler Canalbau-Comite hat die Ausarbeitung einer Denkschrift über das Projekt beschlossen, die in den maßgebenden Kreisen zur Vertheilung gelangen und dem deutschen Reichstage in einer Petition übermittelt werden soll.

Der Unterrichtsminister hat aus Anlaß eines Specialfalles die Bezirksregierungen ausdrücklich darauf aufmerksam gem[illegible] daß nach dem Bundesgesetze vom 3. Juli [illegible] die Befähigung zur Theilnahme an der Gemeinde- und Landesvertretung, sowie zur Bekleidung öffentlicher Aemter vom religiösen Bekenntniß unabhängig ist, mithin der Wahl eines Juden zum Mitglied einer städtischen Schuldeputation um seines religiösen Bekenntnisses willen die Bestätigung nicht versagt werden kann

Mit der Belassung des braunschweiglichen Infanterie-Regiments als Besatzungstruppen Straßburgs, hat es eine eigene Bewandtniß. Der Herzog von Braunschweig gehört bekanntlich zu den wenigen deutschen Fürsten, welche sich in auffallender Weise vom Berliner Hofe ferne gehalten und während der ganzen Dauer des Krieges das Hauptquartier nicht besucht haben. Diese Zurückhaltung des Regiments in Straßburg hat nun zur Folge, daß Braunschweig, die herzogliche Residenz, preußische Garnison erhalten wird, eine Revanche, welche in braunschweigischen Hofkreisen sehr unangenehm berührt.

Aus Aerger hat der Herzog auch bei der großen Gratulation in Berlin gefehlt.

Zum ostpreußischen Nothstand schreibt uns aus Ostpreußen unser L.-P.-Correspondent: „Das Gumbinner Kreisblatt bringt eine Bekanntmachung des Landrathes — selbstverständlich sind dieselben Maßnahmen in allen Kreisen getroffen, soweit der letzte Nothstand reichte — wonach „auch die Loosleute die ihnen im Jahre 1868 zum Ankaufe von Saatkartoffeln gewährten Darlehen nebst Zinsen bezahlen sollen. Weiter heißt es: „daß gegen alle diejenigen Schuldner, welche nicht bis zum 1. Mai d. J. die rückständigen Zinsen und ein Viertel des Darlehns an die hiesige Kreiskasse abgeführt haben, wegen des ganzen Rückstandes gerichtlich geklagt werden würde." Es handelt sich um Rückzahlung und Verzinsung eines Darlehen von 4 Thlr., welches nicht in baar, sondern in 3 Schffl. Kartoffeln gegeben wurde. Heute gelten die Kartoffeln 15 Sgr. der Scheffel. Den armen Loosleuten, die ihren geringen Vorrath eingemiethet hatten, sind sie aber überdies in diesem unendlich harten Winter fast durchweg erfroren. Das einzige Schwein, bis zur Kuh haben es wenige dieser Leute gebracht, mußte also, trotz zur Zeit sehr schlechten Preises für Schweine, zu Markt. — Bringt solche Maßnahme dem Staate im Verhältniß Segen, wie sie den Wohlstand einer Provinz schädigt??? — Aehnliche Drohungen in derselben Sache blieben bisher unerfüllt, und wer nicht freiwillig zahlte, unangefochten. Hoffen wir, daß es diesmal auch eine leere Drohung ist, um so mehr, da eine große Zahl der Schuldner, so weit sie nicht gar gefallen, noch auf Frankreichs blutgedüngten Fluren weilen, oder mit dem Tage der Verkündigung der erwähnten Bekanntmachung nun eben heimkehrten. — Weiter berichtet derselbe Corr.: Ha! Unsere Insterburger Zeitung bringt folgendes Inserat:

„Von der conservativen Partei stets zu Wahlagitationen ꝛc. benutzt, welcher Aufgabe ich mich auch immer gerne und willig unterzogen habe, wurde ich heute von einem Gesinnungsgenossen aufgefordert, in den Rheinischen Hof zu kommen, um die patriotische Festrede bei dem Diner, welches zu Ehren unseres Königs daselbst veranstaltet war, anzuhören. Daselbst angekommen, bestellte ich mir ein Glas Bier. Mir wurde dasselbe jedoch nicht verabreicht, sondern unter Androhungen die Thür gewiesen. Wie verträgt sich das mit dem mir, sonst entgegengetragenen Benehmen der Herren Patrioten?

Insterburg, 22. März 1871.

Carl Endruweit.

Besitzer in Kraupischkehmen."

Ha, ha, ha, ha!!! Den Carl Endruweit lachen wir auch zwar aus, daß er die Reaction, (wozu die Gesellschaft beschönigend „conservativ" nennen) nicht besser kannte, und glaubte weil er sich von ihr hatte zu Wahlen mißbrauchen, nicht benützen lassen, er sei nun gleichberechtigt. Ohne Freiheit keine Gleichberechtigung! Die Reaction will keine Freiheit, also bleibt bei ihr das alte Verhältniß von Herren und Sclaven.

Ha, ha, ha, ha! wir lachen eigentlich über die Dummheit der Reaction, die sich frech Patrioten nennen, und in ihrem Herrendünkel den Wurm treten, bis er sich krümmt. Nur zu, Ihr Herren! Ihr säet, auf solche Weise die Freiheit!

Ha, ha, ha, ha!!!!! Als Ihr das thatet, war der Kopf wohl schon von Eurer Art Patriotismus stark benommen?!

Im deutschen Reichstage haben die süddeutschen Abgeordneten, welche bisher zur süddeutschen Fortschrittspartei gehörten, zum ersten Male die liberale Maske lüften müssen und siehe da, es entpuppten sich in der ganzen Gesellschaft nur einige wirkliche Fortschrittsmänner unter ihnen Erhardt und Crämer, die übrigen aber nahmen ihre Plätze bei den Nationalliberalen oder traten, zwischen diesen und den Freiconservativen schwankend, zu einem Centrum zusammen. In Süddeutschland besaßen die bayerischen Fortschrittsmänner noch immer den besten Ruf. Bayerns Volk, welches für die Befehle des Münchener Fortschrittsclubbs durchs Feuer ging, muß es erleben, daß die hervorragendsten Führer seiner Fortschrittspartei wie Marquard Barth, Völk, Fischer-Augsburg ihre natürlichen Verbündeten bei den National-Conservativen suchen. Das ist der gepriesene bayrische Fortschritt. Jetzt ist es natürlich auch erklärlich, weshalb dieser Fortschritt sich für die reactionäre Nordbundsverfassung begeisterte und auf das Entschiedenste die Einberufung eines constituirenden Parlaments bekämpfte, das Deutschland eine freisinnige Verfassung hätte geben können. Diese biederen Fortschrittsmänner sahen voraus, daß ihre Herrschaft nur noch von kurzer Dauer sein konnte und deshalb verlangten sie in allen ihren Organen die — Auflösung der Kammer. So widersprechend dies auch klingt, ist es doch richtig — sie wollten die Auflösung — jedoch bevor bei der Abgeordnetenwahl das directe Wahlrecht beschlossen war. Bei der directen Wahl ist ihre vollständige Niederlage zweifellos und nur bei der Klassenwahl hatten sie Aussicht, noch einmal durchzukommen. Auch wir sind für eine Auflösung der Kammer, doch zuvor möge man das directe Landtagswahlgesetz beschließen. Dann allein kann die Stimmung des Landes unverfälscht zum Ausdruck gelangen.

In München ist eine Ministerkrise im Gange; an die Spitze des Ministeriums soll Fürst Hohenlohe treten. Noch schweben die Verhandlungen, da der Fürst sich seine Collegen aus dem neuen Reichstagscentrum wählen will, während die Krone die Beibehaltung des Ministers Lutz zur Bedingung macht. Der Unterschied ist übrigens so gering, daß das Volk bei den neuen Ministern schwerlich besser fahren wird wie bei den bisherigen.

Der oberste Gerichtshof von Bayern hat in Sachen einer Zeugschaftsverweigerung zu Recht erkannt: daß der Redakteur einer Zeitung, welcher für den ganzen Inhalt derselben strafrechtlich verantwortlich, bezüglich der in derselben enthaltenen einzelnen Artikel strafbaren Inhalts nicht als Zeuge vernommen werden darf, da das Gesetz ihn nicht in die Zwangslage bringen will, entweder die Unwahrheit sagen oder sich selbst belasten zu müssen, und daß das Gleiche von dem Verleger oder Drucker einer Zeitung zu gelten hat. Was wird man in Preußen dazu sagen?

Die gegen den Redakteur und Eigenthümer des „Würzb. Journal" anhängige Untersuchung wegen staatsgefährlicher Aeußerungen, in die er als Verfasser eines während des Krieges in jener Zeitung erschienenen Artikels, „die Sturmvögel der Reaktion" verwickelt worden war, ist durch Beschluß des Militärgerichts (M. ist einberufener Reservist) eingestellt worden.

Die Handels- und Gewerbekammer von Oberbayern hat in ihrer Sitzung vom 24. d. eine Eingabe an das Handelsministerium beschlossen, dahin zu wirken, daß der deutsch-französische Handelsvertrag von 1862 in Kraft bleibe. Dürfte jetzt vergeblich sein.

Das Gerücht, dem Prinzen Wilhelm von Baden werde die Statthalterschaft über die neuen Provinzen übertragen, gewinnt an Glaubwürdigkeit.

Aus dem badischen Kreise Waldshut, geht uns folgende Mittheilung zu: Im Jahre 1848 erließ Minister Beck eine Verordnung, wonach die Behörden des Landes im schriftlichen Verkehr mit dem Publikum den unter gebildeten Menschen gebräuchlichen Anstand zu beachten hätten. Mit Ausnahme der Collegialstellen scheint diese Verordnung ziemlich allgemein in Vergessenheit gekommen zu sein bis hinunter zu den Bürgermeistern, Gerichtsboten und Polizeidienern; denn die Stiefelbriefe „an den und den" sind schon lange wieder gang und gäbe; es muß diesen Schreibern allen so wohl thun, wenn sie durch so zopfzeitliche Adressen uns fühlen lassen können, daß wir Bürger sammt und sonders ihre Unterthanen seien. Wir bringen daher obige Verordnung in Erinnerung, um die betreffenden Schreiber zu erinnern, daß wir Bürger nicht blos ihre Unterthanen sind, und bemerken dazu noch, daß die Bevölkerung durch Steuer- und Sportelleistungen den Erhalter und Ernährer der aufgeblasenen Bureaukratie bildet.

Vom Schwarzwalde wird uns zugleich eine heitere Geschichte von einem geistlichen Klopffechter berichtet, der — im freilich nicht nüchternem Zustande seinem christlichen Liebesberuf durch eine höchst unchristliche Rauferei mit einem Bürger seiner Pfarrgemeinde im Wirthshause Geltung verschaffte. Er wälzte sich zum Ergötzen der Jugend mit seinem Gegner auf dem Boden herum und wurde erst durch die Dazwischenkunft eines Anderen von dem Opfer seines christlichen Zornes losgerissen. Das Komische an der Sache ist aber nun noch, daß die Polizeibehörde in ihrer Untersuchung hierüber, wie wir aus Vorladungen und Gebührenzetteln der Zeugen entnahmen, nicht den Pfarrer als Schuldigen aufgeführt, sondern den von ihm mißhandelten Bürger und den obenbemerkten Retter. Welchen Verlauf aber die Geschichte vor dem urtheilenden Richter nehmen wird, steht noch abzuwarten. Inzwischen hatte der geistliche Herkules, wie ihn ein Amtsverkündigungsblatt bereits nannte, die Stirne, sein Heldenstück noch von der Kanzel, natürlich in entstellter Weise zu verkünden und den mißhandelten Bürger ganz unnöthiger Weise von der österlichen Beichte auszuschließen. Einen schweren Stein schleuderte der fromme Herr in seinem Grimm gegen die schlechte Presse, die nicht ermangeln würde, sich unberufen in diese Angelegenheit zu mischen; nicht berücksichtigend, daß die Zeitung unsere Kanzel ist, zur freien Erörterung Jedermann offen, während die Kirchenkanzel keinen Widerspruch duldet, nicht von Rechts- sondern von Polizeiwegen.

Ausland.

Der alte Streit zwischen Oesterreich und Italien ist nun auch in seinem letzten Theile dem Finanzpunkte ausgeglichen worden. Die italienische Kammer hat die zwischen dem italienischen und österreichischen Ministerium vereinbarte Entschädigungsfrage in Betreff der italienischen Kleinstaaten genehmigt. — Das italienische Volk, speciell das römische, erhält einen schlagenden Beweis, daß es bei dem glücklich vollendeten Einigungsprozeß aus dem Regen in die Traufe gekommen ist. Das Vertheidigungssystem soll verstärkt und in erster Reihe Rom und Civitavecchia befestigt werden und dafür beansprucht die Regierung 350 Millionen Francs! Da lebte es sich zur Zeit des Krummstabes doch billiger!

In einer stark besuchten Versammlung von Mitgliedern der verschiedenen radicalen und demokratischen Vereine Londons wurde folgende Resolution angenommen:

„Nachdem wir aufmerksam die vielen fruchtlosen Versuche verfolgt, welche im Hause der Gemeinen gemacht worden, um die rücksichtslose Verausgabung der Gelder des Volkes, die stets in verschwenderischen Unkosten bestanden, einzuschränken, u. uns für überzeugt halten, daß jede unter dem gegenwärtigen System gebildete Regierung so sehr unter dem Einflusse der wenigen privilegirten Familien, die gegenwärtig Stellung u. Ehre in der Nation [illegible]nehmen, steht u. daher zu der breiten und vielumfassenden Gesetzgebung, die im Interesse des industriellen Gemeinwesens dringend gefordert wird, unfähig ist, — erklären, daß eine republikanische Regierungsform die einzige fähige ist, um die großen Hülfsquellen des Landes zu entwickeln, und des Vertrauens und der Unterstützung aller wahren Demokraten würdig ist." Es wurde hierauf beschlossen, sofort einen republikanischen Centralverein zu gründen, und nachdem dies geschehen, ein Executiv-Rath und General-Komite gewählt, welches angewiesen wurde, eine Adresse an das Land vorzubereiten und ein Programm für den Verein zu entwerfen.

Das englische Unterhaus hat die Armee-Bill in zweiter Lesung angenommen und für eine Kopfstärke von 136,047 Mann der Land-Armee 5,411,000 Pf. St. bewilligt worden. Der englische Landsoldat kostet demnach jährlich 40 Pfd. Sterling.

Das päpstliche Garantie-Gesetz ist in der italienischen Kammer glücklich zu Stande gekommen; aber jetzt weigert der Papst sich, die ihm zugedachte Garantie anzunehmen. Doch „einem geschenkten Gaul sieht man nicht in's Maul" und da wird sich Sr. Heiligkeit wohl erweichen lassen.

Der Conflict zwischen Italien und Tunis ist beigelegt worden. Beide Staaten haben eine Convention geschlossen, nach deren Unterzeichnung der diplomatische Verkehr wieder aufgenommen werden soll.

Die spanische Regierung sieht sich in den Cortes einer Opposition gegenüber, die mit den ersten rosigen Nachrichten von einer starken ministeriellen Majorität in directem Widerspruch steht. Etwa die Hälfte der gesammten Versammlung gehört zur Opposition und die angeblich ministerielle Partei ist nichts weniger als ministeriell. Ein heftiger parlamentarischer Kampf steht in Aussicht. — Ein grauenerregendes schreckliches Attentat reiht sich den früheren politischen Verbrechen in Spanien an. Der Präsident des republikanischen Comité's in Sos und sein Bruder, von einer Bereisung des Wahlbezirks heimkehrend, wurden in der Nähe der Stadt von einer Bande von acht bis zehn Individuen, die auf sie lauerten, ermordet und ihre Leichen gemeinschaftlich mit denen der Pferde verbrannt.

Eine bedenkliche Gährung hat übrigens auf der pyrenäischen Halbinsel Platz gegriffen. Der Madrider Imparcial zufolge hat der neue König von Spanien die Minister zu sich beschieden und denselben sein tiefes Bedauern über die Täuschung ausgedrückt, welche ihm nach seiner Thronbesteigung die Stimmung im Lande und das Vorgehen der Parteien bereitete. Nachdem die Minister den Monarchen dringend baten, von seinem Vorhaben einer Abdikation im jetzigen Augenblicke abzustehen, soll der König ihnen erklärt haben, daß er sein Verbleiben nur von einer Volksabstimmung im ganzen Lande abhängig machen werde. Was Portugal anbetrifft, so soll — nach dem Ungarischen Lloyd — die Gesandtschaft dieses Staates in Wien aus Lissabon sehr unangenehme Nachrichten erhalten haben. Das Land soll unaufhaltsam einer Katastrophe entgegengehen.

In Rumänien ist jetzt die Krise hereingebrochen, welche Fürst Carl in dem bekannten Briefe an seinen deutschen Freund voraussah und ankündigte. Bei Gelegenheit einer deutschen Siegesfeier in Bukarest ist es zu großen Unruhen gekommen, was zu einem Abtreten des Ministeriums führte. Die Bewegung richtete sich weniger gegen die Festgenossen als den Fürsten selbst. Eine Anzahl von Mitgliedern der Kammer verlangt die Absetzung des Fürsten. Diesem bleibt nur die Wahl, zwischen schleuniger Abreise oder der Diktatur. Zu letzterer fehlt ihm jedoch die unbedingt nothwendigen Bajonetten, diese aber tragen sich mit dem Plan einer eigenen Revolte. Die Kammer ist inzwischen aufgelöst und ein neues Ministerium gebildet. Die neuen Minister, größtentheils Gegner des Fürsten, sind entschlossen, die dringliche und motivirte Forderung des deutschen Generalkonsuls, daß sich die Regierung zur Deckung der Eisenbahnactien-Coupons verpflichte, nicht anzuerkennen und auf den Gerichtsweg zu verweisen.

Polen hat eine neue Gerichtsverfassung mit Schwurgerichten erhalten; selbstverständlich haben diese Schwurgerichte nichts mit politischen und Preßprozessen zu thun. Echt russisch bilden sie auch nicht einmal die letzte Instanz in den ihnen zugewiesenen Prozessen.

Es wird berichtet, daß in Algerien eine Erhebung der Araber stattgefunden hat. Aga Macrani von Medina steht an der Spitze des Aufstandes und sucht alle Kabylen in denselben hineinzuziehen. Privatbriefen zufolge soll Macrani mit 40000 Mann 25 Meilen von Algier stehen und sich des ganzen südlichen Algeriens bemächtigt haben. Französische Truppen werden nach Setif gegen die Kabylen entsendet.

Die Insurgenten von Entre Rios sind von den Truppen der argentinischen Republik geschlagen worden. In Montevideo hält die Revolution ohne irgend welche Veränderung an.

Der Maharadschah von Kaschmir will in Kaschmir

Feuilleton.

* Die Polenflüchtlinge.

Erzählung von A. Fr.

(Fortsetzung.)

„Halt," rief er, „es gilt noch einen Versuch zu wagen. Ich lenke die Reiter ab nach der Allee zu. Sobald sie an Euch vorüber sind, eilt Ihr mit dem Verwundeten so schnell wie möglich nach der Ruine. Hinter dem halb verfallenen Eingange rechts, wo die dicken Mauerreste mit den großen Quadersteinen stehen, erwartet mich. Falle ich nicht, so komme ich dort aus der Mauer. Legt Euch nieder, sie kommen!"

Schnell wie ein Gedanke ergriff Thaddäus die Mütze des verwundeten Generals und setzte sie sich auf's Haupt, so daß der Busch von Reiherfedern deutlich und erkennbar in die Höhe ragte. Dann stürmte er mit lautem Schlachtruf auf das freie Feld hinaus und lief mit Windesschnelle in gerader Richtung auf einen der uralten Lindenbäume zu, welche die Allee bildeten. Die Verfolger waren schon nahe genug, so daß sie in der bereits stark vorgeschrittenen Morgenhelle seine Gestalt deutlich erkennen konnten.

„Dort, dort," schrieen die Kosacken, „das ist er, seht dort die Federmütze, hurrah!"

Der Offizier an der Spitze des Trupps warf einen prüfenden Blick nach der Stelle hin, wo Thaddäus in die Ebene getreten war. Einen Augenblick war es, als ob er sein Pferd anhalten wollte; aber das Hurrahgeschrei seiner Leute riß ihn hin. Ohne Aufenthalt sprengte er im Bogen seitwärts an dem Kampfplatze vorüber, und da er hier nur Leichen zu sehen glaubte, in raschem Galopp dem Flüchtigen nach.

Es war eine Jagd auf Tod und Leben. Nur ein so geübter und in derartigen Jagden erprobter Mann wie Thaddäus konnte diese furchtbare Anstrengung ertragen. Es war sein Glück, daß der Offizier den kleinen Umweg gemacht hatte, sonst hätte der ausgezeichnete Renner desselben ihn sicher vor dem rettenden Baume erreicht. Dicht vor der Linde war er ihm auf Pferdelänge nahe gekommen.

„Halt, General, halt, ergebt Euch mir, Vertheidigung ist unnütz," schrie er ihm zu.

Statt der Antwort bog der Verfolgte nach der rechten Seite kurz um den Stamm, so daß der Reiter eine ganze Strecke in gerader Richtung vorüberschoß. Als er sein Pferd parirend sich umwandte, war Thaddäus verschwunden und ein dumpfes Poltern und ein klirrendes Rasseln, das aus dem hohlen Baume hertönte, kündete dem überraschten Russen nur noch den Weg an, auf dem der Entflohene sich gerettet hatte.

„Ha, verdammt!" schrie er, vom Pferde springend „abgesessen, vier Mann hierher, untersucht den hohlen Baum da!"

Die Kosacken traten verdutzt heran, stachen mit ihren Lanzen in die Oeffnung, sprangen hinein, untersuchten das Erdreich, fanden aber nichts, als eine starke Eisenplatte, die unter einer dicken Schicht von Blättern und Mulm verborgen war. Ihre Bemühungen dieselbe zu erschüttern, oder die verborgene Feder zu der Fallthür zu finden, waren vergebens.

Während diese Untersuchungen angestellt wurden und die Blicke Aller neugierig auf dem Baume ruhten, eilten Stephan und Janko mit dem verwundeten General über die Ebene. Kaum hatten die beiden treuen Gefährten bemerkt, daß die Reiter ihnen den Rücken zukehrten, so sprangen sie auf, legten Stanislas auf beide Gewehre, und indem sie dieselben wie eine Tragbahre handhabten, liefen sie so schnell, wie sie es vermochten, in gerader Richtung der Ruine zu. Sie wären vielleicht ganz ungefährdet angekommen, wenn die Untersuchung am Baume nur eine Minute länger gedauert hätte. Aber kaum war die Eisenplatte gefunden, so wurde dem Offizier klar, daß man vergebens auf Erfolg hoffen dürfe. Wüthend sprang er vom Baume weg und schrie Einem seiner Leute zu, nach Hause zu jagen und Pulver zum Anlegen einer Mine zu holen.

(Fortsetzung folgt.)

eine Universität gründen und zu diesem Zwecke ein Lakh Rupien beitragen.

Ein neuer egyptisch-türkischer Conflict erscheint am Horizont. Der „Pester Correspondenz" kommt nämlich aus Kairo die Nachricht zu, daß der Khedive eine Anleihe von 0½ Millionen türkische Livres mit dem Hause Oppenheim-Alberti abgeschlossen, ohne dazu vorher die Ermächtigung von Seiten der ottomanischen Regierung eingeholt zu haben. Die Pforte, die auf ihre Souveränetätsrechte sehr eifersüchtig ist, hat gegen diesen Uebergriff ihres Vasallen energisch protestirt und verlangt die Annullirung des abgeschlossenen Uebereinkommens.

Die Pariser Unruhen

haben einen bedenklichen Umfang angenommen. Das an der Spitze der Revolution stehende Comité hatte die Revolution, welche bereits zu verschiedenen Malen zu heftigen Straßenkämpfen geführt, als eine rein communale bezeichnet. Es erfolgten in Paris neue Gemeindewahlen und aus der Wahlurne ging der größte Theil des bisherigen Comité's hervor; ein großer Theil der Pariser Bevölkerung hatte sich offenbar der Wahl enthalten. Da anscheinend der Zweck des Comité's erreicht ist, sollte man annehmen, daß die Verhältnisse sich ruhiger gestalten würden. Dem ist jedoch nicht so, der Riß zwischen Paris und der Versailler Nationalversammlung ist tiefer, als es auf den ersten Blick scheint. Die Nationalversammlung trug sich mit der Absicht, die Republik zu stürzen und einen Orleans auf den Thron zu setzen.

Ob diese Thatsache allein oder bonapartistische Umtriebe den gegenwärtigen Zustand erzeugt, vermag man im Augenblick noch nicht zu entscheiden. Eins jedoch steht fest, daß die Revolution keine kommunistische ist, wie die „Kreuzztg." und die den Arbeitern feindlichen Blätter behaupten. Dagegen spricht sowohl der große Wahlsieg des Centralcomité's als auch der Umstand, daß die hervorragendsten Führer der „Internationalen Arbeiter-Association" wie Tolain, Langlois, Chaudey, sämmtlich intelligente und mächtige Häupter der Partei gegen die Commune aufgetreten.

Nimmt die Revolution keinen friedlichen Verlauf, ist nicht nur Frankreichs Ruhe auf Jahrzehnte vernichtet, auch Europa wird die Zuckungen des Riesenkörpers, der nicht leben und nicht sterben kann, bald schwer genug empfinden.

△ Siegesfrüchte.

Eine bedeutende Zahl Verwundete und Reserven sind bereits in Gumbinnen eingetroffen, unter letzteren viele Mannschaften, die nie den Boden Frankreichs betreten, und wenn, wenigstens niemals Pulver gerochen haben. Diese Sorte ist die gefährlichste. Hört was der Krieg da herangebildet! Ein solcher Ehrenknabe, aus Schirwindt herstammend, glaubte sich wohl noch in Frankreich und wollte auf einem der letzten Wochenmärkte auf offener Straße eine zum Verkauf gebrachte Kuh — gewiß zum Verkauf gebracht, um Nothstandsdarlehen abzuzahlen — requiriren. Das Attentat gelang natürlich nicht, aber — was hat man von solcher Gesellschaft zu gewärtigen?! Derselbe Ehrenknabe besuchte dann eine Kneipe nach der andern, ohne irgend daran zu denken, seine Zeche zu bezahlen. Spät Abends trieb er es in einem reaktionären Schanklokale zu toll, Polizei wurde gerufen und der Ehrenmann, nachdem er das Lokal verlassen und auf der Straße Vorübergehende arg belästigte, vom Nachtwächter am Bürgersteige, wo er der Last seiner Thaten erlegen, aufgelesen und in polizeiliches Gewahrsam geschafft. Am andern Tage entlassen, erklärte er: „in ganz Frankreich sei bekannt, daß die verfluchten Demokraten in Gumbinnen und Umgegend nichts für die Soldaten gethan, und kämen nur erst die rechten Kameraden, dann solle gesengt und geplündert werden."

Hier sei noch erwähnt, daß Frauen von eingezogenen Militärs, die die gesetzliche Unterstützung für sich und Kinder bezogen, mit bedeutenden Zulagen aus freiwilligen Beiträgen, wiederholt äußerten: „wir wissen sehr wohl, der und der Expeditor hat es uns gesagt, daß diese Unterstützungen alle vom Könige gegeben werden und wenn die Herren nicht soviel unterschlügen und für die Mühewaltung der Vertheilung so hohe Gehälter bezögen, wir viel mehr erhalten würden! Daß Dumme dergleichen glauben, wundert uns nicht, Schmach aber auf die, die böswillig solche Lügen verbreiten. Wieviel an freiwilligen Beiträgen aufgebracht, können die Dummen, Glaubenden in jeder Zeitung sehen, daß die Vertheiler kein Gehalt erhalten, wird ihnen der betreffende Postverwalter bestätigen; Vorsitzende dieser Commission sind stets ihnen genau bekannte königl. Beamte und stellen wir anheim, ob sie diesen den Vorwurf des Betruges und der Unterschlagung machen wollen. — In unserem Kreise werden ihnen jetzt aber schon die Augen aufgehen. Die erste zu diesem Unterstützungszwecke geliehene Rate von 60 ·0 Thlr. soll aufgebracht werden, und zwar hat das Land von Einkommen-, Klassen-, Grund- und Gebäude-Steuer circa von jedem Thaler der jährlichen Abgabe 3 Sgr. 3 Pf. zu zahlen. Den Zahlern, das ist also Allen, bemerken wir, daß das die erste Rate ist, mehr wird folgen.

Giebt das Geld der König?

Das merkt euch aber, das Ganze ist ein Segen des Krieges! Aus dem Frieden muß bald ein neuer Krieg folgen und wenn eure braven Abgeordneten für den Reichstag, wie Deutschland in großer Mehrzahl sich beeilt sie hinzuschicken, nur noch ein bischen mehr für's Militär bewilligt, dann — wird er sicher nicht lange auf sich warten lassen. Schreibt euch das hinter die Ohren, damit ihr wenigstens bei der nächsten Wahl verständiger seid!!!!!

Erklärung.

Das Comité des „Pfälzer Clubs" in New-York sendet uns Abschrift folgenden Schreibens:

New-York, den 10. März 1871.

An den Vorstand des
„Speyerer Casino"
Speyer.

Einem hiesigen deutschen Blatte entnehmen wir folgende Notiz:

> Speyer. Das hiesige Casino hat durch Mehrheitsbeschluß alle demokratischen Blätter aus seinem Lokale entfernt. —

Dem New-Yorker „Pfälzer Club" passirten in Folge dessen nachstehende Resolutionen. Beschlossen:

1. Wir bedauern, daß in unsrer sonst so aufgeklärten Pfalz eine Gesellschaft von Männern bestehen kann, deren Mehrheit so politisch unreif ist, nicht zu wissen, daß, um sich ein klares politisches Urtheil bilden zu können, es erforderlich ist, die Organe sämmtlicher Parteien zu verfolgen;
2. daß obige Resolution nicht vom Parteistandpunkte ausgeht, sondern, daß wir derartige Ausschreitungen auf jeder Seite verdammen; und
3. diese Beschlüsse dem „Speyerer Casino" sowie dem „Deutschen Demokrat" in Kaiserslautern mitzutheilen.

Ergebenst

Im Auftrage des Comité's:
Friedr. Fuchs. H. Hussa. J. Bauer.
Herm. F. Hahn, Secr.

---

* Literarisches.

„Ueber Ideale" betitelt sich ein Vortrag von Bruno Kyban in Nordenburg, welcher im Jahre 1869 als Brochüre bei W. Schwibbe in Königsberg erschien. Klar erkannte damals der Verfasser neue kriegerische Verwickelungen und beschwor das Volk für den Völkerfrieden seine ganze Kraft einzusetzen. Als Hauptmittel dazu betont er, daß nicht einzelne Wenige, nicht der Fürst und seine Minister, über Krieg und Frieden bestimmen, sondern allein die Völker, welche den Schaden tragen und nicht jene.

Der jüngste Kriegssturm hat sich ausgetobt, die Arbeit des Friedens hat wieder begonnen und in Berlin tagt der Reichstag, welcher aller Voraussicht nach auch in die Berathung der Kriegs- und Friedensentscheidung treten wird. Natürlich wird ein derartiger Antrag abgelehnt werden, doch darf sich das Volk damit nicht zufrieden geben; unermüdlich muß es in diesem Sinne thätig sein und dahin wirken, daß das, was die Zurückbleibenden heute noch als politische Zwecke bezeichnen, als eine höchst realistische Grundforderung unseres bürgerlichen Daseins vom ganzen Volke erkannt und mit aller Entschiedenheit festgehalten wird. Ein treffliches Mittel dazu bietet die kleine Brochüre, die wir unsern Lesern warm empfehlen. —t.

D Menschenthum. Blätter für freies religiös-sittliches Leben der Menschheit. Herausgegeben von Fritz Schultz, Kreska, 1870. Da es nun einmal unleugbar ist, daß selbst geoffenbarte Religionen, nicht anders wie alles sonstige Gebiet des menschlichen Geistes, dem Fortschritt und dessen umgestaltenden, resp. vernichtenden Einflüssen unterworfen sind, und da gerade unsere Zeit diese Wahrheit in erschütternden bedeutsamen Phasen zu erleben hatte, so darf ein Blatt, welches für die Religion den menschlichsten und damit allgemeingültigsten, von den Schranken des Dogmas und der Nationalität freiesten Ausdruck [illegible] und Theilnahme aller Anhänger des geistigen Fortschritts entgegen werden. Bei den vorliegenden Blättern ist dies um so mehr der Fall, als in ihnen über alle wichtigen Punkte dem selbstständigen Denken jedes Theilnehmers ein Schauplatz, eine Gelegenheit zum Mitsprechen eröffnet, und somit ein Zusammenwirken unter einheitender Leitung zur Verständigung über [illegible] wird. Ebenso umfassend erstreckt sich der [illegible] Gesichtskreis religiöser Fortbildung auch auf die mannigfachen Gemeinden Amerika's.

D Die politische Demimonde v. Ad. Hepner. Leipzig, F. Thiele 1870. Ein eben so unterrichtend wie unterhaltend geschriebenes Flugblatt, das die [illegible] und [illegible] Gesinnungslosigkeit jener Zeitungen, welche sich so oft durch die bloße Macht des Kapitals der Führung des Bürgerstandes bemächtigen, nach Gebühr geißelt, und, indem es speciell das „Leipziger Tageblatt" aus dessen eigenen Worten richtet, zugleich manchem größeren politischen Blatte den Spiegel vorhält, [illegible] Einsicht allen auf die Autorität der Zeitungsfirma und der dirigirenden Geldmacht schwörenden Lesern zu gönnen und zu wünschen wäre.

Verantwortlicher Redacteur und Verleger Carl Luebeck.
Druck von Ph. Rohr in Kaiserslautern.

---

* Die Polenflüchtlinge.

Erzählung von K. Fr.
(Rückblick.)

Wir sind im Spätherbste des Jahres 1864. Der polnische Freiheitskampf das letzte verzweiflungsvolle Ringen des unglücklichen Volkes ist im Erliegen. Zerstreute Schaaren der tapferen Krieger irren in den Wäldern umher und werden von den an Zahl, Waffen und Ausrüstung weit überlegenen russischen Truppen wie wilde Thiere gejagt, gefangen, niedergehauen, oder für ein noch ein härteres Loos aufgespart. In Wilna hält der finstere Murawief sein Kriegsgericht und verurtheilt ohne Gnade Alle, die mit den Waffen in der Hand gefangen werden, sowie Jeden, der die Insurgenten irgendwie durch Rath und That unterstützt hat. Die Grenzwachen, welche schon in Friedenszeiten das russische Reich wie eine lebendige Mauer verschließen, sind beträchtlich verstärkt worden, daß nicht einmal eine Katze ungesehen über die Grenze schleichen kann. Dazu kommt, daß das Nachbarland den unglücklichen Flüchtlingen seinen Schutz verweigert. Wer den tausendfachen Gefahren glücklich entronnen ist und die preußische Grenze erreicht hat, läuft die neue Gefahr, von der preußischen Polizei gefangen genommen und dem Todfeinde ausgeliefert zu werden.

Die Zeit der Denunziationen ist gekommen. Die russ. Regierung belohnt gut mit Geld, oder mit Orden und Vergünstigungen, und Murawief und seine Helfershelfer leihen jedem Angeber williges Gehör. Der Himmel ist hoch und der Kaiser wohnt weit; die Todten bleiben stumm; Sibirien gibt seine Verbannten selten lebend heraus; auch sichern der Henker von Wilna und seine Regierung den Verräthern strenge Discretion und Straflosigkeit.

Unsere Erzählung beginnt mit dem Zusammentreffen zweier Kampfgenossen aus dem Jahre 1848 im Wartesaale eines preußischen Grenzstädtchens. Der eine, ein älterer Mann mit jugendlichem Feuer, ein warmer Anwalt der polnischen Sache, ist der Buchhalter Ehrenfels, der andere, ein Mann im kräftigsten Alter, Freimuth, ist mit einer Polin verheirathet, Gutsbesitzer in der Nähe der Grenze, von derselben Theilnahme für die Sache Polens erfüllt wie sein Freund, dem er im Jahre 1848 bei einem Straßenkampfe das Leben gerettet.

Das Zusammentreffen beider erfolgt unter den Augen der Gäste, die Unterhaltung dreht sich bald um die russische Wirthschaft in Polen. Ein preußischer Eisenbahnbeamter v. Cäsar mischt sich in das Gespräch und theilt die Nachricht von der Abführung eines polnischen Gutsbesitzers nach Sibirien mit. Freimuth erkennt in ihm einen Verräther und Spion wieder, der in der Revolutionszeit der Regierung vortreffliche Dienste geleistet und die Freunde selbst verrathen hat. Er wird von Ehrenfels und Freimuth entlarvt und sucht unter Drohung ein das Weite. Die Gäste, welche die Bekanntschaft des Spions mit dem preußischen Polizei-Commissar kennen, warnen vor den Ränken v. Cäsars. Freimuth theilt dem Freunde mit, daß er in Polen eine wichtige Mission zu erfüllen habe, die ihn sehr leicht mit der herrschenden Gewalt in Conflict bringen könne. Die Freunde verlassen den Wartesaal, um in der Privatwohnung Ehrenfels' ihre Unterredung fortzusetzen.

Das zweite Kapitel zeigt uns an dem Abend desselben Tages drei bewaffnete Polen in einem Boote auf dem Grenzsee, an dessen Südspitze das Gut Freimuths liegt. Vorsichtig nähert sich das Boot dem Ufer, der Steuermann, eine kräftige markige Gestalt, den wir Thaddäus nennen hören, kannte den See und das Terrain, welches ihn umgibt und von russischen Soldaten scharf bewacht wird, genau.

Sie dringen, nachdem sie gelandet und sich mit einem ihrer harrenden Genossen verständigt, in das Dickicht ein, bemerken aber bald, daß sie umstellt sind. Thaddäus weiß noch einen Ausweg, der auch sofort betreten wird. Einer der Männer, Iwan, spielt eine verdächtige Rolle und versucht, Thaddäus von seinem Vorhaben abzubringen und befürwortet die Rückkehr nach dem Boote, wo jedoch der Tod droht.

(Schluß folgt.)

Joseph Altschüler,

Weinhandlung,

empfiehlt sein Lager aller Arten **Weiß- und Rothweine, Champagner, Südweine, Cognac, Rum, Arac** ꝛc., bestens und versendet solche billigst nach allen Theilen Deutschlands.

Kaiserslautern, im April 1871.

Einladung zum Abonnement

auf den

„Hohenstaufen."

Mit dem 1. April beginnt ein neues Abonnement auf den im IX. Jahrgange erscheinenden „Hohenstaufen".

Sollen wir vielleicht unseren Lesern die Versicherung geben, daß wir auch ferner fortfahren werden, unseren demokratischen Grundsätzen treu zu bleiben? Wir glauben ein solches Versprechen nicht nöthig zu haben. Ein Blatt wie das Unsrige, das in den schwierigsten Tagen der jüngst verlebten Zeit, in welcher das sonst friedlich gesinnte deutsche Volk, von seinem unruhigen Nachbar überfallen, nur an seine eigene Vertheidigung denken konnte, und das nun vollends das Höchste erreichte, was je sich ein Deutscher denken konnte, nemlich die Einheit. Wir sagen ein Blatt, das in der Zeit der Sieges- und Festesfreude die Blicke seiner Mitbürger auf die ewig wahren Grundsätze der Demokratie, das heißt der Selbstregierung des Volkes, hinzulenken suchte, dieselben für Mäßigung im Glück, für Menschenrechte und Menschenliebe empfänglich zu machen suchte, wir meinen, ein solches Blatt braucht kein Gelöbniß seiner Treue für die Zukunft abzulegen.

Und so werden wir denn auf diesem Wege fortwandeln, wenn auch im Augenblick der Männer nicht Viele sind, die mit uns gehen, es kommt doch wieder eine Zeit, wo bei ruhiger Ueberlegung, das, seiner Natur nach, für Freiheit und Recht begeisterte deutsche Volk, den Kampf für diese höchsten Güter aufnimmt. Auch diejenigen, die jetzt noch freudetrunken von der, auch von uns begrüßten Einheit sind und die feierlich versprochen haben, die Freiheits-Arbeit energisch in die Hand zu nehmen, sie sollen uns später willkommen in unseren Reihen sein.

Haben wir uns auch die Einheit Anders gedacht, als sie jetzt das deutsche Volk erreicht hat, wir beugen uns unter den Willen der Mehrheit unserer Mitbürger, welche sie so gewollt haben.

Unser Streben bleibt demnach das Alte, nämlich die Durchführung der **Selbstständigkeit, Freiheit und des Rechts, auch in der neuen deutschen Reichsverfassung.**

Das wird die zukünftige Aufgabe unseres Blattes und der Partei sein, welche wir vertreten.

Unser Blatt wird sich aber auch bemühen, stets das Neueste so schnell als die Verhältnisse es gestatten, zu bringen, ferner in Handels- und Gewerbe-Angelegenheiten zuverlässiges und lehrreiches mitzutheilen. Unser Unterhaltungsblatt werden wir mit guten Erzählungen ausschmücken und Anzeigen finden bei der namhaften Abonnentenzahl unseres Blattes gewiß weiteste Verbreitung.

Der „Hohenstaufe" erscheint wöchentlich zweimal, Donnerstag und Sonntag, in groß Folio-Format, und kostet durch die Post bezogen in ganz Deutschland vierteljährlich 30 kr. Einrückungsgebühr die 4spaltige Garmondzeile 1 kr.

Göppingen, im März 1871.

Die Redaction des Hohenstaufen.

Das Bayreuther Tagblatt

Aufl. 3400 — **Oberfränkische Volkszeitung** — 3400 Aufl.

erscheint seit dem Jahre 1856 und seit mehreren Jahren in großem Quartformat zu dem sehr billigen Abonnementspreise von 36 kr. am Platze und 45 kr. vierteljährlich durch die k. Post bezogen.

Außer einer politischen Tagesschau und unterhaltendem und belehrendem Feuilleton, wendet es seine besondere Aufmerksamkeit den Localinteressen zu und ist bei seinem billigen Abonnementspreise das verbreitetste Organ in Oberfranken.

Dasselbe erscheint täglich in 3400 Auflage und sind daher Inserate, welche billigst berechnet werden, im Tagblatt besonders wirksam.

Bayreuth.

Die Verlagsbuchhandlung Carl Giessel.

Der Volksstaat

(früher „Demokratisches Wochenblatt").

Organ der social-demokratischen Arbeiterpartei

redigirt von W. Liebknecht

erscheint wöchentlich **zwei Mal** in Leipzig und kostet das Abonnement bei allen Postanstalten des deutsch-österreichischen Postvereins vierteljährlich **12 Sgr.** In Preußen unter Zuschlag der Stempelsteuer 15 Sgr.

Das Blatt ist Eigenthum der social-demokratischen Arbeiterpartei und vertritt mit allem Nachdruck das auf dem Eisenacher Congreß angenommene social-demokratische Programm. Alle Parteigenossen ersuchen wir, für die weiteste Verbreitung des Parteiorgans zu wirken.

Der Ausschuß der social-demokratischen Arbeiterpartei.

Das Gespenst der Unfehlbarkeit des Papstes

schwirrt auf's Neue wieder herum; es will erlöset sein, was nur geschehen kann durch folgende Schriften:

1) „Die neueste Gewaltthat Rom's, oder das Dogma der Verzweiflung", v. Scholl,
2) „Was muß die goldene Frucht der blutigen Aussaat sein", v. Rau.

Beide Schriften kosten zusammen portofrei geliefert nur 13 kr. und liefert sie

Die öffentl. Gesch.-Anstalt zu Birkendorf im bad. Schwarzwald.

Der Bürger- und Bauernfreund

beginnt mit dem 1. April das zweite Quartal seines zwölften Jahrganges. Er wird fortfahren, die Fahne der heiligen Demokratie hoch zu halten, sich nicht zu kümmern um unheilige Zwistigkeiten demokratischer Fractionen und Fractiönchen, Versöhnung, Eintracht wird er der wahren Demokratie predigen und unablässig bemüht sein, zu zeigen, wie durch diese die Opposition gegen die gemeinschaftlichen Feinde am schnellsten wachsen muß. Wer es dazu übrig hat, halte das Blatt selbst, wohlhabende Demokraten aber werden ersucht, zum Besten der Demokratie, namentlich in ländlichen Arbeiterkreisen, es zu verbreiten.

Der Bürger- und Bauernfreund erscheint in Tilsit im Verlage von H. Post, redigirt von J. B. Frenzel in Norutschatschen bei Gumbinnen jeden Freitag ½ Bogen stark, oft mit Beilage, und kostet für das Vierteljahr durch die Post bezogen 4 Silbergroschen 6 Pfennige ohne Bestellgeld.

Inserate finden für 3 Sgr. die Zeile Verbreitung durch ganz Deutschland und darüber hinaus.

H. Post-Tilsit, Verleger. J. B. Frenzel-Norutschatschen b. Gumbinnen, Redacteur.

Die „Insterburger Zeitung",

Intelligenzblatt für Litthauen und Masuren,

in welch letzteren Bezirken sie die größeste Verbreitung hat, bringt auch ferner in sorgfältiger Bearbeitung Leitartikel, Locales und Provinzielles, sowie sonstige, das gewerbliche, commerzielle und häusliche Leben betreffende Nachrichten, zu welchem Behufe mehrfache neue Verbindungen angeknüpft sind.

Den politischen Nachrichten wird so viel Platz eingeräumt, daß unseren Lesern eine umfangreichere und kostspieligere Zeitung erspart wird.

Die Tendenz des Blattes bleibt eine liberale, die Haltung eine unbeeinflußte, Ton und Sprache auch ferner maßvoll.

Das Blatt erscheint dreimal wöchentlich und beträgt der Abonnementspreis nur 15 Sgr. pro Quartal, für Auswärtige bei allen Königl. Postanstalten 17½ Sgr. Wir bitten um rechtzeitige Erneuerung des Abonnements.

Die Expedition.

Menschenthum, Blätter für freies religiös-sittliches Leben der Menschheit, herausgegeben aus Veranlassung der Bundesversammlung freier religiöser Gemeinden vom 12. Okt. 1859 in Berlin von Fritz Schütz, Sprecher der freireliq. Gemeinde Apolda b. Weimar.

Dieses Blatt, welches bereits seinen 3. Jahrgang begonnen hat, bespricht vom Standpunkte der einheitlichen Weltanschauung, welche aus der heutigen Wissenschaft sich ergibt, alle Fragen des inneren sittlichen, wie des staatlichen, gesellschaftlichen, ehelichen und häuslichen Lebens. Seine Losung ist das freie, gemäß seiner innewohnenden vernünftigen Natur sich entfaltende Menschenthum, das eine höhere Lebensstufe der Menschheit darstellt, als die sog. übermenschliche und übernatürliche Offenbarungs-Religion und Sittlichkeit. Die Sprache desselben ist klar und gemeinverständlich und vermeidet alle gelehrten Ausdrücke.

Ein besonderer Vorzug des „Menschenthum", der bei keinem andern Blatte mehr sich findet, ist der „Meinungsaustausch", welcher über besonders wichtige Gegenstände unter seinen Lesern eröffnet wird und die eingesandten Meinungen in sachgemäßer Bearbeitung wiedergibt. An demselben nahmen bisher Angehörige aller Stände und Nationalitäten, hervorragende Gelehrte, wie andrerseits Geschäftsleute und Arbeiter, Männer und Frauen, Einzelne und Vereine, sogar Vertreter der kirchlichen Geistlichkeit Theil.

Das „Menschenthum" erscheint monatlich in einem Bogen groß Octav, zuweilen ein Beiblatt, und kostet vierteljährlich 5 Sgr., halbj. 10 Sgr., jährl. 20 Sgr., zu beziehen durch alle Buchhandlungen und Postanstalten, sowie direct von der Expedition in Apolda mit Franko-Zusendung unter Kreuzband und Einsendung des Betrags in Papier oder Briefmarken.

Mit dem 1. April c. beginnt das

Memeler Dampfboot

ein neues Quartal. Das Blatt erscheint wöchentlich drei Mal und kostet, durch jede Postanstalt bezogen, vierteljährlich 20 Sgr. Anzeigen, pro Zeile 9 Pf., finden am Orte und in der Umgegend die weiteste Verbreitung.

Memel, März 1871.

August Stobbe.

Wechsel

nach allen Theilen Nordamerika's billigst bei

2m) **Ph. Schmidt** in Kaiserslautern.

☞ Die bereits seit Jahrhunderten als wunderbar heilkräftig bekannt und berühmte „**Dr. Verneruche Schwedische Lebensessenz**" ist in ächter Originalbeschaffenheit einzig und allein nur noch von **F. Arndt's Verlagsanstalt** in Leipzig zu beziehen. Preis à Flasche 22½ Sgr., 7 Fl. 4½ Thlr. (13⅓)2m

---

Saatgut

für Sandboden.

Seradella, gelbe Lupinen,

J. W. Wunderlich,

Samenhandlung in Frankfurt a. M.

Demokratischer Arbeiter-Bildungs-Verein

Kaiserslautern.

Samstag den 1. April 1871, Abends 8 Uhr im Vereinslokal

Discussions-Abend.

Der erste Vorstand.

Marktbericht.

* **Frankfurt,** 29. März. Notirungen nach dem öffentlichen Courszettel. (Notirungen sind in Gulden südd. Währung per comptant und für Posten gültig).

Wetter: Rauh. Weizen höher, Roggen höher, Hafer fest, Rüböl und Branntwein unverändert.

Waizen (200 Z.-Pfd. netto) effekt. hies. und Wetterauer 14—15⅛, fränk. — fremder 13⅞—14⅝, auf Lieferung*) per diesen Monat 14—, per April 14⁸⁄₁₆ B. ¼ G., per Mai 14⅝ B. ⅛ G.

Roggen (200 Z.-Pfd. netto) effekt. hies. 11⅛—⅛ fränk. —, auf Lieferung*) per diesen Monat 11⅛, per April 11⅛ B. ⅛ G., per Mai 11⅛ B. ⅛ G.

Gerste (200 Z.-Pfd. netto) effekt. hies. und Wetterauer —

Oelsaamen (200 Z.-Pfd. netto) Reps eff. —, Rübsen —.

Hafer (200 Z.-Pfd. netto) effekt. hies. 10—11—, fremd. —, per diesen Monat 10⅛, per April 10⅛ B. ⅛ G., per Mai 10⅛ B. ⅛ G.

Rüböl (100 Z.-Pfd. netto) effekt. hies. (ohne Faß) in Partien von 10 Ctr. 29—, effekt. flüssiges ohne Faß in Partien v. 50 Ctr. —, auf Lieferung**) per diesen Monat 29—, per Mai 27⅛.

Branntwein 50 pCt. Tralles per 160 Liter effekt. ohne Faß — —

*) Weizen mindestens 150 Pf., Roggen mindestens 140 Pfd. Naturgewicht per 100 Liter; **) mindestens 37° nach der Fischer'schen Oelwaage und mit Eisenbahn, incl. Faß.

* **Köln,** 30 März. (Schluß-Bericht.) Weizen höher, effect. hiesiger 8⅛ Thlr., per März 8 Thlr. — Sgr., per Mai 8 Thlr. 5⅛ Sgr. Roggen höher, effect. hies. 6 Thlr. 20 Sgr., per März 6 Thlr. 2⅛ Sgr., per Mai 6 Thlr. 5⅛ Sgr. Rüböl steigend, effectiv hiesiges 15⅛ Thlr., per Mai 15, per Oktbr. 15⅛. Leinöl 12⅛. Wetter unfreundlich. Schnee.

* **Berlin,** 29. März. Weizen loco behauptet, Termine fest und höher. — Roggen schwer verkäuflich. Termine gefragt und besser. — Hafer loco und Termine fest. — Roggenmehl höher. — Petroleum fester. — Rüböl fester. — Spiritus fester.

Wetter: rauhe Luft.

Weizen loco per 1000 Kilogr. 61—82 thlr., per April-Mai 71⅛—75⅛ thlr. bez.

Roggen loco pr. 1000 Kilogr. 52—55⅛ thlr. gefordert, vohn. 52—51⅛ thlr. ab Bahn bez., pr. Frühjahr 53⅛—53⅛ thlr. bez. pr. Mai-Juni 53⅛—51 thlr. bez. per Juni-Juli 54⅛—54⅛ thlr. bez., pr. Juli-August 54⅛—54⅛ thlr. bez.

Roggenmehl pr. März 7 thlr. 28 sgr. bez.

Gerste große und kleine pr. 1000 Kilogr. 39—62 thlr. bez.

Hafer pr. 1000 Kilogr. loco 43—50 thlr., märkischer 45⅛—50 thlr., pom. 51⅛—52 thlr. ab Bahn bez.

Erbsen pr. 1000 Kgr. Kochwaare 52—62 thlr., Futterwaare 45—51 thlr. bez.

Rüböl pr. 100 Kgr. 27⅛ thlr. per März 26⅛—¹¹⁄₂₄ thlr. bez.

Petroleum pr. 100 Kgr. 14⅛— thlr. B., per März 14⅛ thlr. bez.

Leinöl pr. 100 Kgr. — thlr. bezahlt.

Oelsaaten pr. 1000 Pfd. Winterraps — — — thlr., Winterrübsen — thlr.

Spiritus pr. 10,000 Liter ⅛ loco ohne Faß 17 thl. 3 sgr. bez. per März-April 17 thlr. 3 sgr. bez.

* **Königsberg,** 25. März. Weizen für 85 Pfd. 96—104 Sgr. — Roggen für 80 Pfd. 55—63 Sgr. — Gerste, große und kleine für 70 Pfd. 43—48 Sgr. — Hafer für 50 Pfd. 28—35 Sgr. — — Erbsen, weiße für 90 Pfd. 55—65 Sgr., graue, 55—70 Sgr., grüne 60—72 Sgr. — Bohnen für 90 Pfd. 65—73 Sgr. — Wicken für 90 Pfd. 55—60 Sgr. — Buchweizen für 70 Pfd. 44—46 Sgr. — Leinsaat für 70 Pfd. 80—95 Sgr. — Rübsen für 72 Pfd. 115—125 Sgr. — Kleesaat, rothe 13—20 Thlr., weiße 15—24 Thlr. per Centner. — Thymotheum 6—10 Thlr. per Centner. — Leinöl mit Faß 12⅛ Thlr., Rüböl mit Faß 14⅛ Thlr. per Centr. Leinkuchen 63—66 Sgr., Rübkuchen 68—73 Sgr. per Centner. Spiritus 15⅛ Thlr. für 8000⅛ Tr. ohne Faß. Auf Lieferung Frühjahr 16— Thlr.

Deutscher Demokrat.

Erscheint wöchentlich einmal und wird den auswärtigen Abonnenten Freitags mit der Post zugesandt.

Nro. 15. | Vierteljährlich 5 Sgr. — 18 kr. in Preußen 6 Sgr. 9 Pf. | Kaiserslautern, 9. April | Inserate 3 Sgr. — 12 kr. die 1spaltige Zeile. | 1871.

Die Unruhen in Frankreich

haben sich zum Bürgerkriege gestaltet. Am 1. und 3. April fanden zwischen der Pariser Nationalgarde und den Truppen der Versailler Regierung, welche von Mac Mahon geführt wurden, größere Kämpfe statt, bei denen die Pariser Armee erlag. Der Bürgerkrieg hat sich bei dieser Gelegenheit in seiner schrecklichsten Gestalt gezeigt; viele Gefangene, welche die Versailler Armee machte, wurden erschossen. Das wird den Aufständischen zu noch schrecklicheren Massenmorden Anlaß geben. Wenn die Niederlage der Insurgenten eine totale gewesen, wie der Telegraph meldete, wird sich der Kampf bald in Paris erneuern. Der ohnedem schon arg heimgesuchten Bevölkerung stehen schwere Tage bevor. Möglich ist es, daß die Bürgerschaft durch das bevorstehende Bombardement der Stadt zu einem Verzweiflungskampfe gegen die Commune getrieben wird.

Der Krieg.

Ein Telegramm der „Presse" meldet: „In der heute unter dem Vorsitz des Kaisers abgehaltenen Militär-Conferenz, welcher auch der Kronprinz beiwohnte, wurde beschlossen, im Falle der fortgesetzten Nichteinhaltung der Friedensbedingungen Seitens der französischen Regierung sämmtliche occupirte Gebiete wieder unter deutsche Administration zu setzen und für die Verpflegung der Armee durch Requisition vorzusorgen."

In Lons le Saunier ist es nach einem Berichte der „Indep. belge" am 22. v. M. zu einem heftigen Conflict zwischen den deutschen Besatzungstruppen und den Einwohnern gekommen. Von der Besatzung sollen 1 Todter, 3 Verwundete, von den Einwohnern 3 Todte, 15 Verwundete am Platze geblieben sein. Genauere Mittheilungen sind abzuwarten.

Es sind bis jetzt von den ins Feld gerückten preußischen Truppenkörpern in die Heimath wieder zurückgekehrt: Das Generalcommando und die einzelnen Stäbe des 13. Armeecorps; 48 Landwehrregimenter, theils ganz, theils in einzelnen Bataillonen, nämlich 4 Gardelandwehrregimenter ganz und 44 Provinciallandwehrregimenter ganz oder theilweise; 6 Reservehusaren-Regimenter, theils vollständig, theils in einer oder mehreren Escadrons; ein Reserve-Uhlanen-Regiment theilweise, ein schweres Reserve-Reiter-Regiment ganz, ein zweites theilweise; die Ersatzbataillone von sechs Infanterie-Regimentern; das Reserve-Jäger-Bataillon Nr. 2; der Stab des Commandos der Belagerungs-Artillerie; 37 Compagnien von verschiedenen Festungs-Artillerie-Regimentern; 11 schwere Reserve-Fußbatterien; 12 Festungs-Pionier-Compagnien; 14 Reserve-Munitions-Colonnen; 3 Reserve-Munitions-Depots der 2. Armee. Außerdem sind mehrere Proviantcolonnen, Feldintendanturen, Feldproviantämter und ein Feldtorpedodetachement nach der Heimath zurückgekehrt.

* Wochenschau.

Deutschland.

Endlich ist der Kriegszustand in Norddeutschland aufgehoben und der Vogel v. Falckenstein'schen Willkürherrschaft ein längst gewünschtes Ende bereitet worden. Fast gleichzeitig haben sich die Arbeiter-Gefängnisse eröffnet; nach 29-wöchentlicher Haft sind in Braunschweig Bonhorst, Bracke, Ehlers, Gralle, Kühn und Spier entlassen worden, weil der Anklagesenat des Obergerichts Wolfenbüttel für Hoch- und Landesverrath Nichterhebung der Anklage beschlossen hat. 29 Wochen Gefängniß ohne Ursache — daraus bildet sich wohl Jedermann selbst die Moral. Erwähnen wollen wir nur noch, daß Dr. Gustav Rasch mit seinen Anträgen, den General-Gouverneur Vogel von Falckenstein wegen der in Hannover vorgenommenen Verhaftungen und Einkerkerungen in Königsberg und Lötzen vor ein Kriegsgericht zu stellen, auch vom Kriegsministerium abgewiesen worden ist, da es zu derartigen Maßregeln keine Befugniß besitzt! — Wo gibt es nun noch Recht im heiligen deutschen Reiche? Wäre der Kaiser nicht so gnädig gewesen, die Arbeiter könnten bis an ihr seliges Ende die Freude der Untersuchungshaft genießen!

Diese herrlichen Rechtszustände zeigen übrigens, welch' schweren Fehler das Volk begangen, daß es so wenig entschiedene Freiheitsmänner in den Reichstag geschickt; die heutige Reichstagsmajorität wird im Interesse der deutschen Rechtseinheit das bestehende Gewaltrecht eher beschönigen, als ausrotten, wie es nun doch wahrlich an der Zeit ist!

Auch Bebel und Liebknecht sind und zwar auf Handschlag ihrer Haft entlassen worden — da wird es mit ihrem angeblichen versuchten Hochverrath auch nicht weit her sein.

Auch einem Polen ist die mildere Temperatur, die augenblicklich in Berlin herrscht, zu Statten gekommen. Der Hochverrathsprozeß gegen den polnischen Gutsbesitzer Guttry ist bis auf Weiteres aufgehoben worden. Guttry befindet sich auf freiem Fuß.

Eine Kaiserkrönung unter feierlichstem Ceremoniell ist nach der Presse beschlossen; sie findet zu gleicher Zeit mit dem Truppeneinzug und der Enthüllung des Denkmals Friedrich Wilhelm's des III. statt. — Die Amnestie — so schreibt die „Tribune" — die schon zum Geburtstage des neuen Kaiser-Königs erwartet wurde, soll bis zum Siegesfeste verschoben sein. Es scheint jedoch bereits eine Anweisung an die Gerichte ergangen zu sein, die Vollstreckung der für gewisse, muthmaßlich unter die künftige Amnestie fallenden Strafhandlungen erkannten Strafen einstweilen auszusetzen.

Die Thätigkeit des Reichstages wurde fast ausschließlich von der Adreßdebatte und der Einsargung der deutschen Grundrechte ausgefüllt. Die Adresse der liberalen Partei hatte die Ultramontanen zur Einbringung eines Gegenentwurfs veranlaßt. Nach langem unfruchtbarem Wortkampfe wurde die Adresse der Majorität angenommen. Nach der Adreßdebatte folgte die Berathung der Reichsverfassung. Bei dieser Gelegenheit hatten die Ultramontanen den Antrag gestellt, die deutschen Grundrechte in Betreff der Religions- und Preßfreiheit und des Vereinsrechts einzufügen. Da aber warfen sich die Nationalliberalen in die Brust und mit dem Antrage der Ultramontanen — brachten sie die betreffenden Grundrechte, deren freiheitliche Ergänzung in ihrer Hand lag, zum Fall.

Abgeschlagen wurde von den Freiheitskämpfern auch ein Antrag des demokratischen Abgeordneten von Frankfurt a./M., Sonnemann, den Abgeordneten Diäten zu zahlen. Ein gleiches Schicksal hatten die Anträge, welche derselbe Abgeordnete im Verein mit Fischer und Gravenhorst gestellt, daß zur Kriegserklärung und Friedensschließung die Zustimmung des Reichstags nothwendig sei, daß die Dienstzeit verkürzt und ein ordentliches Budget eingeführt werden soll. Die Herren werden im Gegentheil die Militärlasten vergrößern und einen eisernen Etat schaffen. Und wenn sie auch wirklich in einer liberalen Anwandlung günstige Beschlüsse fassen würden, wäre doch nichts gebessert. Wir stecken einmal in der Sackgasse Norddbundsverfassung und darin spielt der Bundesrath die erste Geige. Was ihm nicht paßt, lehnt er einfach ab. Daß wir so weit gekommen, verdanken wir den frommen Knechten Bismarcks, denen das Volk mehr Glauben schenkte, als den Warnungen der Demokratie. Diese Unklugheit wird Deutschland noch bitter bereuen! Die Fortschrittspartei sprach gegen und stimmte für die Grundrechte! — —

Ueber die Gestaltung der preußischen Finanzen im Jahre 1870 bemerkt die „Provinzial-Correspondenz": „Die Abschlüsse, wie sie von allen Cassen des Landes nunmehr vorliegen, ergeben als Gesammt-Resultat für das Jahr 1870 einen Netto-Ueberschuß von circa sechs Millionen Thalern. — Wird man nun endlich auch an die Schulen und die hungernden Lehrer denken?

In St. Wendel wurde ein verwundeter Musketier von einem Major mißhandelt, eine Beschwerde ist bereits eingereicht, da man die Belohnung eines im Dienste des Vaterlandes verwundeten Kriegers, denn doch anders auffaßt als der Herr Major.

Die deutsche Reichsverfassung soll in Elsaß und Lothringen mit dem 1. Januar 1874 in Kraft treten. Handel und Wandel liegen unter einem bleiernen Druck darnieder. Die Auswanderung nimmt zu. Die größte und berühmteste Fabrik Mühlhausens von Ch. Dollfus siedelt mit 6000 Arbeitern in die Gegend von Toulouse über.

Wie der „Elbf. Ztg." von ihrem Berliner Correspondenten geschrieben wird, beabsichtigt die preußische Regierung ein Weltblatt, etwa in der Art der „Times" zu gründen. Hofrath Schneider soll schon den bezüglichen vollständig ausgearbeiteten Entwurf in Versailles vorgelegt haben, man scheut nur noch die enormen Kosten. Wie mag es doch mit dem Welfenfond stehen?

Nach den „Hess. Volksbl." bestätigt es sich, daß in dem Entwurf des Budgets der hess. Finanzperiode 1872/74 die Erhöhung der Gehalte verschiedener Classen von Subalternbeamten vorgesehen wird. Die Mittel des Mehrbedarfs sollen theilweise durch Eingehen verschiedener Stellen beschafft werden.

Der hessische Großherzog hat eine wahre Golgatha-Reise zurückgelegt — vielleicht zurücklegen müssen. Er war in dem ihm in der Seele verhaßten Berlin und hat dem Kaiser seine Huldigung dargebracht. Das war ein schwerer Schritt für den Großherzog und wir begreifen, warum er sich in Berlin so menschenscheu benommen. Er hat übrigens einen allergnädigsten Empfang gefunden.

In Cassel ist das Gerücht aufgetaucht, daß der Landgraf Friedrich von Hessen-Rumpenheim, der einstige s. g. präsumtive Thronfolger in Kurhessen, zum Gouverneur, nach einer anderen Lesart zum Statthalter der Provinz Hessen oder Hessen-Nassau bestellt werden würde. — Da erhielte das deutsche Reich einen fürstlichen Regierungspräsidenten mehr!

Das „Eid. und Stap. Wochenblatt" vom 28. d. M. veröffentlicht folgende ihm eigenthümlich vorkommende Erklärung des Predigers an der reformirten Kirche in Friedrichstadt, Pastor Mensinga:

„Friedrichstadt, 25. März. Indem mein Verhalten am letzten Mittwoch von Vielen, wie ich vernehme, beinahe allgemein getadelt wird, so ist mir viel daran gelegen, daß man den Grund desselben kenne. Meine Abneigung gegen die Wiederholung der Friedensfeier in dieser Form (nur ein eigentlicher kirchlicher Dankfag bildet den würdigen Abschluß), gegen das Pflanzen eines Gedenkbaumes (eine Sitte, die aus guten Ursachen längst außer Gebrauch gekommen ist) hätte ich, meinen Mitbürgern zu Gefallen, noch überwinden können. Die Feier war aber zugleich ein integrirender Theil der hohen Geburtstagsfeier und als solche gemeint. Hier lag die Sache anders. An dieser darf ich mich bis jetzt noch nicht betheiligen. Man darf keine Zeichen von Sympathie geben, wenn man sie nicht wirklich hat. Meine politische Richtung ist bekannt; parallel mit der theologischen und kirchlichen: äußerste Linke, neben J. Jacoby. Wenigstens im Verhältniß zu Deutschland. In mehr freisinnigen Ländern würde mein Standpunkt nicht so extrem sein, in Frankreich jetzt gewiß rechtes Centrum. Nun frage ich aber: Ist es möglich, daß ich Sympathie habe für die jetzt noch in Deutschland, namentlich in Norddeutschland herrschenden Regierungsprincipien? die, Gott gebe es, um des inneren Wohls und der wahren Ehre des Landes willen bald ihr Ende haben mögen! — Da darf ich aber den Schein der Sympathien nicht annehmen. Man kann sich allerdings „verclausuliren", aber darüber hatte Illo Recht (Piccolomini IV, 7). Man erinnert sich, wie streng ich unter der dänischen Regierung auf mein öffentliches Verhalten sah (was damals beifällig aufgenommen wurde!) — Ich weiß, Viele, sehr Viele handeln anders; ich kann es aber weder gut heißen noch nachfolgen. Ich denke hier natürlich nicht an Beamte, halte auch die unaufgeforderte Aeußerung von politischem Widerspruch in Privatgesellschaften für einen tadelnswerthen Mangel an Tact. Dies wird man mir aber zugeben müssen, daß derjenige aufrichtiger und zuverlässiger ist, auch der Regierung selbst gegenüber, der in solchem Fall, ohne die schuldige Ehrfurcht gegen sie zu verletzen, auch ohne Zeichen von Mißfallen, blos keine Sympathie bezeugt, „nicht erscheint“.

J. A. Meslinga.“

Auch wir finden diese Erklärung sehr eigenthümlich in dieser machtanbetenden Zeit, wünschen übrigens den Schleswig-Holsteinern aufrichtig Glück zum Besitze eines so wackeren Bürgers.

In Süddeutschland besteht meist der Zopf, bei der Ertheilung des Bürgerrechts zwischen deutschen Inländern und Ausländern einen Unterschied zu machen. Zu den Inländern werden nur die zu dem betreffenden Staate gehörenden Personen gezählt, alle Uebrigen sind Ausländer und werden als solche bei ihrer Niederlassung mit einem beträchtlich höheren Bürgereinzugsgelde belegt als die Inländer. Die Stadt Kaiserslautern hat dieser veralteten Einrichtung ein Ende gemacht. Der Stadtrath von Kaiserslautern hat den anerkennenswerthen Beschluß gefaßt, von allen Deutschen ein gleiches Bürgerrechtsgeld zu erheben.

Der Stiftsprobst Döllinger in München hat wie der Professor Friedrich das Unfehlbarkeits-Dogma nicht angenommen. Er sagt seinem Erzbischof, daß die Lehre von der päpstlichen Unfehlbarkeit weder mit der Bibel noch mit den Traditionen der Kirche im Einklange stehe. Das päpstliche Unwetter wird nicht ausbleiben; ein Glück, daß die Ketzerverbrennungen aus der Mode gekommen sind.

In München scheint übrigens ein entschiedener Wind gegen die Unfehlbarkeit zu wehen. Dem Erzbischof von Bamberg wurde die zur Verkündigung und zum Vollzuge der Concilsbeschlüsse erforderliche Genehmigung der Regierung verweigert. Die Regierung scheint demnach ihre Verkettung mit den Patrioten lösen und sich den Nationalliberalen nähern zu wollen; Gefahr läuft sie dabei nicht, der bisherige Führer des Fortschrittsclubbs in München stand ja schon längst mit einem Fuße im Ministerium und letzteres weiß aus eigener Erfahrung sehr wohl, daß sich die wüthendsten Fortschrittler weit eher zu reactionären Gesetzen bequemen, als die Patrioten.

Die Regierung von Oberbayern hat die Polizeiverfügung, wonach der „Süddeutschen Post“ in München die Colportage verweigert wird, bestätigt und zwar „aus den derselben unterstellten Gründen“ sowie weil „eine Veränderung der entscheidenden Verhältnisse nicht eingetreten.“ Das Interessanteste dabei ist, daß der Polizei-Verfügung gar keine Gründe unterstellt waren! Das stimmt mit der ebenso trefflich begründeten 29wöchentlichen Gefangenschaft der braunschweigischen Arbeiter auf das rührendste.

In Baden sind die Reichstags-Nachwahlen recht kläglich ausgefallen. Heidelberg hat die Ehre erleiden müssen, den kleinen Sohn des großen Blum als seinen Vertreter zu erhalten. Im Konstanzer Wahlkreise ist ein Kreisschulrath, in Eppingen ein Bürgermeister, sämmtlich nationalliberal oder nationalreactionär, was dasselbe ist, gewählt. Die Strafe wird nicht ausbleiben.

Das Ministerium Jolly hat wieder zwei bedeutende katholische kirchliche Fonds der kirchlichen Verwaltung entzogen, nämlich den Bruchsaler Seminarfond, noch vom Bisthum Speyer herrührend, im Betrage von etwa 300,000 fl. und den Heidelberger Seminarfond von über 2 Millionen. Da wird der Klerus Zeter und Mordio schreien!

Der Stuttgarter Beobachter, ein wackerer Kampfgenosse, ist in die Hände einer Aktien-Gesellschaft übergegangen. Die Tendenz bleibt die bisherige. Hoffen wir, daß sich die Schwaben recht bald wieder unter dem Banner des Beobachters zum Kampfe gegen den Absolutismus zusammenfinden.

Ausland.

Das spanische Königspaar hat, nachdem man die Bürger-Miliz als republikanisch entwaffnet, seinen feierlichen Einzug in Madrid gehalten, natürlich unter dem Jubel einer begeisterten Bevölkerung, der mit der Entwaffnung der Bürgermiliz allerdings in einigem Widerspruch steht.

Zehn Jahre sind seit der Aufhebung der Leibeigenschaft in Rußland verflossen und nunmehr tritt das Recht der Freizügigkeit für diejenigen Bauern in Kraft, welche im Laufe dieser Zeit den Loskauf ihrer Grundstücke bewirkt haben.

Da die Zahl der Bauern dieser Klasse im Verhältniß zur Gesammtzahl von über 23 Millionen gering ist, indem sie nur 0,215,494 beträgt, so dringt die liberale russische Tagespresse darauf, daß der Loskauf der bäuerlichen Grundstücke auf alle mögliche Weise erleichtert werde, und schlägt zu diesem Zwecke die Ermäßigung der Taxpreise, die Gestattung der Erwerbung von Bauernhöfen ohne den gesetzlichen Grundzins und die Gewährung von Vorschüssen aus Staatsmitteln vor.

Dem „Golos“ zufolge ist in den Petersburger offiziellen Sphären das Gerücht verbreitet, daß Kaiser Wilhelm für Mitte künftigen Monats einen Besuch beim russischen Kaiser angekündigt habe. — Was wird da wohl für ein friedlicher Trank gebraut werden?

Die zweite schwedische Kammer verhandelte kürzlich einen Antrag des Abg. Ason, daß für die Erklärung eines Krieges künftig die Zustimmung des Reichstages erforderlich sein solle und das bezügliche ausschließliche Recht des Königs aufgehoben werde. Von den Anhängern des Antrages wurde geltend gemacht, daß man in die Opfer, welche die allgemeine Wehrpflicht dem ganzen Volke auferlege, nur dann willigen könne, wenn das Volk selbst an der Entscheidung über Krieg und Frieden Theil nehme. Der sehr zeitgemäße Antrag wurde mit 102 gegen 39 Stimmen abgelehnt.

Dem Banquier Brodhag in Genf, Consul für Württemberg und Baden hat vom internationalen Comite der Genfer-Convention zur Anerkennung seiner bisherigen Verdienste eine silberne Ehrenmedaille erhalten. — Nach der neuesten Volkszählung bewohnten die Schweiz: deutsche Familien 384,561, französische 134,183, italienische 30,293, romanische 8759, und Familien mit andern Sprachen 24, vor zehn Jahren 23, meistens englische (20 resp. 19.)

„Die Zukunft“
Organ der Demokratie
in Berlin.
Redigirt von Dr. Guido Weiß,

hörte mit dem ersten April zu erscheinen auf. Finanzielle und politische Gründe bewirkten dieses traurige Ereigniß. Daß in Deutschland, speciell im Norden heute eine demokratische Partei besteht, verdanken wir der Zukunft, war ihr Standpunkt auch nur ein negirender, so schuf sie dem deutschen Volke damit doch einen Damm gegen die Ueberfluthung des Absolutismus und zudem in einer versunkenen, versumpften Zeit, in der das Wort Freiheit gleichbedeutend war der heutigen Franzosenfreundschaft. — Eine spätere Zeit erst wird die volle Bedeutung der Zukunft zu würdigen wissen. Wir tragen uns mit der frohen Hoffnung, die wackere Collegin bald wieder erstehen zu sehen. Die „junge Welt“ aber soll der Mutter „Zukunft“ Ehre machen!

Patriotismus und Frömmigkeit.

Eine Zeitbetrachtung aus Schwaben.

D. — Gewiß, wenn die Menschen nur Verstand, oder richtiger gesagt, Charakter genug hätten, um vom Leben zu lernen, wie viel Weisheit müßte ihnen nicht aufgehen aus den großen Wandelungen der bewegten Jahre, welche wir wie von einem Wirbelwind schöpferischer Thatsachen getrieben durcheilen! Welch eine Beweglichkeit, welch ein Wechsel in der Gestaltung und in der Geltung der christlichen Völkerfamilien seit wenigen Jahrzehnten! Von dem Zusammenbrechen des ererbten Absolutismus in Preußen wie in Oesterreich vor den Barrikaden des erwachenden, die Freiheit und die Einheit fordernden Volksgeistes von der obligat-freiwilligen Abdankung der deutschen Bundesregierung zur Zerstörung des jungen freiheitlichen Einigungswerkes durch den wieder erstarkenden Absolutismus und zur definitiven Zertrümmerung des heiligen deutschen Bundes selbst durch das absolute, aber wenigstens sich selbst von der Constitution befreiende preußische Fürstenthum bis endlich zur Occupirung des deutschen Kaiserthrones durch eben diese Gottesgnadenmacht — von der demokratischen und der socialen Republik in Frankreich durch alle Farbenschichten des Imperialismus hindurch bis zur plötzlichsten Zertrümmerung der überlebten wurmstichigen Despotenmacht und zum großartigen Fortkämpfen des verlassenen, der Erdrosselung übergebenen Volkes unter republikanischer Dictatur — von der Zertrümmerung des russischen Protectorats (über den türkischen Osten und den deutschen Westen!) unter den Mauern Sevastopols, der österreichischen Zwangsherrschaft in Italien, der bourbonischen Tugendrosenherrschaft in Spanien bis zur weltlichen Beraubung und Erniedrigung des höchsten Hauptes der Christenheit, des Stellvertreters Gottes, selber, unter dem vergeblichen Feuer seiner geistlichen und artilleristischen Vernichtungsgeschosse und schließlich noch in einem Augenblicke, in welchem ihm — er sagt es Selbst — „durch göttliche Stimme“ feierlichst die Unfehlbarkeit garantirt! .... von der Erdrosselung und Einsargung der polnischen Nationalität — als nachbarlicher Verläuferin der deutschen! — seit ihrem letzten Verzweiflungskampfe in Rußland, und von der dänischen, deutschen und preußischen Verwandlung der Elbherzogthümer bis

Feuilleton.

* Die Polenflüchtlinge.

Erzählung von A. Fr.

(Schluß des Rückblickes.)

Thaddäus wußte dies, es durchblitzte ihn die Ahnung, daß der Rath seines Gefährten ein verrätherischer sei. Aus Klugheitsgründen seine Gedanken und gleichzeitig seinen aufwallenden Zorn unterdrückend, antwortet er nur mit dem Hinweise auf die nothleidenden Freunde, welche rettungslos den Russen verfallen wären, wenn es nicht gelang, sie zu erreichen und zu verproviantiren und ihnen zu einem Fluchtversuche die Hand zu bieten.

Diejenigen, deren Erreichung das kühne Wagstück galt, gehörten einer jener vereinzelten Schaaren lithauischer Männer an, die sich gegen das Murawieffsche Schreckensregiment erhoben, von der Uebermacht jedoch erdrückt und aufgerieben worden. Auch die in Rede stehende Abtheilung hatte das gleiche Schicksal erfahren und ihr Führer hatte sich mit einigen Getreuen in die Nähe der Grenze gerettet, um mit Hülfe von Thaddäus die Flucht in's Ausland zu wagen.

Muthig dringen die Männer weiter vorwärts, jeder Schritt fast ist mit Lebensgefahr verknüpft, sie belauschen eine Unterredung eines Kosackenführers mit einem Posten, worin er sie zur Vorsicht mahnt, da man im Ufergebüsch das Zeichen gefunden habe. Der weit überlegene Posten wird von den Polen überfallen und theils getödtet, theils in die Flucht getrieben; das letzte Hinderniß war damit überwunden und ungehindert erreichen die kühnen Männer die Berge, in denen die Freunde verborgen sind.

Das nächste Kapitel führt uns in den Schlupfwinkel der Flüchtlinge, eine nur dem Eingeweihten zugängliche Höhle. Wir belauschen eine erschütternde Sterbescene. Ein greiser Krieger liegt schwer verwundet auf dem Sterbebette und haucht in den Armen seiner in Männerkleidung bei ihm weilenden Tochter Ludoiska seinen Geist aus. Eine tiefe Abneigung hatte den Sterbenden gegen den polnischen Adel erfaßt. Ludoiska aber liebte Stanislas, den adeligen Führer der Truppe. Ihm galten seine letzten bitteren Worte, — seine tiefe Abneigung gegen ihn und seine Liebe für Iwan, dem er seine Tochter bestimmt hatte, fanden noch einmal beredten Ausdruck, ehe sich sein Mund für immer schloß.

Am Lager des Todten geloben sich Ludoiska und Stanislas ohne zu bemerken, daß sie belauscht wurden, belauscht von Iwan, der inzwischen mit den andern Gefährten herangekommen war, Liebe und Treue.

Nachdem sich die Eingeschlossenen von dem mitgebrachten Proviant gestärkt, zogen die Männer hinaus, um Vorsichtsmaßregeln zu treffen; auf Thaddäus Rath war Iwan zum Schutze der Höhle zurückgeblieben, in der sich nur noch Ludoiska und der Leichnam befanden. Es kam jetzt zu einer leidenschaftlichen Scene zwischen beiden.

Iwan beschwor Ludoiska, ihm zu folgen. Vergeblich war sein Flehen, sein Drohen; Ludoiska blieb fest und einem wilden Thier gleich stürzt Iwan zur Höhle hinaus, das Mädchen in größter Bestürzung und Furcht vor verrätherischen Schritten zurücklassend.

Bei der Aufstellung der Wachtposten theilte Thaddäus dem General Stanislas seinen Verdacht gegen Iwan mit, das Gespräch führt ihn auf das Verhältniß Iwans zu Ludoiska. Hierbei entdeckt Stanislas dem alten Freunde seine Liebe zu dem Mädchen und entkräftet dessen Verdacht, daß er an den Vorurtheilen seines Standes klebend, es nicht ehrlich mit Ludoiska meine, durch einen Hinweis auf seine vorurtheilsfreie Erziehung in Amerika, worauf ihm Thaddäus erklärt, daß er des Mädchens würdig sei. Die Beiden besprachen den Fluchtplan und Thaddäus erklärt, daß er Iwan bei dem ersten Versuch zu entkommen, oder sie zu verrathen, tödten würde. Einmal in Preußen, glaubt Thaddäus die größte Gefahr überstanden und zum mindesten ein

zur Züchtigung und Garottirung der deutsch-französischen Nationalität im Elsaß, bis und damit sie französisch-deutsch werde! Wollte uns aus so vielem und wunderbarem Wandel auch nur die Ueberzeugung von der unaufhaltsamen Hinfälligkeit unserer heißerstrebtesten Ziele und unserer Zustände in das Fleisch und das Blut des Bewußtseins übergehen: welch eine heilsame Schranke wäre auch dies schon gegen den unverständigen Ehrgeiz und den heillosen Machtreiz, welche die neue deutsche Entwickelung kennzeichnen, und mehr und mehr alle ruhmvollen deutschen Eigenschaften zu verschlingen drohen! Und es ist nicht nur die Hinfälligkeit der Gestaltungen und des Geschehens, was uns so nachdrücklich eingeprägt wird, wenn wir mit sehenden Augen sehen wollen, sondern eben so sehr die der geistig bewegenden Faktoren, jener Meinungen, Gedanken und Ueberzeugungen, selbst, die wir im gegebenen Augenblicke über alle zeitlichen und menschlichen Mahnungen des Gewissens zu setzen pflegen. Welche Wandelung, wie sie früheren Zeiten ungeheuerlich oder unmöglich erschien, mußte nicht der öffentliche Geist erleben, als der Wille dessen, vor dem die Christen auf die Knier sinken, dessen Füße sie küssen, der irdisch alles Gut und Recht, jenseits aber den Himmel und die Hölle der Ewigkeit zu vertheilen hat, nirgends mehr eine wirksame Unterstützung finden konnte, und die Beraubung des „Heiligen" Vaters, welcher Kronen und Länder zu verschenken oder zu nehmen gewohnt war, möglich wurde; nicht durch aufrührerische Volksmassen, sondern durch Beschluß oder Zulassung der gesetzmäßigen, höchst christlichen und wenigstens in Worten treu ergebenen Regierungen?! Welch ein Wechsel der Anschauungen mußte sich vollziehen, bis der Hohenzollernstaat, emporgewachsen aus Beraubungen der deutschen Kaisermacht, aus Kriegen wider deutsche Staaten, die Kaiserkrone Deutschlands an sich bringen konnte durch Beschluß oder Zulassung der Regierungen aller deutschen Stämme?! Wie muß die Empfindungs- und Urtheilsweise eines Volkes sich ändern, welches dem Feinde, der es so eben züchtigte, die Hand küßt, oder eines Volkes, das den hochgeschätzten Nachbar von gestern heute zu seinem wehrlosen Sklaven machen will? —

Wir ehren und achten im gewöhnlichen Leben den Menschen, der, ohne den Fortschritt seiner Entwickelung zu unterbrechen, ohne den Folgerungen seiner Vergangenheit zu widersprechen, heranreift, und auch in dem Wechsel seiner Stellung, den äußere Umstände ihm auferlegen mögen, immer dieselbe Seele und dieselben Grundsätze bewahrt; dagegen nennen wir charakterlos und verächtlich denjenigen, der mit den äußeren Umständen seine Moral wechselt, dessen Gesinnung, Benehmen, Grundsätze der Ausdruck seines augenblicklichen Vortheils werden. Machen sich nun aber im Leben der Völker dieselben Erscheinungen geltend, so ziehen wir keineswegs daraus dieselben Folgerungen; sondern wir sind vielmehr durchaus geneigt, uns an die augenblickliche Erscheinung als an ein höchstes Gesetz hinzugeben, und somit auch das Schwankende, Widersprechende, Unschöne über uns ergehen zu lassen, ja als etwas Großes, Erhabenes es zu betrachten, indem wir Leib und Seele wie in einem großen Strome steuerlos dürfen treiben lassen. Die Erscheinung erklärt sich selbst, wenn wir sind, was wir in ihr scheinen: den Strom übersehen wir nicht, wir folgen ihm nur! wir lassen uns führen, weil er uns die Mühe des Pfadsuchens erspart, dagegen das selbstthätige Fortschreiten in eigener Richtung höchlich beschwerlich und bedenklich macht. Und dies ist in der That der Charakter und die Wahrheit unsers öffentlichen Denkens und Fühlens. Das Denken des Einzelnen geht gemeinhin nur so weit und nur in der Richtung, wie die Tagesströmung es eben trägt... Die Masse der Menschen ist die Heerde, welche dem leitenden Hammel folgt! Ein neuer Hammel, eine neue Richtung! Eine neue Idee des Hammels, und eine neue Gangart der woll- und hörnerreichen Heerde! Den Weg, der ihm vorgetreten wird, geht der Einzelne, oft mit Stößen und vielem Geräusch, vielleicht auch mit Seitensprüngen: aber unfähig ist er — ich spreche immer vom günstigen Wesen des Denkens — nach eigener Leitung zu wandeln, und wäre er nicht unfähig, meist doch machtlos; denn weil der Selbstständigkeitstrieb noch so gar selten ist, so bewältigt ein Hund — der Spitzerl, wie's in Oesterreich heißt — der die Heerde bewacht, noch meist genügend die abweichenden eigenthümlichen Richtungen. (F. folgt.)

—pp— **Aus Anhalt.**

Wir feiern hier mit der allgemeinen Todtenfeier auch ein Trauerfest. Todt ist's wirklich im anhaltischen Ländchen wie auf einem Kirchhofe. Das politische Leben ist fast ausgestorben, das kirchliche hat die Herrschaft. Wir haben darum volle Ursache, den Todten ein Fest zu feiern, den Todten, die uns auf dem Wege der Freiheit voranleuchteten, bis die mörderischen Kugeln der sogenannten Hoheiten und der dumpfe Kerker ihnen das Leben nahmen. In dem kleinen anhaltischen Ländchen mit seinen 48 Q.-Meilen siehts gar betrübend aus. Die fluchbeladene Reaction in Verbindung mit heuchlerischer „Schwarzen-Gendarmeriebrigade" hat seit den Jahren, wo auch dieses Ländchen sich regte, alles und jedes freiheitliche Sprößchen niedergetreten, zerdrückt, zermalmt. Es galt ein herzoglich priesterliches Volk herzustellen, das da verkündet die Tugenden dessen, der es berufen hat von dem hellen Lichte der Freiheit zu einer undurchdringlichen Finsterniß. Es gelang den ehr- und hochwürdigen Schwarzröcken nur zu gut; von 10 Leuten, denen man auf der Straße begegnet, kann man mit Gewißheit sagen, daß 7 unter ihnen zu den Gläubigen, zu den Muckern oder Frömmlern gehören; kommen doch ohngefähr auf 1 Schwarzen 180 Seelen! außer den vielen Candidaten Theologiä, so daß es sprüchwörtlich heißt: „Wo man hinspuckt, spuckt man auf einen Priester oder Candidaten." Wahrlich ein zweiter Kirchenstaat! Ihre Macht ist riesenmäßig angeschwollen, die Anmaßungen dieser Herren Patres haben ihren Höhepunkt erreicht, aber schon lockert sich der Boden unter ihren Füßen. Nur die Klöster fehlen noch. So auf der einen Seite; Despotismus und knechtische Unterwerfung, Speichelleckerei, keine Uneigennützigkeit und Erhabenheit über Standes- und Glaubensvorurtheile auf der andern. „Auf daß sich dereinst, sagt man an gewisser Stelle, kein einziger Anhaltiner damit entschuldigen könne, es sei ihm in seinem „irdischen Vaterlande nicht gezeigt und gelehrt, was zu seinem Besten und zu seinem Frieden dient, sind für diejenigen Leute „gewisse Anstalten" eingerichtet, welche einer gewissen Zucht und Vermahnung entbehren." Gott lasse es in Anhalt nimmer an treuen Wächtern und finstern Zeiten mangeln, an Leuten, die herrschen oder gehorchen oder anbeten oder verfolgen!

Der Landesvater, der (beiläufig bemerkt) stark taub ist, bemächtigte sich nach der allgemeinen anerkannten Annectionstheorie mit nicht einstimmiger Genehmigung des Landtages der Mehrzahl von Domänen, Forsten, Mühlen rc., die früher Eigenthum des Staates waren. Preußen — so sagte man — hätte der Wirthschaft ein Ende machen können und das Herzoglein wäre dann leer ausgegangen. Gleich Anfangs drohte man bei etwaiger Opposition mit Verlegung der Residenz — die Abgeordneten, die dafür stimmten, sind allerdings dafür bedacht; mancher hat eine „Verdienstschnalle" erhalten, mancher ist befördert, so der brave Oberbürgermeister Dr. Oelze, der 48 entschiedener Demokrat sein wollte, jetzt aber Staatsrath ist mit einer Schnalle. — Jetzt von Leuten, die einer gewissen Zucht und Vermahnung entbehren. (Fortsetzung folgt.)

☐ Die Schlacht gegen das Ministerium Hohenwarth.

Wien, den 2. April 1871.

„Jockele, Jockele, geh' du vorn', hast ja größere Stiefeln an!" Wie gerne hätten unsere „Volksvertreter" (mit Hasenohren) sich diesen Satz in den letzten Tagen zugerufen, wenn sie leider Gottes, nur nicht gar zu gut gewußt hätten, daß sie gar keinen „Jockele" in ihrer Mitte haben, der den Muth hätte, voranzugehen! Da haben die Herren seit Wochen, wie eine Kunstreiterbande, mit Trompeten und Pauken das Stattfinden des großen noch nie dagewesenen Turniers angekündigt, in dem das Ministerium elendiglich sollte „umgebrungen" werden; da hatten sie bei den Proben, den Ausschußsitzungen, rednerische Kraftübungen angestellt, daß sich förmlich die Balken in dem alten wurmstichigen Abgeordnetenhause bogen, und gestern duckten sie sich, daß es ein Erbarmen war. Kühn und verwegen hatte Anfangs die Parole gelautet: „Dem Ministerium wird kein Mann bewilligt, die Rekrutenfrage muß den Hebel bilden, mittelst dessen das jetzige Cabinet aus den Angeln gehoben werden soll," und gestern, als die riesige Debatte geschlossen, als die Sitzung nach 7stündiger Dauer geschlossen wurde, da hatte das Ministerium Alles, was es wollte! Vier Parteien hatten sich in dem Ausschusse, der die Rekrutenangelegenheit zu berathen hatte, gebildet, und das Programm der „extravagantesten" derselben, der Rechbauer und mehrerer anderer die der „Aeußersten Linken" angehörten, lautete: „Nichtbewilligung, so lange die Regierung nicht ihre Vorlagen eingebracht hat." Diese blieben sich consequent und stimmten gegen die Bewilligung, im Ganzen 15 Mann; alle übrigen waren im letzten Augenblicke der Regierung zu Willen. — Nachdem die Herren Volksvertreter also gethan, vertagten sie sich bis zum 18. April; es ist auch natürlich, daß man nach so viel Anstrengung sich ausruhen muß! — So ist unsere Situation! „Demokratisch," wie Sie's aus Oesterreich wünschen, ists nichts! Es gibt auch von hier nichts Solches zu melden! Mit der Demokratie siehts in Oesterreich wahrlich wenig fröhlich aus. Man hat im „Reiche" draußen lange Zeit, besonders unmittelbar nach 1866, Oesterreich für den

---

sicheres Asyl bei dem alten Ehrenfels für den General und Ludoiska in Aussicht stellen zu können. Die Auslieferung durch die Preußen hält er nicht möglich; die Polizei würde dies bei dem Ansehen Ehrenfels' und der der polnischen Sache günstigen Stimmung der Bevölkerung nicht wagen. Zur Flucht steht Thaddäus nur zwei Wege offen, nach dem Gute Freimuths am See oder zu einer ihm bekannten Klosterruine, in deren Gewölben sie ein sicheres Obdach finden würden, bis sich weitere Mittel zur Flucht fänden.

Wir finden im folgenden Kapitel die Polen unter Thaddäus' vorsichtiger Führung auf der Flucht. Unter dem Dunkel der Nacht verspricht ihr Unternehmen den besten Erfolg. Da wird die Schnelligkeit des Vorwärtsbringens durch die völlige Erschöpfung Ludoiska's unterbrochen; sie muß getragen werden. Die Morgendämmerung fand sie nur noch eine kurze Strecke von der Klosterruine entfernt, doch mit dem Tageslicht war auch ihre Entdeckung unvermeidlich. Im Begriff, die Ruine zu erreichen, wurden sie bemerkt und von einem Kugelregen überschüttet, der zwei der Polen todt niederstreckte. Es kam zu einem wüthenden Kampfe, bei dem die Russen in die Flucht geschlagen wurden. Schon glauben sich die Polen gerettet, als hinter ihnen Schüsse fallen und der Angstschrei Ludoiska's vernommen wird, die sie hinter einem Baume zurückgelassen. Ein Russe hatte sie ergriffen und schleppte sie nach dem Walde. Der General rannte dem Russen nach, da tritt ihm Iwan entgegen und ein wüthender Kampf entsteht zwischen beiden. Schon war Iwan der Klinge des Generals preisgegeben, als diesen ein Säbelhieb von hinten niederstreckte, worauf Iwan mit seinem Retter dem Mädchen nach in den Wald eilte.

Thaddäus und seine zwei noch übrig gebliebenen Begleiter waren mittlerweile mit ihren Gegnern fertig geworden, sie eilten nach der Stelle, wo einer der Polen mit dem schwerverwundeten General beschäftigt war. In Nr. 14, die allen unseren Lesern zugegangen ist, werden wir mitten in die eben in allgemeinen Umrissen gezeichnete Scene versetzt. Thaddäus findet abermals Rath.

* Die Polenflüchtlinge.

Erzählung von A. Fr.

(Fortsetzung.)

In dem Augenblicke fiel sein Blick auf die Flüchtlinge, die im Begriff waren, durch die halbverfallene Mauerpforte in die Ruine zu treten.

„Ha, was ist das?" schrie er, „dort, dort, auf zu Pferd, holt die Hunde dort ein und haut sie in Stücke!"

Stephan und Janko hörten das Kommando und sahen noch, wie die Kosacken sich eilfertig auf die Sättel schwangen. Schnell brachten sie den Verwundeten an die bezeichnete Stelle und schlugen laut rufend mit den Kolben ihrer Gewehre an die großen Granitquadern, aber kein Thaddäus ließ sich sehen oder hören.

Keinen Schuß im Gewehr," knirschte Stephan und warf die Büchse zu Boden.

„Verrammle die Pforte," rief Janko und wälzte einen Stein in den Eingang. Nur die Verzweiflung konnte ihm den Gedanken eingeben, denn die Zeit zur Ausführung war viel zu kurz und die oben offene Pforte viel zu breit.

In wildem Jagen mit eingelegter Lanze sprengten die Kosacken heran. Die beiden Vordersten ritten dicht hinter einander. Man sah, sie wollten gemeinschaftlich den Eingang erzwingen.

In ohnmächtiger Wuth rüttelte Stephan mit seinen riesig starken Armen an den Mauertrümmern während Janko mit gezogenem Säbel sich zum Todeskampfe bereit machte.

Da brach ein Stein aus dem Gemäuer und blieb in Stephan's rechter Faust. Fast mechanisch faßte er die neue Waffe fester und schleuderte sie dem vordersten Reiter auf Stundenlänge entgegen. Der verzweiflungsvolle Wurf traf sein Ziel, zwar nicht den Reiter, aber den Kopf seines Pferdes, dessen Stirnknochen fast zerschmettert wurden. (F. f.)

Hort der Freiheit gehalten — und im Allgemeinen unserem südlicheren Charakter mehr Demokratismus zugemuthet, als dem kühlen Norden! In der That aber findet man in Oesterreich weit weniger wahre Demokraten als wo immer. In diesem Augenblicke äußert sich der Radikalismus in der Hinneigung der Deutschen nach dem neuen deutschen Reiche; den Wahn, Oesterreich werde den Gegensatz und den Hemmschuh bilden, gegenüber dem Absolutismus des preußischen Deutschland, haben sie sich doch hoffentlich schon lange aus dem Kopfe geschlagen! —

W. L. Allerlei vom Schlachtfelde.

Ein schrecklicher Brauch.

Es war am letzten Tage von Sedan; der mörderische Kampf hatte ausgetobt und tiefe Stille, die nur ab und zu durch den verzweifelten Schmerzensschrei eines Verwundeten unterbrochen wurde, lag auf dem blutgedüngten Felde, wo der Tod eine reiche Ernte gehalten. Hinter einer zerschossenen Mauer auf einem Höhenzuge hatte eine französische Batterie gestanden. Unter dem Kugelhagel der Deutschen war ihre Bedienung zusammengeschmolzen. Hart an der Mauer liegt der tapfere Commandant und neben ihm ein einfacher Artillerist, beide durch Granatschüsse schwer verwundet. Die Kameraden hatten sie hier gebettet, um sie dem Kugelregen zu entziehen. Während der Offizier mit allen Anzeichen des nahen Todes auf dem Gesichte besinnungslos da lag, konnte der Artillerist noch einen Namen stammeln. War es der seiner Braut, seines Weibes? — Sanitätsmannschaft mit Doctoren nahte. Ein kurzer Blick auf die beiden Körper gab ihnen die Ueberzeugung daß Rettung unmöglich war. Derartige Verwundete werden nach dem Kriegsgebrauch auf dem Schlachtfelde ihrem Schicksale überlassen. Doch auch im Tode haben die Menschen noch Anspruch auf ihr Klassenrecht. Der leidende Offizier wurde aufgeladen und fortgebracht. Dem Artilleristen goß man etwas Wasser in den Mund und ließ ihn unberührt, ununtersucht liegen. Als ich am zweiten Tage dieselbe Höhe erstieg und den Ort besuchte, wo der Artillerist lag, bot sich mir ein entsetzliches Schauspiel dar. Der Unglückliche lebte noch. Schaum stand vor seinem Munde und bedeckte in Flocken den Rasen. Ein entsetzliches Röcheln entrang sich der Kehle, in wahnsinnigem Feuer rollten die tief liegenden Augen, das Gesicht war aschgrau, um zwanzig Jahre gealtert und die Hände hatten sich tief in die Erde gekrallt. Es war ein schrecklicher Anblick und unwillkürlich frug ich mich, ob der Unglückliche bei sorgsamer Behandlung nicht doch noch zu retten gewesen wäre. Jetzt war jede Bemühung vergeblich; ich mußte den Armen verlassen; am nächsten Morgen soll der Tod seine furchtbaren Leiden geendigt haben. Derartige Fälle sind während des Krieges zu Hunderten vorgekommen!

* Literarisches.

D Buch der Welt. Illustrirtes Volksblatt. Stuttgart, Carl Hoffmann. Diese Zeitschrift, der schon früher neben der einzig unter den ebenbürtigen Publicationen dastehenden freiheitlichen Gesinnung, besonders die feine und musterhafte Art nachzurühmen war, in der sie naturwissenschaftliche und naturgeschichtliche Kenntnisse dem Leser zuzuführen wußte, hat mit dem neuen Jahrgang und unter dem Motto von Arndts „Das ganze Deutschland soll es sein" sich veranlaßt gesehen, diese und jede Specialität zurücktreten zu lassen vor dem Appell der Weltgeschichte, welche an das Haus Deutschland gepocht und Einlaß begehrt hat. Demgemäß machen die werthvollen Darstellungen „von dem natürlichen Entstehen und Leben des Geistes," von dem aufklärenden Sitten schildernden „Familienleben in der Natur" u. A. alsbald — wenn auch nur auf Zeit, hoffen wir — dem Ausdruck des erregten Nationalgefühls und der belebten historischen Schilderung des Waffenkampfes selbst Platz, Gemälden, deren Erfolg ihre vielfache Verbreitung in politischen Zeitungen genugsam beweist. Das Verständniß derselben wird durch fachgemäße illustrirte Abhandlungen fachlicher Art, wie über die modernen Festungen, über Artillerie u. s. w. wesentlich unterstützt. Wenn dann auch ein vereinzelter Artikel wie „der große Raubstaat" jene beliebte Sprache erbitterten Hasses und maßloser Parteilichkeit gegen den Feind führt, wie sie zu Deutschlands Ehre nie hätte beliebt werden sollen, so ist diese Ausnahme doch glücklicher Weise keine Regel, und wird von den gesunden Ansichten über den Nationalitätsschwindel, über Gottesgnadenthum, für den Frieden, gegen die unwürdige Abhängigkeit des Bürgers von der Autorität u. s. w. weitaus in den Schatten gestellt. Ueberhaupt ist der festgehaltene Kampf für eine freie, ehrenhafte Gesinnung und Thätigkeit in allen öffentlichen Dingen, auch den glücklichen Vergewaltigungsversuchen gegenüber, noch heute wie sonst eine vollwiegende Empfehlung des Blattes. Nehmen wir dazu die Mannigfaltigkeit der Notizen und die wahrhaft geistreichen und pikanten Tagesschilderungen, wie in den „Berliner Briefen an eine Dame," so dürfen wir sagen, daß das „Buch der Welt" in hübschen Halbbänden gesammelt, eine sehr werthvolle Gabe in dem Haushalt jeder dem Streben und den Idealen der Neuzeit zugewandten Familie bilden würde.

D Der literarische Verkehr. Organ für die Interessen der deutschen Schriftstellerwelt. Berlin, O. Sonnenstein, 1870. Diese billige monatlich erscheinende Zeitschrift ist der Aufmerksamkeit von Schriftstellern, Redactionen und Verlegern zu empfehlen, da sie dem immer wachsenden Zeitbedürfnisse entsprechend Anerbot und Nachfrage in allen Zweigen der literarischen Production vermittelt und im ersten Jahre ihrer Wirksamkeit bereits eine ausgebreitete Thätigkeit und umfassende Resultate erzielt hat. Eine solche Vermittlung erspart selbstverständlich allen Betreffenden und besonders dem Schriftsteller viel Zeit und vergebliche Mühe, und der Erfolg des Herausgebers legt für dessen Geschick und Vertrautheit mit den Richtungen der Verleger und den Bedürfnissen der verschiedenen Zeitungen und Journale das günstigste Zeugniß ab. In selbstständigen Artikeln bespricht das Blatt überdies die betreffenden Tagesfragen, wie die Preßgesetzgebung u. a., und bringt eine Chronik aller bedeutenderen Vorkommnisse des literarischen Lebens.

Verantwortlicher Redacteur und Verleger Carl Huebeck.
Druck von Ph. Rohr in Kaiserslautern.

Marktbericht.

* **Mannheim**, 3. April. Weizen und Roggen unverändert fest, Gerste und Hafer bedeutend. Wegen Einstellung des Güterverkehrs auf den rhein. Bahnen bleiben Umsätze beschränkt. Wir notiren: Weizen guter fl. 15⅓—½, ungarischer 15 bis 15¾ B., Roggen fl. 11½, Gerste, Pfälzer fl. 12, württ. und ungar. fl. 11—11½, Alles per 100 Kilo., Hafer fl. 5⅝—6 per 50 Kil. bez.

* **Frankfurt**, 5. April. Notirungen nach dem öffentlichen Courszettel. (Notirungen sind in Gulden südd. Währung per comptant nur für Partien gültig).

Wetter: Trübe

Weizen (200 Z.-Pfd. netto) effekt. hies. und Wetterauer 14—15⅓, fränk. — fremder 13¾—14⅓, auf Lieferung*) per diesen Monat 14—, per April 14⅛ B., ⅛ G., per Mai 14⅛ B. 14⅛ G.

Roggen (200 Z.-Pfd. netto) effekt. hies. 11⅛—¼, fränk. —, auf Lieferung*) per diesen Monat 11⅛, per April 11⅛ B., ⅛ G., per Mai 11⅛ B. ⅛ G.

Gerste (200 Z.-Pfd. netto) effekt. hies. und Wetterauer —

Oelsaaten (200 Z.-Pfd. netto) Reps eff. —, Rübsen —.

Hafer (200 Z.-Pfd. netto) effekt. hies. 10—11⅛, fremd. —, per diesen Monat 10⅛, per April 10⅛ B., ⅛ G., per Mai 10⅛ B., 10⅛ G.

Rüböl (200 Z.-Pfd. netto) effekt. hies. (ohne Faß) in Partien von 50 Ctr. 29—, effekt. flüssiges ohne Faß in Partien v. 50 Ctr. —, auf Lieferung**) per diesen Monat 29—, per Mai 27.

Branntwein 50 pCt. Tralles per 180 Liter effekt. ohne Faß — —

*) Weizen mindestens 150 Pf., Roggen mindestens 140 Pfd. Naturgewicht per 100 Liter; **) mindestens 37° nach der Fischer'schen Oelwaage und mit Eisenband, incl. Faß.

* **Köln**, 4. April. (Schluß-Bericht.) Weizen niedriger, effect. hiesiger 8⅛ Thlr., per März 8 Thlr. 1½ Sgr., per Mai 8 Thlr. 1½ Sgr. Roggen niedriger, effect. hies. 6 Thlr. 20 Sgr., per Mai 6 Thlr. 2 Sgr., per Nov. 5 Thlr. 27 Sgr. Rüböl matter, effectiv hiesiges 15⅛ Thlr., per Mai 14⅛, per Oktbr. 14⅛. Leinöl 12⅛. Wetter: Heiter.

* **Berlin**, 4. April. (Schlußbericht.) Roggen pr. April-Mai 54, per Juni-Juli 53⅛. Oel per April-Mai 20⅛, per Sept.-Okt. 26⅛. Spiritus pr. April-Mai 17 thlr. — sgr. per Juni-Juli 17 thl. 12 sgr.

* **Hamburg**, 4. April. (Schlußbericht.) Weizen per April-Mai 2000 Pfd. netto 162 Br. 161 G., (in Thaler à 3 MK.), per Juni-Juli 2000 Pfd. 164 Br. 163 G. (MB.) Roggen per April-Mai 2000 Pfd. netto 112 Br., 111 G. (in Thlr. à 3 MB.), per Juni-Juli 114 Br. 113 G. (MB.) Rüböl loco 29⅛, per Okt. 28. Spiritus loco 21⅛, per Juli-August 21⅛. Kaffee fest.

* **Berlin**, 20. März. (Neuer berliner Viehmarkt.) An Schlachtvieh waren auf dem Viehmarkt zum Verkauf angetrieben:

2046 Stück Hornvieh. Der Handel bewegte sich, wie vorwöchentlich, nur mittelmäßig belebt, unterstützt durch größere Ankäufe für die Rheinprovinz, so daß die vorigen Notirungen erreicht werden konnten; untergeordnete Sorten Schlachtvieh waren im Verhältniß zu den besten Qualitäten überwiegend vertreten und am Schluß des Marktes schwer verkäuflich, jedoch wurde der Markt geräumt; für 100 Pfd. Fleischgewicht der ersten Qualität wurden 17—18 Thlr., der zweiten Qualität 14—15 Thlr. und der dritten 9—10 Thlr. gezahlt.

4417 Stück Schweine. Dieselben konnten befriedigende Preise nicht erzielen, da in der Jetztzeit jegliche Spekulation zum Export fehlt und sich der Einkauf nur allein bei der bedeutenden Zufuhr auf den Bedarf für Stadt und Umgegend beschränkt; es blieben daher größere Posten unverkauft und die Notirungen sehr gedrückt; Prima Waare wurde nur mit 16—17 Thlr. pr. 100 Pfd. Fleischgewicht bez.

4168 Stück Schafvieh. Der Handel hierin muß gegen vorwöchentlich als matter bezeichnet werden, da bei mangelndem Verkauf nach außerhalb die Ankäufe nur für den Platzbedarf zu hoch waren; 40—45 Fleischgewicht schwerer Hammel (ohne Wolle) galten 6½—7 Thlr.

1631 Stück Kälber. Dieselben erzielten trotz der bedeutenden Zufuhr wegen des bevorstehenden Festes gute Preise.

* **Königsberg**, 1. April. Weizen für 85 Pfd. 96—105 Sgr. — Roggen für 80 Pfd. 55—63 Sgr. — Gerste, große und kleine für 70 Pfd. 43—48 Sgr. — Hafer für 50 Pfd. 28—33 Sgr. — Erbsen, weiße für 90 Pfd. 55—65 Sgr. graue, 56—70 Sgr., grüne 60—72 Sgr. — Bohnen für 90 Pfd. 65—73 Sgr. — Wicken für 90 Pfd. 55—60 Sgr. — Buchweizen für 70 Pfd. 44—46 Sgr. — Leinsaat für 70 Pfd. 80—95 Sgr. — Rübsen für 72 Pfd. 118—125 Sgr. — Kleesaat, rothe 13—20 Thlr., weiße 16—24 Thlr. der Centner. — Thimotheum 6—10 Thlr. der Centner. — Leinöl mit Faß 12⅛ Thlr., Rüböl mit Faß 14⅛ Thlr. der Cent. Leinkuchen 83—86 Sgr., Rübkuchen 68—73 Sgr. der Centner. Spiritus 16— Thlr. für 8000% Tr. ohne Faß. Zu Lieferung Frühjahr 16— Thlr.

Deutscher Demokrat.

Erscheint wöchentlich einmal und wird den auswärtigen Abonnenten Freitags mit der Post zugesandt.

Nro. 16. Vierteljährlich 5 Sgr. = 18 kr. in Preußen 6 Sgr. 9 Pf. | Kaiserslautern, 16. April | Inserate 3 Sgr. 12 kr. die 4spaltige Zeile. | 1871.

Die Abonnenten

werden ersucht, uns Unregelmäßigkeit in der Versendung sofort direkt zu melden.

□ Der „frische freie Krieg.“

Jahrtausende tödtet der Mann den Mann
Im eisernen Waffengewühle!
Der Nord ist Hort — so vom Nord bis hinab
In des Südens versengender Schwüle —!—
Es singen die Sänger von Stoß und von Schlag;
Es preisen die Weisen: „wie mächtig vermag
Kriegskunst zu zerschmettern die Massen!“

Und reih'n wir uns ein in den stürmenden Chor
Helljauchzend ob blutiger Siege?
Nicht Wir! fürwahr! — da sei Gott vor,
Daß wir rühmten den „Segen der Kriege.“
Wir denken der Wittwen und Waisen ohn' Zahl,
Der schneidenden Aerzte, im Verwundeten-Saal
Der verstümmelten Krüppel und Bettler.

Die Dörfer in Asche, die Städte zerstört,
Die Saaten zerstampft und zertreten,
Bluthauchende Gräber — wer ist so bethört
Trotz Sprüche des Denkers zu beten?
Gottähnliche Menschen (welch' gleißender Hohn!)
Werd'n Priester der Liebesreligion
Zu Vertilgern von Myriaden!

Wir aber mit trauerumflortem Blick,
Seh'n bang nach den kommenden Jahren; . . .
Kehrt wieder das eiserne Alter zurück,
Wo die Völker sich fliehn als Barbaren?
Wo Tauriens Eiland vom Blute raucht
Wo die Priesterin tief das Messer taucht
In die Brust des gescheiterten Griechen?

Nein! Nein! es vermag kein Zauberwort
Das Rollen der Erde zu hemmen!
Sie wälzt um die Sonne sich ewig fort —
Kein Gott kann dawider sich stemmen!
Und mit ihr dreht sich das Zeitenrad — — —
Vorbei ist, was überlebt sich hat — — —
Gezählt sind die Tage des Schwertes.

Es naht die Erfüllung des himmlischen Wortes:
„Die Menschen sind Brüder!“ — hienieden;
Nicht brauch' es eines überirdischen Ortes —
Auf Erden blüht ewiger Frieden!
Und „Wohlgefallen“ wird Allen sein
Und liebender ehrlicher Bundesverein
Und „Ehre dem Gott in der Höhe!“

Doch Ihr, die der Gott mit der Gnade begabt,
Daß Ihr in süß hallenden Worten
Die Irrenden, Ringenden tröstet und labt,
Naht frommen den geöffneten Pforten.
Die Zukunft prangt — o glaubt es mir, glaubt! —
Mit Blüthen und Früchten und Kränzen umlaubt,
Ein geschmückter gesegneter Garten!

---

* Wochenschau.

Deutschland.

Nach den Osterferien, welche die parlamentarischen Kämpfe im Reichstage auf einige Zeit unterbrachen, hat der Reichstag seine unfruchtbare Thätigkeit wieder aufgenommen. Der herrliche Ausgang der Verfassungsberathung läßt darauf schließen, daß das Budgetrecht dasselbe Schicksal erleiden wird. Dann haben wir glücklich jenes Regierungs-System erreicht, welches der Reichskanzler von je her erstrebt; — eine parlamentarische Vertretung ist dann überflüssig, die Beitreibung der zur Erhaltung des Heeres nothwendigen Steuern und Zölle können wir getrost den unverantwortlichen Beamten des Bundesministeriums überlassen. — Mehrere Häupter der früher reichsunmittelbar gewesenen, jetzt mediatisirten Fürsten und Grafenhäuser haben vom Kaiser die Zusicherung erhalten, daß bei der preußischen und deutschen Reichsgesetzgebung auf ihre Ausnahmestellung Bedacht genommen werden soll. — Es ist das ganz natürlich, wo die Volksrechte zu Boden getreten sind, müssen die der Fürsten und Grafen gedeihen.

Der Finanzminister beabsichtigt, wie der „Post“ als zuverlässig gemeldet wird, die Erhebung der directen Staatssteuern in Berlin, der Gewerbesteuer, der Haus- und Gebäudesteuer, der classifizirten Einkommensteuer, gegen eine entsprechende Entschädigung der städtischen Verwaltung zu übertragen.

Eine andere Frage, welche das Finanzministerium beschäftigt, ist die Aufhebung der Mahlsteuer, welche für das nächste Jahr ernstlich in Aussicht genommen ist und an deren Stelle nicht die Classensteuer, sondern eine Einkommensteuer in der Art der in Berlin bestehenden Gemeinde-Einkommensteuer treten soll.

Vor dem Obertribunal in Berlin fand die Verhandlung gegen Gütebock und Genossen wegen Hochverrath statt. Das erstinstanzliche Urtheil, welches Gütebock zu 2 Jahren, Kulp zu 9 Monaten, Meyer zu 6 Monaten und Levita zu 3 Monaten Gefängniß verurtheilte, wurde nach langer Verhandlung bestätigt.

Im Bureau des Reichstags ist inzwischen eine zahlreich unterschriebene Petition des Canal-Comite's zu Kiel zu Gunsten des Nordostsee-Canals eingegangen; sie trägt u. A. die Unterschrift fast sämmtlicher Land- und Reichstagsabgeordneten aus Schleswig-Holstein. Im Reichstag wird diese Petition sicherlich warme Unterstützung und Befürwortung finden, ob auch im Bundesrathe, bleibt dahingestellt. Dagegen soll sich der preußische Handelsminister sehr angelegentlich mit dem in Rede stehenden Projekt beschäftigen. Alle technischen Vorarbeiten liegen auf seinem Bureau bereits fix und fertig und der Voranschlag der Summe zur Ausführung jenes für die Schifffahrt bis nach Amerika hin so außerordentlichen Unternehmens beläuft sich auf ungefähr 34 Millionen Thaler. Da die bisher bestandenen finanziellen Hindernisse sowohl in Preußen als auch im deutschen Reiche als beseitigt anzusehen sind, so steht die endliche Ausführung dieses Canals wohl nun in Aussicht und es bleibt nur zu wünschen, daß demselben recht bald andere Canal-Anlagen folgen mögen, um dem Handel und der Industrie den Fortschritt zu erleichtern.

Das Consistorium der Provinz Brandenburg hat eine interessante Zustimmung zu seinem letzten Erlaß über den Uebertritt zum Judenthum aus Rußland erhalten, die zwar nach Juchten riecht, aber trotzdem glaubenstüchtig ist. Ein des Uebertritts zum Judenthum angeklagter verabschiedeter Soldat wurde vom Moskauer Gerichtshof dahin verurtheilt, daß derselbe der geistlichen Behörde zur Ermahnung und Belehrung zu übergeben, bis zu seiner Rückkehr zum Christenthum der bürgerlichen Rechte verlustig zu erklären und sein Vermögen unter vormundschaftliche Verwaltung zu nehmen sei.

Unser L.-P.-Correspondent berichtet aus Ostpreußen: In unserer Nr. 12 vom 19. März d. J. erzählten wir von dem Bescheide der dem gewesenen Redacteur des „Bürger- und Bauernfreunds“ M. Abromeit auf seine Beschwerde vom Herbst vorigen Jahres, wegen an ihm durch einen Gensd'armen verübten Straßenraube, wurde. In diesem Bescheide hieß es, daß sich der Gensd'arme, „wie die stattgehabte gerichtliche Untersuchung ergeben, keinerlei Ueberschreitung seiner Dienstbefugniß schuldig gemacht.“ — Am 29. März wurde rc. Abromeit in dieser Angelegenheit zum ersten Male gerichtlich vernommen, nachdem man noch dem Bescheide annehmen mußte, sie wäre endgültig von v. Jastrow entschieden, und blieb er bei seiner Behauptung, daß der qu. Gensd'arme ihm auf dem Perron der Eisenbahn in Gumbinnen die Insterburger Zeitung, in der er einem Reactionär vom Lande einen freisinnigen Wahlaufruf zeigte, um ihn zu belehren, raubte und ihn nach anderen Papieren durchsuchte. Auf dem Gerichte wurde ihm mitgetheilt, daß der Reactionär bereits vor längerer Zeit vernommen und zu Protocoll erklärt, daß er sich auf den Vorfall nicht mehr besinnen könne. Abromeit hat, um das Gedächtniß des reactionären Mannes etwas aufzufrischen, darauf angetragen, den vergeßlichen Reactionär in dieser Sache zu vereidigen und hofft, daß er sich dann, umsomehr, da aus der Ferne mehrere Männer, die auch zu ermitteln sein dürften, den Vorfall angesehen, ehe er schwört, wohl darauf besinnen wird. — Und dann? — Wir machen auf die Antwort in Nr. 12 aufmerksam, die eine Zeugenvernehmung ohne Vereidigung eine gerichtliche Untersuchung nennt, nach der sie erkannt, um die Vermuthung auszusprechen, es bleibt dabei, ein Gensd'arme, wenn es sich um reactionäre Wahlen handelt — diese Ausnahme ist freilich in dem erwähnten Schriftstück nicht einmal gemacht — ist zum Straßenraube berechtigt. — Gott segne das einige Deutschland, in dem dergleichen passiren kann und zugleich seinen herrlichen Reichstag, die Ruthe, die das Volk sich in seiner Dummheit durch schlechte Wahl selbst aufgebunden.

L.-P. Wie wir schon berichteten, ließen sich die aus dem Kriege zurückgekehrte Reserven und Verwundeten von der Linie in Gumbinnen manche Excesse zu schulden kommen. Anders war es bei der unterdessen zurückgekehrten Landwehr. Festlich empfangen störte kein unangenehmer Zwischenfall die Ruhe der Stadt bis zu ihrer Entlassung in die Heimath. — Wir hatten gehofft nach den Erfolgen dieses Krieges, — es ist wieder viel vom siegreichen Schulmeister die Rede, doch davon ein ander Mal — würde das Trillen der Rekruten aufhören! Aber o nein! Wie es den Civilisten scheint, werden die Leute mit Beinschmeißen und ähnlichen comischaussehenden Uebungen, Knöpfeputzen rc. mehr als früher herangenommen.

In Schleswig-Holstein wurde am achten April in kleineren Kreisen, hauptsächlich in den Kampfgenossenvereinen der Jahrestag des glänzenden Sieges der schleswig-holsteinischen Batterien bei Eckernförde über „Christian VIII“ und „Gefion“, die beiden besten Schiffe der dänischen Marine gefeiert. — Die „Itzehoer Nachrichten“ sind confiscirt. Die Veranlassung dazu hat ein Artikel von Dr. Ludwig Meyn, dem geschätzten „Wirthschaftsfreunde“ des Blattes, gegeben, welcher sich gegen das von der Schleswiger Regierung beliebte Verfahren, die Steueransätze der Einschätzungscommissionen willkürlich zu erhöhen, wendet. Die Beschlagnahme des Blattes ist eine herrliche Illustration zu der neulichen Verwerfung der zum Schutze der Preßfreiheit beantragten Verfassungsartikel durch den Reichstag!

Ein zweiter Celler Denkmals-Prozeß, den der Kaufmann Winzler in Celle gegen den Militärfiscus und das General-Commando des 10 Armeecorps und das Celler Garnison-Commando auf Wiederherstellung und Schadenersatz angestrengt, ist wegen mangelhafter Begründung der Klage zurückgewiesen worden. Die Berufung steht dem Kläger offen.

In Dresden starb Bernhard Eisenstuck, seiner Zeit Mitglied und Vicepräsident des Frankfurter Parlaments, nach längeren Leiden. Seit Anfang des Jahres litt er an einem bedenklichen Lungen-Leiden, dem sich in letzter Zeit Wassersucht zugesellte. In Kassel starb der Landesdirektor v. Wintzingerode, ehemaliger kurhessischer März-Minister und Minister von Sachsen-Weimar.

In Hessen-Darmstadt ist der berühmte und berüchtigte Dalwigk auf seinen — richtiger Preußens — Wunsch von seinem Ministerposten enthoben worden.

In Süddeutschland ist die Frage der päpstlichen Unfehlbarkeit durch den Döllinger'schen Absagebrief, den wir zu Nutz und Frommen der gläubigen Christenheit mittheilen, zu einer Schärfe gediehen, daß eine Spaltung in der katholischen Kirche unvermeidlich erscheint. Fälschung und Betrug an allen Ecken und Enden, wo Döllinger den kirchlichen Schleier lüftet; Fäulniß und Moder und etwas Heiligenscheindarüber gegossen, bildet die Grundlagen der Kirche und der Absolutismus die neueste Blüthe dieses ekelhaften Zustandes. Doch vergessen wir bei dem Splitter im Auge der Kirche den Balken nicht, den wir im eigenen tragen. Unser Volksleben ist von ebenso großer Fäulniß durchdrungen und diese ist zu einem solchen Grade vorgeschritten, daß der starrste Absolutismus sich des deutschen Einigungswerkes bemächtiget und sich auf der Spitze desselben breit machen kann, während das Volk denselben Ab-

[illegible] anbetend verehrt und ihn in der Gestalt einer „[illegible] Reichsgewalt“ als — seine „glänzendste [illegible]“ preist. — Wer es aber [illegible] [illegible] eine Schmach und Erniedrigung des [illegible] Volkes zu bezeichnen, war mit von [illegible] und sonstigen Volksgerichten [illegible], [illegible] ein Träumer — ein [illegible]! — Wir können wirklich [illegible] nicht tiefer sinken, als wir bereits gesunken sind! — Glücklicherweise beginnt das Volk doch allmälig zu erkennen, wohin es durch seine falschen Freunde, die heute das Gefolge Bismarcks bilden, gekommen ist. Arbeiten wir rastlos weiter, daß dieser Erkenntniß ein thatkräftiges Handeln folge. Mit dem staatlichen Absolutismus fällt der kirchliche, der sich zudem nur vorübergehend eine Herrschaft verschaffen kann. Wir haben also deshalb doppelte Ursachen, den Kampf gegen den staatlichen Absolutismus energisch weiter zu führen.

Die demokratische Partei in Kaiserslautern sowohl wie in der weiteren Pfalz hat ein schwerer, hoffentlich jedoch nur vorübergehender Verlust getroffen. Herr Adolph Kröber, der Gründer des Volksvereins und des demokratischen Arbeiterbildungs-Vereins Kaiserslautern, sowie vieler Volksvereine in der Pfalz, einer der bewährtesten Kämpfer für Recht und Freiheit des Volks, wendet der Pfalz den Rucken; politische und geschäftliche Gründe haben ihn veranlaßt, den Schauplatz seiner erfolgreichen Thätigkeit zu verlassen. Die freiheitliche Saat, welche heute in der Pfalz frisch und kräftig dem sieg- und ruhmgekrönten Boden entsprießt, verdankt ihr Dasein der rastlosen Arbeit des scheidenden Freundes. Die Ueberzeugung, daß das Saatkorn auf guten Boden gefallen und dereinst seine Früchte tragen wird, mag dem wackeren Kampfgenossen, dem wir ein herzliches Lebewohl zurufen, den Abschied erleichtern.

In einem bayrischen Blatte hatten die bayrischen Nationalliberalen, um ihr gesunkenes Ansehen beim Volke wieder aufzurichten, die Lüge verbreitet, daß man nach Mittheilung eines bayrischen Ministers in Frankreich eine Liste von 800 hervorragenden Pfälzern (natürlich Nationalliberalen) gefunden, die bei der Besetzung der Pfalz durch die Franzosen als Geißeln abgeführt werden sollten. Es muß doch mit dem Nationalliberalismus schon sehr schlecht stehen, daß er zu solchen Erfindungen greifen muß.

Die „Südd. Post“ vom 9. April enthält zweimal das Wort: „confiscirt.“ Im Leitartikel hat sich die preßpolizeiliche Hand auf nur eine Zeile erstreckt, welche den jetzigen Kaiser mit einem zu „Rothbart“ im Gegensatze stehenden Namen bezeichnet hatte; von der Rubrik „Vermischtes“ dagegen ist nur die Ueberschrift des confiscirten Artikels, „ein idyllisches Königsleben“ übrig geblieben.

In Stuttgart ist am 8. April Ludwig Schaller, ein wackerer Demokrat, gestorben, der an den Kämpfen im Jahre 1848 Theil genommen und seitdem in unwandelbarer Treue fast ein viertel Jahrhundert hindurch zur demokratischen Sache gehalten. Der „Beobachter“ schließt einen Bericht über ihn mit den Worten: „Darum sei ihm im Namen seines Volkes, im Namen seiner Partei der Zoll des Dankes und der Anerkennung auf's Grab gelegt, daß er ein Mann der Freiheit war und blieb bis zum letzten Athemzug.

[illegible]land.

Der [illegible], der österreichische Vice-Admiral v. Tegethoff ist am 7. April [illegible] der Lungenschwindsucht verschieden. — Die österreichische Polizei ist einem geheimen deutschen Vereine auf der Spur, der hochverrätherische Zwecke verfolgen soll.

In Spanien sind die politischen Verhältnisse wieder einmal für eine Revolution reif; das Königspaar soll so stark an Heimweh leiden, daß der König-Ehrenmann von Italien bereits eine Fregatte anrüsten läßt, die Königliche Familie von Spanien wieder heimzuführen.

In Bukarest ist das neue Ministerium mit allen Kräften bemüht, der Umsturzpartei den Boden zu entreißen — wer Andern eine Grube gräbt u. s. w.

Die Türkei trifft kriegerische Vorbereitungen gegen den russ. Nachbarn; sie legt Befestigungen an, verkauft die Holzschiffe ihrer Kriegsflotte und schafft sich Panzerschiffe an. — In Konstantinopel ist die Nachricht vom Tode des berühmten Tscherkessen-Häuptlings Schamyl eingetroffen.

Rußland hat nunmehr auch die Leibeigenschaft in Kaukasien aufgehoben, so daß es in diesem Augenblicke in Ganz-Rußland nur noch — Leibeigene des Czaaren gibt.

Die Kämpfe um Paris

sind mit großer Erbitterung, jedoch mit einem kaum nennenswerthen Erfolge der Versailler Armee fortgesetzt worden. Die Forts befinden sich nach wie vor im Besitze der Insurgenten, die letzteren haben für weitere Erschießungen von Gefangenen durch die Versailler Regierung verschiedene hochgestellte Personen von Paris als Geißeln verhaftet. Die Kirchengüter sind eingezogen, überhaupt beobachtet die Commune gegen die Geistlichkeit eine entschieden feindselige Haltung. Volkshaufen haben Kirchen gestürmt und geplündert, und es herrscht unter der wachsenden Gefahr in Paris der größte Terrorismus. Einzelne Stadttheile sind bereits durch die Geschoße der Versailler Truppen schwer heimgesucht worden, bei der Porte Maillot soll eine Bresche in die Umfassungsmauer von Paris geschossen sein, ob die Versailler Truppen jedoch einen Sturm wagen, ob dieser Aussicht auf Erfolg hat, bleibt sehr fraglich. Inzwischen hat eine versöhnlichere Stimmung Platz gegriffen; die Pariser Regierung ist mit der von Versailles bereits in Friedensunterhandlungen getreten.

* Die Commune in Paris.

Was jede Stadt in unserem weiten Vaterlande besitzt, das mehr oder weniger ausgedehnte Recht der städtischen Selbstverwaltung, hatte die napoleonische Regierung der Stadt Paris nicht zugestanden. Die Verwaltung lag ausschließlich in den Händen der Regierung. Es ist erklärlich, daß bei der allgemeinen Freiheitsbewegung in Frankreich auch in der gefürchteten Pariser Bevölkerung der Wunsch erwachen mußte, die bisher entbehrte städtische Selbstverwaltung zu erringen. Die Nationalversammlung, welche sich von Tag zu Tag mehr als unfähig ihrer großen Aufgaben zeigte und sich mit der Aufsuchung eines Königs trug, [illegible] die Wünsche von [illegible] [illegible] [illegible] [illegible] die Monarchie [illegible] [illegible] — [illegible] Paris die Wahl der Communalvertretung [illegible] entschieden zu Gunsten des Comite's aus, [illegible] an die Spitze der Bewegung gestellt. Die [illegible]nalversammlung, statt diese Thatsache anzuerkennen und so der weiteren Bewegung den Boden [illegible] ziehen, trug vielmehr zur Verschärfung des [illegible] durch ihr feindseliges Verhalten gegen [illegible] Commune bei, und diese verlieh [illegible] [illegible] nunalen Boden und warf sich zur Retterin [illegible] anscheinend bedrohten französischen Republik [illegible] Der verhängnißvolle Schritt mußte naturgemäß [illegible] den schrecklichen Kämpfen führen, welche [illegible] Paris toben, da für die Nationalversammlung [illegible] die Wahl blieb, abzutreten oder aber die [illegible]liche Gewalt, welche sich ihr entgegenstellte, [illegible] kämpfen und zu vernichten. Wie der Kampf [illegible] ausfalle, die Nationalversammlung trägt in [illegible] Reihe durch ihre Unfähigkeit und ihre [illegible]schen Gelüste die Verantwortung für den [illegible]krieg. Wir können die Anmaßung der [illegible] nicht billigen; ebensowenig die Mittel, [illegible] welche sie ihre Herrschaft zu befestigen [illegible] wir können auch nicht einseitig verurtheilen, [illegible] wesentlich in diesem Augenblicke nicht, wo [illegible]richten von Paris fast ausschließlich durch die [illegible] der Versailler Regierung gehen, die ein Interesse daran hat, die Dinge in Paris schwärzer zu schildern, als sie wirklich sind. Eine spätere Zeit erst wird volle Klarheit über die Ursachen des französischen Bürgerkrieges verbreiten, bis dahin wollen wir mit unserem Urtheile nicht vorgreifen. Bestätigen können wir nur wiederholt, daß die Insurrektion in Paris keine communistische ist; die Nachrichten von Eigenthumstheilung u. s. w. gehören bisher in das Reich der Fabel.

Patriotismus und Frömmigkeit.

Eine Zeitbetrachtung aus Schwaben.

(Fortsetzung.)

Diese Unfähigkeit der Menge, anders als in Masse und nach einem gegebenen Leitmotiv zu denken und zu urtheilen, beweist genügend einen so niedrigen und beschränkten Zustand des Selbstbewußtseins, wie ihn sich der Alltagsmensch, der übrigens durch alle Stände hinauf- und hinabreicht je nach der Schwäche seiner persönlichen Anlage, in seiner Weisheit nicht träumen läßt. Wie ernsthaft und naturgesetzlich der Mensch aber unter diesem niedrigen Grade des Bewußtseins gefangen ist, bezeugt auch die Erscheinung, daß bei weitem den meisten Menschen, zumal bei starken Schwankungen und lebhaftem Fluthen der öffentlichen Meinung, im Strome derselben auch das Gewissen ausgeht, jene selbst den Heiden von der Bibel zugestandene Gottesoffenbarung der „Gedanken, welche sich unter einander verklagen oder entschuldigen.“ Das Gewissen, sei es aus Schwäche des eigenen, von dem Gesammtstrom ersetzten Denkens, sei es aus Furcht vor dem machtvollen Gesammtwillen, meldet sich nicht gegen allerhand Ungöttlichkeit und Unmenschlichkeit, die den

---

Feuilleton.

* Die Polenflüchtlinge.

Erzählung von K. Fr.

(Fortsetzung.)

Verwundet bäumte sich das Thier hoch auf, machte einen fürchterlichen Seitensprung und warf seinen Reiter weit aus dem Sattel, dem nachfolgenden Kameraden dicht vor die Füße. Dieser stürzte gleichfalls dicht vor dem Thorwege zu Boden, so daß Pferd und Reiter sich im Staube wälzten.

Eben wollten die Polen hinausspringen, um ihren halb betäubten Feinden den Todesstoß zu geben, da rief eine Stimme hinter ihnen laut ihre Namen. Wie sie sich umwandten, sahen sie einen der riesigen Quadersteine des Fundaments wie eine Thür nach außen gedreht. In der dunkeln Oeffnung stand Thaddäus, bleich, athemlos, barhäuptig, mit blutenden Händen, die Augen funkelnd vor wilder Freude.

„Gerettet!“ schrie er. „Vorwärts, faßt an!“

Im Nu hatten die Getreuen, hell aufjauchzend, den General gefaßt und trugen ihn in die Mauer[illegible], von wo eine schmale Treppe in das In[illegible] der Erde führte. Thaddäus drückte an einer [illegible], die in den oberen Stufen angebracht war. Geräuschlos bewegte sich der mächtige Stein an seine Stelle und das laute Schnappen des Schlosses verkündete den Flüchtlingen zu ihrer unaussprechlichen Freude, daß sie gerettet und in Sicherheit seien.

„Halt,“ flüsterte Thaddäus im Dunkeln, „bleibt stehen und laßt uns horchen, was sie thun werden.“

„Er brauchte nicht lange zu warten. Ein dumpfes Gewirr von fluchenden und zeternden Stimmen tönte ihm durch die Mauer entgegen.

„Hier müssen sie hineingeschlüpft sein,“ schrieen Mehrere, „wo sollten sie sonst geblieben sein?“

„Verdammte Hunde,“ zeterte die Stimme des Offiziers, „warum habt Ihr nicht besser aufgepaßt. Die Knute soll Euch Achtsamkeit lehren. Schlagt gegen die Mauern und seht nach, wo sie hohl sind, damit wir die Minen sicher anlegen können. Das Nest muß in die Luft, um die Ratten da innen zu fangen.“

„Sprengt nur, soviel Ihr wollt,“ lachte Thaddäus mit heiserer Stimme. „Ihr werdet Euch an den alten Mauern schon die Zähne zerbeißen. Es ist gut,“ fügte er hinzu, „daß keiner der Spitzbuben uns hier hat hineinschlüpfen sehen. Wir sind um so sicherer. Der Gang vom Baume aus kann leicht so verbaut werden, daß sie uns nicht finden, selbst wenn sie dort den Mechanismus wegsprengen. Kommt nun in's Gewölbe. Steigt nur vorsichtig hinunter so hat es keine Gefahr. Schützt nur den General, daß er sich den verwundeten Kopf nicht am Gemäuer stößt.“

Gegen 30 Stufen abwärts führte die Treppe schräg in das Innere der Erde. Endlich standen die Flüchtlinge auf ebenem Boden.

Thaddäus zündete ein Licht an und steckte es in eine Ampel, die an eisernen Ketten von der Decke des niedrigen Gewölbes hing. Es war ein weit ausgedehnter mit Fliesen ausgelegter Raum, in dem sich die Flüchtlinge befanden. Einzelne Pfeiler, die das Gewölbe stützten, theilten es in mehrere Abtheilungen. An zwei Stellen sah man die dunkeln Treppen münden, die Thaddäus zur Flucht gedient hatten. An einer dritten Stelle war noch ein dunkler Ausgang sichtbar.

„Bringt den General hierher,“ sagte Thaddäus und deutete auf einen einfachen Bretterverschlag, der an einer Seite angebracht war. „Ich [illegible] mir da vor Jahren ein einfaches Lager bereitet. Jetzt kommt es gut zu statten.“

In dem Verschlage lag ein Strohsack und [illegible] starke wollene Decke.

Als die Männer den Verwundeten niederlegten, begann er zu stöhnen, schlug endlich die Augen [illegible] und fragte mit schwacher Stimme:

„Wo bin ich?“

„Gerettet unter Freunden,“ [illegible]

Einzelnen, wenn es sich selbst überlassen wäre, entgegen würde; auch dann nicht, wenn die Wogen der Leidenschaftlichkeit, die im Gesammtleben schwellen, unter die Schleusen der Selbstbesinnung gebracht, wieder zum Spiegel des Himmels und des menschlichen Ebenmaßes werden können. Die einfachsten Gebote des Menschenherzens, die stärksten Mahnungen des gesunden Verstandes, die klarsten Befehle des mit den Lippen verehrten Gottes bleiben vergebliche Schranken für die Menge, so lange die öffentliche Macht sie verneint, so lange der leitende Geist der Heerde sie überspringt und vor keiner stille hält! Und hier bezeugen auch zumeist in großartig lichtvoller Weise die sogen. Hirten der Heerde, die sich doch etwas ganz Besonderes dünken, daß auch sie Heerde sind mitten unter der übrigen Heerde, eingepferchet oder fortgetrieben vom weltlichen Tagesbewußtsein! Denn je nach Bedürfniß dieses herrschenden Geistes und der herrschenden Tagesobrigkeit weiß der ganze Troß von weltlicher Macht „angestellter" Hirten über die Gebote der Nächstenliebe und Solidarität, obwohl sie „das ganze Gesetz und die Propheten" sein sollen, der Herzensdemuth und Hingebung, des freiwilligen Leidens, des siebenfachen Verzeihens, in Summa über die „Hauptsumme des Gebots", welche Liebe, Liebe, Liebe ist, hinwegzuspringen, und den Feind zu verfluchen, den Haß zu segnen, die Vernichtung zu heiligen, die Unterdrückung einzuweihen, der Gewalt zu liebkosen, zu dem Unrecht — wenn es von Oben kommt — zu schweigen! Noch für jede Gestalt, für jede Richtung der öffentlichen Meinung und der öffentlichen Macht, sei es Tyrannen-, sei es Volks-Verirrung, haben diese angeblichen Söldner des Himmels einzustehen gewußt.

Ja, die Unfähigkeit der Meisten, den Strom des Lebens, in dem sie eingeschlossen sind, auch nur zu erkennen und zu beurtheilen, geht so weit, daß die Vermuthung einer charakterlosen, unmoralisch-schwankenden Fortbewegung des Gesammtbewußtseins, des einzelnen Volkslebens, überhaupt gar nicht entsteht, ihre Möglichkeit gar nicht zugegeben wird. Das, was „Jedermann" sagt, besser wissen zu wollen, erscheint ihnen an sich Hochmuth und eitele Thorheit; es braucht, wie die Religionsdogmen, gar nicht bewiesen zu werden, es kann räthselhaft, widersprechend, aber nicht unwahr sein. Das ist ganz so weise, wie die bornirte Sicherheit, mit der man auch behauptet, daß die Moral, die göttliche, christliche, menschliche Moral, nur für Privatkreise des Menschenlebens anwendbar, dagegen für die Kreise des Völkerlebens — für die Diplomatie — gar nicht gegeben, unrichtig und verderblich sei! Und doch wäre es so einfach, statt dieser, der Moral den Boden ausschlagenden Behauptung demüthig zu bekennen, daß die Politik der Staaten sich noch nicht zu jener Würde erhoben habe, die der Umgang gebildeter Nationen verlangt, und die der Umgang gebildeter Individuen bereits, mit Gottes und der Gesetze Hülfe, erreicht; sondern daß sie noch in den niederen Formen kleinlicher List, kindischer Heimlichkeit, vorübergehenden Betruges verweile, da und so weit die Menschen, die sie machen, noch kleinlich oder niedrig denken und fühlen; daß sie Inscenesetzung liebe und auf den Effect studire, da diejenigen, auf welche Aller Augen sich richten, unwillkührlich leicht sich als Schauspieler fühlen, und da sie, ihrer Begabung entsprechend, begreifen, daß in Bewegung und Beherrschung der Massen die Sprache der Leidenschaften des Scheines und der Effecte sie viel bequemer und weiter führt, als die Politik der Wahrheitsliebe, der Ueberzeugung, der Mäßigung und untadeligen Vernunft, zu welcher sie nur in der Noth, wenn die kleineren Mittel nicht mehr verfangen, als zu der unbezweifelt größesten und mächtigsten Politik, heraufgreifen! In der That, während innerhalb der Staaten eine geordnete Rechtspflege und solche Einrichtungen bestehen, welche die Leidenschaften und die Selbsthülfe der Individuen wohlthätig beschränken, dadurch daß sie dieselben zum öffentlichen Bekenntniß, und aus dem gährenden Zustande abgeschlossener Heimlichkeit zur Besinnung auf den gemeinsamen Vortheil überführen, bestehen ähnliche Hülfsmittel und Garantien noch keineswegs in den Kreisen des Völkerumganges, um die Vernunft und das Recht statt der Leidenschaften des Volks oder der Regenten zu Gehör und Herrschaft zu bringen. Es ist daher nicht schwer zu erkennen, daß die sogen. höhere Politik und geheime Diplomatik, statt eine besondere höhere Moral zu haben, sich nur in sittlich noch tieferen Regionen bis heute bewegt, in dem Reiche des noch ungebändigten Egoismus der Fürsten und Völker, in einer noch unbesiegten Barbarei des Verkehrs menschlicher Wesen.

(Forts. folgt.)

—pp— Aus Anhalt.

(Fortsetzung.)

Der Herzog Leopold, früherer General in österreichischen Diensten, zeichnete zu Anfang des Krieges zur Unterstützung der Verwundeten und der Hinterbliebenen gefallener Soldaten 100 Thlr., sage 100 Thaler, während ein armer Arbeiter 15 Sgr., 1 Thlr., je nach seinen Ersparnissen hergab, während Industrielle und größere Grundbesitzer 200—800 Thlr. zahlten. Der Redacteur der „Bernb. freien Presse" machte einfach auf diese Gegensätze aufmerksam — und heute sitzt er im Arbeitshause Plötzkau wegen Hochverraths, wo er während 6 Monate Zeit hat, über herzogliche Liebesthätigkeit und Gnade ꝛc. nachzudenken!

Ein Geistlicher, Namens Bastian, sperrte ein hübsches junges Mädchen von 21 Jahren, dem er auf einem benachbarten Gute Arbeit verschafft hatte und die wegen allzuschlechter Nahrung diesen Posten verließ und zu diesem zurückkehrte, 8 Tage lang in einem Zimmer bei Wasser und Brod ein. Das Mädchen, das eine Höllenqual während ihrer Pastoralgefangenschaft ausstand, weigerte sich zu essen und zu trinken und wer weiß was. Nach einem „evangel. Asyl für weibliche Sträflinge" gebracht, wurde ihr in ihrer Zelle mit Gewalt die Nahrung in Gegenwart der Oberin eingeschüttet ꝛc. Der Pastor ist zugleich Director dieses Instituts, das durch die barmherzige, nun selige Herzogin Friederike gestiftet wurde. Die Geschichte wurde indeß ruchbar, das Mädchen erlöst, der würdige Geistliche wegen Freiheitsberaubung angeklagt und — verurtheilt! werden Sie sagen — nein! der Prozeß wurde niedergeschlagen, und der Geistliche erhielt eine bessere Stelle. Aus seiner Vertheidigung von der Kanzel hebe ich folgende Stelle hervor: Theure Zuhörer, ich bin auf eine schimpfliche Art und Weise angegriffen. Die betreffenden Thatsachen sind so bekannt, daß ich hier auf eine wiederholte Ausführung derselben verzichte. (?) Zu jener Zeit war ich noch nicht im Stande, mich gegen die Verdächtigungen zu vertheidigen, da ich erst den Ausgang der über mich verhängten Anklage abwarten mußte. Es hat sich offenkundig gezeigt (?), daß mich nur böswillige Verleumdungen in jene für jeden Geistlichen unwürdige Lage brachten, und so mußte (?) ich denn als unschuldig aus der Anklage hervorgehen. Hätte das herzoglich-anhaltische Consistorium die Thatsachen so aufgefaßt (das ist eben der casus belli), wie sie dem Publikum durch die verruchte demokratische Presse gegeben wurde, so hätte Hochdasselbe sicherlich nicht meine Beförderung (zu einer höheren Stelle) bewirkt. Herzogl. Hochwürdiges Consistorium sah in meinem Auftreten nur einen Schritt, zu welchem jeder Seelsorger, dem die Wohlfahrt und das Seelenheil seiner untergebenen Gemeindeglieder am Herzen liegt, denselben gegenüber berufen ist. (Ganz richtig also: Schwarze Constabler!) Daß ich in einer Zeit, wo fast alle geistigen und leiblichen Kräfte wie durch eine geheime Macht in eine unruhige einander entgegenstrebende Bewegung versetzt sind, und wo fast nirgends ein fester Anhalt gegen die Anläufe umstürzender Gewalten sichtbar erscheint, welche sich in ausgedehnter Verbindung (das ist gut) als je ausgemacht haben, den ewigen Grund göttlicher Wahrheit und göttlichen Rechtes zu zerstören, gegen solche Infamie protestire, werdet ihr Geliebte im Herrn, billig finden. Seien wir daher der frohen Zuversicht, daß die Stunde nicht mehr fern ist, wo der, der im höchsten Regimente sitzt, den stolzen Wellen unserer Zeit sich zu legen gebeut und über die bedrängte Welt den Friedensbogen gottgewollter Freiheit ausspannt! Noch für einen Augenblick Ihre werthe Aufmerksamkeit. — Bei einem Geistlichen, Ernst Teuchmuhler, der vor acht Tagen kurz nach seiner Beförderung aus dieser Welt entschlummerte, wurde im vorigen Jahre ein Diebstahl verübt. Von einer nähern Beschreibung seiner schönen corpulenten Köchin nehme ich Abstand. Sie und ihre Sachen wurden mit Beschlag belegt. Man fand ein werthvolles Armband unter den letztern. Von dem Richter in Gegenwart des Pastors gefragt, auf welche Weise sie in den Besitz dieses Armbandes gekommen sei, erwiederte sie herzhaft: Ernst, weißt Du nicht, das schenktest Du mir, als u. s. w. Seit dieser Stunde hörte man nichts mehr von der ganzen Angelegenheit. Anhalt, du schönes Land, das mich geboren!

(Fortsetzung folgt gelegentlich.)

Erklärung Döllingers.

Das Schreiben, welches der Stiftspropst Dr. von Döllinger unter dem 28. März d. J. an den Erzbischof von München-Freising gerichtet hat, um seine Haltung gegenüber den Beschlüssen des vaticanischen Concils zu rechtfertigen, lautet seinem Hauptinhalte nach:

„Aus dem Kreise Ihres Domcapitels verlautet, daß Sie gesonnen seien, mit Straf- und Zwangsmitteln gegen mich vorzugehen, wie sie sonst nur gegen solche Priester, welche sich grober sittlicher Vergehen schuldig gemacht haben, und auch gegen diese nur in sehr seltenen Fällen, angewendet werden. Es soll dies geschehen, wenn ich nicht in bestimmter Frist meine Unterwerfung unter die beiden neuen

---

däus. „Doch sprechen Sie nicht, mein General. Dank dem Eisenring in Ihrer Conföderatka kann der Säbel des Russen Sie nicht zu schwer getroffen haben. Lassen Sie mich jetzt die Wunde untersuchen und besser verbinden."

Er entfernte das blutige Tuch und betrachtete die gefährdete Stelle mit prüfenden Blicken.

„Hm..." murmelte er, „gefährlich ist sie Gottlob nicht, aber doch ein nichtswürdiger Hieb. Wir müssen auf jeden Fall schnell die Höhle zu verlassen suchen, denn hier kann es leicht schlimm werden. Der Ort hier ist kein Krankenzimmer."

Er legte einen neuen Verband an. Der Kranke wollte reden, lehnte aber matt das Haupt zurück und sank von neuem in einen betäubenden Schlummer.

„Jetzt wird das Wundfieber ausbrechen," nahm Thaddäus wieder das Wort. „Wir wollen ihn ruhen lassen und nach unseren eigenen Schrammen sehen. Dort im Brunnen ist frisches Wasser."

Er nahm das Licht und leuchtete in eine Ecke des Gewölbes, in der sich ein kleiner Ziehbrunnen befand. Ein Wasserkrug stand daneben. Die Männer untersuchten und verbanden sich die Wunden und wuschen sich den Staub und das Blut von Gesicht und Händen.

„Auf welche Weise werden wir aber aus dem Loche hier herauskommen?" fragte Stephan, „die Eingänge werden in den nächsten Tagen nur zu gut bewacht werden."

„Für uns Gesunde steht die Sache nicht so schlimm," sagte Thaddäus, „die Mönche waren alte Füchse und haben ihren Bau gut angelegt. Folgt mir!"

Er ging voran und schritt in den dritten dunkeln Ausgang hinein, von dem wir bereits gesprochen haben. Als sie gegen 100 Schritte vorgedrungen waren, stand der Führer still und leuchtete eine kleine Treppe hinunter, deren Stufen sich in Wasser verloren.

„Wie kommt das Wasser da her," fragten die Begleiter, „ist hier ein zweiter Brunnen?"

„Nicht doch," lachte Thaddäus, „wir sind am See. Seht Ihr dort nicht die schwache Helle hervorschimmern? Haltet das Licht hinter Euch, so könnt Ihr sie deutlicher sehen. Es ist noch früh; sobald die Sonne auf die Wasserfläche scheint, könnt Ihr dort die Fische spielen sehen."

„Dann müssen wir tauchen, wie eine Otter," bemerkte Stephan.

„Gewiß," bekräftigte Thaddäus. „Das Loch mündet unter einem Erlenstubben, dessen Wurzelgeflecht durch diese Pfeiler hier getragen wird. Es ist ein richtiger Otterbau. Doch ... st! ... was ist das?"

Man hörte vom See her deutlich das Geräusch tactmäßiger Ruderschläge, die, nach der zunehmenden Deutlichkeit zu urtheilen, sich dem Orte zu nähern schienen. Bald vernahm man das schäumende Rauschen des Wassers am Kiel und hörte, wie ein großes Boot ganz in der Nähe anlegte. Ein wirres Schreien in russischer Sprache kündigte den Posten an, daß das Fahrzeug von ihren Feinden gerudert worden sei.

„Kettet das Boot fest," rief eine Stimme in befehlendem Ton. „Habt Ihr das Schilf genau revidirt?"

„Zu Befehl, Herr Major," antwortete ein Russe, „es ist nichts zu entdecken."

„Gut," fuhr die Stimme fort, „sowie der Abend kommt, fahrt Ihr dort auf die Insel und legt Euch auf die Lauer. Verbergt Euch gut im Schilfe und haltet scharfe Wacht. Nehmt auch die Enterhaken mit. Das kleine Boot, das wir neulich den Rebellen abgenommen haben, wird gleichfalls bemannt und an die Stelle gerudert, an der es gefunden wurde. Jetzt fort an Eure Posten."

Man hörte deutlich, wie die Kette um einen Pfahl geschlungen wurde und darauf das Commando und den tactmäßigen Schritt der abmarschirenden Soldaten.

(Fortsetzung folgt.)

Glaubensartikel von der Allgewalt und Unfehlbarkeit des Papstes erkläre.

Zugleich wird versichert, daß in naher Zeit wieder eine Zusammenkunft und Berathung deutscher Bischöfe zu Fulda stattfinden werde.

Als im Jahre 1848 eine Versammlung aller deutschen Bischöfe zu Würzburg gehalten wurde, erwies man mir die Ehre, mich zu derselben einzuladen, und nahm ich an den dort gepflogenen Berathungen theil. Vielleicht könnten nun Euere Excellenz veranlassen, daß auch auf dieser bevorstehenden Versammlung mir, nicht etwa eine Theilnahme an den Berathungen, sondern nur ein geneigtes Gehör für wenige Stunden bewilligt würde.

Ich bin nämlich erbötig vor der Versammlung folgende Sätze zu erweisen, welche für die gegenwärtige Lage der deutschen Kirche und für meine persönliche Stellung von entscheidender Wichtigkeit sein dürften.

Erstens: Die neuen Glaubensdekrete stützen sich zur Begründung aus der heiligen Schrift auf die Stellen Matth. 16, 18, Joh. 21, 17 und, was die Unfehlbarkeit betrifft, auf die Stelle Lukas 22, 32, mit welcher dieselbe biblisch angesehen, steht und fällt. Wir sind nun aber durch einen feierlichen Eid, welchen ich zweimal geleistet habe, verpflichtet die heilige Schrift „nicht anders als nach dem einstimmigen Consensus der Väter anzunehmen und auszulegen." Die Kirchenväter haben alle, ohne Ausnahme, die fraglichen Stellen in einem von den neuen Decreten völlig verschiedenen Sinn ausgelegt, und namentlich in der Stelle Lukas 22, 32, nichts weniger als eine allen Päpsten verliehene Unfehlbarkeit gefunden. Demnach würde ich, wenn ich mit den Dekreten diese Deutung, ohne welche dieselben des biblischen Fundaments entbehren, annehmen wollte, einen Eidbruch begehen.

Zweitens: In mehreren bischöflichen Hirtenbriefen und Kundgebungen aus der jüngsten Zeit wird die Behauptung entwickelt, oder der geschichtliche Nachweis versucht, daß die neue zu Rom verkündete Lehre von der päpstlichen Allgewalt über jeden einzelnen Christen und von der päpstlichen Unfehlbarkeit in Glaubensentscheidungen in der Kirche von Anbeginn an durch alle Jahrhunderte hindurch und immer allgemein, oder doch beinahe allgemein, geglaubt und gelehrt worden sei. Diese Behauptung beruht, wie ich nachzuweisen bereit bin, auf einer vollständigen Verkennung der Ueberlieferung im ersten Jahrtausend der Kirche und einer Entstellung ihrer Geschichte; sie steht im Widerspruche mit den klarsten Thatsachen und Zeugnissen.

Drittens: Ich erbiete mich ferner den Beweis zu führen, daß die Bischöfe der romanischen Länder, Spanien, Italien, Südamerika, Frankreich, welche in Rom die immense Mehrheit gebildet haben, nebst ihrem Klerus schon durch die Lehrbücher aus welchen sie zur Zeit ihrer Seminar-Bildung ihre Kenntnisse geschöpft haben, bezüglich der Materie von der päpstlichen Gewalt irre geführt worden waren, da die in diesen Büchern angeführten Beweisstellen größtentheils falsch, erdichtet oder entstellt sind.

Viertens: Ich berufe mich auf die Thatsache, und erbiete mich, sie öffentlich zu beweisen, daß zwei allgemeine Concilien und mehrere Päpste bereits im 15. Jahrhundert durch feierliche, von den Concilien verkündigte, von den Päpsten wiederholt bestätigte Dekrete die Frage von dem Machtumfange des Papstes und von seiner Unfehlbarkeit entschieden haben, und daß die Dekrete vom 18. Juli 1870 im grellen Widerspruche mit diesen Beschlüssen stehen, also unmöglich verbindlich sein können.

Fünftens: glaube ich auch dieß beweisen zu können: daß die neuen Dekrete schlechthin unvereinbar sind mit den Verfassungen der europäischen Staaten, insbesondere mit der bayerischen Verfassung, und daß ich auch schon durch den Eid auf diese Verfassung, welchen ich erst neuerlich wieder bei meinem Eintritt in die Kammer der Reichsräthe geschworen habe, mich in der Unmöglichkeit befinde, die neuen Dekrete und in deren nothwendiger Folge die Bullen Unam Sanctam und Cum ex apostolatus officio, den Syllabus Pius' IX. und so viele andere päpstliche Aussprüche und Gesetze, die nun als unfehlbare Entscheidungen gelten sollen und im unauflöslichen Conflikt mit den Staatsgesetzen stehen, anzunehmen. Ich berufe mich in dieser Beziehung auf das Gutachten der juristischen Facultät in München, und erbiete mich zugleich es auf den Wahrspruch jeder deutschen Juristenfacultät, welche etwa Ew. Excellenz mir bezeichnen würde, ankommen zu lassen.

Für die von mir vorgeschlagene, oder vielmehr erbetene, Conferenz stelle ich nur zwei Bedingungen, die erste: daß meine Angaben mit den etwaigen Gegenreden zu Protokoll genommen und die Veröffentlichung desselben nachher gestattet werde. Die zweite: daß einem wissenschaftlich gebildeten Manne meiner Wahl bei der Conferenz zugegen zu sein erlaubt werde.

Sollte eine solche Vertheidigung und Beweisführung in Fulda und vor den deutschen Bischöfen nicht möglich sein, so möge der Erzbischof eine Commission aus Mitgliedern seines Domkapitels, deren Mehrzahl ehemalige Schüler Döllingers seien, bilden um vor dieser die Sache ruhig verhandeln zu können. Würde er (Döllinger) mit Zeugnissen und Thatsachen überführt, so verpflichte er sich, öffentlichen Widerruf zu leisten und sich selbst zu widerlegen. Die Folgen einer solchen Auseinandersetzung könnten in jedem Falle für die Kirche und den Seelenfrieden nur erwünscht sein, denn — fährt Döllinger wörtlich fort — „Tausende im Klerus, Hunderttausende in der Laienwelt denken wie ich und halten die neuen Glaubensartikel für unannehmbar. Bis heute hat noch kein einziger, selbst von Denen welche eine Unterwürfigkeits-Erklärung ausgestellt haben, mir gesagt, daß er wirklich von der Wahrheit dieser Sätze überzeugt sei. Alle meine Freunde und Bekannten bestätigen mir, daß sie die gleiche Erfahrung machen. „Kein einziger glaubt daran", höre ich Tag für Tag aus jedem Munde. Eine Conferenz wie die von mir vorgeschlagene, und die Veröffentlichung des Protokolls wird daher jedenfalls eine von Unzähligen ersehnte höhere Klarheit gewähren."

(Schluß folgt.)

* Litterarisches.

D Still und bewegt. Zweite Sammlung der Gedichte von Karl Beck, Berlin, Schindler 1870. In diesem Bande lebt der ein Jahrzehnt schweigsam gewesene Dichter uns leiden noch, wie in dem berühmt gewordenen „Lool" das ein Regierungsprogramm aus dem Herzen des Ungarvolkes in dem prachtvollen Bilde eines kaiserlichen Abenteuers gibt, noch den leidenschaftlichen Schwung, das wilde Feuer des „armen Mannes" und seiner früheren Productionen sprechen wir „Still und bewegt," seine wahrhaftere Aufschrift könnte eine Sammlung tragen, die das ganze Kämpfen und Ringen nach Innen gewandt, und zu einer reichen Welt des Friedens, der Ergebung und Versöhnung gewandelt zeigt, eine Sammlung, die „nicht Weisen sucht, eine Welt zu erstürmen," sondern „nur tönend wie die Glocke tönt, der herm aus läutet zu den Gräbern, ein Lied, das allen Streit versöhnt!" Auch manches Unbedeutendere findet mit unter; aber es ist unmöglich, eine reiche und tiefbewegte Persönlichkeit, wie sie sich in vielen Gedichten („Helfer, gut," „Abendgang" u. a.) so unbefangen ausspricht, nicht zu lieben, und unmöglich, von der edlen Einfachheit der höchsten Gedanken gleichwie der tiefsten Herzensempfindungen, die sich in krystallklar ausgearbeiteter Form bieten, nicht selbst „still und bewegt" zum Bessern, zum Guten angeregt zu werden. Möge das Bändchen des österreichischen Dichters durch das ganze Vaterland hin eine gute dankbare Stätte finden.

Verantwortlicher Redacteur und Verleger Carl Luebeck.
Druck von Ph. Rohr in Kaiserslautern.

Hurrah, Germania! Deutsche Kriegslieder und Gedichte, 1870. Tilsit. J. Reyländer. Für den überaus geringen Preis von 3 Sgr. erhält der Leser in dem oben genannten Heftchen auf 120 Seiten 75 der schönsten Kriegslieder, älterer und neuester Zeit. Neben den besten und kernigsten Gesängen aus der Zeit von 1813 findet man eine reiche Auswahl des Besten von dem, was die allgemeine Begeisterung des deutschen Volkes in diesem Jahre in poetischer Form geschaffen. Das kleine Büchlein ist daher ein würdiges Erinnerungsdenkmal der großen Zeit, welche wir jetzt durchlebt, und kann um so mehr empfohlen werden als der Ertrag von dem Herrn Verleger für die hinterbliebenen Wittwen und Waisen der im Felde gefallenen deutschen Krieger bestimmt ist.

Marktbericht.

* Mannheim, 11. April. Die Umsätze im Getreidegeschäft blieben auch in dieser Woche beschränkt; der Verkehr auf den südd. Bahnen ist wieder eröffnet, doch sind größere Transporte wegen des Wagenmangels noch immer unmöglich oder mit großen Schwierigkeiten verbunden. Wir notiren: Waizen nach Qualität fl. 15—15½, ungarischer 15½—15⅝ fl., Roggen fl. 11½—¾, Gerste, feine Brauwaare fl. 11⅝, württ. und ungar. fl. 11¼. Alles per 100 Kilgr., Hafer fl. 5⅛—⅜ per 50 Kil. bez.

* Frankfurt, 12. April. Im Getreide war das Geschäft während der verflossenen Woche sehr gering und ohne jede Veränderung. Der heutige Markt war nur sehr wenig besucht und gänzlich geschäftslos. Wir notiren: Waizen, Wetterauer fl. 15—15½, fränkischer fl. 14⅝, Roggen fl. 11⅜—½, Gerste nach Qualität fl. 11¾—12. Alles per 200 Pfd. effectiv loco hier. Hafer fl. 6½ per 120 Pfd. effective loco hier.

* Köln, 11. April. (Schluß-Bericht.) Weizen höher effect. hiesiger 8⅝ Thlr., per Mai 8 Thlr. 5 Sgr., per Novbr. 8 Thlr. 25 Sgr. Roggen höher, effect. hies. 6 Thlr. 20 Sgr., per Mai 6 Thlr. 3 Sgr., per Nov. 6 Thlr. 1½ Sgr. Rüböl niedriger, effectiv hiesiges 15½ Thlr., per Mai 14⁹⁄₁₀, per Oktbr. 14⁴⁄₅. Leinöl 12½. Wetter: Schön.

* Berlin, 11. April. (Schlußbericht.) Roggen pr. April-Mai 52¾, per Juni-Juli 54½. Oel per April-Mai 28⁷⁄₁₂, per Sept.-Okt. 26⁵⁄₁₂. Spiritus pr. April-Mai 16 thlr. 26 sgr. per Juni-Juli 17 thl. 11 sgr.

* Hamburg, 11. April. (Schlußbericht.) Waizen per April-Mai 5400 Pfd. netto 164 Br. 163 G., (im Thaler à 3 RM.), per Juni-Juli 5400 Pfd. 161 Br. 163½ G. (RM.) Roggen per April-Mai 2000 Pfd. netto 112 Br., 111 G. (im Thlr. à 3 RM.), per Juni-Juli 113 Br. 112 G. (RM.) Rüböl loco 29 per Okt. 26. Spiritus loco 21, per Juli-August 21⅝. Kaffee fest.

* Königsberg, 8. April. Weizen für 85 Pfd. 96—115 Sgr. — Roggen für 80 Pfd. 55—63 Sgr. — Gerste, große und kleine für 70 Pfd. 43—48 Sgr. — Hafer für 50 Pfd. 28—33 Sgr. — Erbsen, weiße für 90 Pfd. 55—65 Sgr. graue, 55—70 Sgr., grüne 60—72 Sgr. — Bohnen für 90 Pfd. 65—73 Sgr. — Wicken für 90 Pfd. 55—68 Sgr. — Buchweizen für 70 Pfd. 44—46 Sgr. — Leinsaat für 70 Pfd. 80—95 Sgr. — Rübsen für 72 Pfd. 118—125 Sgr. — Kleesaat, rothe 13—20 Thlr., weiße 15—24 Thlr. der Centner. — Thymotheum 6—10 Thlr. der Centner. — Leinöl mit Faß 12½ Thlr., Rüböl mit Faß 14½ Thlr. der Cent. Leinkuchen 63—66 Sgr., Rübkuchen 68—72 Sgr. der Centner. Spiritus 16— Thlr. für 8000% Tr. ohne Faß. Ablieferung Frühjahr 16— Thlr.

Deutscher Demokrat.

Erscheint wöchentlich einmal und wird den auswärtigen Abonnenten Freitags mit der Post zugesandt.

Nro. 17. Vierteljährlich 5 Sgr. — 18 kr. in Preußen 6 Sgr. 9 Pf. **Kaiserslautern, 23. April** Inserate 3 Sgr. 12 kr. die 3spaltige Zeile. 1871.

Postbeschwerde.

Aus Artern, 14. April erhalten wir folgende Beschwerde:

„Am 31. März bestellte ich 1 Exemplar des „deutschen Demokrat" empfing ich erst heute in Nr. 14 und 15 zusammen.

Auf hiesiger Postexpedition sagte man mir auf tagtägliches Nachfragen, das Blatt erscheine nicht mehr in Kaiserslautern, er (der Postsecretär) habe deßhalb nach Speyer schreiben müssen, wo es erscheine."

Es ist uns unbegreiflich, daß der Vorsteher einer Postexpedition den Zeitungs-Preiscourant nicht kennt, er würde bei nur weniger Aufmerksamkeit den in Kaiserslautern nach wie vor erscheinenden „deutschen Demokrat" sehr leicht unter Nr. 689 a. Nachtrag entdeckt haben.

Mehrfache Beschwerden liegen aus Ost- und Norddeutschland vor, namentlich aus denjenigen Orten, für welche das Berliner Zeitungscomptoir die Bestellungen vermittelt.

Hier wäre eine schnellere Sortirung der Blätter dringend wünschenswerth, wenigstens eine so schnelle, daß die Postzüge desselben Tages zur Weiterbeförderung benutzt werden können.

* Der Bürgerkrieg in Frankreich.

Die Vermittelungsvorschläge von Paris sind in Versailles verworfen worden. Das Programm der Vermittlungsmänner, aus Deputirten und Maires von Paris bestehend, lautete:

Republikanische Union für die Rechte von Paris.

Der Bürgerkrieg hat nicht vermieden werden können. Der Eigensinn der National-Assemblée von Versailles, die legitimen Rechte von Paris nicht anzuerkennen, hat unvermeidlich Blutvergießen herbeigeführt. Man muß jetzt darauf bedacht sein, daß der Kampf, welcher Bestürzung in den Herzen aller Bürger hervorbringt, nicht den Verlust der Republik und unserer Freiheiten zur Folge habe. Deßhalb ist es nöthig, daß ein genau bestimmtes Programm in einem gemeinschaftlichen Gedanken die größte Mehrheit der Pariser Bürger vereinigend, dieser Verwirrung der Geister und Zersteuung der Kräfte ein Ende macht. Die unterzeichneten Bürger, unter der Benennung: Union républicaine pour les droits de Paris vereinigt, haben folgendes Programm adoptirt, welches ihnen die Wünsche der Pariser Bevölkerung auszudrücken scheint: Anerkennung der Republik; Anerkennung des Rechtes von Paris, sich durch einen frei gewählten und souveränen Rath zu regieren und in den Grenzen seiner Attributionen seine Polizei, seine Finanzen, seine öffentlichen Unterstützungen, seinen Unterricht und die Ausübung der Gewissensfreiheit zu regeln; die Wache von Paris ausschließlich der Nationalgarde, aus allen dienfttauglichen Wählern bestehend, überlassen. Dem Aufrechthalten dieses Programmes wollen die Mitglieder der Union alle ihre Kräfte weihen, und sie fordern alle Bürger auf, sie in diesem Unternehmen zu unterstützen indem sie ihren Beitritt erklären, damit die Mitglieder der republikanischen Union, durch diesen Beitritt erstarkt, eine energische Vermittlungsaction, die fähig wäre, den Frieden herzustellen und die Republik aufrechtzuerhalten, ausüben können.

Die Vermittelungsmänner von Paris erklärten gleichzeitig in einem Aufruf, daß, wenn die Regierung von Versailles, gegen diese gerechten Rückforderungen taub bleiben sollte, sie wissen möge, daß ganz Paris sich zur Vertheidigung dieser Rückforderungen erheben würde. Die Ablehnung der Forderungen scheint denn dem Fasse den Boden ausgeschlagen zu haben. Die Versailler unternahmen am 11. und 12 einen wüthenden Angriff gegen die Stadt, sie fanden jedoch statt der erwarteten Entmuthigung eine zähe Vertheidigung. Der Angriff wurde auf allen Punkten nach blutigem Ringen zurückgewiesen. Führer der Pariser war ein Pole Dombrowski, der an der letzten polnischen Insurrektion im Jahre 1863 thätigen Antheil genommen hatte. Die Verluste sollen auf beiden Seiten bedeutend gewesen sein. — — Die Versailler haben die Brücke zur Versöhnung abgebrochen, indem sie als Antwort auf die Forderungen von Paris ein reactionäres Communalgesetz beschlossen, das die Ernennung der Bürgermeister bis auf Weiteres in die Hand der Regierung legt.

Den schweren Kämpfen, bei denen die Versailler fast alle eroberten Positionen verloren, ist eine mehrtägige Pause der Ermattung gefolgt, die nur durch kleinere unbedeutendere Kämpfe unterbrochen wurde. Die Versailler werden, da es ihnen an der hinreichenden militärischen Kraft gebricht, vorerst noch keinen bedeutenderen Angriff wagen, sondern erst die Ankunft der neuen Armeen abwarten, die aus den entlassenen Gefangenen gebildet werden. Nicht unwahrscheinlich ist es übrigens, daß die Pariser den Feind im eigenen Lager aufsuchen, wenigstens zwingt sie der angeblich steigende Mangel der Lebensmittel und die täglich größer werdende Gefahr zu den außerordentlichsten Schritten.

Ueber das muthmaßliche Eingreifen der Deutschen in die inneren Wirren Frankreichs, liegen bis heute nur Gerüchte vor.

Das deutsche Hauptquartier ist inzwischen nach Soisy in die unmittelbare Nähe von Paris verlegt worden, auch hat man die deutschen Streitkräfte in St. Denis erheblich verstärkt, um auf Alles vorbereitet zu sein. Die Pariser hatten auf neutralem Gebiete Requisitionen vorgenommen, was den deutschen Commandanten in St. Denis zu der Drohung veranlaßte, sofort die Feindseligkeiten zu eröffnen, wenn sich diese Requisitionen wiederholen würden.

Eine Aussöhnung zwischen Paris und Versailles ist noch immer möglich und umsomehr als bei den kürzlich stattgefundenen Ergänzungswahlen zur Commune die herrschende Partei in vielen Bezirken erlegen ist und Versöhnungsmänner gewählt worden sind.

* Wochenschau.

Deutschland.

Der deutsche Reichstag hat die Verfassung des Deutschen Reichs ohne freiheitliche Abänderung auch in dritter und letzter Lesung angenommen und damit dem parlamentarischen Leben den Todesstoß gegeben. Der Reichstag ist somit glücklich die noch dazu höchst überflüssige Geldbeitreibungsmaschine zur Erhaltung des deutschen Bundesheeres geworden.

Hinterher kommt jetzt die preußische Fortschrittspartei mit einem Antrage auf Diätenbewilligung für die Reichstagsmitglieder. — Der verhängnißvolle Fehler, den die Partei bei dem Sonnemann'schen Antrage begangen, trägt jetzt seine Früchte. So lange die Reichsverfassung noch nicht genehmigt war, mußte der Bundesrath Zugeständnisse machen, jetzt aber, wo diese Verfassung fix und fertig ist, wird er sich hüten, den Wunsch der preußischen Fortschrittspartei zu erfüllen. Vierzehn Stimmen reichen im Bundesrathe aus, jede Verfassungsänderung unmöglich zu machen — und Preußen hat im Bundesrathe allein siebenzehn Stimmen! Selbst in eigenen fortschrittlichen Kreisen ist man mit dem Verhalten in der Grundrechtsfrage nicht einverstanden; aus Thüringen, wo sich in letzter Zeit ein regeres politisches Leben entfaltete, sind namentlich Stimmen der Mißbilligung laut geworden.

Der Reichstagsabgeordnete von Rachau hatte den Sonnemann'schen Antrag auf Einführung der Grundrechte mit der ächt zeitgemäßen Denunciation beantwortet, daß die „Frkf. Ztg." im Kriege Partei für Frankreich genommen. Sonnemann bezeichnet diese Behauptung als Lüge und der Herr von Rachau ist den Beweis, wie nicht anders zu erwarten war, schuldig geblieben.

Der Reichstag ist mit der Berathung des Gesetzentwurfs über die Haftpflicht der Unternehmer beschäftigt. Die Halbheit unserer heutigen Gesetzgebung zeigt sich auch in diesem Falle. Der Entwurf bezweckt nicht etwa eine allgemeine Entschädigungspflicht bei allen unverschuldeten Unglücksfällen, sondern zieht nur die Eisenbahn, Bergwerke, Steinbrüche, Gruben und Fabriken in den Kreis der Gesetzgebung und hierbei stellt er nur bei den Eisenbahnen die Verbindlichkeit zum Schadenersatz, bei den Bergwerken rc. aber die Nichtverbindlichkeit als Regel auf. Es läßt sich eine entsprechende Aenderung des Entwurfs schwerlich erwarten.

Der französische Krieg hat bis zum 1. April allein für Norddeutschland 285,493,497 Thlr. gekostet. Das macht pro Tag seit der Mobilmachung am 15. Juli v. J. 1,102,898 Thlr. Nicht inbegriffen darin sind die auf dem Friedensetat der Militärverwaltung verrechneten Ausgaben, welche sich auf etwa 45 Mill. Thlr. belaufen. Dazu tritt noch die neue Nachtrags-Forderung von 120 Millionen, welche die Regierung beim Reichstage eingebracht!

Die Einladung zu dem großen Feste, welches die kaiserliche Hauptstadt dem Reichstage gibt, hat der Abg. Prince Smith mit der ungeschminkten Erklärung zurückgeschickt, daß er's nicht über sich gewinnen kann, an einem Feste Theil zu nehmen, für welches die Stadt Berlin, deren Einwohner unter schwerem Steuerdruck fast erliegen, 12,000 Thaler aufwenden will. Recht so!

Die Beschäftigung der Strafgefangenen im Auftrage der Anstaltsbeamten wird bedeutend beschränkt und für den häuslichen Dienst gänzlich aufgehoben, der von Seiten der Beamten zu zahlende Lohn erhöht und die Controle über das Maß der betreffenden Leistungen wesentlich verschärft.

Die demokratische Partei von Mainz wird als solche, einer im „Anz." seitens des Wahlcomitees derselben erschienenen Erklärung zufolge, den Wahlkampf bei der Abstimmung der 1. und 2. Abtheilung zur Gemeinderathswahl nicht fortsetzen. Sie überläßt, da die Majorität wieder wie in der 3. Abtheilung gegen sie sein dürfte, es ihren Parteigenossen, nach bestem Ermessen von ihrem Wahlrecht Gebrauch zu machen.

Der Drucker der Chemnitzer „Fr. Presse," Hager, hat wegen einer Gelddifferenz mit dem Herausgeber des Blattes ohne Weiteres den Druck des Blattes eingestellt. Die conservativen und nationalliberalen Chemnitzer Blätter werden auf diese Weise einen jederzeit schlagfertigen Gegner los.

Die Domänen des deutschen Kaiserhauses Lauenburg soll nun definitiv in Preußen aufgehen. Andere Zeiten, andere Sitten! 1864 fand sich im durchweg fortschrittlich gesinnten preußischen Abgeordnetenhause kaum eine Stimme für die Annexion und heute wird sich im Reichstage kaum eine Stimme dagegen finden, was im Grund auch gleichgültig ist.

Eine Wählerversammlung des dritten Berliner Wahlkreises, in dem Jacoby bei der Hauptwahl 1600 Stimmen erhielt, stellte für die demnächstige Nachwahl abermals den Veteranen der Demokratie als Kandidaten auf — natürlich mit denselben schlechten Aussichten, da Fortschrittler und Nationalliberale wieder als Verbündete gegen Jakoby auftreten. — Der demokratische Wahlverein hat sich unter dem Vorsitz des Dr. Guido Weiß in einen demokratischen Verein verwandelt, der schon über 150 Mitglider zählt.

Vor der Criminal-Deputation des Tilsiter Kreisgerichts wurde am 17. ds. Mts. ein Preßprozeß gegen den Redacteur des „Bürger und Bauernfreundes," Herrn Frentzel-Kornyatschen und den Verleger des Tilsiter Wochenblattes, Herrn Post, wegen Beleidigung des Regierungs-Präsidenten Wamrach verhandelt. Es folgte nach langer Berathung, auf die wir in nächster Nummer zurückkommen, die Freisprechung der Angeklagten. Zwei andere Anklagen wurden zurückgenommen.

Dalwigk ist gefallen, schreibt man uns aus Alzey, zur Uebernahme seiner Hinterlassenschaft sind die Herren v. Bechtold und v. Lindelof vorläufig berufen und da diese Männer bislang das Vergnügen hatten, mit dem gegangenwordenen Ministerpräsidenten aus eigenem Antriebe und aus volten Backen in ein und dasselbe Horn zu blasen, so wird keine Freude und keine Trauer kommen über die Bewohner Darmhessens ob dieses plötzlichen Wechsels, ob dieses raschen Falles aus stolzer Höhe. Wie der richtige Kern sich nimmer verleugnet, wie der neue deutsche Reichsadler, der in seinem Herzen den preußischen Adler trägt — in dessen Herzen wiederum der hohenzollern'sche steckt — so hat die Seele unseres bisherigen Ministeriums, die umschließende Hülle sprengend, treu ihrer Vergangenheit die traurige Erbschaft übernommen, eifrigst, nach des Meisters Vorbild, bestrebt zu sein, nicht liberaler werden zu wollen wie der Norden, dagegen so ultramontan zu sein wie der Freiherr v. Ketteler, der augenblicklich seinen Stuhl in Mainz verlassen, um Tauberbischofsheim würdig zu vertreten und als Bischof tauben Ohren im deutschen Reichstage zu predigen.

Die Stadt Wimpfen in Hessen hat eine Eingabe an den Reichskanzler um Abtretung an Württemberg oder Baden, „am liebsten an ersteres" gerichtet. Ubi bene ibi patria! Das ist der seltene Grund dieser seltenen Bitte!

Die „Süddeutsche Post" hat noch immer keine Gnade vor den Augen des Münchener Polizei-Präsidenten gefunden, sie ist abermals confiscirt worden. Das Blatt bleibt trotz dieser furchtbaren Schläge auf seinem Posten. Unterstützen wir es durch zahlreiches Abonnement!

Damit die in der mobilen Armee in Frankreich eingereihten bayerischen Landwehrmänner abgelöst und nach der Rückkehr von dort sofort beurlaubt werden können, erhielten die bayerischen Regimenter den Befehl, sofort eine entsprechende Anzahl neuer Ersatzmannschaften nach Frankreich abzusenden. Zu diesem Zwecke haben die Regimenter eine größere Anzahl beurlaubter Soldaten und Reservisten in den jüngsten Tagen einberufen.

Viel Staub hat die Weißenburger Frage aufgewirbelt. Bekanntlich ist vor Ausbruch des Krieges die Abtretung Weißenburgs Bayern zugesichert worden. Jetzt will man von Berlin aus die Abtretung hintertreiben. Bayern soll jedoch noch immer nicht nachgegeben haben. Dieser Menschenschacher stimmt so ganz mit unserem Jahrhundert der Waffen-Intelligenz!

Döllinger ist excommunicirt; die Bewegung gegen das Unfehlbarkeits-Dogma greift immer weiter um sich und droht eine völlige Spaltung in der katholischen Kirche herbeizuführen. Der Krieg in der Presse wird auf beiden Seiten mit größter Heftigkeit geführt, wobei natürlich die Unfehlbarkeitsritter einen schweren Stand haben, da es den Gegnern leicht ist, das Unsinnige des Dogmas nachzuweisen. Ob die Bewegung indeß zu einer gründlichen Reform der Kirche führen wird, muß man bei der ultramontanen Gesinnung Döllingers stark bezweifeln. — Mit Erlaubniß des Cultusministeriums finden jetzt in verschiedenen Gegenden Bayerns wieder Jesuitenmissionen statt. Das ist bezeichnend genug!

Die auch von uns erwähnte pfälzische Proscriptionsliste entpuppt sich, wie wir von vornherein annahmen als eine nationalliberale Lüge, welche von einem pfälzischen Abgeordneten zur Auffrischung des nationalliberalen Heiligenscheins erfunden worden ist.

Herr Adolf Kröber ist von Kaiserslautern nach München abgereist.

Die Freiburger Gewerbe-Ausstellung pro 1870, welche der Krieg unmöglich gemacht, soll im Spätsommer 1871 stattfinden.

Ausland.

Das vielverschrieene österreichische Ministerium beabsichtigt einen Ausgleich mit den Polen, ein polnischer Minister Grocholski ist ernannt und dürften Ausgleichsverhandlungen in kürzester Zeit erfolgen.

Aus Klagenfurt, 10. April, bringt die „Tagespresse" die Kunde vom Tode Albert Clement's, eines 1848er Kämpfers aus Kärnten, mit dem die Gemeinsamkeit des politischen Schicksals und Bekenntnisses manchen unserer Parteigenossen erst in der Schweiz und später in Frankreich in nähere und freundschaftliche Berührung gebracht hat.

Das Züricher Kriegsgericht hat unter großem Andrang des Publikums den Prozeß gegen die internirten Franzosen verhandelt, welche seiner Zeit die deutsche Friedensfeier störten. Es wurde jeder der vier Angeklagten zu drei Monaten Gefängniß und außerdem zur Zahlung von Entschädigungssummen an die Verletzten und Beschädigten verurtheilt.

Das Gotthardbahn-Projekt soll nach einem Versprechen des italienischen Ministers Sella unmittelbar nach der Verlegung der Hauptstadt nach Rom im Parlamente zur Verhandlung gelangen. Die Annahme ist zweifellos. Der Schweizer Bundesrath hat die Erklärung abgegeben, daß er in Folge der Kriegsereignisse zur Förderung des Projects nichts weiter habe thun können als die Verlängerung der Frist für die Aufbringung der Hilfsgelder von 85 Millionen Franken bis zum 31. October 1871.

Das italienische Königshaus hat den Prinzen Umberto auf Reisen geschickt, um das italienische Heer für die Krone zu gewinnen. Die Offiziere werden durch Aussicht auf Beförderung geködert, gegen die Soldaten soll zur Fernhaltung des demokratischen Geistes die eisernste Strenge beobachtet werden. Der hoffnungsvolle Prinz hat auch im vorigen Jahre durch seine Rathschläge dahin gewirkt, daß der König die Begnadigung des unglücklichen Corporals Barsanti so hartnäckig verweigerte.

Rom beginnt sich immer mehr mit den unabänderlichen Thatsachen auszusöhnen und selbst der Cardinal Antonelli ist des Schimpfens müde geworden. — Das Garantiegesetz soll der Vatican jedoch ablehnen wollen!

Garibaldi verlangt von der Regierung 100 Hektaren Land in Sardinien, um dort Ackerbau-Colonien zu gründen. Die Regierung wird froh sein, den alten Haudegen auf so ungefährliche Art beschäftigen zu können.

Die „neue Unionsacte" zwischen Schweden und Norwegen, welche eine gemeinsame kriegerische Thätigkeit bezweckt, ist vom Ausschuß des norwegischen Storthing mit 8 gegen 1 Stimme verworfen. Das gleiche Schicksal steht dem Gesetze im Hause wie im schwedischen Reichstage bevor.

Der Ukas des Kaisers von Rußland, welcher die tollsten Kleidungsvorschriften für die Juden enthielt, soll aufgehoben sein. Man meint, daß es der russischen Polizei bei der Auffrischung der alten Be-

stimmungen
gewesen sei.
Fürst C...
thanen zu ...
die Zeit mi...
im Interesse...
Die ge...
ung der zwe...
einigten ...
Streitigkeite...
Grundlagen...
verständigt ...
Zwischen...
Amerika's ...
ben. Der ...
Ablauf von ...
nicht wieder...
derbeginn ei...
ist eine von...
renz in Wa...
Die Br...
men mit B...
würdigste ...
„geruhen" ...
ligen Blut...
Priester, ...
begleiten, ...
Klerus ist ...
merkt dazu ...
Das a...
nehmigte ...
General-A...
aller Theile...
ten, mit ...
Vereinigten...
eine angeh...
welche für ...
Die Gegner...
blikaner.

W. L. Di...
Die Kr...
viel von de...
wenigen un...
Unheils, da...
In den sch...
gehörten un...
daten, welch...
und langwi...
dem Wah...
Ganz in de...
len nach ...
gebracht, w...
um die Ver...
sie nur ein...
meist, wilde...
termägen, ...
transportirt...
unter den ...
herzzerreiße...
dieser Bezie...
menitreffen ...
seiner Fran...
von dem w...
Haus einen...
standen, u...
gefahren, u...

Feuilleton.

* Die Pulverflüchtlinge.

Erzählung von A. Fr.

(Fortsetzung.)

„Zum Teufel," sagte Thaddäus ingrimmig, „das ist das große Boot, das mir schon einmal beinahe das Leben gekostet hätte. Die Lunte ist auch gut gewählt. Die Sache wird bedenklich, ich muß nachdenken. Kommt zurück und laßt uns einige Stunden schlafen. Vielleicht fällt mir während der Zeit ein guter Gedanke ein. Während des Tages können wir doch nichts unternehmen."

Die Männer gingen zurück, luden ihre Gewehre und legten sich zur Ruhe.

Sie mochten einige Stunden geschlafen haben, als ein fürchterliches, donnerndes Getöse sie jäh aus dem Schlafe emporschreckte. Das Gewölbe zitterte und bebte und an einzelnen Stellen stürzten Kalk und kleinere Steine prasselnd auf die Steinfliesen.

„Sie haben am Baume eine Mine gesprengt," rief Thaddäus, aufspringend.

„Heiliger Gott," schrie er, plötzlich nach seiner Büchse greifend, „das Fallgatter!"

Ohne ein Wort weiter zu reden, sprang er allein in den finstern Gang, der von dem alten Lindenbaume her nach dem Gewölbe führte. In stürmender Hast drang er bis gegen die Mitte des finstern Raumes vor, als sein vorgehaltener Arm heftig auf ein vorliegendes Hinderniß stieß, so daß er zurückprallte.

„Gottlob," murmelte, „das Gatter ist durch die Erschütterung von selbst zugefallen. Ich Unbesonnener hätte leicht uns Alle verderben können."

Eben wollte er den Rückweg nach der Höhle antreten, da krachte es über seinem Haupte, und ein paar schwere Steine fielen ihm vor die Füße. Wie mechanisch trat er einen Schritt nach dem Gatter hin zurück und die Ahnung der schrecklichen Gefahr, die ihm drohte, zuckte durch seinen Kopf. Bevor er aber noch zu einem Entschluß kommen konnte, stürzte vor ihm mit Krachen und dumpfem Poltern der ganze Gang zusammen. Der furchtbare Luftdruck warf ihn mit dem Kopfe gegen das Gatter und raubte ihm die Besinnung. Eine Zeitlang lag er, seiner Sinne nicht mächtig, in dumpfer Betäubung. Es sauste und klang in seinen Ohren und wie im Fieber-Traume hörte er fort und fort den gellenden Schreckensruf seiner Gefährten.

Endlich kehrte das Bewußtsein zurück, doch dauerte es noch mehrere Minuten, bis es ihm gelang, seine Lage zu begreifen. Er tastete nach seinem Kopfe, seinen Armen und Beinen: Alles war unversehrt,

nur die Hö...
gefallen wa...
gerufen. ...
einem weni...
von einer le...
Als er ...
durch eine ...
gleich ergri...
durch diese...
so schloß e...
gerissen un...
sind so glü...
gang ien g...
„So b...
sichert," m...
Kerker in's ...
Er rütt...
ein Haar ...
anstrengte.
holze mit ...
ter ihm wa...
Pfeilern, ...
des Fallgat...
daß der kle...
schont gebl...
schien noch ...
Alles gena...
Schwefelhö...

holen. Statt dessen fand sie einen hülflosen Blödsinnigen, der sie nicht wieder erkannte und der ihre Thränen und Vorstellungen mit stumpfer Gleichgültigkeit und sinnlosen Worten beantwortete. Wie entsetzlich werden gar viele Familien in der Heimath enttäuscht sein, wenn sie statt der sehnlich erwarteten Stütze, statt des in voller Mannskraft hinausgezogenen Vaters, Sohnes oder Bruders einen Verrückten wieder erhalten! —

Eine Mahnung an die deutsche Reichsregierung.

Allen mobilen Offizieren, Aerzten u. obern Beamten des norddeutschen Bundesheeres sollen in Rücksicht auf die lange Dauer und große Anstrengung des nun beendeten Krieges mit Frankreich sowie in Hinblick auf die erzielten Erfolge eine Gratification von 5000 bis 75 Thaler gezahlt werden. Bei der Belagerung von Metz mußten die Landwehrmänner um ihren Hunger zu befriedigen von den Marketendern Brod und andere Lebensmittel kaufen. Ein Brod aber kostete 1 Thaler 20 Sgr. Was die Leute an Sparpfennigen ins Feld mitgenommen, mußten sie zur Erhaltung ihrer Gesundheit, ihres Lebens opfern. Derselbe Fall hat sich auf allen Theilen des großen französischen Kriegsschauplatzes wiederholt. Wenn heute von Dotationen die Rede ist, muß der gemeine Mann, der Unteroffizier in erster Reihe berücksichtigt werden. Den wohlhabenden Theil der Armee, den Offizierstand, trifft der Krieg lange nicht so hart, als den ärmeren, den er zum großen Theil in seiner bürgerlichen Beschäftigung ruinirt hat. Darum Gerechtigkeit bei der Entschädigungsvertheilung.

Von der Kgl. Preuß. Ost-Bahn.

L.-P. „Die Eisenbahn ist eine schöne Vegetation," (abgeleitet vom „Weg") hörten wir sagen, als die Kgl. Preuß. Ostbahn von Berlin nach Eydtkuhnen eröffnet wurde, und es ist wirklich wahr. Noch schöner ist aber eine Eisenbahn, behaupten die Aktionäre, wenn sie Geld, viel Geld einbringt. Und das thut unsere Ostbahn und dasselbe scheint unsere Regierung zu glauben. Das Finanz-Ministerium, denn es ist eine Kgl. Bahn, nimmt aus ihrem Betriebe jährlich Millionen und Millionen heraus. Waarentransporte gingen immer ein bischen langsam, beim Personenverkehr kamen aber niemals Unglücksfälle vor. Nun kam der unselige Krieg von 1870 und siehe da, es entrollte sich ein anderes Bild. Nicht ein, sondern mehrere Male wurde der Güterverkehr ganz eingestellt. Wer einen Waggon wollte, mußte sich Tage, Wochen vorher melden. Nur als Eilgut wurden Güter zu Zeiten befördert, aber mit dem Vermerk des Absenders auf dem Frachtbriefe, daß er auf Einhaltung der Lieferungszeit verzichte, was prompt von der Verwaltung benutzt wurde, da zuweilen aus Tagen, Wochen wurden. Im Personenverkehr folgte ein Unglücksfall dem andern, was natürlich auf die Witterung geschoben wurde. Und wo lag des Pudels Kern? Millionen und Millionen nahm der Finanzminister aus den Einnahmen der Bahn jährlich heraus, das Personal blieb ein ungenügendes, das Betriebsmaterial ein auf das geringste Maß beschränktes. Beweis ewiger Wagenmangel an allen Orten der Bahn! Während des Krieges wurden nun noch Locomotiven und Waggons der Bahnverwaltung in übergroßer Menge entzogen, ebenso Personal. Fehlerhafte Waggons, bereits ausrangirte Locomotiven wurden einrangirt, und bei mangelhaftem Betriebe, häuften sich die Unglücksfälle. Wehe, wehe, wenn die Ostbahn zur Zeit eine Privatbahn gewesen wäre. Jetzt wurde die Schuld auf Unterbeamte geschoben, die weiß Gott unschuldig waren. Dem zu groß gewordenen öffentlichen Unwillen, trägt man sogar Rechnung und wird, wie es heißt, einige Oberbeamte, sogar oberste Beamte entlassen. — Sprechen wir es aus, daß wir uns nicht täuschen lassen. Auch die tragen nicht die Schuld an Vernachlässigung der von jeher vernachlässigten Provinz Ostpreußen, sondern allein die Herren Minister, die Geld aus dem Betriebsfonds nahmen und nöthige Anschaffungen versäumten. Soll die Ostbahn uns wahrhaft nützlich werden, muß es mit ihrem Betriebe anders werden, und das kann nur das Ministerium bewerkstelligen, indem es weniger Geld aus den riesigen Einnahmen der Ost-Bahn nimmt und mehr für dieselbe in anständiger Weise verwenden läßt. Ja, ja! Eine Eisenbahn ist eine schöne Sache, wenn — —! Dixi!

Erklärung Döllingers.

(Schluß.)

Döllinger kommt sodann auf den jüngsten Hirtenbrief des Erzbischofs zu sprechen, auf den man ihn (Döllinger) vielleicht verweisen werde, um daraus Belehrung zu schöpfen. Allein diesen Hirtenbrief kann Döllinger leider nur betrachten als eine „lange Reihe von mißverstandenen, entstellten und verstümmelten Zeugnissen", und erbietet sich, dies harte Urtheil sofort, dem Verfasser persönlich gegenüber, in Anwesenheit eines sachverständigen Staatsbeamten, zu beweisen oder, wenn ihm dies nicht gelänge, demselben öffentliche Erklärungen zu leisten.

Hierauf folgt ein historisch-kritischer Rückblick auf die Vorgänge des letzten Conzils, bei welcher Gelegenheit dem Erzbischof von München nicht ohne schneidende Ironie dessen eigenes anfängliches Verhalten auf und unmittelbar nach der großen Kirchenversammlung des vergangenen Jahres vorgehalten wird.

Wie es denn gekommen, daß Ew. Exzellenz selber so lange und so beharrlich gegen die Verkündigung dieses Dogmas sich gesträubt haben? Weil es nicht opportun sei, sagen Sie. Aber kann es denn jemals „„inopportun"" sein, den Gläubigen den Schlüssel zum ganzen Glaubensgebäude zu geben, den Fundamental-Artikel, von welchem alle anderen abhängen, zu verkünden? Da stehen wir ja alle schwindelnd vor einem Abgrunde, der sich am 18. Juli, dem Tage der Verkündigung des Unfehlbarkeitsdogmas vor uns aufgethan hat. Das System, nach welchem laut des neuen Dogmas von nun an die katholische Kirche geleitet werden soll, trage seinen romanischen Ursprung an der Stirne und werde nie in germanischen Ländern durchzudringen vermögen. Die Erklärung schließt mit den Worten: „Als Christ, als Theologe, als Geschichtskundiger, als Bürger kann ich diese Lehre nicht annehmen. Nicht als Christ, denn sie ist unverträglich mit dem Geiste des Evangeliums und mit den klaren Aussprüchen Christi und der Apostel; sie will gerade das Imperium dieser Welt aufrichten, welches Christus ablehnte, will die Herrschaft über die Gemeinden, welche Petrus Allen und sich selbst verbot.

Patriotismus und Frömmigkeit.

Eine Zeitbetrachtung aus Schwaben.

(Fortsetzung.)

Was aber die öffentliche Meinung und ihre Herrschaft über die Personen betrifft, so widerspricht die Oeffentlichkeit ihres Wesens keineswegs der Annahme, daß sie unmoralisch und charakterlos wie der Sinn des Individuums schwanken könne. Denn was sie an Erleuchtung oder Besinnung allerdings gewinnt durch die Oeffentlichkeit, das kann mehr als ausgeglichen werden durch die dunkle elementare Gewalt, welche entfesselte, offen sich bekennende Leidenschaft und Verirrung selbst aus der Gemeinsamkeit schöpft und wie durch Ansteckung in die Massen ausbreitet! Bewiesen aber wird diese Thatsache auch durch jedes Blatt der Geschichte, und jeder Philister hat sie eigentlich auf der Schulbank schon gewußt, wenn es sich nur um ferne Zeiten, ferne Völker und um die Phasen religiös oder politisch dem Lehrenden unangenehmer Entwickelung handelt; er vergißt es nur mitten in dem brausenden Sturme selbst, unter dem Drucke der gegenwärtigen Volksmeinungen, die seine Existenz und seine Interessen gewaltig in der einen herrschenden Richtung fortreibt. Auch brauchen wir, um solche moralische Hinfälligkeit der öffentlichen Meinung im Kleinen zu erweisen, nicht einmal an Boccaccio's berühmte Erzählungen von den märchenhaften Sitten zu erinnern, welche in der von ihm geschilderten Zeit Platz griffen, oder an die Berner Gesellschaftsspiele, in denen nach Eckardt's Erzählung in „Haller und seine Zeit" Jünglinge ihren Gespielinnen beim Pfänderauslösen die Ruthe zu geben pflegten, sondern nur etwa an die „großen Toiletten" der hochgebildeten Kreise auch unserer Gegenwart, an die schamlosen Sitten des „besten Tones" europäischer Fürstenhöfe, die der Geschichte anheimgefallen sind; und um sie im Großen zu erweisen, in der Tiefe und Höhe alles Volkes, brauchen wir ja nur zu erinnern an jene fürchterlichen Ketzergerichte und die in ihrem Gefolge wüthenden Hexenverfolgungen, welche Jahrhunderte lang Europa verwüsteten, und an jene ausgedehnten Judenhetzen, bei denen um Gottes selbst willen keine Scheußlichkeit und kein Massenmord dem öffentlichen Bewußtsein widerstrebte! Erinnern wir, mit einem Worte, daran, daß Huß durch die öffentliche Meinung verbrannt und Jesus von Nazareth durch sie gekreuzigt wurde, daß weder kirchliche noch soziale Reformationen, ja auch industrielle Erfindungen nur, und menschheitliche Verbesserungen je anders als im Kampfe gegen die großen etablirten Rechts- und Weisheits-Begriffe des Volkes, oder gegen die öffentliche Meinung zu Stande gekommen sind.

Damit werden wir vor der Hand bewiesen haben, daß auch die heutige Tagesmeinung von „ganz Deutschland", wie sie die officiellen und officiösen Stimmen ungehindert als den wahren, edlen, vollkommenen Volksgeist verkündigen, keineswegs an sich nothwendig etwas Höheres, Sittlicheres sein muß, als das Rechtsbewußtsein des einzelnen Individuums

---

Rechten am Fallgatter war Alles fest, aber oben zur Linken war ein breites Stück nach innen eingebrochen und drohte bei der leisesten Berührung herabzufallen. Wenn es einstürzte, mußte das darüberliegende Erdreich in die kleine Höhle dringen und ihn erdrücken.

Thaddäus ließ die Hände sinken; er war lebendig begraben. Doch nur einen Augenblick dauerte seine Muthlosigkeit. Fest die Läufe seiner Büchse fassend, murmelte er:

„Gottlob, ich kann es kurz machen!"

Er stellte sich an das Luftloch, um noch die letzten Strahlen des Himmelslichtes einzufangen. Da hörte er deutlich draußen Menschenstimmen. Die neu erwachende Hoffnung und Lust zum Leben ließ ihn Alles vergessen. Laut schrie er auf, schlug mit dem Kolben der Büchse gegen das Eisen des Fallgatters und horchte, ob man ihm antworten werde. Aber kein Laut ließ sich vernehmen; die Stimmen draußen verstummten und innen herrschte wieder die Ruhe und Stille des Grabes. Noch dreimal wiederholte sich dasselbe Spiel und dieselbe Enttäuschung. Zuletzt, als nach stundenlangem Harren nichts mehr zu hören war, setzte sich der Unglückliche erschöpft und an jeder Hoffnung verzweifelnd auf den Boden nieder und versank in ein stummes Brüten.

Ein eigenthümliches Geräusch weckte ihn aus seinem apathischen Zustande. Es war, als ob Wassertropfen von der Decke fielen. Er streckte die Hände aus; richtig! aus der geborstenen Ecke oben tropfte es zur Erde nieder. Thaddäus zündete ein neues Hölzchen an und faßte nach dem feuchten Gestein. In dem Augenblicke gab das Gemäuer dem Drucke der Erde nach und mit dumpfem Poltern stürzten Ziegel und Schutt hinein in die Höhle.

Entsetzt war der Gefangene zurückgesprungen, denn er glaubte, sein Ende sei gekommen, als mitten in der Finsterniß und in dem Schrecken des Todes ein so frischer Luftzug sein Lunge traf, daß er unwillkürlich frei aufathmete. Das Gemäuer stand fest; es konnte also nur ein Loch in der Ecke eingestürzt sein. Wie er vorsichtig hinzutrat, um dies näher zu untersuchen, fiel in sein Auge ein glänzender Schimmer. War es Täuschung? Großer Gott, nein! Durch ein breites Loch in der Ecke schaute der ewige Himmel mit seinen freundlich glänzenden Sternen. Thaddäus schrie laut auf vor Freude; aber im nächsten Augenblicke kehrte seine Besonnenheit zurück. Noch galt es, sich herauszuarbeiten. Wird es gelingen, wird das Erdreich nicht bei seinen Anstrengungen zusammenrutschen und ihm den Ausgang wieder verschließen?

Mit großer Vorsicht häufte er Ziegel und Schutt in der Erde so hoch, als er es vermochte, bis er endlich Kopf und Schultern durch die Oeffnung zwängen konnte. Schon konnte er von hier aus ein großes Stück des Himmelsgewölbes überblicken. Der Mond mußte schon aufgegangen, aber durch Regenwolken umschleiert sein. Beim matten Dämmerschein erkannte Thaddäus, daß er sich noch zwischen den beiden Hälften einer geborstenen Mauer durchzuzwängen hatte, um in die Höhle zu gelangen. Es war eine schwierige Aufgabe und sein scharfer Blick übersah rasch das Gefährliche seiner Lage. Die rechte Seite der geborstenen Mauer war zertrümmert und die schweren Steine lagen so, daß eine starke Berührung sie zum Rollen bringen mußte. Wenn dies geschah, so war er verloren und mußte vielleicht halb zerquetscht eines qualvollen Todes sterben.

Wie er noch überlegte, auf welche Weise er am besten ein Zusammenstürzen der Trümmer vermeiden könne, traf sein Ohr der Ruf eines Käuzchens. Er horchte. Bei Gott, das war ja das ihm so wohl bekannte Zeichen. Sollte zufällig ein wirklicher Vogel auch so rufen? Schnell und so laut er es vermochte, ahmte er die verabredete Antwort nach. Er horchte in fieberhafter Erregung. Der Ruf wiederholte sich und diesmal ganz in der Nähe. Als Thaddäus auf's neue antwortete, polterte es oben in den Trümmern und der Kopf eines Mannes bog sich vorsichtig über den Mauerrand.

(Fortsetzung folgt.)

oder unterdrückter Parteien. Und wir werden ferner auch bewiesen haben, daß diejenigen, deren Chorus jene öffentliche Meinung bildet — denn die Hammel der Heerden müssen, wie die großen Wohlthäter und Uebelthäter der Menschheit, ihre eigenen Personalakten haben — statt durch die öffentliche Meinung schon an sich getetet und gehalten zu werden, wenn sie auch Rechtsgefühl, Billigkeit und Gewissen ihr geopfert haben, leicht versinken und auf dem Grunde ihres Stroms als ein unreiner Schlamm gefunden werden mögen; jedenfalls aber, daß ihr Stolz, ihr grimmiges Selbstgefühl sich darauf beschränken muß, Dutzendwaare zu sein, Spreu vor dem Winde, und unter Menschen dasjenige, was Bethina als „Abklatsch" dem menschlichen Antlitz gegenüber stellt!

(Fortsetzung folgt.)

Eine Klostergeschichte

wird aus Wollstein berichtet. Die „Ostb. Ztg." schreibt:

Im dortigen katholischen Kranken- und Waisenhause ist seit einigen Jahren ein armer vater- und mutterloser Knabe Namens Tomaszewski aus Grätz untergebracht worden, der neben anderen kleinen häuslichen Funktionen auch den Vikar Janke zu wecken und ihm die Stiefeln zu putzen hatte. Vor Kurzem hatte sich der Knabe einmal selbst verschlafen und war dafür mit einer derben Tracht Prügel bestraft worden. Aus Furcht vor ähnlichen Züchtigungen entlief der Knabe, kehrte aber, da er kein Unterkommen fand, matt und abgehungert zurück. — die weitere Folge war eine noch energischere Züchtigung. Vor einigen Tagen hatte der Knabe sich wiederum ein kleines Vergehen zu Schulden kommen lassen und wurde auf Befehl der Oberin-Schwester in einen Stall gesperrt. Bald darauf erschien der genannte Vikar und leitete folgendes Strafverfahren ein: der Knabe wurde aus dem Stall geholt, tüchtig durchgeprügelt, an Händen und Füßen sehr scharf gebunden, zum Stalle zurückgebracht und mit einer eisernen Kette an der Wand angeschlossen. Der Stall wurde verschlossen. — Zufällig kam Abends ein Herr nach dem Probsteigehöft und hörte von der mit dem Knaben vorgenommenen Prozedur. Der Herr theilte dies einem Polizeibeamten mit, welcher bei dem Bürgermeister weitere Anzeige machte. Der Bürgermeister ließ sofort die Klostergebäude untersuchen und fanden die Beamten den Knaben in jämmerlichem Zustande; er war bei seiner Befreiung fast besinnungslos und konnte weder gehen, noch stehen, so daß er zu seiner Vernehmung nach dem Polizeigebäude getragen werden und sofort ärztlicher Pflege anvertraut werden mußte. Die Angelegenheit ist von der Königl. Staatsanwaltschaft bereits in die Hand genommen.

Spaß muß sein.

L.-P. „— — — — — —. Für den Kreis Gumbinnen ist die Einrichtung von 22 Hebammenbezirken mit einer Besoldung von 20 Thaler für die Hebamme in Aussicht genommen. Aus Zweckmäßigkeitsgründen hat die Königliche Regierung die Uebernahme der Besoldung der Bezirkshebammen auf Kreiscommunalfonds angeregt und wird demzufolge den Kreisständen proponirt:

a) die Kreiskorporation übernimmt vom 1. April 1871 ab die Besoldung der für den Kreis anzustellenden 22 Bezirkshebammen im Maximalbetrage von 440 Thlr. jährlich,

b) die Aufbringung dieser Summe erfolgt im Ordinarium des Etats nach demselben Grundsatz wie die übrigen Kreiscommunalbeiträge. Soweit dieselbe für das laufende Jahr mit 330 Thaler aus den Ueberschüssen der Communalverwaltung nicht gedeckt wird, ist sie nach demselben Verhältniß wie die Kreiscommunalabgaben auszuschreiben.

Soviel uns bekannt, nahm der Kreistag die vorstehende „gutgemeinte Proposition" der Gumbinner Regierung, — unser Monarch ist übrigens nicht mehr hier — nicht an. Dagegen soll der Kreistag eben „proponirt" haben, die Regierung möge „aus Zweckmäßigkeitsgründen" alle im Kreise geborenen Kinder bis zum 14. Lebensjahre auf Staatskosten erziehen lassen, und ebenso „aus Zweckmäßigkeitsgründen" sofort alle Zinsen für Kreisschulden zu zahlen übernehmen. Sollte dann aus den „übrigbleibenden Ueberschüssen" der Gehalt für die „proponirten" Hebammen nicht gedeckt werden, so wäre der Kreistag bereit, das hiezu fehlende nach demselben Verhältniß, wie die Kreiscommunalabgaben auszuschreiben.

Literarisches.

J. K.-P. Im Verlage von A. Körner in Stuttgart ist in 3 Bänden von Gustav Rasch ein Buch unter dem Titel: „Aus dem Schuldbuch Louis Bonapartes" erschienen, mit dem Shakspeare's Richard III. entnommenen Motto:

„Hat mein Gewissen doch viel tausend Zungen,
Und jede Zunge bringt verschiedenes Zeugniß,
Und jedes Zeugniß straft mich einen Schurken.
Meineid, Meineid im allerhöchsten Grad,
Mord, grauser Mord, im fürchterlichsten Grad,
Jedwede Sünd', in jedem Grad geübt,
Stürmt an die Schranken, rufend:
Schuldig! Schuldig!"

Das ist die treffendste Bezeichnung auf die erzählten Thatsachen. Denn hier entrollt sich in dem Buche ein Gewebe von Meineid, Verrath, Meuchel- und Massen-Mord, Bestechung der höchsten und höheren Schichten der Gesellschaft, Bestechung der Regierungsbeamten, allmälig fortschreitend zum Verbrechen der Richter, wie es wohl noch nie in der Geschichte da gewesen. Jede erzählte Schandthat trägt leider den Stempel der Wahrheit an der Stirne. — Zwanzig Jahre trug Frankreich diese Schmach, bis es schließlich gegen seinen Willen durch den Tyrannen in den Krieg gegen Deutschland verwickelt, seinem Untergange entgegen geführt wurde. Aus der Geschichte nur kann man Politik lernen! Lest das Schuldbuch des bonapartistischen Verbrechers, der je glaubt, wie ein Volk gemordet, und wohin ein Volk kommen kann, [illegible] und wenn es sich der Macht beugt, seine Rechte nicht zu wahren weiß!!!

Mit den Worten eines Franzosen: „Sei verflucht, Bonaparte!" schließt das Buch. Schwerere wie auch eines Fluchs auf sein mit Flüche beladenes Haupt, für das durch seine Schandthaten auf Frankreichs Gefilden [illegible] Blut, für den Kampf, den er allein zwischen zwei Nationen entzündet, die bestimmt waren nebeneinander zu wirken am [illegible] Werke der Civilisation! Fluch ihm!

Verantwortlicher Redacteur und Verleger Carl Luebeck.
Druck von Ph. Rohe in Kaiserslautern.

Marktbericht.

* Frankfurt, 17. April. [illegible] Roggen [illegible] Weizen, Weizenmehl [illegible] Prima-Sorte [illegible] Roggen Haltung [illegible] Weizen [illegible] Oel und Cassia [illegible] per 300 [illegible]

* Köln, 19. April. (Schluß-Bericht.) [illegible] Roggen [illegible] Oele [illegible] Rüböl [illegible]

* Berlin, 19. April. (Schlußbericht.) Roggen pr. April [illegible] per Juni-Juli 52, Rüböl per April-Mai [illegible] Oct. [illegible] Spiritus pr. April-Mai 16 [illegible] per Juni-Juli 16 [illegible] 22 Sgr.

* Hamburg, 19. April. (Schlußbericht.) Weizen per [illegible] à 3 Kl.), per Juni-Juli [illegible] 164 Br. 163 G. [illegible] Roggen per April-Mai [illegible] 111 Br., 110 G. [illegible] à 3 Kl.), per Juni-Juli 115 Br. 111 G. [illegible] Rüböl loco [illegible] Spiritus [illegible] Juli-August 21[illegible] [illegible]

* Königsberg, 19. April. Weizen [illegible] Sgr. — Roggen [illegible] Sgr. — Gerste, große und kleine [illegible] Sgr. — Hafer [illegible] Sgr. — Erbsen, weiße [illegible] Sgr. — Bohnen [illegible] Sgr. — Wicken [illegible] Sgr. — Leinsaat [illegible] Sgr. — Rübsen [illegible] Sgr. — Kleesaat, rothe [illegible] weiße [illegible] — Thymothee [illegible] Thlr. per Centner. — Rüböl [illegible] Thlr., Rüböl [illegible] Thlr. per Cent. Leinkuchen [illegible] Sgr., Rübkuchen [illegible] Sgr. per Centner. Spiritus [illegible] Thlr. [illegible] Sgr. [illegible] Spiritus [illegible]

*Frankfurt, 17. April. Der heutige Viehmarkt war gut befahren. Auswärtige Händler waren zahlreich am Platze. Zu Markt [illegible] 310 Ochsen, 200 Kühe und Rinder, 150 Kälber und 200 Hämmel. Die Preise stellten sich: Ochsen 1. Qual. fl. 36 [illegible], 2. Qual. fl. 34, Kühe 1. Qual. fl. 30, 2. Qual. fl. 28, Kälber 1. Qual. fl. 29, Hämmel 1. Qual. fl. 27–28.

* Berlin, 17. April. (Neuer Berliner Viehmarkt.) Der Auftrieb war heute durchweg ein bedeutend stärker; es standen zum Verkauf:

2419 Stck. Hornvieh, 3069 Stck. Schweine, 1414 Stck. Kälber, 7149 Stck. Hammel.

[illegible] Geschäft am Anfang [illegible] Auswahl [illegible] Käufer [illegible] Markt [illegible] 17–18 Thlr. [illegible] auf 14 [illegible] 15 Thlr. per 100 Pfd. Schlachtgewicht [illegible] geringe Waare (hauptsächlich Kühe) war [illegible] und erzielte nicht mehr als 9–10 Thlr.

Auch die Schweine wären [illegible] großen Quantums [illegible] Dezember [illegible] Thlr. per 100 Pfd. Schlachtgewicht [illegible]

Die Kälber verkauften sich heute auch nicht glatt [illegible] konnten doch nur Mittelpreise erzielt werden.

Bei Hammeln [illegible] und zum Export geeignete Waare, die auch [illegible] auf 7–8 Thlr. [illegible] 45 Pfd. verkauft, während geringere Qualität wenig begehrt und gehandelt war.

Deutscher Demokrat.

Erscheint wöchentlich einmal und wird den auswärtigen Abonnenten Freitags mit der Post zugesandt.

Nro. 18. 5 Sgr. Vierteljährlich 15 kr. in Preußen 6 Sgr. 3 Pf. Kaiserslautern, 30. April Inserate 3 Sgr. 12 kr. die 4spaltige Zeile. 1871.

Confiscation.

Nr. 7 des „deutschen Demokrat“, welche wegen eines Artikels in der Wochenschau confiscirt worden war, ist freigegeben worden. Der Artikel sollte eine Majestätsbeleidigung sowie eine Beleidigung des Erzbischofs von München enthalten. Diejenigen unserer Abonnenten, denen die fragliche Nummer nicht zugegangen ist, bitten wir um Nachricht, um dieselbe sofort übersenden zu können.

Postbeschwerde.

Aus Chemnitz erhalten wir die Beschwerde, daß der daselbst am 30. März bestellte „Deutsche Demokrat“ am 16. April noch nicht eingetroffen war.

Aus Schwabach meldet man uns, daß der dort bestellte „Deutsche Demokrat“ trotz mehrfacher mündlicher und schriftlicher Reclamationen bis zum 23. April noch nicht eingetroffen war. — In beiden Fällen geben die Abonnenten als wahrscheinlichen Grund dieser unglaublichen Verzögerung das Bestreben der betreffenden Postverwaltungen an, das Lesen demokratischer Blätter zu verhindern.

Wir haben in beiden Fällen Beschwerde geführt.

Der Bürgerkrieg in Frankreich

hat in der letzten Woche nur geringe militärische Veränderungen erfahren. Die Gefechte, welche geliefert worden sind, tragen keinen entscheidenden Charakter und so wird das Morden noch weiter fortgesetzt werden, wenn nicht endlich eine vernünftigere Auffassung auf beiden Seiten Platz greift. Die Commune hat durch die letzten Wahlen, an denen sich kaum 50,000 Wähler betheiligten, die Erfahrung gemacht, daß die Kraft der Hauptstadt zu ermatten beginnt. Neben der Commune wird in diesem Augenblicke immer mächtiger und einflußreicher die republikanische Versöhnungspartei, welche — den ursprünglichen Gedanken der Revolution — volle Gemeindefreiheit als Grundbedingung der Unterwerfung aufstellt. Leider ist wenig Aussicht vorhanden, daß die reactionäre Nationalversammlung in Versailles auf die gewiß billigen Forderungen der Ordnungspartei eingeht. Mit dieser trostlosen Aussicht ist man im weiteren Frankreich wenig zufrieden und immer dringlicher und allgemeiner wird von allen Seiten der Ruf nach dem Ende.

„Was warten wir noch, um einzuschreiten?“ ruft die „Gironde“ von Bordeaux. „Auch über unsere Angelegenheiten verhandelt man jetzt mit Kanonenschüssen. Das ganze Land muß durch Petitionen, Adressen oder auf auf anderem Wege seinen unstillbaren Wunsch nach einem Ende dieses bejammernswerthen Conflictes kundgeben. Man muß der Regierung von Versailles es zur Pflicht machen, sich versöhnlich, liberal und milde zu zeigen. Denen in Paris muß man bedeuten, daß, so gerecht auch ihre Forderungen sein mögen, das Land unmöglich sie billigen und unterstützen kann, so lange sie mit den Waffen in der Hand sich ihr Recht verschaffen wollen. Die Gewalt kann und darf nun einmal nicht an die Stelle der gesetzlichen Action des allgemeinen Stimmrechtes und der Discussion treten...“

Sehr treffend schreibt die „Frankf. Ztg.“ bei Besprechung der Versöhnungsverhandlungen: Das Programm der Ordnungspartei ist in Bezug auf die communale Stellung von Paris so radical, daß es wenig Hoffnung hat, von eben der Nationalversammlung angenommen zu werden, die nach ganz vor Kurzem ein durchaus engherziges, kleinliches, fast reactionäres Municipalgesetz für Frankreich erlassen hat. Und doch muß sich die Regierung in Versailles sagen — wir machen wiederholt auf diesen Umstand aufmerksam — daß sie sich, wenn auch die insurrectionelle Commune von Paris besiegt ist, einer über ganz Frankreich verbreiteten Bewegung gegenüber findet, die fast genau dieselben Ziele verfolgt, wie sie in dem Programm der republikanischen Liga für Paris formulirt sind.

Aus Lyon und Havre waren Delegirte in Versailles eingetroffen, um eine Versöhnung auf Grundlage der Gemeindefreiheit zu versuchen. Der Vermittlungsversuch ist nach den neuesten Nachrichten ohne Erfolg geblieben, der Entscheidungskampf um Paris hat begonnen.

* Wochenschau.

Deutschland.

Dr. Johann Jacoby ist an der Brust- und Halsentzündung erkrankt, doch befindet er sich bereits auf dem Wege zur Besserung. Seine Candidatur im dritten Berliner Wahlbezirk hatte noch einmal die demokratische Partei auf die Wahlstätte geführt. Das Resultat war das erwartete, Windthorst-Lüdinghausen wurde zum Reichstagsabgeordneten gewählt.

Da soll der Beschluß des Reichstags bezüglich der Diäten an hoher Stelle einen Freund gefunden haben, welcher in Bundesrathskreisen nicht nur, sondern auch an höchster Stelle für die Annahme desselben thätig ist. Eine Schwalbe macht keinen Sommer, zumal die höchste Stelle nach der bismarckischen Erklärung gegen die reichstägliche Anmaßung kühl bis an's Herz hinan ist. Doch es kommt noch besser mit der Freiheit aus der Einheit!

In der Fortschrittspartei des Reichstages sollen nicht unbedeutende Spaltungen wegen der Frage eingetreten sein, ob in dieser Session noch weitere Anträge auf Annahme der Grundrechte in der Verfassung zu stellen seien, wie sie der Abg. Schulze bei Gelegenheit der Debatte über die Reichensperger'schen Grundrechte ankündigte. Die rechte Seite der Partei hat den Sieg davongetragen, so daß alle dergleichen Anträge nicht zu erwarten sind. Möglicherweise hat dieser Beschluß den Austritt mehrerer — entschiedener — Mitglieder aus der Fraction zur Folge. — Sollten sich die Herren wirklich zu einem Bruch mit der Vergangenheit ermannen können? Wir bezweifeln es, was hätten schließlich auch die Anträge, wo keine Aussicht auf Annahme vorhanden ist! Jedenfalls wäre es interessant, die Namen und Gründe derjenigen Fortschrittsmänner zu erfahren, die so schnell ihren Frieden mit dem bismarckischen Rückschritt gemacht!

Der Abg. Dr. Bamberger wollte, da die Berichterstatter auch seine schönsten Phrasen nur höchst kümmerlich wiedergaben, die Einsetzung einer Commission um eine vollständige Wiedergabe der Reichstagsreden herbeizuführen. Wahrscheinlich bezweckte er damit nur die Ausschließung der ihm höchst unangenehmen Zeitungsberichterstatter aus dem Parlamente wie es in Frankreich zur Zeit der napoleonischen Herrschaft war. Ein derartiger Beschluß hätte an hoher Stelle mehr als einen warmen Freund gefunden — er ist aber abgelehnt!

Die Abgeordneten v. Kardorff und Genossen haben im Reichstage beantragt, den Reichskanzler aufzufordern, bei der italienischen Regierung Schritte zu thun, um zu verhindern, daß Italien im Widerspruch mit den Bestimmungen des Handelsvertrages vom 31. Dezember 1865 den italienischen Spiritusfabrikanten Herabsetzung der eingeführten Spiritussteuer bewilligt und somit thatsächlich einen Prohibitiv- und Schutzzoll zu Gunsten des in Italien fabrizirten Spiritus in's Leben ruft, welcher die Concurrenz des in Deutschland fabrizirten Spiritus auf den italienischen Märkten ausschließt.

Die Börse scheint jetzt ebenso Mittelpunkt der Reichstagsverhandlungen für diese Session werden zu sollen wie die katholische Kirche mit ihrem Concil es bisher gewesen ist. Zu dem Gesetzentwurf der Regierung gegen die Prämien-Anleihen hat die conservative Fraction nun noch ein Gesetz über die Besteuerung des Börsenverkehrs eingebracht.

Die mecklenburgischen Abgeordneten sollen die Absicht haben, dem Reichstage einen Antrag zu unterbreiten, dahin gehend, daß die Reichsverfassung eine Bestimmung aufnehme, wonach den Landes-Vertretungen aller deutschen Bundesstaaten das Budget-Bewilligungsrecht gesichert wäre.

Die neue Kriegsforderung von 120 Millionen ist vom Reichstage bewilligt worden.

Der Magistrat von Berlin, der bekanntlich 12,000 Thaler zu einem Reichstagsfestessen aus dem Stadtsäckel opferte, weiß den Berlinern die bittere Steuerpille zur Deckung der Kosten in ergötzlicher Weise zu versüßen. Man höre! Der Gesammtcredit, den sich die Stadtverordneten und der Magistrat zu ihrem Privatvergnügen bewilligt, beträgt 600,000 Thaler. Ursprünglich war beschlossen worden, diesen Betrag durch einen Zuschlag von 18 Silbergroschen auf jeden Thaler der ausgeschriebenen Einkommensteuer aufzubringen. Magistratus aber hat ein fühlendes Herz und er glaubt, daß es dem steuerpflichtigen Publicum leichter sei, wenn der Zuschlag auf die beiden letzten Quartale vertheilt würde, er schlägt deshalb vor im 3. und 4. Quartale einen Zuschlag von je 10 Silbergroschen, zusammen also 20 Silbergroschen zu erheben, weil die Erhebung von 9 Silbergroschen pro Quartal sich für die einzelnen Steuerstufen nicht leicht berechnen läßt und weil diese Berechnung dem größeren Publicum schwer verständlich zu machen ist, außerdem würden sich — wie der Magistrat ferner ausführt — bei der Berechnung des Zuschlags zu den Steuern der Beamten nicht selten halbe Pfennige herausstellen. Also, um den Steuerzahlern eine Erleichterung zu schaffen, sollen nicht 18 Sgr., sondern 20 Sgr. als Zuschlag erhoben werden; das heißt doch der Logik den Hals umdrehen!

Einer vom Dr. Engel bearbeiteten Statistik über die Verunglückungen von Gewerbtreibenden in ihrem Beruf, welche für die Berathung des Gesetz-Entwurfes über die Haftpflicht dem Reichstage zugegangen ist, entnehmen wir Folgendes: Im Jahre 1869 erfolgten hiernach im ganzen preußischen Staate 3048 Unglücksfälle; tödtlich verunglückten 2196, darunter 183 Arbeitgeber und 2013 Arbeiter, nicht tödtlich 47 Arbeitgeber und 805 Arbeiter, in Summa 852 Personen. Hiervon ereigneten sich bei der Landwirthschaft 562 tödtliche und 111 nicht tödtliche, bei der Forstwirthschaft 70 resp. 12, bei der Fischerei 47 tödtliche; beim Bergbau und Hüttenwesen 623 resp. 137 Arbeiter; in der Industrie treffen die meisten Unglücksfälle: bei den Baugewerben: 345 tödtliche, 226 nicht tödtliche, bei den Eisenbahnen 200 tödtliche und 101 nicht tödtliche. Diese Zahlen lassen erkennen, daß, wenn der Gesetzentwurf nur die Unternehmer von Eisenbahnen, Steinbrüchen, Gräbereien und Fabriken zur Schadenersatzleistung verpflichtet erklärt, er fast genau ebenso viel Betriebs-Unfälle unberücksichtigt lassen würde, als er berücksichtigt.

Eine der seltsamsten Petitionen ist aus dem Wahlkreise des Herrn Wagner-Neustettin im Bureau des Reichstags eingegangen. Petent beantragt: der hohe Reichstag möge unverweilt die nöthigen Schritte thun, um die Einsetzung eines Simultan-Papstes herbeizuführen, nur so, meint Petent, werde man endlich zu einer Kirche gelangen, die von verschiedenen Glaubensgenossen benutzt werden kann.

Dem geplagten Lehrerstande verweigert die preußische Regierung das jedem anderen Staatsbürger zustehende Recht, sich um eine Beamtenstelle zu bewerben. Einige Lehrer aus Nassau gingen unlängst als Steuer-Rendanten nach Elsaß-Lothringen, andere, die sich ebenfalls dorthin gemeldet hatten, bekamen von dem Gouvernement zu Straßburg den Bescheid, die Regierung zu Wiesbaden habe das Ersuchen gestellt, keine Lehrer mehr aus ihrem Bezirke anzunehmen, da ohnehin schon großer Mangel an Lehrern herrsche. (Es sollen in Nassau 100 Lehrer fehlen.) Ist das Recht, daß man dem Lehrer, dem man nicht einmal das Nöthigste gibt, auch noch die Selbsthilfe versagt?

Zur sozialen Lage der Provinz Posen ist eine Gerichtsverhandlung von Interesse, welche in diesen Tagen beim Kreisgericht in Wongrowitz stattgefunden hat. Durch dieselbe wird festgestellt, daß ein fleißiger Tagelöhner auf dem Lande kaum so viel verdienen kann, um, wenn seine Frau auch ebenso thätig ist, diese und vier Kinder mit Brod und Kartoffeln zu ernähren. Dies bestätigte selbst der Gutsherr des Angeklagten.

Vor der 3. Abtheilung des Criminalsenats des Kammergerichts wurde ein Preßprozeß gegen Dr. Guido Weiß verhandelt, welcher infolge eines Artikels über die Haft Dr. Johann Jacoby's der verleumderischen Amtsehrenverletzung des Oberstaatsanwalts Nessel zu Königsberg angeklagt, aber in erster Instanz freigesprochen war. Der Gerichtshof erkannte auf Bestätigung des ersten freisprechenden Erkenntnisses.

Wie der „B.-C." vernimmt, beabsichtigt der frühere Chefredacteur der „Zukunft", Dr. Guido Weiß, mit dem 1. Mai d. J. eine „Demokratische Correspondenz" herauszugeben.

Bei der gerichtlichen Vernehmung eines höheren Postbeamten, die in diesen Tagen in einer Preßsache erfolgte, bekundete derselbe nach Berliner Blättern unter Anderm Folgendes: „Während der Mobilmachung unserer Armee in Frankreich gingen täglich im Durchschnitt 80,000 Briefe und Couverts von 4, 8 und 16 Loth Schwere, nicht Packete, beim Berliner Hofpostamt ein. Für die Cigarren, die schlecht verpackt waren und die deshalb verloren gingen, war beim Hofpostamt allein eine große Kiste, die immer nach ein paar Tagen geleert werden mußte. Es fand eine Theilung der Briefe statt in solche, die an Offiziere, und andere, die an Unteroffiziere und Gemeine gerichtet waren. Die Ersteren wurden schneller befördert als die Letzteren, so daß die Ersteren beispielsweise noch mit dem Abendzuge, die Letzteren mit einem Zuge am anderen Tage spedirt wurden. Diese Aussage erklärt die vielen Klagen über die Feldpost hinreichend. Wo aber sind die verloren gegangenen Cigarren geblieben?

Mit dem Postzeichen Pillkallen geht dem „Bürg.- u. B.-Frd. ein Schreiben zu:

Petrellschen, den 12. April 1871.

Herrn Redacteur Frentzel-Karnkehlen.

Vor einiger Zeit waren zwei Besitzer beim Herrn Superintendent Dobisch in Pillkallen und baten ihn, ihnen Hütekinder aus hiesiger Schule zu bewilligen. Derselbe erklärte hierauf, daß er in diesem Frühjahr gar keine Hütekinder geben werde, denn es werden genug krüpplige Landwehrleute aus dem Kriege kommen, die sie unterhalten müßten, die könnten denn zum Hüten verwendet werden.

Damit sämmtliche Landwehrleute die ihnen vom Herrn Superintendenten zugedachte Auszeichnung erfahren, bitte ich um gefällige Aufnahme dieser Zeilen in Ihr Blatt.

Hochachtungsvoll

ein Landwehrmann.

Walterkehmen bei Gumbinnen. Es fällt hier auf, daß diejenigen Wirthe, die für das Abgeordnetenhaus freisinnig gewählt haben, in der Klassensteuer erhöht sind, wogegen die andern nicht. Der Steuererheber Hartmann (für Dorf Sammelucken hiesigen Kirchspiels) sagte in der Gemeindeversammlung am 13 April: wer für den Fortschritt gewählt hat, ist mit der Steuer erhöht; hätten Sie, so wandte er sich an einen Einsassen, nicht so gestimmt, so wären Sie nicht erhöht worden. — Wir sagen, nette Zustände.

Der Caplan Majunke spielt Konzil. Derselbe hat den „Oberschlesischen Bürgerfreund," der ein Inserat aufgenommen hatte, worin dem Caplan einwelche recht unliebsame Wahrheiten gesagt wurden, in folgendem Schreibebriefe das Anathem angedroht. „Sollte ich — so decretirt derselbe — im „Oberschl. Bürgerfr." wiederum eine Annonce gegen mich oder gegen einen andern Geistlichen finden, so werde ich, eingedenk meines schon vor Monaten an die Redaction abgesandten Schreibens, die Existenzfähigkeit des „Oberschl. Bürgerfr." von der Kanzel herab vernichten."

Aus Herschbach, Amt Selters in Nassau, geht der „Mittelrh. Ztg." folgende Correspondenz zu: „Die Wittwe Klein dahier verlor in diesem Kriege ihre beiden einzigen Söhne, den einen bei Weißenburg, den andern bei Sedan. (Ihr ältester Sohn blieb vor einigen Jahren beim Baue einer Eisenbahn todt.) Durch Fleiß und Sparsamkeit hatten die Söhne ihre Mutter nicht allein bisher ernährt, sondern ihr auch ein Häuschen gebaut. Nun liegen sie, die für Ehre und Unabhängigkeit ihres Vaterlandes so tapfer gestritten, in Frankreich begraben und die alte, arme, gebrochene Mutter wird, wenn nicht bald der Tod ihrem Elende ein Ende macht — auf Kosten der Gemeinde an den Wenigstnehmenden veraccordirt."

Im letzten Kriege ist die in der norddeutschen Armee noch bestehende Strafe des Anbindens wiederholt zur Anwendung gekommen. Dieselbe vertritt auf dem Marsche, im Lager oder sonst außer Garnison oder Kantonnement die Arreststrafe und ist verbunden mit Entziehung der gewohnten Bedürfnisse an Tabak, Bier oder Branntwein. — Da kann der Patriotismus herrlich gedeihen!

Der Großherzog von Hessen feierte am 26. April sein 50jähriges Militair-Dienstjubiläum. Es fand eine großartige militärische Gratulation statt. Um die Festfreude nicht zu stören, wurde die Verleihung eines hohen berliner Ordens für spätere Zeit verschoben!

„Der Mainzer Octroiprozeß wird am 1. Mai vor dem dortigen Assisenhofe beginnen, und voraussichtlich acht Tage dauern. Als Angeklagte erscheinen ein Ober- und ein Unterbeamter der Octroiverwaltung, vier Kohlenhändler und ein Victualienhändler. Uebrigens hat die öffentliche Meinung die Mehrzahl der Angeklagten, namentlich die beiden Octroibeamten niemals für die Hauptschuldigen gehalten, bemerkt der „Mainz. Anz.," man war daher einigermaßen überrascht, als man erfuhr, daß gerade diese und nur diese vor Gericht gezogen würden. Hoffen wir, daß die Augen der Göttin der Gerechtigkeit diesmal ausnahmsweise nicht verbunden seien!"

In Betreff der Annexion von Lauenburg, soll Bismarck dem Lauenburger Landtage ein Einverleibungsgesetz vorgelegt haben, welches eine so weit gehende Berücksichtigung für die Interessen der lauenburgischen Junker verräth, daß man glauben könnte, es wäre vorher mit ihnen allein vereinbart. Nach demselben sollen die Bauergüter von den zahllosen Leistungen, welche ihnen das Meier-Verhältniß auflegt, befreit werden; ja es soll sogar das Jagdrecht auf fremdem Grund und Boden fallen. Wo der Staat als Besitzer der Domänen Nutznießer dieser Rechte gewesen, sollen sie unentgeltlich [illegible] werden; wo die Ritter aber die Berechtigten gewesen, soll Entschädigung geleistet werden. Von den Domänen gehen zwei Drittel in den Besitz des preußischen Fiskus über, das letzte Drittel soll Communalgut des Kreises Lauenburg bleiben, d. h. die Junker, welche die überwiegende Majorität des Kreistages bilden, werden über die Einkünfte verfügen.

Auf Anordnung des preußischen Cultus-Ministeriums ist von dem Oberpräsidenten von Schleswig-Holstein eine Commission ernannt, um eine Instruction für den Unterricht im Deutschen in den dänischen Landschulen auszuarbeiten.

Von der Itzehoer Strafkammer des Königlichen Kreisgerichts wurde der Arbeiter [illegible] Brüning aus Heide am Freitage wegen Majestäts-Beleidigung zu 1 Jahr Gefängnißstrafe verurtheilt. Nichts Neues!

Das Seitenstück zu den Excommunicationen, die gegenwärtig auf katholischer Seite vollzogen werden, bilden die Nichtbestätigungen protestantischer Geistlichen in Preußen. Der Affaire Schröder in Nassau reiht sich eine neue an, die aus Pommern berichtet wird. Einem Licentiaten, Dr. Hanne, der in Kolberg von einer Gemeinde zum Prediger gewählt war, wurde vom Consistorium die Bestätigung versagt, weil ein mit ihm angestelltes mehrstündiges Examen ergeben haben soll, daß sein Christenthum nicht völlig consistorialmäßig sei.

Herr v. Mühler hat dem von dem Bischof von Ermeland geforderten Einschreiten gegen die die Annahme des Unfehlbarkeits-Dogma's ablehnenden Lehrer, Seminar-Director Dr. Treitel und Gymnasial-Religionslehrer Dr. Wollmann in Braunsberg nicht entsprochen. Das Provinzial-Schulcollegium hat dem Bischof rundweg erklärt, daß ihm keinerlei Recht zustehe, in die Organisation des Gymnasiums einzugreifen.

Weniger entschieden tritt in der Unfehlbarkeitsfrage das bayerische Ministerium auf; noch hat man nichts davon gehört, daß die Regierung die excommunicirten Professoren in Schutz genommen. Die Adressenbewegung nimmt inzwischen einen immer größeren Umfang an, ohne an Tiefe zu gewinnen und nach wenigen Wochen sind die irrenden Schaafe mit Ausnahme eines geringen Häufleins wieder unter der Obhut des Krummstabes. Niemanden fällt es ein, eine radicale Lösung der Frage, die volle Religionsfreiheit und die Trennung der Kirche vom Staate zu erstreben. Döllinger selbst beginnt sich unter dem Drucke des kirchlichen Zornes wenig behaglich zu fühlen und soll er sich mit dem Gedanken einer Uebersiedelung nach England tragen.

Welche Unterstützung übrigens eine kirchliche Reform am bayerischen Hofe finden wird, geht am besten aus einer Denkmünze hervor, welche Soldaten des 10. preußischen Infanterie-Regiments tragen, auf deren Vorderseite die heilige Jungfrau und auf der Rückseite der König von Bayern abgeprägt war. Die Leute konnten nicht genug den wunderthätigen Erfolg dieser Münzen rühmen, die sie im dichtesten Kugelregen unverletzt gelassen. So lange noch ein derartiger Cultus die höchsten Kreise beseelt, ist an eine durchgreifende Reform nicht zu denken.

In Bayern sollen Friedensthaler geprägt werden mit der „Wacht am Rhein" und der „Ger-

Feuilleton.

Die Polenflüchtlinge.

Erzählung von A. Fr.

(Fortsetzung.)

„Bist Du's, Janko?" rief Thaddäus halblaut. „Schnell, packe den Kolben meiner Büchse fest, damit ich erst hier aus diesem fürchterlichen Loche herauskommen kann."

Der Mann faßte zu, ohne ein Wort zu sagen, und bald stand der alte Kämpfer hochaufathmend, gerettet und frei oben auf den Trümmern. Als er kaum festen Fuß gefaßt hatte, stürzten die gegenüberliegenden Steine zusammen und füllten die Oeffnung, durch die er so eben heraufgeklettert war.

„Du bist's, alter Hermann?" fragte Thaddäus überrascht, als er seinem Retter in's Gesicht sah, „wie kommst Du hierher?"

„St . . ." antwortete der Alte, sich vorsichtig umschauend. „Sind die Andern auch da?"

„Nein, sie sind hoffentlich noch ungefährdet im Gewölbe. Nur ich allein wurde da unten in die Klemme genommen."

Mit kurzen Worten berichtete er, was vorgefallen war und fuhr dann fort:

„Nun sage mir endlich, Du treue Seele, was Dich hierhergeführt hat."

„Mein Herr und seine Frau," sagte der Alte, „wollen Alles zu Eurer Rettung aufbieten. Sie müssen nur sehr vorsichtig sein, denn wir haben jetzt, da man uns im Verdacht hat, Tag und Nacht russische Einquartierung. Heute hat Herr Freimuth eine Gesellschaft zu sich geladen, um die russischen Offiziere, welche die Ruinen bewachen sollen, festzuhalten. Sie sind Alle bei ihm und saufen sich toll und voll. Sie haben hier durch die Mine den Gang und ein Gewölbe eingesprengt und glauben fest, daß Ihr Alle darin verschüttet seid; darum sind sie jetzt so sorglos. Aber mein Herr meinte, daß Ihr Euch in ein anderes Versteck gerettet haben müßt, und wollte heute versuchen, Euch in Sicherheit über die Grenze zu bringen. Dort im Gehölze steht ein Wagen bereit, den Verwundeten aufzunehmen und ich habe einen falschen Paß in der Tasche, um durch den Schlagbaum zu kommen. Er meint, wir sollen nur dreist fahren und im Nothfalle am Schlagbaume Gewalt brauchen. Die 4 Grenzsoldaten sind leicht zu überraschen. Auch ist Herr Ehrenfels von drüben mit ein paar handfesten Leuten in der Nähe, um uns beizustehen. Geht's ohne Kampf nicht ab, so bleibe ich in Preußen, wo mir die Russen nachpfeifen können."

„Der Plan ist gewagt, aber gut," sagte Thaddäus. „Wenn es uns nur gelingt, unangehalten bis zum Baume zu gelangen! Doch, wie steht's mit der Wache in der Ruine? Wenn ich nicht irre, sind das Russen, die ich dort schreien und singen höre."

Der Alte lachte.

„Sie saufen, daß ihnen die Haare brennen und werden bald genug haben. Ich trug ein Fäßchen mit Branntwein bis in die Nähe und that so, als ob ich vorbeischleichen wollte. Als sie mich anriefen, warf ich's hin und lief fort. Mein Herr hat einen Schlaftrunk beigemischt, der sicher bald seine Wirkung thun wird."

Thaddäus rieb sich vergnügt die Hände.

„Das wird gehen," rief er, „komm nun, Alter, wir wollen, um dies abzuwarten, die Gegend nach dem Herrnhause hin durchsuchen, ob dort Alles ruhig und sicher ist."

Sie schlichen von dem Trümmerhaufen fort dem Walde zu. Die Mine war gut angelegt worden, denn ringsum war Alles verwüstet und zerschmettert. Mehrere der großen Bäume lagen zersplittert umher. Bald kamen sie an dem Platz vorbei, an dem am Morgen gekämpft worden war; die Leichen der Russen waren verschwunden, die der Polen lagen nackt ausgeplündert auf dem noch blutigen Boden.

„Schlaft in Frieden, Ihr treuen Brüder," sagte

nania“. Richard Wagner wird den Vers dazu machen!

Die Prägung von bayerischem Grobgeld Zwei-, Ein- und Halbguldenstücken soll eingestellt sein, und werden nur mehr Vereinsthaler geprägt; die Herstellung von Sechs- und Dreikreuzerstücken ist schon längere Zeit eingestellt.

Die katholische Geistlichkeit in Speyer hat dem im 80. Jahre verstorbenen Professor Dr. Magnus Schwerd, „dem redlichen Forscher nach Wahrheit, dem Manne ernstlicher Arbeit, dem treuen unvergeßlichen Lehrer,“ das kirchliche Begräbniß verweigert. Kann dem Manne nur angenehm sein! —

Noch einmal erfolgt ein Preßprozeß wegen Verletzung der Sicherheitsvorschriften in Kriegszeiten. Das „Straubinger Tagblatt“ ist deshalb vor das Schwurgericht verwiesen worden. Wozu die unnöthigen Kosten?

Zur Nürnberger Communalschule sind die Anmeldungen so zahlreich eingelaufen, daß nunmehr die Schule nicht, wie anfänglich bestimmt, mit 3, sondern mit 6 Klassen in's Leben treten wird. Ein Pfarrer-Schulinspector drohte, als er erfuhr, daß die Unterrichtslocale im selben Hause wie die seiner protestantischen Schule sich befinden werden, rundweg, er werde dieses Haus nimmer betreten, wenn die religionslose Schule wirklich hineinkomme. Hätte gar nichts geschadet!

In der „Neuen Bad. Ldsztg.“ wird daran erinnert, daß dem Bundes-Oberhandelsgericht in Leipzig, obgleich es auch für Baden competent sei, noch keine badischen Richter einverleibt seien, während es doch unumgänglich nothwendig sei, daß die badischen Interessen durch Kundige des gemeinen und Civilrechts beim Bundes-Oberhandelsgericht vertreten würden.

Große Verstimmung hat in Süddeutschland der Antrag Württembergs auf Einführung erhöhter Tabaksteuer verursacht. Den Antrag übersetzt die „N. Bad.“ folgendermaßen:

Württemberg will die Vortheile des Reichsverbandes genießen, und der Tabaksbau und die Tabaksfabrikation anderer deutscher Länder sollen die Reichskosten bezahlen. Dieses Begehren könnte man gescheidt, selbst pfiffig nennen, aber es ist doch zu aufgelegt selbstsüchtig, als daß es nicht einen gerechten Unwillen bei Allen hervorrufen sollte, die an dem Grundsatze „gleiche Brüder, gleiche Kappen“ festhalten. Das württembergische Ministerium hat durch seinen Antrag bewiesen, daß es allerdings die specifisch württembergischen Interessen in einer krass-egoistischen Weise vertritt; es hat aber auch bewiesen, daß es aus Rücksicht auf dieselben die bundesstaatlichen Grundsätze des gleichen Rechts und der Billigkeit mit Füßen zu treten geneigt ist. Das Vorgeben, dem Reiche die wünschenswerthe finanzielle Unabhängigkeit sichern zu wollen, ist ein leeres. Denn, ob das Reich die nöthigen Mittel durch die Tabaksteuer oder durch Matricularbeiträge der Einzelstaaten gewinnt, kommt so ziemlich auf Eines hinaus. Nicht die Sorge für den Bestand des Reiches, sondern lediglich die für die württembergische Staatskasse bleibt daher als das einzige Motiv übrig, welches dem Antrage vom 30. März unterliegt.

Man sieht daraus, in welcher Gesellschaft man sich im Bundesrathe befindet, und wie es auch aus diesem Grunde Noth thut, keine Schwärmerei zu treiben, sondern die Augen offen zu halten.

Nachdem die württembergische Regierung den Widerstand des Bischofs Hefele von Rottenburg gegen das Unfehlbarkeitsdogma beseitigt, hat sie nun einen zweiten Schritt gethan und dem Dogma „keinerlei Rechtswirkung auf die staatliche und bürgerliche Rechtsverhältnisse“ zugestanden. Jetzt kann der längst beabsichtigte Schritt der Verkündigung des Dogmas in Württemberg folgen. Die braven Württemberger aber klatschen ihrem Ministerium für seine entschiedene Haltung gegen das Dogma wüthenden Beifall!

Ausland.

Der Fürst von Rumänien fühlt sich nachgerade wieder so sicher, daß er eine Reise in das Land der Wallachen unternommen, der Empfang war natürlich aller Orten ein enthusiastischer! Wer glaubt's?

In Spanien ist ein großer Sturm gegen die Dynastie im Anzuge; der Republikaner Castelar hat in den Cortes den Antrag auf Absetzung der Dynastie eingebracht. Die gesammte Opposition wird dafür stimmen und dann bleibt dem Könige nur die Wahl abzureisen oder wie sein rumänischer Leidensgenosse den Staatsstreich zu versuchen. In Spanien ist das Ding denn doch nicht so harmlos wie in Rumänien!

Der Papst ist bedenklich erkrankt und sein Tod bevorstehend; er hinterläßt die Kirche in einem Zustande der größten Verwirrung, die es fraglich erscheinen läßt, ob ihm ein Nachfolger erstehen wird!

Der Petersburger „Regierungs-Anzeiger“ veröffentlicht ein kaiserliches Handschreiben an den Feldmarschall Grafen Berg, Statthalter im Königreich Polen, in welchem demselben der Dank für die seit sieben Jahren „zum Zweck der vollständigen organischen Verschmelzung dieser Theile des Staates mit den andern“ geleisteten Dienste und zugleich „die Ueberzeugung ausgesprochen wird, daß der Feldmarschall mit derselben wachsamen Entschlossenheit den ihm vom Kaiser vorgezeichneten Weg der vollständigen Verschmelzung Polens mit den übrigen Theilen des Reichs fortwandeln werde.“ — Die vollständige Verschmelzung war schon lange vorher thatsächlich erfolgt. Das kaiserliche Handschreiben ist nur die Besiegelung der bisherigen russischen Blutarbeit!

Der Kownoer Correspondent eines russischen Blattes entwirft eine haarsträubende Schilderung von der Art und Weise wie die unlängst beendigte Recrutenaushebung im Kreise Kowno zur Ausführung gebracht worden ist. Das Ergreifen der sich größtentheils versteckt haltenden militärpflichtigen jungen Leute nimmt dort immer mehr den Charakter einer von den traurigsten Scenen begleiteten Menschenjagd an, bei der ohne Barmherzigkeit alles ergriffen wird, was der Polizei in die Hände fällt.

Im dänischen Reichstage steht eine interessante Debatte über die militärische Dienstzeit bevor. Der Heeres-Gesetzentwurf, an dessen Ausarbeitung ein Techniker, der General Raasløf, den wesentlichsten Antheil hat, und der demnächst vorgelegt werden soll, bestimmt, daß die Ausbildungszeit für die Mannschaften auf 3 Monate zu beschränken, außerdem aber letztere in den nächstfolgenden 3 Jahren jährlich 6 Wochen zu Lagerübungen einzuberufen. Nach Ablauf dieser Dienstzeit werden die Mannschaften zu den Depot-Abtheilungen übergeführt und nur im Kriegsfall einberufen.

Wie beschränkt diese Dänen doch sind, in dieser Weise das herrliche Paradeheer anzugreifen. Im deutschen Reiche bewilligt man lieber noch etliche Millionen mehr! Deutschland kann's auch, noch ist die neunte Haut ja nicht abgezogen!

Das norwegische Storthing verwarf nach dritter Discussion die neue Unionsvorlage mit 92 gegen 17 Stimmen. Recht so!

Der Sultan hat seinen ersten Kämmerer nach Aegypten gesendet, um dem Khedive Erklärungen über dessen Rüstungen und neue Belastungen des Volkes abzuverlangen.

In Nordamerika haben die Republikaner ein günstiges Resultat bei den stattgehabten Wahlen erzielt und behaupten sie die Majorität in beiden Häusern der Legislatur. Somit ist die Reaction, von welcher man den Norden schon ergriffen sah, nicht soweit gediehen, wie man glaubte; die Republikaner haben den Zusammenhalt nicht verloren und begehen die Führer der Partei nicht gar zu arge Fehler, so ist ihnen die Majorität bei der Präsidentenwahl im nächsten Jahre sicher.

Probst Döllinger im Frankfurter Parlament.

(Aus der Feder eines ehemaligen Mitgliedes des Frankfurter Parlaments.)

L. R. Jenes Spektakelstück, welches in Rom unter dem Titel „Oecumenisches Conzil“ zur Aufführung kam und mit dem Unfehlbarkeitsdogma, wie mit einem Knalleffect endigte, hat in München ein unerwartetes Nachspiel gefunden. — Stiftsprobst Döllinger leistet dem genannten Dogma einen ebenso entschiedenen als beharrlichen Widerstand. Jede weitere Frist und Bedenkzeit die dem unfügsamen Manne von oberer Stelle aus gewährt wurde, hat ihren Zweck gänzlich verfehlt und nur noch mehr Oel ins Feuer gegossen. Auf Grund eines so mannhaften Widerstandes ist Döllinger's Name in weite Kreise gedrungen und während der letzten Wochen — es darf ohne Uebertreibung gesagt werden — zu einer seltenen Volksthümlichkeit gelangt. Unbefangen geurtheilt, hat Döllinger nur gehandelt, wie er als ehrlicher Mann zu handeln schuldig und verbunden war; und es wirft ein eigenthümliches Licht auf unsere Zeit und unsere Zeitgenossen, wenn aus dem Protest eines Priesters, der sich einem colossalen Blödsinn nicht beugen will, eine heroische That, und aus dem Priester selbst, ob dieses Protestes, dessen Unterlassung allerdings eine Schmach gewesen wäre, ein geistiger Herkules und Herold der Gewissensfreiheit gemacht wird. Nun, Döllinger ist unschuldig an dem überschwänglichen Posaunen- und Trompeten-Concert, das ihm zu Ehren in deutschen Zeitungen veranstaltet ist; ein Concert, das in dem Lobgesang gipfelt: Staune, Deutschland, staune! Hier ist ein Priester, der den Muth einer eigenen Ueberzeugung hat; der öffentlich vor aller Welt erklärt, daß er kein Lump sein will; der noch zu einer Gegenrede sich erkühnt, nachdem Rom gesprochen hat; ein Priester, auf dessen Fahne Schiller's Wort geschrieben steht:

Thaddäus mit Wehmuth, „ich kann Euch nicht einmal den letzten Liebesdienst erweisen. Wir müssen fort.“

Sie durchsuchten die ganze Gegend. Alles war ruhig und von Feinden keine Spur. Vorsichtig schlichen sie, durch die Ufergebüsche gedeckt, wieder der Ruine zu. Zuweilen blieben sie stehen, um zu horchen, vernahmen aber selbst in der Nähe der Mauertrümmer keinen Laut. Das Opium schien bereits seine Schuldigkeit gethan zu haben. Als sie an das Gemäuer kamen und vorsichtig in den innern Raum guckten, sahen sie die acht Mann der Wache ausgestreckt auf dem Rasen und in den Mauerecken liegen und in allen möglichen Tonarten schnarchen. Eben waren sie im Begriff in die Ruine zu treten, als Thaddäus plötzlich seinen Begleiter gegen die dunkle Mauerwände drückte und den Hirschfänger ziehend, ihm zuflüsterte:

„Rühre Dich nicht, Alter, dort schleicht ein russischer Soldat heran; er muß fallen. Wenn mein Stahl ihn verfehlen sollte, so schlage ihm mit Deinem Knüppel den Schädel ein; es darf jetzt kein Schuß fallen.“

Der Soldat schlich im Schatten der Mauer immer näher, so daß zwischen ihm und Thaddäus nur noch eine wenig Schritte breite Stelle zu passiren war, die das Licht des Mondes gerade hell bestrahlte. Schon erhob der Letztere die Waffe, als er plötzlich freudig lachend vortrat und den Stahl in die Scheide steckte.

„Stephan,“ rief er, „wie kommst Du hierher und in dieser Tracht?“

„Gott sei bei uns!“ rief der Riese überrascht, indem er wie mechanisch das Gewehr fällte, „Thaddäus, lebst Du wirklich noch? Wir glaubten, daß Du unter den Trümmern Deinen Tod gefunden hättest. Nun Gottlob, jetzt ist noch Hoffnung auf Rettung!“

„Wo ist der General, wo Janko?“ fragte Thaddäus, ihm die Hand schüttelnd.

Sie sind noch im Gewölbe. Als der Gang zusammenstürzte, verloren wir den Muth, beschlossen aber, noch einen letzten Versuch zu machen. Wir loosten, wer die nasse Fahrt unternehmen sollte, um Erkundigungen einzuziehen und wenigstens auf einige Tage Lebensmittel zu besorgen. Als ich glücklich unter den Erlenstubben hervorgekrochen war, sah ich dort unten einen Posten auf- und abgehen. Ich paßte die günstigste Zeit ab und streckte ihn mit einem Faustschlag nieder. Ich wollte ihn nur betäuben, aber es scheint doch zu hart gekommen zu sein. Er stürzte wie ein Klotz zu Boden und da fiel mir ein, ihm seinen Mantel, seine Mütze und die Waffen zu nehmen, die ich nöthiger, als er brauchen kann. Aus Vorsicht habe ich ihn noch gebunden und geknebelt, so daß er uns nichts schaden kann, selbst wenn er nicht todt sein sollte.“

„Du bringst mich auf eine treffliche Idee,“ sagte Thaddäus. „Nun frisch an's Werk. Hermann, geh den Wagen holen, wir wollen während der Zeit unsere Gefangenen befreien.“

Während der Alte forteilte, traten die beiden Gefährten in die Ruine.

„Steh' hier Wache,“ flüsterte Thaddäus, „und wenn einer der Hunde zur Unzeit aufwachen sollte, so mache ihn stumm. Nimm aber den Säbel, Du kannst ihn besser handhaben.“

Er hob vermittelst einer geschickt verborgenen Feder einen kleinen Stein aus dem Gemäuer, hinter dem die Feder zu dem Eingange verborgen war. Nach kurzer Zeit trug er mit Janko's Hülfe den verwundeten General an's Licht.

Stanislas war bei Besinnung, aber ein heftiges Fieber schüttelte seine Glieder.

„Dank Euch, Ihr treuen Freunde,“ sagte er mit matter Stimme, als sie ihn auf den mit Stroh ausgepolsterten Wagen hoben.

„Aber eins versprich mir, Thaddäus. Laß mich nicht lebend in die Hände der Russen fallen. Der letzte Schuß, wenn nicht anders der letzte Todesstreich treffe mich.“

Der treue Waldläufer nickte und drückte ihm stumm die Hand. (Forts. folgt.)

So hoch ist noch kein Sterblicher gefürstet,
Daß ich mich selber neben ihm verachte.

Kühlere Beurtheiler, die sich durch allen Zeitungslärm nicht aus der Fassung bringen lassen, erblicken in dem ganzen Döllinger'schen Handel nichts Weiteres als den Widerstand, den ein von sich selbst überzeugter kirchlicher Würdenträger dem maßlosesten Uebergriff des römischen Sultanismus entgegengesetzt.

Gleichviel, das dunkle Gebiet der Gründe sollte überall nur mit äußerster Vorsicht betreten werden. Ein demokratisches Organ hat die Aufgabe, die handelnden Personen des Tages nur nach demokratischem Maßstabe, d. h. nach der Stellung, welche die handelnden Personen zu Volkes Recht und Volkes Freiheit einnehmen, zu beurtheilen. Wohlan, wie nimmt sich der hochgefeierte Herr Stiftsprobst unter demokratischer Beleuchtung aus?

Ignaz Döllinger ist Mitglied des Frankfurter Parlaments gewesen; er stand damals im 49. Lebensjahre, wo er also geistig vollkommen ausgewachsen; auch bereits im Besitz eines gar bedeutenden Einflusses, so daß Wilhelm Zimmermann, der Geschichtsschreiber der „deutschen Revolution" über ihn sagt: „Döllinger war die inspirirende Macht der kirchlichen, der geistlichen Ordensglieder aus allen Theilen Deutschlands; er leitete sie wie ein Oberer, aber ohne Geräusch, leise, im Hintergrund, fast unsichtbar." Wenn Zimmermann den Herrn Stiftsprobst zugleich als den „feinsten Mann des Parlaments" bezeichnet, so fällt ein solches Zeugniß für unsere Frage durchaus nicht ins Gewicht. Unsere Frage lautet: Wie hat der vom Volke gewählte Vertreter Ignaz Döllinger sich im Frankfurter Parlament gemacht, so oft es darauf ankam, durch Ja oder Nein entweder für oder wider das Volk die Stimme zu erheben, — durch Ja oder Nein alten Unrath und Plunder entweder erhalten oder beseitigen zu helfen? (Das Frankfurter Parlament hielt es noch nicht unter seiner Würde, wie es neuerdings der von Herrn v. Bismarck so trefflich geschulte Reichstag thut, über sogenannte „Grundrechte des deutschen Volkes" zu berathen — ja sogar, solchen Grundrechten einen Ehrenplatz in der deutschen Verfassung anzuweisen.) Die namentlichen Abstimmungen, wie sie in den stenographischen Berichten über die constituirende Nationalversammlung zu Frankfurt a. M. von Jedermann zu lesen sind, mögen Antwort geben auf die Frage: In welchem Lichte erscheint Döllinger als Volksvertreter? Der Mann, der jetzt so standhaft Nein sagt, steht auch bei der folgenden zu namentlicher Abstimmung gebrachten Sätzen und dem Abschnitt der Grundrechte mit Nein verzeichnet:

1) Der Adel als Stand ist abgeschafft. 2) Aufgehoben sind alle Titel, soweit sie nicht mit einem Amte verbunden sind. 3) Orden dürfen von Staatswegen nicht verliehen werden. 4) Kein Staatsangehöriger darf von einem auswärtigen Staate einen Orden annehmen. 5) Die Todesstrafe, ausgenommen in Fällen, wo in Zeiten des Krieges mit auswärtigen Staaten das Kriegsrecht vorschreibt, sowie die Strafen des Prangers, der Brandmarkung und der körperlichen Züchtigung sind abgeschafft. 6) Der Belagerungszustand und das Kriegs- und Standrecht kann nur in den Fällen und Formen, wie selbe ein zu erlassendes Reichsgesetz bestimmen wird, verfügt werden. 7) Die Preßfreiheit darf unter keinen Umständen und in keiner Weise durch vorbeugende Maßregeln, namentlich Censur, Concessionen, Sicherheitsbestellungen, Staatsauflagen, Beschränkungen der Druckerei oder des Buchhandels, Postverbote oder andere Hemmungen des freien Verkehrs beschränkt, suspendirt oder aufgehoben werden. 8) Niemand ist verpflichtet, seine religiöse Ueberzeugung zu offenbaren. 9) Niemand ist verpflichtet, sich irgend einer religiösen Genossenschaft anzuschließen. 10) Keine Religionsgesellschaft genießt vor andern Vorrechte durch den Staat. 11) Die öffentlichen Lehrer haben die Rechte der Staatsdiener. 12) Der Staat stellt unter gesetzlich geordneter Betheiligung der Gemeinden aus der Zahl der Geprüften die Lehrer der Volksschulen an. 13) Die öffentlichen Unterrichtsanstalten dürfen nicht confessionell sein. 14) Besondere Schulen für Kinder armer Eltern (sogenannte Armenschulen) dürfen nicht bestehen. 15) Der Orden der Jesuiten und dessen affilürte Orden sind für alle Zeiten aus dem Gebiete des deutschen Reiches verbannt.

Wie gesagt, auf sämmtliche vorstehend aufgeführte Sätze, deren Sein oder Nichtsein dem Ermessen des Frankfurter Parlaments anheimgegeben, und deren jeder zugleich eine Frage an die Zukunft war, hat Probst Döllinger, der Löwe des Tages, Nein und immer Nein gesagt. Von einem Erwählten des Volkes aber gilt das Wort: Sage mir, wie du stimmst, und ich will dir sagen, wer du bist. Auch hat man Beispiele, daß aus dem Costüm einer Löwenhaut mitunter eine wenig entsprechende Persönlichkeit, als da ist ein Ultramontaner, hervorschaut.

Patriotismus und Frömmigkeit.

Eine Zeitbetrachtung aus Schwaben.

(Fortsetzung.)

Von diesem Standpunkte aus wollen wir den Patriotismus unseres Volkes und die Frömmigkeit unserer Fürsten betrachten, welche die sittliche Atmosphäre der deutschen Nation von der Memel bis zum Rhein oder „vom Fels zum Meer" so gründlich schnell verändert und durch den neudeutschen Geist ersetzt haben, dessen Herrschaft sich terroristisch offenbart hat wie ein Sturm, aber voraussichtlich auch vorübergehend wie dieser ist, und sicherlich eben so unfähig, wenn er dauerte, Blüthen und Früchte zu reifen, den Geistessamen der Nation verewigen.

II.

— Die Liebe zum Vaterland und die Liebe zu Gott — diese edlen Erscheinungen der menschlichen Natur, die uns aus den Banden der Selbstsucht zur Hingabe an das Allgemeine, das Ideale erheben sollen — zu welchen Zwecken, zu welchen Diensten sind sie in diesem Kriege nicht mißbraucht worden! Die nationale Idee, nach 30jährigem Schlummer im Becker'schen Rheinliede poetisch, in der großen Volkserhebung des Jahres 1848 ganz und leibhaftig erwacht und auf die Weltbühne getreten, sie war seitdem freudig und stetig gewachsen, und sprang nach dem betäubenden Schlage, den sie plötzlich 1866 von der Blut- und Eisen-Politik erhalten hatte, jetzt bei der ersten Bedrohung des Vaterlandes so leidenschaftlich rege, so um jeden Preis lebensbedürftig in allen Herzen auf, und zumal in den durch jenen Schlag am meisten bedrohten und mit Zorn und Schaam um das Vaterland erfüllten Herzen, daß sie die Einzelnen überfluthete, und — um nur leben und wirken zu können — sich blindlings jener Macht in die Arme warf, welche das Scepter als eine Kriegsgeißel zu führen so herrlich, wenn auch gegen sie selbst, verstanden hatte und welches jetzt wiederum so kampferwartend, so wohlgerüstet dastand! Blindlings in ihrer Erregung überlieferte sie sich ihr, und ließ sich nicht Zeit, auch nur ein Wort des Vertrages, der Sicherstellung mit dem landkundigen Absolutismus der Führung zu tauschen —; allein, wie gefährlich das, einem durch und durch particularistischen Staate gegenüber sein mochte, gerade dem wahrhaften Edelmuth, der Großartigkeit dieses moralischen Impulses verdanken wir das sturmartige Niederwerfen eines gleich mächtigen Feindes, und damit die bleibende Sicherheit der Heimath, die das höchste Gut, das erste Bedürfniß zum Ausbau eines gemeinsamen Wohnhauses aller deutschen Stämme war, die bereite Beruhigung der Geister, welche dann, ein weggeworfenes Gottesgeschenk, im Namen derselben nationalen Idee zu einer Hetzjagd nach höheren Machterfolgen gewandelt und entwürdigt wurde. Ja, hätte der Patriotismus nach diesem großartigen und vollkommenen Siege, der Heer und Kaiser des Feindes entwaffnet in unser Land hinüberführte, anhalten können in deutscher Selbstbesinnung —: ein schöneres Blatt der Geschichte als selbst die deutschen Freiheitskriege hätte unserer Nation den Stempel einer noch nicht erreichten Stufe der Bildung aufgedrückt und sie zur unbestrittenen Führerin der Humanität, zur Schiederichterin in Europa erhoben! Ganz anders leider wurde sie blinder Hingebung folgend, auf dem einmal betretenen Gange des Absolutismus fortgeführt.

(Fortsetzung folgt.)

Verantwortlicher Redacteur und Verleger Carl Luebeck.
Druck von Ph. Rohr in Kaiserslautern.

Marktbericht.

* **Nürnberg**, 25. April. (Hopfenbericht.) Vom heutigen Dienstagsmarkte sind blos eine Zufuhr von 50 Ballen, einige Abschlüsse in Prima-qualitäten zu 36—38 fl., in gut Secunda zu 28—32 fl. und in gewöhnlicher Mittelwaare zu 20—26 fl. zu melden. Eine Fuhr Aischgründer wurde zu 18 fl. übernommen. Geringe Waare blieb unbeachtet, dennoch übersteigt der Verkauf den Betrag der Zufuhr, wie es bisher der Fall war.

* **Stuttgart**, 24 April. Produktenbörse matt. Ungarischer Weizen 7 fl. 50 kr., bayer. 7 fl. 21—42 kr., Kernen 6 fl. 54—7 fl. 9 kr., Dinkel 4 fl. 21—4 fl. 45 kr., Roggen 5 fl. 15—24 kr., Haber 5 fl. 15—36 kr., ziemlich lebhaft. Gesmehl 21 fl. 15—36 kr.

* **Köln**, 25. April. (Schluß-Bericht.) Weizen niedriger, effect. hiesiger 8⁵/₆ Thlr., per Mai 7 Thlr. 26 Sgr., per Novbr. 7 Thlr. 22 Sgr. Roggen niedriger, effect. hies. 6 Thlr. 20 Sgr., per Mai 5 Thlr. 26 Sgr., per Nov. 5 Th. 26 Sgr. Rüböl höher, eff. hiesiges 14¹/₁₀ Thlr., per Mai 14⁴/₁₀, per Oktbr. 14⁹/₁₀. Leinöl 12. Wetter: trüb.

* **Berlin**, 25. April. (Schlußbericht.) Roggen pr. April-Mai 51¹/₂, per Juni-Juli 52. Oel per April-Mai 25⁸/₂₄, per Sept.-Okt. 25⁵/₆. Spiritus pr. April-Mai 16 Thlr. 24 Sgr. per Juni-Juli 17 Thl. 5 Sgr.

* **Hamburg**, 25. April. (Schlußbericht.) Weizen per April-Mai 5400 Pfd. netto 162¹/₂ Br. 161 G. (in Thaler à 3 RM.), per Juni-Juli 5400 Pfd. 163 Br. 162 G. (RM.) Roggen per April-Mai 1000 Pfd. netto 112 Br., 111 G. (in Thlr. à 3 RM.), per Juni-Juli 112 Br. 111 G. (RM.) Rüböl loco 28 per Ctr. 27¹/₂. Spiritus fest 20¹/₂, per Juli-August 21¹/₂. Kaffee —.

* **Königsberg**, 22. April. Weizen für 85 Pfd. 100—108 Sgr. — Roggen für 80 Pfd. 55—63 Sgr. — Gerste, große und kleine für 70 Pfd. 44—48 Sgr. — Hafer für 50 Pfd. 28—34 Sgr. — Erbsen, weiße für 90 Pfd. 55—65 Sgr. graue, 55—70 Sgr., grüne 60—72 Sgr. — Bohnen für 90 Pfd. 65—73 Sgr. — Wicken für 90 Pfd. 50—60 Sgr. — Buchweizen für 70 Pfd. 44—48 Sgr. — Leinsaat für 70 Pfd. 80—85 Sgr. — Rübsen für 72 Pfd. 118—125 Sgr. — Kleesaat, rothe 12—19 Thlr., weiße 14—22 Thlr. der Centner. — Thymotheum 5—9 Thlr. der Centner. — Leinöl mit Faß 12¹/₂ Thlr., Rüböl mit Faß 14¹/₂ Thlr. der Centner. Leinkuchen 53—57 Sgr., Rübkuchen 68—72 Sgr. der Centner. Spiritus 15¹¹/₁₂ Thlr. für 8000% Tr. ohne Faß. Auf Lieferung Frühjahr 16— Thlr.

* **Frankfurt**, 24. April. Der heutige Viehmarkt war gut befahren. Die Preise hielten sich auf bisheriger Höhe. Es waren zugetrieben: 320 Ochsen, 260 Kühe und Rinder, 190 Kälber und 70 Hämmel. Die Preise stellten sich: Ochsen 1. Qual. fl. 34 p. Ctr., 2. Qual. fl. 31, Kühe 1. Qual. [illegible] 2 Qual. fl. 26, Kälber 1. Qual. fl. 27—28, Hämmel 1. Qual. fl. 27. —

* **Berlin**, 24 April. An Schlachtvieh waren zum Verkauf angetrieben: 2807 Stück Hornvieh. Diese Zutriften waren die größten, die je auf den Markt gekommen, wurden doch ziemlich geräumt, da theils größere Posten nach der Rheinprovinz gingen und theils auch die Einbringer selbst im [illegible] der Speculation die Waare nach London sandten. [illegible] Fleischgewicht erreichten gegen vorwöchentlich ca. 1 Thlr. [illegible]; 1. Qual. wurde mit 15—17 Thlr., 2. Qual. [illegible] —14 Thlr. und 3. Qual. 9—10 Thlr. per 100 Pfd. [illegible]gewicht bezahlt. 6233 Stück Schweine. Das Geschäft [illegible] heute besser wie vorwöchentlich verzeichnet werden, da [illegible] noch außerhalb abgeschlossen wurden; Waare mit Wolle [illegible] weniger gefragt, lieber wurden kahle Hämmel gekauft, [illegible] 40—45 Pfd. Fleischgewicht bester Qual. den Preis von [illegible] bis 7 Thlr. erzielten.

Hamburg, 24. April. Der Ochsenhandel war heute [illegible] gut; beste Waare 46—52 M., geringere bis 42 M. [illegible] Die Zutrift betrug 1142 Stück, wovon 18 Stück [illegible] ben. Hammelhandel unverändert. Am Markt waren 6150 [illegible] 1300 St. für England 1600 St. gekauft.

Deutscher Demokrat.

Erscheint wöchentlich einmal und wird den auswärtigen Abonnenten Freitags mit der Post zugesandt.

Nro. 19. | Vierteljährlich 5 Sgr. 18 kr. in Preußen 6 Sgr. 9 Pf. | Kaiserslautern, 7. Mai | Inserate 3 Sgr. 12 kr. die 1spaltige Zeile. | 1871.

Aller Anfang ist schwer.

Um auf die Kosten zu kommen, brauchen wir mehr, bedeutend mehr Abonnenten. Zwar haben wir bisher und können auch ferner des guten Zweckes wegen diese Kosten aufbringen, um aber zu nützen, muß ein demokratisches Blatt in weitesten Kreisen, in geeigneten Schichten der Bevölkerung so stark als möglich verbreitet sein. Um diesen Zweck zu erreichen, bitten wir unsere Leser, uns nach wie vor kräftig zu unterstützen, uns neue Leser, unserer guten Sache neue Freunde zuzuführen. Wenn wir Alle Hand anlegen, muß es gelingen, unser sieg- und schlaftrunkenes Deutschland zum thatkräftigen Leben zu erwecken. Sämmtliche Postanstalten nehmen Bestellungen auf den „Deutschen Demokrat" für das laufende Quartal entgegen.

Postbeschwerde.

In unserer Expedition wird die Versendung des „Deutschen Demokrat" mit größter Sorgfalt bewirkt, so daß das Nichteintreffen des Blattes lediglich der Post zur Last fällt. Wir erhielten im Laufe der Woche eine Reclamation aus Eisenach, daß bis zum 27. April eins der für Eisenach bestellten Exemplare nicht eingetroffen sei. Wir können den Nachweis der promptesten Absendung führen. Wo ist nun das betreffende Exemplar geblieben? —

Der „Deutsche Demokrat" wird Freitags früh zur Post gegeben und mit dem Eilzuge befördert. Er ist Samstag Nachmittags in Schleswig, Sonntag Nachmittags in Gumbinnen, trifft in Würtemberg bez. Crailsheim, wie uns dortige Abonnenten berichten, aber erst — Dienstags ein! Wir hatten über diese unglaublich schnelle Beförderung sofort Beschwerde geführt. Abhülfe ist zugesagt!

* Der französische Bürgerkrieg

ist noch immer nicht von der Stelle gerückt. Die Truppen der Versailler haben in den letzten Tagen Ernst gemacht, das Fort Issy, welches bereits von den deutschen Batterien übel zugerichtet worden war, ist von ihnen so beschädigt worden, daß es angeblich unhaltbar ist. Indeß hat dieses energischere Vorgehen der Versailler anscheinend kein erhebliches Resultat gehabt, da die beiderseitigen Stellungen fast unverändert geblieben. Alle Vermittelungsvorschläge, welche in letzter Zeit versucht wurden, sowohl die von den größeren französischen Städten, als auch die von den Pariser Freimaurern unternommenen, sind an der verblendeten Wuth der Versailler Majorität gescheitert. Die beste Politik wäre hier die Versöhnung gewesen; daß man sich derselben so hartnäckig verschlossen, dürfte der monarchischen Versammlung noch theuer genug zu stehen kommen. Bereits erhält die Commune Zustimmungen aus den größeren Plätzen Frankreichs, die sich in der Frage der Communalfreiheit den Forderungen der Commune anschließen. Ein Pariser Abenteurer, General Cluseret, der bis dahin einen gewichtigen Einfluß ausübte und die Zügel der Pariser Regierung an sich reißen wollte, ist verhaftet worden. Die Commune hat einen Wohlfahrts-Ausschuß ernannt, der nur ihr verantwortlich sein soll. Die Vertheidigungsmaßregeln von Paris, welche sich zusehends mehren, sollen außerordentlich sein.

Die Stimmung in Paris ist nach allen Berichten eine unerschütterliche, jedoch in allen Schichten der Bevölkerung eine versöhnliche und es wäre noch heute der Versailler Regierung leicht eine Verständigung zu erzielen, — wenn sie eben von wahrhaft freisinnigem Streben erfüllt wäre.

* Wochenschau.

Deutschland.

Der 1. Mai — Johann Jacoby's Geburtstag! Welche erhebenden Erinnerungen an eine hoffnungsreiche Vergangenheit — welche trostlosen Aussichten in die Zukunft erweckt dieser Tag. Die schläfrige Masse des deutschen Volks, die Jacoby's donnernder Freiheitsruf zum thatkräftigen Leben und Denken erweckte, ist in die alte Stumpfheit und Thatenlosigkeit zurückgesunken, sie haßt den wahren Freiheitsgedanken, seitdem sie im Feindesblute geschwelgt und das Gift des Ruhmes in sich aufgenommen. Aller Waffen hat sich das bethörte Volk begeben, macht- und rathlos steht es dem Despotismus gegenüber, ja so tief ist es bereits gesunken, daß es diesen Despotismus wie einen Gott verehrt! Das Parlament ist zum Komödienhaus geworden; die Abgeordneten welche dazu berufen sind, die Banden zu lockern und zu sprengen, welche der Militär-Absolutismus um die Glieder des Volkes geschlungen, müssen die Gelder zur Erhaltung dieses Zustandes flüssig machen. Das ist arg und es gehört Muth und ein unerschütterliches Vertrauen in den endlichen Sieg der freiheitlichen Sache dazu, die Flinte nicht in's Korn zu werfen. Diesen Muth, dieses unerschütterliche Vertrauen besitzt Johann Jacoby. Eifern wir ihm nach, widmen wir unermüdlich der Freiheitsarbeit unsere Arme, zeigen wir unserem Veteranen der Freiheit, daß seine Saat Früchte getragen, daß trotz des Elends der Zeit, der demokratische Gedanke, wenn auch heute nur noch im Herzen eines kleinen Häufleins, rein und unverfälscht sich erhalten hat!

Die Krankheit Johann Jacobys, deren Ursprung auf Lötzen zurückgeführt wird, bessert sich in erfreulicher Weise. Der Kranke kann bereits, wie uns aus seiner Umgebung berichtet wird, täglich ein bis zwei Stunden das Bett verlassen, die Kräfte stellen sich ein und seine vollständige Heilung unterliegt keinem Zweifel mehr.

Ein erfrischendes Gegenstück zu der ekelhaften Bauchkriecherei, die sich nach wie vor in Berlin breit macht, bildete die erste Versammlung des neubegründeten demokratischen Vereins von Berlin unter dem Vorsitz des Dr. Guido Weiß. Die Sitzung wurde durch einen Vortrag des Frankfurter Abgeordneten Herrn Sonnemann über die Aufgabe der demokratischen Partei ausgefüllt. Herr Sonnemann ist übrigens der einzige der süddeutschen Abgeordneten der seinen Beruf nicht im Bankdrücken erblickt. Seine parlamentarische Thätigkeit, bei der ihm noch Muße für andere ersprießlichere Dinge verbleibt, ist bisher eine so fruchtbare gewesen, daß Frankfurt mit Recht auf seinen Vertreter stolz sein kann.

Um der Welt Gelegenheit zu geben, sich selbst ein Urtheil über die der „Frankf. Ztg." von dem Abg. v. Rochau vorgeworfene „Franzosenfreundlichkeit" zu bilden, hat Hr. Sonnemann die betreffenden Artikel seiner Zeitung in einer Brochure drucken lassen. Drei Artikel stammen aus der Zeit vor dem Kriege und der letzte über die Verhältnisse im Elsaß nach dem Frieden, nach Erhebung der Anklage durch Herrn v. Rochau. Die Anklage umfaßte auch jenen herrlichen tieferschütternden Mahnruf Moritz Hartmanns, „Genug des Mord's, der Gräul genug," den auch wir nachgedruckt hatten. Die ganze Anklage trägt den Stempel der Lüge und Verläumdung so deutlich auf der Stirn, daß schon die Mittheilung der einfachen Thatsachen genügt, ihren wahren Charakter erkennen zu lassen. Geschah dem Abg. Sonnemann übrigens schon recht; warum forderte er auch Grundrechte! Da mußte ja die Treitschke'sche Sippschaft ergrimmen!

Der deutsche Reichstag hat die Hauptparagraphen des Gesetzes über die Haftpflicht der Unternehmer nach der Regierungsvorlage unverändert angenommen. Da ist die Gerechtigkeit wieder einmal blind gewesen!

Bei der Commissionsberathung über das Prämienanleihegesetz hat, nach der „B. Z.," der Abgeordnete Sonnemann dem anwesenden Bundescommissarius ein, nach authentischem Material bearbeitetes Verzeichniß zur Disposition gestellt, aus welchem hervorgeht, daß augenblicklich 81 Prämien-Anleihen am Markte sind, von denen nach Abzug der bereits amortisirten Actien noch 18 Millionen Stück cursiren, die einen Nominalwerth von 845 Millionen Thaler repräsentiren. — Großartiger Schwindel!

Im Reichstage ist der Gesetzentwurf über die Annexion von Elsaß und Lothringen eingebracht worden; Weißenburg wird nicht an Bayern abgetreten! Es unterliegt keinem Zweifel, daß das Gesetz in seiner ganzen Halbheit, die der Polizeiwirthschaft Thür und Thor öffnet, angenommen werden wird.

General Vogel von Falckenstein verbot während seiner Militär-Dictatur unter andern Blättern auch den „Volksstaat," in Leipzig erscheinend. Die Postexpeditionen, in den vom Belagerungszustand befallenen Provinzen, nahmen stets das Abonnement an, konnten aber nachher das Blatt nicht liefern. Jetzt — zuerst freilich lehnten sie die Nachlieferung ab, da aus Leipzig die Nachricht einging, das fehlende Quartal sei nicht mehr zu beschaffen — scheint andere Nachricht eingetroffen zu sein und wird das I. Quartal dieses Jahrganges den Abonnenten auf Verlangen nachgeliefert. Wir veröffentlichen diesen Fall, um dem Herrn General zu beweisen, wie sehr unnütz er sich abgequält.

Endlich hat Vogel v. Falckenstein seinen verdienten Lohn für sein ungesetzliches Verfahren erhalten — den schwarzen Adlerorden! Uebrigens bestätigt sich hier das Sprichwort, daß böse Beispiele gute Sitten verderben. Vogel von Falckenstein hat in seiner wunderbaren Auffassung von Vereins- und Versammlungsrecht in der Polizei von Braunschweig würdige Jünger gefunden. Nachdem der social-demokratische Arbeiterverein in Braunschweig unbehelligt und öffentlich 1½ Jahre existirt hat, weil sich (bei der beabsichtigten, aber bekanntlich gescheiterten Anklage auf Hochverrath gegen die Ausschußmitglieder der social-demokratischen Arbeiterpartei in der Voruntersuchung) herausgestellt haben soll, daß der Verein staatsgefährliche Tendenzen verfolgte. — Damit nicht genug hat die Polizei die Gründung eines Volksvereins, weil derselbe „neben socialen auch politische Zwecke zu verfolgen beabsichtigt," untersagt. Das gibt Orden!!!

Der „Volksstaat" ist wiederholt confiscirt worden. Der Mitredacteur des Blattes Heppner, gegen welchen ¾ Jahre die Untersuchung wegen Majestätsbeleidigung schwebte, ist amnestirt worden.

Es wird beabsichtigt, den diesjährigen Journalistentag zu Beginn des Sommers in Breslau stattfinden zu lassen, und zwar zu einem Zeitpunkte, an welchem man im Stande sei, den der nächsten Session des Reichstags vorliegenden Entwurf zu einem Preßgesetz durchzuberathen und dem Reichstage eine entsprechende Vorlage hierüber zu machen.

Unsere Leser werden sich eines Hochverrathsprozesses gegen einen wackern demokratischen Genossen Herr Kaufmann Hornig in Frankfurt erinnern, der dem Angeklagten eine dreimonatliche Gefängnißstrafe eintrug. Die preußische Regierung unterhält, wahrscheinlich aus dem Welfenfond, eine Anzahl Polizeispione zur Ueberwachung und gelegentlichen Berückung leichtgläubiger Demokraten. Eine der gerissensten Creaturen war ein Herr Löwenthal in Zürich, der sich als Demokrat ausgab, in letzter Zeit republikanische Schriften verfaßte und an bekannte Demokraten mit dem Ersuchen um Verbreitung versandte. Dies war jedoch, wie Herr Hornig zu seinem Schaden erfahren mußte, eine Falle, denn gleichzeitig mit der Uebersendung der Schrift war auch schon eine Denunciation von dem Verfasser eingelaufen. Die Polizei in Frankfurt war achtsam und als Herr Hornig einigen Freunden das betreffende Werk zum Lesen lieh, wurde er verhaftet und — bestraft! Der Polizeispion jedoch wurde in die Redaction des bismarckischen Leiborgans die „Nordd. Allg. Ztg." berufen. Der „Fr. Beob.," welcher ein interessantes Lebensbild dieses Löwenthal bringt, schließt den betreffenden Artikel mit den Worten:

Er kokettirte in Zürich ein Weilchen mit den Socialdemokraten, welche ihn nicht kannten; als jedoch aus Dresden Enthüllungen über ihn kamen, hielt er es für gerathener, Zürich zu verlassen und dahin zu gehen, wo er hin gehört — in den Schooß von Bruß, welcher jüngst in seiner Zeitung von einem europäischen Lande sagte: „Wie gesunken muß eine Nation sein, in welcher so niederträchtige Halunken die öffentliche Meinung vertreten!"

Dem deutschen Reichstage ist die im Erfurter Parlamente benutzte Präsidentenglocke übersandt worden. Beiläufig präsidirte dem Erfurter Parlament gleichfalls Dr. Simson. Zu seinen Schriftführern gehörte u. A. der Abg. Deichhauptmann v. Bismarck, der jetzige Bundeskanzler!

Durch einen Erlaß des Bezirks-Commando's in Apenrade vom 18. April werden 316 Wehrleute, Reservisten und Ersatz-Reservisten aus dem Kreise Hadersleben, die sich der Einberufungs-Ordre während der Mobilmachung durch Entfernung nach Dänemark entzogen haben, vorgeladen. Die Zahl der ebenso Vorgeladenen aus dem Kreis Sonderburg beträgt 280, und ohne Zweifel wird die Zahl der aus dem Kreis Apenrade, sowie den nördlichen Theilen von Flensburg und Tondern verhältnißmäßig groß sein. Es ist endlich Zeit, den Prager Frieden auszuführen und dem Zwitterdasein Nordschleswigs ein Ende zu machen.

Wie das amtliche Straßburger Blatt hört, wird in den nächsten Tagen eine Verordnung erscheinen, durch welche das Deutsche zur obligatorischen Schulsprache erhoben wird. Die natürliche Rücksichtnahme auf die eigentlich national-französische Bevölkerung werde, so ist hinzugefügt, nicht außer Acht gelassen werden.

Wie die „Kreuzztg." heute mittheilt, hätte der Civilcommissär im Elsaß, Regierungspräsident v. Kühlwetter, „aus Gesundheitsrücksichten einen Urlaub angetreten." Je länger der Tag, desto schöner die Leute! Wir sind auf den Nachfolger des Hrn. Kühlwetter wirklich gespannt!

In Görlitz ist der ehemalige schleswig-holsteinische Generallieutenant Leopold v. Gerhardt, Senior des eisernen Kreuzes, gestorben, der bis vor wenigen Jahren mit der bittersten Noth zu kämpfen hatte. Wenn irgend einer, bemerkt die „Kieler Ztg.", hat er empfinden müssen, wie undankbar es ist, der Kämpfer für eine verlorene Sache gewesen zu sein.

Vor dem Mainzer Assisenhofe begannen die Verhandlungen in dem bereits erwähnten Steuer-Unterschlagungsprozesse. Es werden nicht weniger als 78 Zeugen vernommen.

Die guten Badenser! Petitionirt da eine Anzahl badischer Gemeinden beim Kaiser, um ein alljährlich stattfindendes „allgemeines deutsches Volks- und Kirchenfest" zur Erinnerung an die Wiederrichtung des deutschen Reichs. Der Kaiser überläßt eine derartige Feier dem freien Antriebe des deutschen Volks! Recht so, wenn die Ernüchterung erst einmal Platz gegriffen, hätte doch kein freiheitlich denkender Mensch diese Wiederrichtung des Vaterlandes gefeiert!

In Baden-Baden hat am 1. Mai der volle Friedenszustand zwischen Deutschen und Franzosen begonnen, schreibt die „N. B. L." — Herr Dupressoir hat sein Roulette und sein Trente et Quarante wieder in Bewegung gesetzt. Er nimmt's uns „wieder in Löffeln."

Eine zweimalige Bürgermeisterwahl in Mannheim ist resultatlos geblieben, da kein Candidat die gesetzliche Majorität erhielt.

Der Bischof Hefele in Rottenburg widerspricht der von mehreren Seiten übereinstimmend gemachten Angabe, daß er bei der württembergischen Regierung „vertraulich angefragt", ob er unbedingt auf ihren Schutz rechnen könne, wenn er sich weigere, das Unfehlbarkeitsdogma und die darauf bezüglichen Decrete zu veröffentlichen, wie es ihm „von Rom angesonnen" wurde, und daß die Regierung darauf geantwortet, er möge den ihm von Rom aus gegebenen Anweisungen Folge leisten und ihr keine neuen Schwierigkeiten bereiten.

Die bayerischen Ultramontanen setzen alle Hebel in Bewegung, um der Agitation gegen das Unfehlbarkeitsdogma entgegen zu treten. Vom 7. bis 14. Mai wird in der Angelegenheit eine Conferenz der bayerischen Bischöfe stattfinden. Die Herren können sich der Sorgen getrost entschlagen; so lange die Opposition nur die Unfehlbarkeit bekämpft, ist sie für die Kirche ungefährlich.

Die bayerische Regierung scheint entschlafen zu sein, in der Unfehlbarkeitsfrage Stellung zu nehmen. Der Staatsminister v. Lutz wird zu diesem Zwecke aus Berlin erwartet. Es harrt seiner auch noch die Entscheidung in der von dem Regierungs-Präsidenten der Oberpfalz gestellten Anfrage, wie er sich jenen Lehrern gegenüber zu verhalten habe, welche die Unfehlbarkeit des Papstes lehren.

Die Döllinger'sche Angelegenheit hat übrigens bereits ein Preßopfer gefordert. Der Redacteur des „Würzburger Journal" ist wegen eines Artikels, betitelt: „Die Döllinger'sche Angelegenheit", in Untersuchung gezogen worden. In demselben wird ein Vergleich zwischen dem Schicksale des oftgenannten Pfarrers Braun von Holzkirchen und Döllinger gezogen und die damalige Regierung eines Verbrechens beschuldigt, weil Pfarrer Braun, der wegen seines Widerstandes gegen die Einführung des Dogma's von der unbefleckten Empfängniß in den Bann gethan wurde, hierauf mit ihrem Wissen und Willen mittelst Gensd'armerie gewaltsam aus seiner Pfarrei entfernt und dem Hunger und Elend überliefert worden war. Der Artikel soll eine Beleidigung der Staatsregierung enthalten.

Die endlosen Confiscationen der „Süddeutschen Post" führen uns schnell wieder zum staatlichen Absolutismus. Das Blatt ist letzthin sogar wegen zweier Artikel confiscirt worden, die früher schon beanstandet, jedoch wieder freigegeben worden waren. Wenn man bei der Bekämpfung der staatlichen Dogmen nur halb so eifrig wäre wie bei der Unfehlbarkeit. Ja, Bauer, das ist ganz was anders, sagen da die wüthendsten Schreier, die Nationalliberalen — wo es sich um Volksfreiheit handelt — ist Ruhe die erste Bürgerpflicht und um so mehr, da wir ein großes mächtiges Volk geworden. So kämpfen wir gegen ein wesenloses Ding und verlieren dabei den letzten Rest von Freiheit, Bismarck aber und seine nationalliberalen Mameluken reiben sich vergnügt die Hände — ihr Weizen blüht!

Im österreichischen Abgeordnetenhause hat Graf Hohenwarth, nunmehr die Verfassungsvorlagen eingebracht. Die eine derselben besteht darin, daß Gesetzvorschläge der Landtage durch Vermittelung der Regierung dem Reichsrathe vorgelegt werden sollen, die andere darin, daß man dem Reichsrath diesen Gesetzvorschlägen gegenüber das Recht der Amendirung versagt und nur Annehmen oder Ablehnen en bloc gestattet ist. Von der Presse werden die Vorlagen fast einstimmig bekämpft.

Ausland.

Die Unterhandlungen wegen Streitigkeiten zwischen preuß. und luxemburgischen Grenzbewohnern scheinen ihren Abschluß noch nicht gefunden zu haben, indem von der preußischen Staatsregierung Klage erhoben worden sein soll, daß die mit erbeutetem Kriegsmaterial moselabwärts segelnden Schiffe wörtlich und thätlich beleidigt worden seien. Wird wieder einmal stark übertrieben sein!

Im italienischen Senate wurde das päpstliche Garantiegesetz zu Ende berathen. Gleichzeitig sind auf's neue Verhandlungen mit Rom eingeleitet, doch zweifelt man daran, daß sie einen besseren Erfolg als die vorausgegangenen haben werden. Im Senate theilte der italienische Justizminister mit, daß die Regierung nächstens einen Gesetzentwurf vorlegen werde, welcher die vollständige Trennung der Kirche vom Staate bezweckt.

In der Wahlreformdebatte des belgischen Repräsentantenhauses fiel ein schwerwiegendes Wort, das seit 1830 in jenen Räumen keinen Widerhall hatte. Provocirt von Herrn Frère Orban, behauptete Herr Demeur das Recht zur Revolution, wenn man dem Volke seine heiligen Rechte vorenthalte. [Am 8. September 1848, bemerkt das „Frankfurter Journal", sagte fast mit den nämlichen Worten dasselbe in der preußischen Nationalversammlung der damalige Minister des Innern — spätere Oberpräsident — Eichmann.]

Der schwedische Reichstag verwarf nach dem norwegischen Vorgange die Unionsacte fast ohne Discussion.

In Odessa hat zur Hebung des russischen Osterfestes eine Judenhetze stattgefunden, bei der 10 Personen getödtet und 20 verwundet wurden, außerdem wurden 27 Soldaten durch Steinwürfe verwundet. Die Zahl der Verhafteten beträgt nicht weniger als 1159!

Von der montenegrinischen Grenze, wird neuerdings über Versuche berichtet, einen Aufstand in der Herzegowina anzufachen. Ein gewisser Georg Simanovic war im Novibazaer Kreise bemüht, einflußreiche Geistliche und Kaufleute für montenegrinische Aufruhrpläne zu gewinnen. Die Rädelsführer wurden nackt in tiefe Kerker geworfen und an die feuchten Wände angekettet. Ein greiser Geistlicher ist so mißhandelt worden, daß an seinem Aufkommen gezweifelt wird. Im ganzen bosnischen Vilajet wird auf alle angesehenen Männer, wie überhaupt auf Alle, die als „Patrioten" bekannt sind, eine förmliche Razzia gemacht, so daß die Gefängnisse überaus bevölkert werden. Auch sind viele Serben ohne Proceß und Gericht erschlagen worden. Die ganze Provinz ist in Trauer.

Der Fürst von Rumänien hat die Wahlen zur Abgeordnetenversammlung angeordnet und zwar wird der erste Stand am 11. Mai, der zweite am 16. Mai, der dritte am 18. Mai seine Abgeordneten wählen. Der vierte (bäuerliche) Stand, welcher nach der Verfassung nicht direkte, sondern indirekte Wahlen vorzunehmen hat, wählt seine Wahlmänner vom 7. bis 9. Mai. Diese wählen die bäuerlichen Abgeordneten alsdann am 20. Mai. Von dem Ausfall der Wahlen wird die Zukunft Rumäniens abhängen!

Feuilleton.

Die Polenflüchtlinge.

Erzählung von A. Fr.

(Fortsetzung.)

„Nun zur Verkleidung," sagte Thaddäus, indem er Janko und Stephan winkte. „Wir müssen zweien der Kerle da den Mantel und die Tscherkessenmütze nehmen. Janko und ich wollen ziehen und Du, Stephan, gibst Acht, daß kein Laut uns verrathe. Du weißt Dein Amt."

Die Arbeit wurde ihnen leicht. Die betäubten Russen lagen wie Baumstämme. Zwar reckte sich der Eine und murmelte im Schlafe, aber sein Auge blieb geschlossen und kaum war ihm der Mantel genommen, so schnarchte er weiter.

„Nun fort in Gottes Namen," sagte Thaddäus, indem er sich die große Pelzmütze in die Augen drückte. „Wenn uns eine Wache trifft, so schweigt Ihr still und laßt mich reden. Vergeßt nicht, vor einem Offizier zu präsentiren."

Alle drei schwangen sich auf den Wagen, Hermann kutschirte und bald hatten sie die Ruine hinter sich.

Ungefährdet gelangten sie bis in die Nähe des Gutes, das sie passiren mußten, da kein anderer Weg nach dem Grenzorte und dem dort befindlichen Schlagbaume führte.

Plötzlich sprang Thaddäus vom Wagen.

„Herunter", rief er, „ich höre Reiter kommen."

Kaum waren die Andern abgestiegen, so kam ein Offizier, gefolgt von 4 Kosacken, in kurzem Trab von dem Herrenhause her auf sie zugeritten. Wenige Schritte vor ihnen hielt er sein Pferd an und fragte barsch:

„Von wo kommt Ihr?"

Janko und Stephan präsentirten die Gewehre. Thaddäus zuckte unwillkürlich, denn er erkannte an der Stimme den Mann, dem er am Morgen mit genauer Noth entronnen war. Aber schnell sich fassend, trat er vor und sagt:

„Von Mariampol." Es war der Name eines großen Dorfes am Nordende des See's. Auf seinen Streifzügen vor der Flucht war er dort gewesen und hatte sich genau mit allen Verhältnissen vertraut gemacht.

„Wer hat Euch gesandt?"

„Lieutenant Ubilischeff."

„Wo ist Deine Ordre?"

„Ich soll dem Herrn Gouverneur den Gefangenen da übergeben und ihm persönlich eine geheime Botschaft überbringen."

„So?" fragte der Offizier mißtrauisch und warf einen prüfenden, scharfen Blick auf Thaddäus, „was für eine Waffe führst Du da?"

Der alte Held begriff sofort die ganze Größe der Gefahr, in der er schwebte. Er hatte vergessen, seine geliebte Doppelbüchse gegen das Gewehr eines Russen zu vertauschen. Es galt unerschrockene Kühnheit. Er warf sich stolz in die Brust und sagte:

„Es ist die Waffe, mein Herr Offizier, die ich heute in gefährlichem Kampfe einem polnischen Hunde entrissen habe, der mit diesem Verwundeten hier und zwei Begleitern sich über die Grenze stehlen wollte. Ich glaube gehört zu haben, daß es ein sehr wichtiger Fang war."

Der Offizier stutzte.

„Verflucht!" murmelte er, „sollten uns die Hunde wirklich entgangen sein?"

„Trug einer der Polen," fuhr er laut fort, „eine Feder an der Mütze?"

„Ja, Herr, eine Confödératka, an der mit goldener Agraffe ein Busch von Reiherfedern befestigt war."

„War es der Verwundete da?"

„Nein, Herr, der andere, dem diese Doppelbüchse gehörte. Er leitete den Zug und hat drei meiner Kameraden getödtet, bis mein Säbel ihn niederstreckte."

„Zum Teufel, welcher ist denn der General?" murmelte der Russe, „Popoff behauptet doch, ihn

rwechsel.

Obschon
chreibfaul
Art par-
ndschafts-
al meine
n „Reiche
ndarinen
ernehmen
spälsche,"
rsens, die
gte aller-
nen von
lich aner-
als Stu-
mit glück-
der Kor-
bereits in
hige Be-
National-
glich bis
er Sün-
nar, und
das Ver-
atorischen
n geneigt
nen aus-
belt, als
nden Sy-
xtrablatte
e unseres
igt haben
lze, und
e ebl aut
rradatsch

neg —

anlichsten
lsche nicht
wenn der
och lange
st vergeſ-
rte natio-
h die von
its-Rosen
der neuen
n unserer
en Zwi-
...arm-
ige eines
herabge-
Dekora-
besondern
egung in
t erschien
sserglase,
reits ge-
pisungs-
: weiter,
s frühere
rer aoan-
uft Metz,
ch lange
en. Und
Land ge-

Daß unser mit einer ganz stattlichen Pension begnadigte Ex-Dalwigk, sich nur, weil er als diplomatischer kleiner Herngroß bei allem antipreußischen, zu Oesterreich neigenden Sonderbündeleien der deutschen Mittel- und Kleinstaaten, in Würzburg, Bamberg und am Frankfurter Fürstentag ꝛc., eine kleine Rolle spielte, einen gewissen staatsmännischen Anstrich verschafft hat, aber im Grunde blos ein reiner Bureaukrat nach der alten Schablone ohne alle höhere Gesichtspunkte war, hat unser Ländchen lange genug zu seinem schweren Schaden erfahren. In der That hat er als williges, ganz und gar nicht scrupulöses Werkzeug der Reaction alle unsere Märzerrungenschaften, das demokratische Wahlgesetz, die Preßfreiheit mit Competenz der Schwurgerichte u. A., ja sogar die vormärzliche Jaup'sche Gemeindeordnung mit ihren bescheidenen Anträgen bürgerlicher Selbstverwaltung systematisch weggefegt und verstümmelt. Auf kirchlichem Gebiete hat er nicht nur die bekannte orthodoxe Richtung unseres protestantischen Consistorial-Regiments, welche durch ihr Uebermaß die seitherige lebhafte Agitation für endliche Einführung der 1848 versprochenen Presbyterial- und Synodalverfassung ins Leben rief, unterstützt, sondern auch das berüchtigte Concordat mit dem Mainzer Bischof, wegen dessen verfassungswidriger Bestimmungen, ihn die Metz'sche Fortschrittspartei, welche nach dem famosen Seitz'schen Ausspruche freilich nicht einmal die Existenz eines Kanzleidieners zu erschüttern vermag, seiner Zeit mit großem Redeschwall erfolglos in Anklagestand versetzte, ist im Wesentlichen sein Werk. In der Verwaltung hat er unter Beseitigung der seit 1848 als volksthümliche Zwischenbehörde eingeführten Bezirksräthe die alte, ehedem so verhaßt gewordene, Kreiswirthschaft vollständig wieder hergestellt, und unter seinem Regime erlebten wir die ebenso merkwürdige, als für unsere kleinstaatliche Regierungsweisheit charakteristische Absonderlichkeit, daß wir gleichzeitig für den Gemeinderath die Dreiklassen-Wahl, für die Kammer die indirekte (Wahlmänner) Wahl und für den Reichstag, resp. früher auch das Zollparlament die allgemeine direkte Volks-Wahl, also 3 einander schnurstracks widersprechende Wahlsysteme neben einander hatten, u. diese als seine Erbschaft zur Stunde noch als Kraut und Rüben durcheinander genießen, ein verfassungsrechtliches mixtum compositum, was füglich im Kladderadatsch illustrirt zu werden verdiente. Für solche, mehr als zweifelhafte staatsretterische Verdienste, ist es gewiß nur eine sehr geringe Entschuldigung, daß der „Verflossene" daneben auf gewerblichem und industriellem Gebiete, besonders im Eisenbahnwesen, manche Fortschritte anbahnte oder vielmehr nicht hinderte, was auch für verschiedene Reformen in der Rechtspflege, dem Strafprozeß u. A. gelten mag, die seiner eigenen Initiative schwerlich entsprungen sind. Wie leicht wäre es diesem Manne gewesen, selbst nach seinen früheren Reactionsmaßregeln, sich noch von 1866 an gegen die ihm selbst so mißliebige vollständige Verpreußung durch kluges Einlenken, in die Bahn innerer Reformen, wozu ihm unsere Demokratie oft genug rieth, in der öffentlichen Meinung seines Ländchens einen Rückhalt zu verschaffen, der ihn auch unter „Kaiser und Reich" noch längere Zeit wirksam gestützt haben würde! Aber gewisse Leute können eben über den grünen Tisch ihres Bureau's nicht hinaussehen, und so erzählt man sich denn auch von Dalwigk, daß als ihm vor etwa 4 Jahren noch bei einer zufälligen Gelegenheit von einer entschieden (nicht national-) liberaler Seite zur Wiederherstellung des ständischen Wahlgesetzes von 1848 gerathen wurde, er achselzuckend erwiedert habe: „Aber mit einer solchen Kammer läßt sich ja nicht regieren!" Wenn man solchen sogenannten Staatsmännern gegenüber an den erst vor Kurzem verstorbenen Watzdorf von Weimar, den großen Minister eines kleinen Staates, denkt, der freilich ein weißer Rabe unter den deutschen Excellenzen, trotz aller Wandlungen der Zwischenzeit in Gesetzgebung und Verwaltung seinen 1848 ausgesprochenen freisinnigen Grundsätzen, vor Allem in der Richtung möglichst ausgedehnter Selbstverwaltung des Volkes und thunlichster Beseitigung bureaukratischer Vielregiererei, bis zur letzten Stunde treu geblieben ist und darum auch die allgemeinste Achtung mit ins Grab genommen hat, so kann Einem solche kleinliche Beschränktheit der Gesichtspunkte, wie wir sie bei unserem hessischen Expremier finden, nur um so beklagenswerther erscheinen, und unwillkürlich muß Einem das denkwürdige Wort des schwedischen Reichskanzlers Oxenstierna an seinen Sohn einfallen. Allerdings ein Watzdorf und ein — Dalwigk! Diese Nebeneinanderstellung schon birgt eine so beißende Ironie, daß sie gar keines Commentars bedarf. Er ruhe in Frieden! —

Der eigentliche Humor unseres hessischen Ministerwechsels, wovon gewisse vertrauensselige Biedermänner schon eine neue Aera datiren wollen, liegt aber, wie schon im Anfang angedeutet, denn doch darin, daß der Nachfolger Dalwigks, als Premier niemand Anderes, als gerade Herr von Bechtold ist, dessen persönlicher Gutmüthigkeit ich übrigens ebenso gerne Gerechtigkeit widerfahren lasse, wie der gesellschaftlichen Höflichkeit und Liebenswürdigkeit Dalwigk's. Schon unter unserem seligen du Thil war Bechtold in letzter Zeit der eigentliche Leiter unserer Reaction auf dem Gebiete der inneren Verwaltung, die Seele unseres vormärzlichen Kreisraths-Regiments, dessen bekannte, von der 1848er Kammer adoptirte scharfe Kritik durch den G. Struve'schen „deutschen Zuschauer" er seiner Zeit „infam und perfid (!)" nannte, ein verknöcherter Bureaukrat der alten Schule, die Alles vom Dintenfasse heraus regiert, und hat seinem Chef Dalgwik bei Durchführung der oben geschilderten reactionären Maßregeln, als getreuer und dienstwilliger, bei deren Verfechtung in der Kammer recht routinirter Gehülfe stets zur Seite gestanden. Der Justizminister v. Lindelof, der sich mit ihm in die Dalwigk'schen Portefeuille's getheilt hat, soll ein gelehrter Jurist und braver Mann sein; weiter weiß man nichts besonderes von ihm. Es ist also ein bloßer Wechsel der Namen; an einen des Systems ist, wie man hört, so lange noch unser jetziger Großherzog regiert, kaum zu denken. In dieser Beziehung setzen namentlich unsere National-Liberalen auf den designirten Thronfolger, Prinz Ludwig, und dessen für sehr freisinnig und selbstständig geltende Gemahlin, die englische Prinzessin Alice, höchst sanguinische Hoffnungen. Ob sie dann aber selbst endlich ans Ruder kommen werden, möchte ich sehr bezweifeln. Außerdem ist die alte Geschichte von dem liberalen Kronprinzen denn doch nachgerade etwas Meidinger geworden. Nun, „wir können's abwarten," wie einst Ehren-Schmerling sagte, und so lange der allmächtige Kanz-

---

bin doch

rt, „fahre
i dort in-
anweisen,
iß wir zu

ritt, ge-
n Galopp

lich," rief

i auf den

ferde lau-

der Wa-
olle. Der
hatte der
äus, be-
denn er
Offiziers
meile die

n, fielen
Thaddäus'

scharfes Ohr hörte deutlich das ferne Hallohgeschrei der Verfolger.

„Fahre schnell bis zur Chaussee, Hermann," befahl er dringend, dort biegt der Weg um die Ecke nach dem Schlagbaume herunter. Die letzten hundert Schritte müssen wir gehen und langsam fahren; ich versichere mich der Wache am Baume, Ihr andern nehmt die Uebrigen auf Euch. Vorwärts, vorwärts, die Leute dort spitzen schon die Ohren."

Es war schon spät am Abende; aber es waren doch noch hie und da einige Fußgänger zu erblicken, die jetzt neugierig nach dem Fahrzeuge blickten und auf das immer deutlicher erschallende Rufen achteten.

An der Chaussee angekommen, sprangen die Polen vom Wagen und Hermann zog die Leine, um die dampfenden Pferde zum Schritte zu zwingen.

Ein Herr kam ihnen entgegen.

„Was ist das für ein Fuhrwerk?" fragte er.

„Escorte," gab Thaddäus kurz zur Antwort, und schritt, in russischer Sprache halb laute Flüche ausstoßend, weiter.

Am Schlagbaume lehnte schläfrig der wachthabende Soldat, sah träge nach dem Fuhrwerk und schien auf das Gespräch zu lauschen, das Thaddäus absichtlich halblaut mit Stephan angeknüpft hatte.

„Bruder, zieh den Baum auf, Escorte nach Preußen!" rief der Pole in gleichgültigem Tone dem Russen zu.

Dieser hatte arglos bereits die Kette angefaßt, so daß der quer über die Straße gelegte Baum sich schon merklich hob, als der wachthabende Beamte aus der Thür des Zollhauses trat.

„Was geht hier vor," rief er barsch, „wo ist Euer Paß?"

Thaddäus reichte ihm lautlos das falsche Papier entgegen und winkte an den Schlagbaum tretend, dem Soldaten, die Kette fahren zu lassen. Dieser aber behielt sie in der Hand und zeigte auf seinen Vorgesetzten, der noch beschäftigt war, an dem Lichte einer Handlaterne den Inhalt des Papiers zu studiren.

In dem Augenblicke hörte man in nächster Nähe den Galopp der heranstürmenden Verfolger und das laute Geschrei:

„Haltet, haltet den Wagen! Verrath, es sind Polen!"

Zugleich wurde es in den nächsten Häusern lebendig. Lichter erschienen an den Fenstern, Männer und Frauen stürzten auf die Straße und überall wiederholte sich der laute Haltruf der Feinde.

„Stephan!" rief Thaddäus.

Ehe der Russe am Schlagbaum zur Besinnung kommen konnte, erhielt er von Thaddäus einen fürchterlichen Stoß an den Kopf, daß die Kette seiner Hand entflog und der Schlagbaum rasselnd in die Höhe fuhr. (Forts. folgt.)

ler des neuen deutschen Kaiserreichs, Fürst Bismarck, den Liberalismus noch für einen Luxus hält, die Grundrechte zurückweist, das eiserne Militärbudget nicht ganz aufgibt und die Gesetzgebung in der Hauptsache centralisirt, würde selbst ein Ministerium Metz-Bamberger, der kühnste Traum unserer enthusiastischen Fortschrittler, uns wenig helfen können, auch wenn es dazu gegenüber jenem „großen Staatsmanne," der in gewissen Dingen keinen Spaß versteht, selbst den allerbesten Willen hätte. Namen thun Nichts zur Sache, und die Sache wird mit gelegentlichen Variationen für lange wohl im Grunde dieselbe bleiben. Es ist das eine Art von Galgen-Humor, wenn Sie so wollen; aber er scheint mir in den bekannten allgemeinen Verhältnissen eine gewisse Berechtigung zu besitzen. — Es kommt selten was Besseres nach! wollen wir als pessimistisch glimpflichste Leichenrede unserem v. Dalwigk nachrufen.

Patriotismus und Frömmigkeit.

Eine Betrachtung aus Schwaben.

(Fortsetzung.)

Als die Nothwehr ihr Werk gethan und herrlich bestanden hatte, da, auf der Höhe des Ruhmes und der Lebensenergie, erfaßt noch von dem Europa überstrahlenden Glanze eines doppelten Sieges, des moralischen über den Zwiespalt im eigenen Busen, des physischen über den stärksten Kämpfer Europa's unterlag die Nation dem Versucher, der als der Fürst dieser Welt in Macht und Herrlichkeit zu ihr trat, sie lobte und lockend sprach: Niemand kann Dir widerstehen — jetzt greife zu! Opfere mir Deine Freiheit, so mache ich Dich groß, groß, unerreichbar unter den Nationen! . . . Und der Schwindel der Macht kam über sie; sie war allzurasch gestiegen. Und sie sah ihre Höhe an und opferte die Herrlichkeit der Seele, die so eben sie erhoben hatte vor den Augen Europas! Sie opferte die edle Hingebung an die Freiheit, jedes Volkes unveräußerliches Lebensgut, und suchte die Knechtung; sie opferte die gottkräftige Begeisterung für das Recht, das Menschen und Völker in ihren Schranken heilig bewahrt, und hing der Gewalt an, die auch im Tiger Recht hat; sie opferte die Tugenden und die Ruhe ihrer Seele und nahm auf den Athem des Versuchers: herrschsüchtige Selbstsucht, Wuth, Beutegier, Blutgier, den Durst der Rache, die Taubheit des Hochmuths . . . Und die Verwilderung gründete ihr Reich unter dem Schmettern der Fanfaren, unter dem brüllenden Donner der Menschenvernichtung, in der berauschenden, angstvollen, heißen Lust der Schlachten! Um das Reich zu gründen, sprach der Versucher, bedarf es einer einzigen Kraft nur, der des Opfers; opfere, opfere, was Dein Führer fordert, frage nicht, warum, und besinne Dich nicht, sondern eile! Und den geopferten seelischen Gütern folgten die leiblichen nach: Gut, Blut und Arbeit, vor allem aber Blut; Blut bis zur Verzweiflung der Bürger, Blut bis zur Verwilderung der Soldaten! Denn die Nation, die nur das eine Grundgut, die Freiheit, opfern wollte und ihre vorhandenen Güter vermehren, sie [illegible] delt wie der thörichte Verwalter, der, um [illegible] Herrn Fischteiche zu wuchern, die Fische behielt, und um hohen Preis das Wasser des Teiches verkaufte, denn so bleibt ihm, sprach er, der ganze Reichthum des Teiches, und er gewinnt noch den Kaufpreis, quillt nicht das Wasser von selbst aus dem Boden? Aber ehe die verkaufte Freiheit, das Wasser des Lebens, den heimathlichen Raum der Nation wieder füllet, vergehen die Güter des Lebens!

Nun war das Opfer die Seele, das Opfer die Freiheit des neuen Staates der Größe, der Weltmacht und der Herrlichkeit. Der Altar aber, der die Opfer empfing, ward nicht der Altar der Macht genannt, sondern der Altar des Vaterlandes; und den Dienst am Altar, den Dienst auf Commando, erhielt als Belohnung eben jener Patriotismus, dessen Allmacht so rühmlich offenbar geworden war! Dieser angeflickte Patriotismus nun ist es, der seither, durch das Ansehen des heiligen Namens geschützt, von der Macht gefördert, die bösen Leidenschaften, die der Macht dienen, entflammte, und die Rechtlosigkeit, die Ueberzeugungslosigkeit, die feige Hingebung an die Macht heilig sprach!

(Fortsetzung folgt.)

Verantwortlicher Redacteur und Verleger Carl Luebeck.
Druck von Ph. Rohr in Kaiserslautern.

Marktbericht.

Nürnberg, [illegible]

Mannheim, 28. April. [illegible]

Frankfurt, [illegible]

Köln, [illegible]

Berlin, [illegible]

Hamburg, [illegible]

Königsberg, [illegible]

Berlin, [illegible]

Deutscher Demokrat.

Erscheint wöchentlich einmal und wird den auswärtigen Abonnenten Freitags mit der Post zugesandt.

Nro. 20. Vierteljährlich 5 Sgr. 18 kr. in Preußen 6 Sgr. 9 Pf. Kaiserslautern, 14. Mai Inserate 3 Sgr. 12 kr. die 4spaltige Zeile. 1871.

Post.

Wir sind in der erfreulichen Lage unsern Lesern in Ost- und Westpreußen, Posen, Pommern und Brandenburg, sowie Mecklenburg, die den „Deutschen Demokrat" bisher durch das Berliner Zeitungscomptoir bezogen, denselben hinfort direkt senden zu können, so daß das Blatt mindestens einen Tag früher als bisher in die Hände der Abonnenten gelangt.

Aus Stuttgart, 3. Mai, erhalten wir folgendes Schreiben:

Unterzeichneter Abonnent erlaubt sich hierdurch, der geehrten Redaction mitzutheilen, daß auch er sich über sehr nachlässige Zusendung, des oben genannten Blattes zu beklagen hat. Am ersten Sonntag dieses Quartals kam es richtig, dann nur immer Montags an (und jetzt ist es) Mittwoch und noch nichts davon zu sehen!

In der Hoffnung, daß die Postanstalten, auf vielseitiges Drängen, den demokratischen Blättern mehr Gerechtigkeit widerfahren lassen, zeichnet sich 2c.

Der definitive Friede mit Frankreich.

Die Friedensverhandlungen mit Frankreich, die in Brüssel nicht von der Stelle kamen, sind in Frankfurt, wohin sich Bismarck und Jules Favre begeben haben, vor wenigen Tagen wieder aufgenommen worden. Dieselben drehten sich hauptsächlich um endgültige Grenzregulirung und die Bezahlung der 5 Milliarden Kriegsentschädigung. Die Franzosen wollten am 1. Juli eine Milliarde baar, den Rest in Papieren bezahlen, wogegen die Deutschen nach dem 1. Juli Frankreich räumen sollten. Das ganze Geld in baar aufzubringen, war für Frankreich eine Unmöglichkeit. Da es den Deutschen darauf ankam, möglichst bald aus Frankreich herauszukommen, um so weiterer Verwickelung aus dem Wege zu gehen, und die Versailler nichts sehnlicher als den Abzug der Deutschen wünschten, wurden die Friedensverhandlungen schnell und anscheinend in einer beide Theile befriedigenden Weise zu Ende geführt. Nähere Nachrichten über die einzelnen Bedingungen des neuen Vertrages fehlen noch.

* Der französische Bürgerkrieg

scheint noch lange nicht in sein letztes Stadium getreten zu sein. Den Versaillern ist es zwar gelungen, das unhaltbar gewordene Fort Issy zu nehmen, doch hat dieser Erfolg keine große Bedeutung. Die Kämpfe dauern auch auf beiden Seiten mit der größten Erbitterung fort. Paris leistet in der Vertheidigung Erstaunliches und beweist dadurch, daß die Sache, welche es verficht, keine schlechte ist. Während die Achtung der Commune in den Augen Frankreichs von Stunde zu Stunde wächst, bringt sich die Versailler Versammlung mit ihren reactionären Plänen, die sie unverhüllt zur Schau trägt, immer mehr in Mißcredit. Frankreich hatte bei den Communalwahlen, die jüngsthin stattfanden, Gelegenheit, seiner Gesinnung gegen die Versailler einen offnen Ausdruck zu geben.

In den meisten Städten ist die Liste der gemäßigten Republikaner, an einzelnen Punkten sind die Radicalen durchgedrungen, allein die Legitimisten, wie die anderen entschiedenen Monarchisten orleanistischer oder imperialistischer Farbe, sind beinahe überall durchgefallen. Auf die städtische Bevölkerung Frankreichs darf also die Restaurations-Partei wenig oder gar nicht zählen, sondern muß dieselbe vielmehr als ein entschieden ihrer Sache feindseliges Element mit in Rechnung bringen.

Diese Ueberzeugung hat die Versailler auch zu einem verhängnißvollen Schritte zum Verbote eines Städtetages zur Berathung der Communalfreiheit, zu der schon 34 Städte ihre Betheiligung zugesagt, veranlaßt. Das ist also eine offene Kriegserklärung und sie wird als solche von den Städten, die ihre Freiheit und Selbstständigkeit bedroht sehen, aufgefaßt werden. Sollte also Paris unterliegen, stehen die Versailler vor der communalen Bewegung Frankreichs!

* Wochenschau.

Deutschland.

Am 5. Mai dieses Jahres waren es 50 Jahre, daß Napoleon I. in der Verbannung auf St. Helena starb. „In 50 Jahren," sagte er einst, „ist Europa entweder Republik oder kosakisch." Man kann dem Verstorbenen einen überaus scharfen Blick, eine große staatsmännische Urtheilskraft nicht absprechen, denn Europa ist mehr oder weniger kosakisch geworden. Ueberall befinden sich die Republikaner in einer verschwindenden Minorität und gar in unserem Lande der Denker und Philosophen sind sie an den Fingern herzuzählen, ja wir können getrost sagen, wenn wir es heute noch nicht ganz sind, sind wir doch auf dem besten Wege — kosakisch zu werden! Wir haben ein Reichsoberhaupt, dem wir uns nur betteind, niemals fordernd nahen dürfen, das uns niemals über seine Handlungen Rechenschaft zu geben braucht, dem wir jedoch Gut, Blut und Leben zu jeder Zeit, ohne zu fragen, ob ein solches Opfer für uns auch heilbringend sei, opfern müssen. Wenn das nicht kosakisch ist, ist es doch wenigstens echt westfalmuckisch, wie Freiligrath sagen würde!

Bei der Einbringung des Gesetzentwurfs über die Wiedervereinigung von Elsaß und Lothringen mit Deutschland hat Bismarck im Reichstage eine Rede gehalten, worin er als ausgemachte Thatsache betonte, daß der Pariser Bewegung ein vernünftiger Kern zu Grunde liege, sonst vermöge keine Bewegung auch nur das Maß von Kraft zu erlangen, wie die Pariser es augenblicklich erlangt hat. „Dieser vernünftige Kern", fuhr er fort — „ich weiß nicht, wie viel Leute ihm anhängen, aber jedenfalls die intelligentesten von denen, die augenblicklich gegen ihre Landsleute kämpfen — ich darf es mit Einem Worte bezeichnen: es ist die deutsche Städte-Ordnung; wenn die Commune diese hätte, dann würden die besseren ihrer Anhänger zufrieden sein." So sehr wir die gute Meinung des Reichskanzlers über die viel verschrieene communale Revolution anerkennen, müssen wir doch entschieden bezweifeln, daß die deutsche, richtiger preußische Städte-Ordnung das Ideal der Pariser Revolutionäre sei. Wir wissen nicht, ob wir diese Verherrlichung der vielbekämpften preußischen Städte-Ordnung als den Ausfluß der bismarckischen Ueberzeugung oder nur als eine Bosheit betrachten sollen. Jedenfalls ist sie für unser freiheitliches Kaiserreich bezeichnend genug! Die wackeren Volksvertreter aber klatschten, wie sich ja nicht anders erwarten ließ, rasend Beifall und bestätigten dadurch auf's Neue, daß das Volk einer anderen Vertretung bedarf, wenn es jemals auf einen grünen Zweig kommen will.

Die Annexionsvorlage ist einer Commission überwiesen worden. Es soll bei Berathung der Vorlage eine lebhafte Debatte in Aussicht stehen, da die Willkürherrschaft, welche das Gesetz über Elsaß und Lothringen verhängt, selbst dem Reichstage zu stark scheint. Einzelne Heißsporne können die Einführung der deutschen Reichsverfassung nicht schnell genug bewirkt sehen; — als ob damit etwas Anderes geschaffen würde, als — ein absolutes Regiment. Die gesetzliche Weihe des letzteren ist offenbar eher schädlich als nützlich.

Die Reichstagssession wird sich jedenfalls bis über den 20. ds. ausdehnen, da Fürst Bismarck die Hoffnung aussprach, die Abgeordneten noch am 13. und 20. bei sich zu sehen. Der „Rh. Ztg." schreibt man aus Berlin: Die Reichstagsmitglieder machen sich darauf gefaßt, bis Pfingsten hier ausharren zu müssen.

Die demokratische Partei von Berlin hat die Gründung einer täglich erscheinenden Zeitung beschlossen. Es sind bereits namhafte Beiträge gezeichnet. Der demokratische Wahlverein in Frankfurt hat den Beschluß gefaßt, sich an der Gründung des Blattes durch Geldbeiträge zu betheiligen; möchten andere Städte folgen!

Eine in Kassel abgehaltene Arbeiterversammlung wurde, als der Redner, Schlosser Frohme aus Hannover, einen Vergleich zwischen dem gestürzten französischen Kaiserreich und dem neuen deutschen Reich auszuführen begann, polizeilich geschlossen.

Die fälligen Verpflegungsgelder in Höhe von 10 Millionen sind von der französischen Regierung am 1. Mai in Rouen und Amiens richtig gezahlt worden.

Aus Schleswig-Holstein schreibt man uns: Seit 3 Jahren ist man in unserer Provinz mit den Vermessungsarbeiten, behufs der Grundsteuer-Regulirung — wodurch Zeitungsnachrichten zufolge ein Plus von 2 Millionen Thaler aus den annectirten Provinzen Schleswig-Holstein, Hannover, Hessen und Frankfurt der Finanzkasse Preußens erwachsen würden — und womit bis zum 1. Januar 1875 die Erhebung zu beginnen hat, beschäftigt. Um die noch rückständigen umfassenden Arbeiten zu rechter Zeit bewältigen zu können, sind auf desfallsige Reclamation neuerdings, durch Kriegsministerial-Befehl die für die hiesigen Vermessungsarbeiten unentbehrlichen Feldmesser aus dem Dienst in der Armee entlassen; — während wiederholte Reclamationen festangestellter Volksschullehrer unberücksichtigt bleiben. Ein Zeichen der Zeit.

Die Wahl des Reichstagsabgeordneten Petersen-Garding, (Westküste von Schleswig,) ist cassirt worden. Petersen war Candidat der National-Liberalen und ging aus der „engeren" Wahl mit großer Majorität gegen den dänischen Candidaten Krüger-Beftoft hervor. Es ist nunmehr zu erwarten, daß ein liberaler Candidat aus der neuen (dritten) Wahl hervorgehen wird. Nur Gleichgültigkeit der Majorität der Wähler — man urtheilte fast allgemein über diese Wahlen, es ist alles doch nur Spiegelfechterei! — hatte die engere Wahl zwischen Petersen und Krüger möglich gemacht. Ein liberaler Candidat hat nun wohl die beste Aussicht gewählt zu werden. Auch dürfte einem Socialdemokraten noch manche Stimme zufallen.

Die Flensburger „Nordd. Ztg.," ein Blatt das sonst für die Bismarck'sche Politik durch Dick und Dünn geht — bracht in ihrer heutigen Nummer eine Correspondenz ihres holsteinischen Correspondenten ab, welche mit aller Macht gegen die „Diätenbewilligung" los argumentirt; wozu die Redaction des genannten Blattes folgende bemerkenswerthe Anmerkung macht, die als eine Perle in demokratische Blätter eingereiht zu werden verdient. „In der Militärfrage ganz mit dem Herrn Correspondenten einverstanden, können wir aber doch nicht umhin, vom Standpunkt der Billigkeit und des gleichen Rechts für Alle, es widerspruchsvoll zu finden, daß die beiden andern Factoren der Gesetzgebung, die Krone eine hohe Civilliste und der Bundesrath nicht unbeträchtliche Gehälter beziehen. Ist es einmal Pflicht, unentgeltlich am Staatswohl zu arbeiten, so ist es nicht recht begreiflich, warum man immer nur von Erfüllung dieser Pflicht durch den Reichstag spricht."

Nun, wenn das erst solche Leute sagen. —

Die Verluste des norddeutschen Heeres in der Zeit vom 24. Juli 1870 bis 22. Februar 1871 betragen:

A. Offiziere, Aerzte, dienstthuende Fähnriche, Vicefeldwebel, Wachtmeister 1025 todt, 3240 verwundet, 59 vermißt. Summa 4324 Offiziere. Darunter befinden sich auch 3 Pfarrer todt. B. Feldwebel, Unteroffiziere und Mannschaften 14530 todt, 67563 verwundet, 11,020 vermißt. Summa 91,113 Unteroffiziere und Mannschaften; dazu 4324 Offiziere, zusammen 96,437 Köpfe. Nach den Berichtigungslisten stellen sich obige Zahlen folgendermaßen: A. 1) Außer 1025 Offiziere todt, sind 142 Offiziere nachträglich gestorben. Also 1167 Offiziere todt. 2) Von 3240 verwundeten Offizieren gehen ab: a. nachträglich gestorben 143; b, genesen 878; c. als leicht verwundet bei den Truppen verblieben 382, zusammen 1402, bleiben in Behandlung 1838

Offiziere ꝛc. 3) Es bleiben vermißt 10 Offiziere ꝛc. B. 1) Außer 13,530 Unteroffizieren und Mannschaften todt, sind 2011 nachträglich gestorben. Also 15,541 Unteroffiziere und Mannschaften todt. Davon ab 297 irrthümlich als todt aufgeführt, bleiben 15,244 todt. 2) Von 67,563 verwundeten Unteroffizieren und Mannschaften gehen ab: a. nachträglich gestorben 2011; b. genesen 32,512; c. leicht verwundet bei den Truppen 5623, zusammen 40,146, bleiben in Behandlung 27,417 Unteroffiziere und Mannschaften. 3) Vermißt verbleiben noch ungefähr 2880 Mann.

Ob diese entsetzlichen Zahlen das Volk endlich von der Nothwendigkeit überzeugen werden, selbst über Krieg und Frieden zu entscheiden? Eine halbe Million Menschen auf beiden Seiten der Herrschsucht, der Fürstenlaune geopfert! Doch werden sich die Fürsten jemals das Vergnügen der „herrlichen Cavalleriegefechte“ u. s. w. nehmen lassen?

Vor dem Berliner Staatsgerichtshof standen die des Hochverraths angeklagten Polen, der Rittergutsbesitzer v. Guttry und der Oberförster v. Slorarzewski. Es wurde v. Guttry zu 2 Jahren Festungsstrafe verurtheilt, v. Slorarzewski dagegen von der Anklage freigesprochen. v. Guttry wird amnestirt.

Der Stuttgarter „Beobachter“ hat in der Person des unseren nordlichen Freunden von Königsberg her wohlbekannten Dr. v. Hasenkamp einen bewährten Redacteur erhalten. Mit derselben Ueberzeugungstreue, die ihm in Königsberg eine fast beispiellose Preßmaßregelung zugezogen, vertrat er bisher in seinem neuen Wirkungskreise beim Frankfurter Journal die demokratische Sache. Der Krieg mit seinen in freiheitlicher Beziehung so unheilvollen Folgen, hat bekanntlich die Parteigestaltung wesentlich geändert und der politischen Halbheit die Herrschaft im Parteileben eingeräumt. Andere Zeiten, andere Sitten, andere Menschen! Freund Hasenkamp war mit seinen unerschütterlichen Grundsätzen für die neuen Verhältnisse unmöglich. — Einen glücklicheren Griff hätten unsere schwäbischen Freunde nicht machen können; der „Beobachter“ erhält einen sturmerprobten Steuermann, dem wir zum Beginn seiner neuen Stellung einen herzlichen Glückwunsch zurufen.

Die Bürgermeisterwahl in Mannheim hat auch beim zweiten Wahlgange kein Resultat gehabt. Um sich nicht der Gefahr auszusetzen, einen Bürgermeister von der Regierung octroyirt zu erhalten, versuchten die Demokraten mit den Nationalliberalen sich über einen gemeinschaftlichen Candidaten zu verständigen. Der Versuch ist an der Hartnäckigkeit der Nationalliberalen gescheitert.

Da setzen die Münchener „Notabilitäten der liberalen Partei“ einen neuen Schwindel in Scene, der leider nur zu viel Aussicht auf Erfolg hat. Längst schon hatten diese wackeren Rückschrittsritter sich mit dem Plane getragen, eine Auflösung des gegenwärtigen Landtags zu erzwingen. Alle derartige Versuche waren jedoch an der Festigkeit der Regierung gescheitert. Jetzt nun kömmt den liberalen Reactionären ganz unerwartet die Kirchenbewegung zu Hülfe. Sie haben sofort eine Adresse in Umlauf gesetzt, welche von bayerischen Staatsbürgern jeder Confession unterzeichnet werden kann, indem sie gegen jegliche Unfehlbarkeit, komme sie, von welcher Seite sie wolle protestirt und die Staatsregierung auffordert, den Landtag aufzulösen und Neuwahlen für die Abgeordnetenkammer anzuordnen. Dem neuen Landtag soll dann die Regelung der Verhältnisse zwischen Kirche und Staat anheimgestellt werden.

Auf diese Weise kämen die Nationalliberalen auf die schönste Weise um die Klippe des direkten Wahlrechts, das ihre Hoffnungen leicht vereiteln könnte! Auch wir sind für eine Neuwahl der Abgeordnetenkammer, soll dadurch aber die Stimmung des Landes unverfälscht zum Ausdruck gelangen, ist es vor allen Dingen nothwendig, das direkte Wahlrecht zu schaffen.

Die Adresse muß, wenn sie die Zustimmung der demokratischen Partei finden will, die Einberufung des Landtags und die sofortige Berathung des direkten Wahlrechts fordern. In ihrer heutigen Gestalt ist die Adresse nur darauf berechnet, dem Volke Sand in die Augen zu streuen und es durch eine Menge Phrasen von der Hauptsache abzubringen.

Der Nürnberger Volksverein hat sich in der Döllingerfrage für die Trennung der Kirche vom Staate ausgesprochen.

Aus Wien, 7. Mai, schreibt man uns: Oesterreich wird fortgerettet! Aber fragt mich nur nicht, wie! Nachdem es auf alle andere Art nicht geht, muß die alte, schon von dem Herrn Giskra und Consorten abgebrauchte Schablone wieder herhalten. Graf Hohenwart ist zur Erkenntniß gelangt, daß die Ausgleichung der nationalen Gegensätze nicht gar so leicht gehe, daß sie noch ein Decennium zur Beruhigung der Gemüther beanspruchen könnte. So kommt man denn wieder zu der alten Leier von der „Staatsgefährlichkeit“ gewisser Ideen. Dem Deutschthum, das man auch dafür hält, kann man nichts anhaben, man fürchtet sich vor dem großen, mächtigen Bismarck. Die muthige, starke Regierung weicht daher in dieser Richtung einen Schritt zurück und wendet ihre Thatkraft gegen die Socialdemokraten. Diese Leute haben keinen Blut- und Eisen-Mann hinter sich, denen kann man schon ruhig an den Leib rücken, denn man braucht sich ja da vor Niemandem zu fürchten. Wenn ein Privatmensch auf diese Weise vorginge, und seinen Zorn auf denjenigen ausließe, der nicht die materielle Macht hat, sich zu wehren, während er sich von dem Stärkeren allerlei Beleidigungen ruhig gefallen läßt, so würde man das sehr wahrscheinlich eine miserable, erbärmliche Handlungsweise nennen; bei einer Regierung aber kommen solche Anschauungen nicht in Betracht. Da ist's ja die Rücksicht auf den Bestand des Staates, die allein maßgebend ist und ganz besonders Oesterreich befindet sich in der Lage eines Kranken, dessen Auflösung der Arzt täglich und stündlich entgegensieht und dem er allerlei Opiate und Betäubungsmittel verschreibt, entweder wohl wissend, daß er ihm nicht helfen kann, oder aber sich noch bis zum letzten Augenblicke mit der Illusion tröstend, daß die gesunde Natur des Kranken am Ende doch noch siegen könne.

Während dieser ärztlichen Prozedur schwinden dann die Kräfte immer mehr und mehr. — —

Die galizische Resolution, von der Regierung eingebracht, hat einigen Beifall gefunden; die Polen sind zwar nicht ganz befriedigt, die deutschen Verfassungstreuen aber glauben, daß die Dezemberverfassung etwas mehr zu Ehren kommen werde, da Galizien aus dem cisleithanischen Länderverbande soviel wie ausgeschieden ist. Ich kann mich von dem Gedanken nicht losjagen, daß alle diese Dinge den naturgemäßen Verlauf eines geschichtlichen Prozesses nicht aufhalten werden, und daß es sich für uns Deutsche früher oder später darum handeln wird, den Kampf um die Freiheit im übrigen Deutschland zu beginnen. Man braucht sich für diese Lösung der österreichischen Frage nicht zu begeistern, aber man kann sich den offenkundigen Thatsachen nicht verschließen. — Die Arbeiterführer sind nun wieder ausgewiesen worden, die nicht in dem Auslande Gebürtigen sollen immer wieder unter irgend einem Vorwande ausgewiesen werden, da zeigt sich das „echte Oesterreicherthum“ in der hirnlosen Verfolgung von Tendenzen, deren absolute Nutzlosigkeit man durchaus nicht einsehen will. Und da soll man „Patriotismus“ haben!! — —

Ausland.

Die Kriegsereignisse des vorigen Jahres haben der schweizerischen Eidgenossenschaft eine außerordentliche Militärausgabe im Betrage von 9,554,[illegible] Frcs. 42 Cent. verursacht, ein recht hübscher Zuwachs zur eidgenössischen Staatsschuld.

Das englische Ministerium Gladstone, welches die europäische Lage seiner Zeit im rosigsten Lichte sah, hatte eine anerkennenswerthe Sparsamkeitspolitik auf Kosten der Armee getrieben. Der Krieg von 1870/71 hat es aus seiner Sicherheit geschreckt. Das Schwertrecht duldet nun einmal keinen Frieden und eifrig ist England deßhalb an seine Kriegsbereitschaft getreten. Natürlich ist sofort ein bedeutendes Deficit erwachsen, welches das Ministerium durch alle nur möglichen Steuern zu decken sucht. Eine Zündholzsteuer ist durch die Zündholzarbeiter in London zu Fall gebracht, gegenwärtig dreht sich der Kampf um die Erhöhung der Einkommensteuer. Die Zahl der Freunde des Ministeriums schwindet täglich mehr zusammen und es wäre nicht unwahrscheinlich, daß es durch seine Steuervorlagen zu Fall gebracht wird.

An mehreren Punkten des Schwarzen Meeres sind Vermessungen zur Anlegung von Küstenforts im Gang. Wie verlautet, soll Nikolajew der eigentliche Kriegshafen der Pontus-Flotte werden.

Buenos Ayres ist heimgesucht durch die seit Menschengedenken schrecklichste Epidemie. Ungefähr [illegible] Einwohner sind gestorben und die Sterblichkeit dauert fort in einem Durchschnitt von 200 bis 250 Personen täglich; die höchste Ziffer betrug an einem Tage 400 Personen.

Der Präsident Grant veröffentlicht eine Proclamation, in welcher er den Süden auffordert, die geheime Gesellschaft Ku-Klux zu unterdrücken. Er fügt hinzu, daß er im Falle der Nothwendigkeit die Bundestruppen einschreiten lassen werde.

Δ Von einer bösen Frau, wie Zwei einig werden und was sie für einen Wunsch haben.

„Erzähle mir Nichts vom Storch! aus den Jahren bin ich doch schon heraus und Kindermärchen laß ich mir nicht aufbinden. Der ganze Kern unseres Glückes liegt einmal in den Händen unserer Abgeordneten. Die können es allein machen und werden es auch machen.“

So sagte der Wirth Weber, aber im scheuen

Feuilleton.

* Die Polenflüchtlinge.

Erzählung von A. Fr.

(Fortsetzung.)

Zur selben Zeit sank auch der Beamte, gerade als er den Kopf hob, um nach dem Hallohgeschrei zu lauschen, von Stephan's furchtbarer Faust getroffen, mit gellendem Geschrei zu Boden, und als der verfolgende Offizier an den Baum kam, hörte er den Wagen bereits in donnerndem Galopp über die Brücke des Grenzflusses rollen und sah nur noch die dunkeln Gestalten der Polen, die in mächtigen Sätzen ihm nacheilten. Ohne sich zu besinnen, jagte er auf seinem schäumenden Renner mit hochgeschwungenem Säbel den Flüchtigen nach, als diesen von preußischer Seite eine unerwartete Hilfe zu Theil wurde. Mit zornigem Schelten sprangen vier Männer dem Russen in den Weg und zwangen ihn, sein Roß zu pariren.

„Was soll das heißen, umgekehrt, wer wagt es hier, preußisches Gebiet zu verletzen,“ schrieen sie, „schlagt ihn todt, den russischen Hund!“

Dabei rückten sie ihm mit ihren starken Knütteln so drohend auf den Leib, daß er es bald für das beste erkannte, umzukehren.

Unter wildem Fluchen riß er den sich bäumenden Renner herum und jagte zurück in sein Land.

Einer der Männer sah ihm lange nach und sagte dann halb lachend:

„Verdammter Schurke, will mir meine Schützlinge vor der Nase wegfangen. Aber, Gottlob, die sind gerettet!“ —

Kehren wir nun zu Ludoiska zurück. Laut schreiend mit der Kraft der Verzweiflung wehrte sich das Mädchen gegen den Soldaten, der sie ergriffen hatte. Aber es war vergebens. Die kräftigen Arme desselben trugen sie unaufhaltsam fort in den dunkeln Wald. Ihr angstvoll suchender Blick bemerkte noch den herbeieilenden Geliebten; sie sah noch den Kampf, in den er verwickelt wurde und hörte die kurz und laut ausgestoßenen Worte, die demselben vorangingen; dann wurde es dunkel vor ihren Blicken.

Der Soldat trug sie bis zu einem Waldwege, wo eine Kutsche ihrer zu warten schien. Der Kutscher, welcher, bereits auf dem Bocke sitzend, die Zügel der Rosse hielt, war bewaffnet.

„Hast Du das Täubchen?“ schrie er mit grinsendem Lachen dem Ankommenden entgegen. „Herein in den Kasten, der Gouverneur wird sich freuen.“

„Warte noch ein wenig,“ gab der Angeredete zur Antwort, „Popoff und Iwanowitsch müssen bald hier sein. Es geht dort heiß her. Als ich sie packte, schrie sie wie besessen und ihr Liebster sprang auf uns los wie ein toller Hund. Der Pole hat mit ihm angebunden, aber wer weiß, ob er nicht dabei zu kurz kommt. Wenn dies der Fall ist, wird uns der wilde Kerl sicherlich verfolgen. Mache Dich bereit.“

„Bah,“ lachte der Kutscher, „warum sollen wir so lange warten, setze Dich mit dem Vögelchen in den Wagen und dann vorwärts.“

Der Soldat war im Begriff, dies zu thun, als Iwan, Popoff und der dritte Russe eiligen Schrittes durch den Wald kamen. Der Erstere ertheilte kurz einige Befehle, die Soldaten nahmen theils auf dem Bocke, theils auf dem Sitzbrette hinten an der Kutsche Platz und er selbst stieg zu der Gefangenen hinein.

Als das Fahrzeug sich in Bewegung setzte, erwachte Ludoiska aus ihrer dumpfen Betäubung.

„Mein Gott, wo bin ich?“ fragte sie, mit wirrem Blicke umherschauend.

„Bei mir,“ rief Iwan und griff nach ihrer Hand.

Sie fuhr zurück und stieß ihn von sich. Plötzlich tauchte in ihrer Erinnerung die Scene auf, die sie zuletzt noch mit angesehen hatte.

„Wo ist Stanislaus?“ rief sie erbleichend, indem sie hastig nach Iwans Arm faßte. Dieser zuckte

[...]wischen nach seinem hinter ihm liegenden Wohnhause, an einem Sonntage kurz vor Mittag, zu seinem Nachbar Brauer, als sie sich an dem Zaune ihrer angrenzenden Gärten trafen, nachdem der letztgenannte sich dahin ausgesprochen, daß eine constitutionelle Monarchie nicht das Höchste sei, was er sich wünsche. Trotz vorhergegangenen heftigen Streites über Volksglück, blies aber doch Einer dem Andern höchst gemüthlich die Wolken seiner Tabakspfeife in's Gesicht. Gemüthlich sind und bleiben unsere Deutschen einmal, sonst sähe es im deutschen Reiche anders — besser aus. Und weiter fuhr Weber fort: „ja, hätten wir die Abgeordneten gewählt, die uns der Polizeiverwalter im Namen der Regierung aufzwingen wollte, das wäre nichts gewesen, aber wir haben die Männer gewählt, die uns die Fortschrittspartei vorgeschlagen, und nochmals sage ich, die werden es schon machen, aber allmälich, und hätten es schon gemacht, wenn sie die Majorität hätten."

Bauer lächelte und erwiderte: „„ja, ja, wenn Du glaubst, werden sie es schon machen! — Wenn ich die Herren und ihr Thun nur begreifen könnte.""

„Na, Donnerwetter, was ist da zu begreifen? Sie haben uns gesagt sie werden es machen, sie haben uns gesagt, was sie Alles dazu thun werden, und da werden sie es auch machen."

„„Meinst?! Wenn ich ehrlich sein soll, ich meine, sie werden es nicht machen! — Denk mal an frühere Jahre zurück. Fortschritt und Fortschrittspartei war die Losung und immer und immer blieb es beim Alten und — wird mit der ganzen Fortschrittspartei auch noch lange beim Alten bleiben. Laß Dir sagen wieso, daß es die constitutionelle Monarchie, der ganze Parlamentarismus überhaupt nicht thut, nun darüber werden wir einmal nicht einig, denn Du nennst es eine Storchgeschichte. — Guck Dir aber einmal die Parteien an, Alle — es ist zum Lachen — sagen: wir wollen dasselbe. Sogar die Reaction sagt es unter Umständen. Es sind aber Unterschiede bei dem Wollen. Wenn die Regierung Etwas befiehlt was freisinnige Ansichten hat, nimmt die Reaction und die ihr zunächst stehenden Parteien nicht gerne an, sie lassen es sich aber mit Widerstreben gefallen, da die hohe Regierung es will, wenn es durchaus nicht abzulehnen ist. Zum sichern Ablehnen hat aber in Preußen zum Beispiel die Regierung das Herrenhaus geschaffen und für das „deutsche Reich" ist der Bundesrath da. Die Nationalliberalen thun schon so, als hätten sie es gewünscht und sagen, sie nähmen es gerne an, die Fortschrittler aber thun so, als hätten sie die Regierung gezwungen es zu bewilligen, während sie nichts erreicht haben und nichts erreichen werden, da sie nur schwatzen und schwatzen und sich ebenso wie die Nationalliberalen der Macht beugen, wenn sie ihrem krummen Buckel auch ein anderes Ansehen geben wollen, als dem nationalliberalen Katzenbuckel.""

„Halt, Weber, das —"

„„Ausreden lassen! Es ist doch so! denn gewiß wolltest Du sagen, es sei nicht wahr. Glaubt nur, Nachbar, ob sich die Nationalliberale oder Fortschrittler nennen, der Boden des Kessels ist einmal immer schwarz.""

„Gut Nachbar, mag was Wahres dran sein, aber die demokratische oder sogenannte demokratische Volkspartei kann's auch nicht machen."

„„Weber, Du redest, wie Du's verstehst. Ich kenne ja schon Deine alte Redensart: Die Fortschrittspartei will ganz dasselbe wie die demokratische Volkspartei. Aber damit, mein alter Nachbar, sitzest Du auf dem Pfropfen und glaubst wieder einmal blind dem Geschwätze der Fortschrittler. Ich will Dir den Unterschied erklären. Die Fortschrittler sind wüthende Gegner der Socialdemokraten. Die demokratische Volkspartei, wenn auch nicht auf demselben Boden wie die socialdemokratische Partei stehend, sieht diese Frage, eben die socialdemokratische, die dem Arbeiter ein menschenwürdiges Dasein schaffen, die Uebermacht des Capitals brechen soll, als die wichtigste Frage der Jetztzeit an. Sie sieht aus der gewaltsamen Lösung derselben ein unendliches Unheil entstehen und macht es daher zu ihrer Hauptaufgabe sie auf friedlichem Wege zu lösen, mit den Socialdemokraten, und so sehr weit sind sie nicht auseinander, eine Einigung anzubahnen. (Davon ein andermal, Freundchen, denn heute würde es uns zu weit vom Texte abführen.) Außerdem will die Volkspartei Zwang, besser sage ich Druck auf die Regierung ausüben, um ihre Ziele zu erreichen und da liegt der eigentliche Unterschied zwischen den beiden Parteien, da die Fortschrittler nur schwatzen und nie drücken. Ja, da wollt ich noch sagen, ehe ich auf das Gebahren der fortschrittlerischen Abgeordneten abgehe, daß viele der Herren ganz anders nach Hause kommen, als sie nach Berlin gingen, so als ob der große Hund ihr Vetter wäre. In den Vor- und Wahlversammlungen sind sie mit uns ein Herz und eine Seele. Was wir wollen, wollen sie auch, und wenn sie zurückkommen, pfeifen sie aus einem ganz andern Tone. Für dies konnten sie deßhalb nicht stimmen, für das deßhalb nicht. Sie sagen dort bekommt man ganz andere Ansichten. Himmeldonnerwetter, sie sollen aber nicht andere Ansichten bekommen, sondern das vertreten, was sie ihren Wählern zu Vertreten versprochen haben. Sie sollen sich auch nicht der Macht der Fortschrittsfraction beugen, sondern halten was sie zu Hause versprochen haben. Sie sollen sich nicht dünken als viel klügere Herren als wir, ihre Auftraggeber, sind, zurückzukehren, die zufrieden sein müssen mit dem, was sie dort geschwätzt haben.""

Rasch fiel Weber ein: „aber so ist es auch nicht . . ."

„„Und doch ist es so! Was soll ich von einem Abgeordneten sagen — abgesehen von denen, die sich von Fortschrittlern wählen lassen und dann im Hause bei den Nationalliberalen ihren Platz suchen — der versprochen für Trennung der Kirche vom Staate, der Schule von der Kirche zu wirken, der nichts für diese Frage gethan, nicht einmal geredet hat und einem seiner Wähler, der ihn privatim darüber zur Rede gestellt, zur Antwort gibt: Herr über solche Sachen zu reden, sind Sie noch zu jung! Ihn zu wählen, vorher ein Versprechen entgegen zu nehmen, daß er dafür und dafür wirken wolle, war er nicht zu jung, aber ihn wegen nicht erfüllten Wortes zu mahnen — wir verstehen das nicht: es war nicht der günstige Zeitpunkt, sagen in Fällen unerfüllter Versprechen mehrentheils die Fortschritts-Abgeordneten — ja Bauer, das ist ganz was anderes. — Stramm bei der Stange, bei dem was sie den Wählern versprochen, sollen die Abgeordneten bleiben. Druck, Zwang, auf die Regierungsbeschlüsse ohne bis in die Puppen zu klügeln, ob die rechte Zeit dazu sei, denn sonst kömmt die bei den Fortschrittlern nie, sollen sie ausüben . . .""

(Fortsetzung folgt.)

* Was wir aus der Pariser Revolution zu lernen haben.

Als man in Deutschland erfuhr, daß die unteren Volksschichten von Paris die neueste Revolution gemacht, wußte man sich vor Erstaunen, Entrüstung und Abscheu gar nicht zu fassen. Communismus, Umsturz, Pöbelherrschaft ꝛc. war die erste Begrüßung der Bewegung und Jedermann prophezeite mit Bestimmtheit, daß es nun sofort an die Eigenthumstheilung gehen würde. Dabei verfehlte man nicht, gegen die deutschen Socialisten im Chore: „Kreuzige! Kreuzige!" zu schreien.

Wohl hat die Commune zu Gewaltmaßregeln gegriffen, doch hat sie sich aller gesellschaftlichen Reformen enthalten, obgleich der Zustand des französischen Volkes in Folge der vorausgegangenen Mißregierungen, in Folge des eisernen Despotismus als ein sehr kranker zu bezeichnen war und jeden Socialisten zu einem Heilversuche leicht verführen konnte. Nichts von alledem ist jedoch geschehen, die Leiter des Aufstandes erkannten, daß, ehe an eine gesellschaftliche Reform zu denken war, vor allen Dingen eine gesunde politische Grundlage geschaffen werden mußte. Wir sehen die Commune die Hauptforderung, ohne welche die freiheitliche Arbeit undenkbar ist, die volle Gemeindefreiheit aufstellen. Damit wäre der Grund zu einem weiteren Ausbau der Volksfreiheit und gleichzeitig die einzige Garantie für einen dauernden Frieden gegeben gewesen. Man konnte die weitere Arbeit getrost dem französischen Volke überlassen. Wie es jede allgemein als nothwendig gefühlte Reform der gesellschaftlichen Zustände durchgeführt, ebenso entschieden hätte es sich auch jeder gewaltsamen und ungerechten Lösung der socialen Frage widersetzt!

Wir kommen zu dem „Kreuzige! Kreuzige!" unserer Deutschen gegen die heimischen Socialisten. Damit schafft man ebensowenig die sociale Frage aus der Welt, als man seiner Zeit den Grundgedanken des Christenthums ersticken konnte. Aus der Pariser Revolution haben wir eine ernste Lehre zu ziehen. So lange bei uns der kleine Bauer die Schule und den Schulzwang verflucht, da er Kinder und Geld zur Erhaltung der Familie bedarf, so lange Hunderte von Millionen für Militärzwecke zum Fenster hinausgeworfen werden, während die Lehrer darben und arme fleißige Bürger des Staates in Hunger und Elend verkommen — ist der gesellschaftliche Zustand ein kranker! Wollen wir es dermaleinst darauf ankommen lassen, daß die sociale Sündfluth hereinbricht, daß eine Reform der gesellschaftlichen Zustände gewaltsam durch eine entfesselte Volksklasse, deren Rechte man verkümmert, durchgeführt wird? In Paris hat man das Eigenthum nicht getheilt, die Reichen nicht beraubt, hätte es aber nicht stattfinden können? — Wenn wir die Furcht vor dem sogenannten socialen Gespenste überwinden, verliert dasselbe sofort seine Schrecklichkeit, denn wir sind ja selbst ein Theil dieses Gespenstes! Was wir in socialer Beziehung thun müssen, welchem socialen Systeme wir uns anschließen? — Wir können kei-

---

bei dem Griff zusammen, wie der Verbrecher, wenn der Arm der Gerechtigkeit ihn erfaßt.

„Warum willst Du das wissen?" fragte er dumpf, „Du bist jetzt mein; ich habe Dich erkämpft und Du mußt mein bleiben."

Das Mädchen starrte ihn an, als ob sie seine Worte nicht begreife.

„Wo ist er, wo?" rief sie in angstvoller Hast, „sage mir, daß er gerettet ist und ich werde ruhig sein, ganz ruhig!"

„Er ist todt," fuhr Iwan finster blickend auf, „wenn Du es durchaus wissen willst."

Die letzten Worte wurden übertönt von dem Aufschrei des unglücklichen Mädchens, das bei der Schreckenskunde ohnmächtig zusammenbrach.

Iwan sprang auf und nahm die Niedersinkende in seine Arme. Sein Kopf brannte wie Feuer, seine Haare sträubten sich. Mit wilden verzerrten Zügen starrte er in das schöne bleiche Antlitz der Geliebten, in die wie zum Tode geschlossenen Augen, auf denen jetzt der erste Morgenschimmer spielte.

Er kniete nieder und legte sein Ohr an ihre Brust, um zu lauschen, ob das Herz noch klopfe, oder ob der Schreck das Leben völlig geraubt habe. Als er das leise matte Klopfen vernahm, sprang er auf wie in wahnsinniger Freude.

„Sie lebt, sie lebt," schrie er, „es ist nur eine vorübergehende Ohnmacht."

Er ergriff ihre schlaff herabhängende Hand und bedeckte sie mit Küssen, dann nahm er das Mädchen wie ein Kind in seine Arme, liebkoste sie, rief zärtlich ihren Namen und küßte ihr Antlitz mit der wilden Gluth verzehrender Leidenschaft. Wer ihm in das Auge schaute, mußte glauben, daß er wahnsinnig geworden sei. Er sah und hörte nicht, was um ihn her vorging. Er bemerkte nicht, daß der Wagen bereits über Steinpflaster rollte und sich einem hohen Gebäude näherte, das abgesondert von den andern in einem parkähnlichen Garten lag. Ein hoher eiserner Gitterzaun schied es von der Straße. Zu beiden Seiten der großen Freitreppe sah man Schildwachen mit geschultertem Gewehr.

Als der Wagen dem Gitter zulenkte, erwachte Ludoiska. Mit verzweifelten Anstrengungen wollte sie sich von dem Rasenden befreien, aber seine Arme hielten sie fest umschlungen. Unfähig, sich zu rühren, stieß sie laute Schreie aus und rief nach Hülfe. Während dies geschah, hielt der Wagen still, die Thüre wurde hastig aufgerissen und von draußen fragte eine Stimme in lautem, befehlendem Tone, was da vorgehe.

Erschrocken gab Iwan das Mädchen frei. Diese stürzte mit der Kraft der Verzweiflung aus dem Wagen und rief, ihre Hände erhebend: „Rettet, rettet mich von dem Wahnsinnigen."

Der Fremde, an den sie sich gewandt hatte, hob sie mit gütigen, beruhigenden Worten auf und befahl Iwan, auszusteigen. Dieser gehorchte zögernd und stellte sich trotzig neben die Soldaten, welche bereits in ehrfurchtsvoller Haltung vor dem Wagen standen und nur die Befehle ihres Gebieters abzuwarten schienen, um den Polen sofort dingfest zu machen.

Ludoiska sah bittend zu ihrem neuen Beschützer empor. Es war ein noch junger Mann mit feinen aristokratischen Zügen. Anzug und Haltung zeigten den Mann aus den höhern Ständen der Gesellschaft. Sein Gesicht war einnehmend, hatte aber bereits jene verlebten Züge, die man in den vornehmen russischen Kreisen nur zu oft findet.

„Was geht hier vor?" herrschte er Iwan mit scharfer Stimme zu, „worüber klagt die Dame?"

„Herr Gouverneur," gab der Pole mit sichtlicher Erregung zur Antwort, „ich habe mein Wort gelöst, der feindliche Anführer, der Aufrührer Graf Stanislaus liegt im Walde dort erschlagen; ich und Popoff haben ihn getödtet. Den Rest der Schaar werden Ihre Truppen bald herführen. Ich bitte Sie nun, Ihr Versprechen zu halten und mich mit meiner Braut hier ziehen zu lassen."

„Seine Braut, großer Gott!" fiel ihm Ludoiska in's Wort. „Haben Sie Mitleid, bringen Sie mich in den tiefsten Kerker, nur retten Sie mich vor ihm, dem Mörder, dem Verräther!" (Fortsetzung folgt.)

ner Volksklasse vor der andern besondere Rechte einräumen, wir verlangen für alle Klassen der Gesellschaft das gleiche Recht! Noch sind keine jener Principien, die einzelne Führer der Arbeiter aufgestellt, bei uns praktisch geprüft worden. So lange dies nicht geschehen, können wir auch keinem ausschließlich zustimmen.

Als praktische Politiker aber verlangen wir vor allen Dingen eine gesunde Grundlage der gesellschaftlichen Reform, gerade so wie man vorher eine Wunde säubert, bevor man an ihre Heilung geht. Die richtige Grundlage ist der Volksstaat, an dessen Spitze eine Verwaltung steht, die nur die einzige Aufgabe hat, das Wohl aller Volksklassen gleichmäßig und ohne Bevorzugung der einen vor den anderen zu fördern. Haben wir diese Stufe erreicht, ist aus der Frage einzelner Volksklassen eine allgemeine Gesellschaftsfrage geworden, an deren freiheitlicher Lösung mitzuarbeiten, jeder Bürger die unabweisbare Pflicht hat. Hüten wir uns, die Hände unthätig in den Schooß zu legen, uns in den Schmollwinkel zu setzen, oder gar vornehm auf die sociale Bewegung, die heute an allen Ecken und Enden unseres Vaterlandes sich bemerkbar macht, herabzuschauen. Packen wir lieber entschlossen an, der Strömung, die leicht zur Sündfluth anschwellen kann, bei Zeiten ihren furchtbaren Charakter zu nehmen und sie in eine für das ganze Volk heilsame und wohlthätige zu verwandeln. Das ist die ernste Mahnung, welche uns aus der Pariser Revolution erwächst; beachten wir sie!

Patriotismus und Frömmigkeit.

Eine Ueberraschung aus Schwaben.

(Fortsetzung.)

Das Feuer des Krieges zuerst, das der Macht diente, durfte nicht verlöschen. Und als der Feind alle Entschädigung bot, die einem verführten, verirrten Volke ehrenhaft zu bieten gegeben ist, und um Frieden bat, rief der Patriotismus: Glaubt ihnen nicht! Seht sie nicht an! Ihre Sprache ist Lüge, denn sie sinnen Rache; demüthigt sie! — Und seine Knechte, Besoldete, Feile und Angstmänner, Ehrgeizige und geborne Diener, sie breiteten den Ruf aus, jeglicher in seiner Sprache, die Gelehrten voran, die so gern Hofdiener sind. — Fort mit ihnen, schrie ein Professor der Aesthetik, es sind nur Lumpen! „Die Lüsternheit nach Länderbesitz hat sich bei ihnen in eine Beule gesammelt; Napoleon durfte sie nur anstechen und der verdorbene Saft spritzte heraus'"

Und diese Aesthetik ist schlagend. „Fort mit dieser Republik," schrie er, „es ist eine Lumpenrepublik, denn sie haben sie von uns!" Und da er sich auslachen hörte, selbst unter dem Freundschaftsmasken der Patrioten, kollerte er weiter heraus, „wir haben sie ihnen ja von außen angeklopft, aufgehauen!" — womit er in seiner Verwirrung der absolutistischen Regierung, der er schmeichelt, eine gar große Ungeschicklichkeit vorwirft, dieser Regierung, welcher nichts gefährlicher und verhaßter erscheint, als republikanische Demokraten, welche glücklich gewesen wäre, wenn die geschlagenen Feinde nicht zur Republik sich ermannt, sondern einen Kaiser, einen König, einen Kaiserbuben, ein Weib anerkannt hätten, und welche den kaiserlichen Geschlagenen auch kein Atom von republikanischer Mannlichkeit zuführen konnte bei eigenem vollständigem Mangel daran! Aber die Wuth trieb Herrn Vischer auf seinem Lederseffel der Aesthetik herum: „Hauen, hauen," schrie er sie an, „hauen müssen wir euch!" Und wieder passirte es ihm dabei in seiner Verwirrung, daß sein Abschen die Demokraten seines Landes, deren lautes Gelächter ihn noch schwarzgalligter machte, mit jenen Franzosen verwechselte, und Furcht und Verwirrung stiegen in seinem Geiste aufs Höchste. Die Begriffe kamen ihm wahllos in den Mund, die seiner Seele am nächsten, nämlich einheimisch in seinem eigenen Innern lagen, er sprach von „Geisteskrankheit," mit der seine „Logik" zu thun habe, und mühte und quälte sich, seine „elende, verschobene und verschrobene, verdrehte und verrenkte Seele" auf die Demokraten abzuwälzen; „Irrenhaus," „Wahnsinn" traten erschrecklich vor sein Auge, und er schrie wie besessen nach dem Standrecht — nach dem Standrecht für die Demokraten!!

Doch brachten diesen Jünger des Erfolgs nicht Furcht und Galle allein so weit, sondern auch er ist, wie so mancher andere, ein Renegat des freien Föderalismus — der nun zu den Füßen Bismarcks seine Sünden den Schaum vor dem Munde abbüßt! Und ähnlich wie er trieben es manch andere hochgelehrte und hochberedte Renod'armen des Patriotismus und der ganze Chorus des unerwündlichen Machtschweifes rief ihnen nach: „das republikanische Volk ist Gesindel! Die Franzosen sind nie etwas anderes gewesen, als eine verderbte, faule und niederträchtige Gesellschaft, die uns sittlich reinen Deutschen den Schuhriemen zu lösen nicht werth ist! Darum laßt uns sie niedertreten! Frankreich ist der Heerd aller Verderbtheit." — Wer glaubt es nicht? Ohne Frankreich freilich, wie wären die sittenreinen Berliner je zu ihrem „An der Mauer," und später noch tiefer heruntergekommen, oder zu einem Liebhaber wie Zastrow gekommen, der Knaben aus Begierde verstümmelt, oder zu einem so allgemeinen öffentlichen Stehlen, wie in der berühmten Erbswurstfabrik dieser Tage? Ohne Frankreich, wie hätten die mittelbigen Deutschen je massenhaft Kisten unterschlagen, die voll Liebesgaben für ihre eigenen kranken, verwundeten, frierenden Soldaten waren, oder wie wären die hochgebildeten Isar-Athener, und dazu in den feinsten Gesellschaftskreisen, je zu einträglicher Speculation mit falschen Wechseln auf gefallene Offiziere gekommen, wie das Gericht bei den vornehmen Damen B. und Consorten eben jetzt konstatirt hat? Das gefundene Mittel, uns von allem Unrath zu reinigen, ist, daß wir „ganz Frankreich unter die Füße treten," jenes „Gesindel" züchtigen, aus dessen Revolution die Herrlichkeit der „Menschenrechte" und der moderne Rechtsstaat für ganz Europa hervorgegangen ist — jene Stadt Paris, den Heerd des Gifteheerds, deren Belagerung so eben einen großartigen Sieg sittlicher Ideen über die Masse zur Erscheinung brachte, durch ihre fast ausnahmslose Unterwerfung unter eine eilig entkommene, vom Gesetz nicht geschaffene, von Macht nicht gehaltene Regierung einzig geistiger Autorität, sowie durch fast ausnahmsloses Verschwinden der Verbrechen und Vergehen gegen Personen unter 2 Millionen Menschen während der ganzen Dauer der Belagerung — jenen ruhmvollen Staat in Summa, welchem auch der „Heilige Bund" d. i. unsere von Gott eingesetzten Fürsten nach Napoleons Sturz noch durch ein Manifest Alexanders den „Grundsatz" aussprachen, daß für Europas Wohlfahrt, Frankreich groß und mächtig sein müsse!"

(Fortsetzung folgt.)

* Kirche und Schule.

Kürzlich hielt in Berlin der Verein für Freiheit der Schule unter Vorsitz des Herrn v. d. Leeden eine stark besuchte Versammlung, die sich mit der Reform des Religionsunterrichtes in der Volksschule beschäftigte. Die Fragen: Ist ein confessionsloser Religionsunterricht denkbar? Ist er für die Volksschule wünschenswerth oder verderblich? fanden eine getheilte Beurtheilung. Viele Redner, unter ihnen Herr Sack, verfochten letztere Ansicht; dieselbe fand viel Sympathie in der zu ziemlich gleichen Theilen aus Herren und Damen zusammengesetzten Versammlung, nicht weniger aber auch die von dem Sprecher der freien Gemeinde, Herrn Schäfer, und dessen Gesinnungsgenossen verfochtene, welche zwar auch den jetzigen Religionsunterricht ausgeschlossen wissen, dagegen eine Morallehre oder etwas dem Aehnliches an seine Stelle gesetzt sehen wollen. Um Mitternacht wurden die Debatten vor der Erschöpfung des Themas abgebrochen.

Verantwortlicher Redacteur und Verleger Carl Luebeck.
Druck von Ph. Rohr in Kaiserslautern.

Marktbericht.

* Mannheim, 7. Mai. Wochenbericht. Die Stimmung unseres Getreidemarktes hat sich während abgelaufener Woche nicht wesentlich verändert. Umsätze sind nach wie vor auf den engen Rahmen der Consum-Versorgung unserer Umgegend beschränkt und notiren wir: Waizen je nach Qualität 15 fl. 30 kr., Roggen 11 fl. 15—30 kr., Gerste, pfälzer 11 fl. 7—45 kr., [illegible] 11 fl. 15 kr., Hafer 10 fl. 24—11 fl. 24 kr. per 200 Pfd. Für Kleesaat herrschte rege Nachfrage, jedoch sind die Lager beinahe geräumt. Prima Rothklee 40 fl., Luzerne 40 fl. per 100 Pfd. Rüböl 25 fl., Lampenöl 29 fl., Leinöl 22 fl., Mohnöl 44 fl., Prima Clauen-Spiritus 30 fl., Petroleum 12 fl. 45 kr., per Herbst 13 fl. 30 kr., Camelinaöl 16 fl. Preise per 100 Pfd.

* Frankfurt, 8 Mai. (Fruchtbericht.) Unter der heutigen Geschäftslosigkeit mußten heute die Getreidepreise etwas zurückweichen. Es notiren: Weizen loco 15 fl. 30—15 fl., [illegible] 12 fl. 55—14 fl. 30 kr., Roggen 11—11 fl. 50 kr., Gerste in Futterwaare 8 fl. 15—9 fl., in Brauwaare 9 fl. 30 bis 10 fl. 30 kr., Hafer 10—10 fl. 30 kr. nach Qualität. — Rüböl etwas höher und auf 26 fl. 30 kr. gehalten.

* Köln, 10 Mai. (Schluß-Bericht.) Weizen matter [illegible] 8½ Thlr., per Mai 7 Thlr. 27½ Sgr., per Novbr. 7½ Thlr. — Roggen matter, effect. hies. 6¼, [illegible] per Mai 5 Thlr. 20 Sgr., per Nov. 5 Th. 24½. Rüböl unv., eff. in Partien 15—, per Mai 14½, per Novbr. 14½. Leinöl 11½. Wetter schön.

* Berlin, 10. Mai. (Schlußbericht.) Roggen pr. Mai-Juni 5½, per Juli-August 51½, Rüböl per Mai-Juni 26½, per Sept.-Oct. 26½. Spiritus pr. Mai-Juni 16 thlr. 19 sgr., per Juli-August 17 thl. 7 sgr.

* Hamburg, 10. Mai. (Schlußbericht.) Waizen per Mai-Juni 5400 Pfd. netto 162½ Br. 161½ G. (in Thalern à 3 MB.), per Aug.-Sept. 5400 Pfd. 155½ Br., 157½ G. (MB.) Roggen per Mai-Juni 5000 Pfd. netto 110 Br., 109 G. (in Thlr. à 3 MB.), per Aug.-Sept. 110 Br. 109 G. (MB.) Rüböl loco 29½, per Oct. 28. Spiritus loco 20, per Juli-August 21. Kaffee fest.

* Königsberg, 6. Mai. Weizen für 85 Pfd. 100—105 Sgr. — Roggen für 80 Pfd. 54—62 Sgr. — Gerste, große und kleine, für 70 Pfd. 45—49 Sgr. — Hafer für 50 Pfd. 30—35 Sgr. — Erbsen, weiße für 90 Pfd. 55—65 Sgr. graue, 55—70 Sgr., grüne 60—70 Sgr. — Bohnen für 90 Pfd. 65—74 Sgr. — Wicken für 90 Pfd. 50—55 Sgr. — Buchweizen für 70 Pfd. 44—46 Sgr. — Leinsaat für 70 Pfd. 80—95 Sgr. — Rübsen für 72 Pfd. 118—125 Sgr. — Kleesaat, rothe 12—19 Thlr., weiße 14—22 Thlr. der Centner. — Thymotheum 5—9 Thlr. der Centner. — Leinöl mit Faß 12½ Thlr., Rüböl mit Faß 13½ Thlr. der Centn. Leinkuchen 63—66 Sgr., Rübkuchen 70—80 Sgr. der Centner. Spiritus 16½ Thlr. für 8000% Tr. ohne Faß. Auf Lieferung Frühjahr 16½ Thlr.

* Frankfurt, 8 Mai. Der heutige Viehmarkt war gut befahren und wurden von auswärtigen Händlern nicht unerhebliche Käufe gemacht. Hammelvieh hielt sich auf der seitherigen Höhe. Es waren zugetrieben: 340 Ochsen, 280 Kühe und Rinder, 200 Kälber und 300 Hämmel. Die Preise stellten sich: Ochsen 1. Qual. fl. 35 p. Ctr., 2. Qual. fl. 33, Kühe 1. Qual. fl. [illegible], 2. Qual. fl. 24, Kälber 1. Qual. fl. 26, Hämmel 1. Qual. fl. 26. —

† Berlin 8 Mai. Neuer Berliner Viehmarkt. Es kamen zum Verkauf 2908 Stück Hornvieh, 3836 Stück Schweine, 941 Kälber und 9946 Hammel. In Bezug auf Hornvieh war das heutige Geschäft, trotz des noch bedeutenderen Auftriebes denn der vorigen Woche sehr ähnlich; die Berichte aus England lauten etwas besser und auch vom Export nach Frankreich ist bis jetzt nicht mehr die Rede, so schwanden Hindernisse entgegen, und wenn die Käufer auch beim Beginn des Marktes ein wenig zögerten, so verlief das Geschäft später um so glatter, so daß von erster und zweiter Waare fast gar kein Ueberstand verblieb, von dritter Qualität auch nur ein verhältnißmäßig geringer; die Preise hielten sich fest auf resp. 17½—18½, 13—14 und 9—10 Thlr. per 100 Pfd. Schlachtgewicht.

Das Geschäft bei den Schweinen machte sich etwas animirter als in voriger Woche; es wurde nicht unbedeutend für Westphalen gekauft und hoben sich die Preise auf 17—18 Thlr. per 100 Pfd. Schlachtgewicht.

Der Auftrieb von Kälbern war am verflossenen Freitag ein geringer gewesen, es fand daher heute ein lebhafter Begehr statt und wurden recht gute Mittelpreise erzielt.

Auch von Hammeln wurde recht viel für den Export gekauft, ein bedeutendes Quantum war schon gestern Abend abgeschlossen worden; der Preis blieb daher fest auf 7½ Thlr. per 45 Pfd., für feine Waare wurden sogar 8 Thlr. bezahlt.

Deutscher Demokrat.

Erscheint wöchentlich einmal und wird den auswärtigen Abonnenten Freitags mit der Post zugesandt.

Nro. 22. Vierteljährlich 5 Sgr. — 18 kr. in Preußen 6 Sgr. 9 Pf. **Kaiserslautern, 28. Mai** Inserate 3 Sgr. — 12 kr. die 4spaltige Zeile. 1871.

Patriotismus und Frömmigkeit.

Wir können nicht unterlassen, unseren Lesern den Artikel unseres Blattes „Patriotismus und Frömmigkeit," aus der Feder eines schwäbischen Parteigenossen, zur besonderen Beachtung zu empfehlen. Selten wohl ist der Entwicklungsprozeß, den Deutschlands Volk soeben vollendet, in so treffender geistvoller Weise geschildert worden, als in der vorliegenden Arbeit. Mag keiner unserer Leser versäumen, sich mit dem Inhalte desselben vertraut zu machen.

Der Austausch der Ratificationen des Friedens-Vertrages,

der in Frankfurt erfolgte, hat zwischen Bismarck und den französischen Ministern am 20. und 21. d. M. zu langen Berathungen geführt, über deren Inhalt nichts Zuverlässiges in die Oeffentlichkeit gedrungen ist. Offenbar galten sie der Unterdrückung des Pariser Aufstandes und einer früheren Räumung der Pariser Forts, als sie in dem Friedensvertrage bestimmt war. Während der Berathungen traf die Nachricht von dem Eindringen der Versailler in Paris ein, was den französischen Wünschen sehr zu statten gekommen sein mag. Der Friedensvertrag ist genehmigt, das Departement Belfort wird an Frankreich zurückgegeben, dagegen deutsche Bezirke an der luxemburgischen Grenze zu Deutschland geschlagen.

Der Bürgerkrieg in Frankreich.

Die Versailler sind, nachdem die Pariser auf eine Vertheidigung der Außenwerke und Thore verzichtet, in Paris eingedrungen. In der Stadt selbst ist es zu einem wüthenden Kampfe gekommen, da sich die Pariser mit verzweifelter Tapferkeit schlagen.

Die Einzelheiten über die Pariser Straßenkampf-Ereignisse seit Montag sind entsetzenerregend. Grousset, Pyat, Ranc und Delescluze sollen Paris im Luftballon verlassen haben. Die Einwohner schneiden die Bleiröhrenzahnen aus Angst vor Explosionen ab. Cluseret wollte die Pariser Thore den Versaillern gegen 10 Millionen überliefern.

Die Tuilerien sind ganz verbrannt. Die Louvregallerien sollen theilweise gerettet sein. Das Palais Luxembourg ist theilweise gesprengt, das Palais royal in Feuer, in der Cité wüthet eine Feuersbrunst.

Der Montmartre ist genommen. Der Sturm auf denselben hat den Versailler Truppen viele Opfer gekostet. Die Insurgenten hatten einen viel geringeren Verlust an Verwundeten und Todten.

Die Barrikaden auf dem Place Vendome und dem Place de la Concorde halten sich noch trotz energischer Angriffe der Versailler und werden mit verzweifeltem Muthe vertheidigt.

Das Unterliegen der Commune dürfte in kürzester Frist entschieden sein. Dann wird die Reaction ihre schrecklichen Triumphe feiern und die Monarchie abermals begründen.

* Wochenschau.

Deutschland.

Im Reichstage versuchten ein Paar nationalliberale Heißsporne den Reichstag von dem ewigen Störenfried, den demokratischen Abgeordneten Sonnemann zu befreien, der durch sein ewiges Drängen nach Volksfreiheit schon längst die Gunst dieser Herren verscherzt. Glücklicher Weise fand ihr Antrag auf Ungültigkeitserklärung der Sonnemann'schen Wahl keine Majorität!

Der Reichstag hat die Verschmelzung von Elsaß-Lothringen mit Deutschland ausgesprochen. Gewaltsam war der Erwerb der neuen Provinzen und diesem Ursprunge entsprechend, wird die Verwaltung bis 1873 auch eine unumschränkte Polizeiwirthschaft sein. Man muß gestehen, besser konnten unsere neudeutschen Brüder gar nicht auf die Freuden vorbereitet werden, die ihrer nach Uebertragung der deutschen Bundesverfassung harren!

Es wird beim Reichstage eine Resolution beantragt werden, auch den heimkehrenden Unteroffizieren und Mannschaften der Reserve und Landwehr Retablissementsgelder und zwar in der Höhe von 10 bis 12 Thalern zu gewähren. — Kann das für eine ruinirte Wirthschaft entschädigen?

Es sind bekanntlich noch in Ostpreußen Besitzer und Loosleute, welche im Jahre 1868 Darlehen zur Beschaffung von Saatgetreide rc. erhalten, die Zinsen davon nicht berichtigt haben. Die Säumigen sollen, wie die „K. Ztg." berichtet, aufgefordert werden, die rückständigen Zinsen schleunig und bis zu einer bestimmten Frist zu bezahlen, widrigenfalls ihnen das Capital ferner nicht gestundet und gegen sie gerichtlich auf Rückzahlung desselben geklagt werden wird.

Der Bundesrath hat die Abschaffung des Landbriefbestellgeldes wegen der auf eine Million berechneten Einnahmeausfälle und Mehrausgaben abgelehnt.

Der Bundesrath hat sich gegen die Diäten-Bewilligung ausgesprochen, da werden wir wohl noch einige Zeit warten müssen und zwar so lange, bis wir — Demokraten in den Reichstag gewählt haben werden!

Uebrigens scheint es denn doch selbst in den für Kaiser und Reich begeistertsten Reichstagskreisen, namentlich unter den „Liberalen" schrecklich zu tagen. So glaubte der sächsische Abgeordnete Ludwig anläßlich der jüngst erfolgten Interpellation wegen Strafversetzung von Postbeamten constatiren zu müssen, „daß man der Ansicht zu sein scheine, wir seien nicht hieher gekommen als Vertreter der deutschen Nation, sondern bloß als Werkzeug in Händen des Bundesrathes. Ich halte mich für verpflichtet, dies hier zu constatiren, damit uns nicht, wenn wir nach Hause zurückkehren, der Vorwurf gemacht werde, daß wir das nicht empfunden haben."

Wir sind hierüber schon von Anbeginn nicht in Zweifel gewesen!

Beim deutschen Reichstage ist von Süddeutschen der Antrag gestellt, in Elsaß-Lothringen sofort auch die Neugestaltung des gesammten Unterrichtswesens — von der sog. Primärschule bis zu den höchsten wissenschaftlichen Anstalten — unter möglichster Schonung bestehender Verhältnisse in die Hand zu nehmen.

Die moralischen Eroberungen des Hrn. v. Mühler haben zur Beglückung des neuen Reichslandes gerade noch gefehlt!

Wie der „Bürg.- u. Bauernfr." meldet, wurde der Lehrer Brozio aus Wilndden vom Angerburger Kreisgericht schuldig befunden, als Wahlvorstand liberale Stimmzettel aus der Urne entfernt und solche mit dem Namen des Grafen Lehndorf beschriebene hineingelegt zu haben. Er wurde zu 9 Monaten Gefängniß und Verlust der Ehrenrechte auf ein Jahr verurtheilt. Bei der ersten Reichstagswahl beging der Lehrer Reinhard in Pappotten, auch im Angerburg-Lötzener Wahlbezirk belegen, dasselbe Verbrechen und erhielt zwei Jahre Gefängniß!

In diesen Tagen kam uns ein Feldpostbrief aus Frankreich zu Gesicht, in dem ein alter Landwehrmann schreibt, daß, nachdem sie jetzt mehr angestrengt und gedrillt werden, als je als Rekruten, so daß ihnen das Leben fast unerträglich geworden, plötzlich die Ordre eingetroffen: wer von den alten Landwehrmännern auf seine Kosten in die Heimath reisen wollte, könne Urlaub für immer (das Wort bleibt unklar; sind wohl so alte Leute gemeint, die nach dem Kriege so wie so in den Landsturm übertreten) haben. Also — man braucht die alten Leute nicht, möchte aber die Transportkosten für die Heimreise ersparen. Das ist —!!!

Wie es mit den demokratischen Zeitungen in Deutschland zugeht, ist eigentlich schon mehr als sonderbar. Wie unregelmäßig unser Demokrat bestellt wird, jede Beschwerde läßt sich nicht einmal veröffentlichen! Andern Blättern scheint es aber noch schlechter zu gehen. Aus Gumbinnen theilt man uns mit, daß Jemand, der den in Stuttgart erscheinenden „Beobachter" bei der Post bestellt, erst nach Wochen die erste Nummer nach verschiedenen Mahnungen erhielt, und so ging es ganz unregelmäßig fort. Seit 8 Tagen etwa ist auch nicht mehr ein Blatt der besagten Zeitung eingetroffen. Das ist am Ende zu toll! Vielleicht hilft diese öffentliche Bekanntmachung und Rüge der — Unregelmäßigkeit! — Von unserem Landsmann Hasenkamp werden wir also wenig hören, wenn er die Redaction des „Beobachter" übernommen, und die Expedition so prompt beibehalten wird.

Pfui Teufel, es war eine häßliche Klemme! zu dem Superintendenten in irgend einer kleinen Stadt in Preußen, kam eine Hebamme und meldete die Taufe eines unehelich geborenen Kindes an. Der geistliche Herr wetterte in ungerechtester christlich germanischer Entrüstung. Die Frau erschien und er ergoß die Schale seines Zornes über die Unglückliche, über den Vater des Kindes, der nicht einmal durch eine Heirath den Schaden und die Schande zudecken wollte, er schalt auf die Eltern des Mädchens, die sie nicht moralischer erzogen. Wie heißt Deine Mutter? hieß es. Was ist Dein Vater? — Ich weiß es nicht genau — ich bin auch ein uneheliches Kind. — Hat Deine Mutter Dir nie gesagt, wie dieser pflichtvergessene Mann heißt. — Ja, Herr Superintendent. — Heraus mit dem Namen des gottlosen Menschen. — Nach langer, durch Drohungen und Schelten unterbrochenen Pause, erfolgte die unerwartete Antwort: Herr Superintendent Sie sollen es sein, aus der Zeit, wo Sie früher als zweiter Prediger hier am Orte waren. Was weiter geschah, wissen wir nicht, aber pfui Teufel, das war eine häßliche Klemme!

Es geht uns mit Bezug auf den Superintendent-Dobillet'schen Plan „krüppliche Landwehrleute" zum Hüten zu verwenden, ein für den „Bürger- und Bauernfreund" bestimmt gewesener Feldpostbrief folgenden Inhaltes zu:

Mein lieber Superintendenterich
Was bist du doch blos dämelich.
Denkst, daß wir werden Schweine hüten
Und uns als Hirten jetzt vermiethen
Beim Fasselvieh?
Doch darum gib dir keine Müh'!

Jetzt, wo der Krieg sobald beendet,
Und wo man uns nach Hause sendet,
Nachdem wir uns're Pflicht gethan,
Biet'st du uns solchen Posten an! —
O —, was bist du dumm,
Schäm dich! — Beim Consistorium! —

Zuletzt nun merk noch diese Lehr':
„Geiz'st du nach Ruhm vielleicht und Ehr',
So nimm du selbst den Posten an,
Biet' ihn nicht einem Ehrenmann,
Der stets nur seine Pflicht gethan,
Wie ein blessirter Landwehrmann.

Ein verwundeter Füsilier und Landwehrmann.

Der Verleger und Redacteur des in Insterburg erscheinenden conservativen „Ostpreuß. Volksb.", Klein, wurde vom Insterburger Kreisgericht im vorigen Jahre wegen eines „der Jude Johann Jacoby" überschriebenen Artikels zu 30 Thlr. Geld-, event. sechswöchentlicher Gefängnißstrafe verurtheilt. Am 16. d. M. stand nun Termin in dieser Sache vor dem Appellgericht zu Insterburg an. Das Kreisgericht zu Insterburg hatte in dem Satze, „daß die Juden bereits eine solche Herrschaft über uns Christen ausübten, daß darüber uns die Schamröthe ins Gesicht steigen müsse," hauptsächlich den Dolus erblickt. Klein führte in seiner Vertheidigung aus, daß der Talmud den Juden eine solche Herrschaft über die anderen Völker vorschreibe, der Talmud aber von den Juden als göttliches, bindendes Gesetz betrachtet werde, somit sein Artikel durchaus keinen Angriff auf das Judenthum, sondern ein Lob der Gesetzesliebe und strenger Befolgung der Talmudvorschriften Seitens der Juden enthalte. Klein wurde denn auch in zweiter Instanz einstimmig freigesprochen.

Ein prächtiges Seitenstück zu dem bekannten Ketzererlasse des Oberkirchenraths! Uebrigens für die Handhabung der Justiz an einzelnen preußischen Gerichten nicht charakteristisch!

In der Braunschweiger Landes-Versammlung wurde dem Antrage der Staatsanwaltschaft in Hannover, die gerichtliche Verfolgung einer Beleidigung der Landesversammlung zu genehmigen, nicht Folge gegeben. — Der erste Schritt in das staatliche Grab ist geschehen, die Landesversammlung hat eine Militär-Convention mit Preußen beschlossen!

Der Herzog von Anhalt-Dessau ist gestorben. Da werden die Retablissementsgelder von 10 bis 12 Thaler schwerlich reichen!

In der Nacht vom 12. zum 13. Mai ist in dem Dienstlokale einer Feldpostanstalt zu St. Denis eine Postladung, bestehend aus mehreren Packeten und Briefsäcken, welche Correspondenzen und Geldsendungen von den Postsammelstellen zu Berlin, Cassel, Cöln, Frankfurt a. M., und Saarbrücken für die in St. Denis und Umgegend cantonnirenden deutschen Truppen, insbesondere für die erste Garde-Infanterie-Division, für die achte Infanterie-Division, für das Garde-Husaren-Regiment und für die erste Fußabtheilung des Garde-Artillerie-Regiments, enthalten haben, auf bisher nicht ermittelte Weise — wahrscheinlich in Folge von Selbstentzündung — in Brand gerathen und nebst den Geldbeträgen beschädigt worden oder verbrannt.

Die vor dem Kriege begonnene Untersuchung in der bekannten Bochumer Militärfreimachungs-Angelegenheit hat mit Freisprechung sämmtlicher als compromittirt angesehener Militärärzte — Dr. Schulz aus Cöln ausgenommen — geendet. Letzterer, der gleich Anfangs Geständnisse gemacht hatte, ist zu einer Festungshaft verurtheilt worden, auf welche der Untersuchungs-Arrest in Anrechnung gebracht werden soll. Die alte Geschichte von den großen Dieben!

Aus dem südwestlichen Deutschland erhalten wir entschließend hieran folgende Zuschrift:

Von der Ausarbeitung eines Gesetzes über das Militärstrafverfahren hat noch vor nicht langer Zeit die preußische Regierung aus Rücksichten der Sparsamkeit Abstand genommen. Nunmehr nach beseitigter Finanznoth wird voraussichtlich ein öffentliches und unmittelbares Verfahren bei Freigebung des Vertheidigungsrechtes und freie Beweistheorie eingeführt werden. Mit der Reform des Militärstrafverfahrens muß aber auch nothwendig die Neugestaltung des materiellen Militärstrafrechts Hand in Hand gehen. — Als vor etwa anderthalb Jahren einige Frankfurter Miene machten, ihre geliebten männlichen Sprößlinge vor dem Heerbanne oder Heeresdienste zu sichern, erhob sich aus Ost und West ein gewaltiges patriotisches Entrüstungsgeschrei. Die „Köln. Ztg." war nicht die schüchternste in der Verdammung der alten Kaiserstadtbürger, die sich nun einmal nicht so rasch in preußische Unterthanengefühle hineinleben konnten. Bald darauf schwieg jedoch die „Köln. Ztg." oder räusperte sich höchstens in ihrem Provinzialzirkel über etwas, das in ihrer nächsten Nähe, namentlich in Rheinland und Westphalen mit Einschluß der allergetreuesten Grafschaft Mark vor sich ging. Hier ebenfalls Entziehung vom Militärdienste, aber in weit größerem Umfange als in Frankfurt und nicht offen in ehrlichem Trotze ausgeführt, sondern erschlichen mit den raffinirtesten Mitteln des Betruges und der Bestechung, indem nicht weniger als 22 Militärärzte und ein Oberstabsarzt wegen jener famosen Dickhaffsaffaire verhaftet wurden, worüber die Gerichtszeitung erbauliche Einzelheiten damals mittheilte.

Aus der jüngsten Thätigkeit des Reichstages erwähnen wir noch eines Gesetzes, das im Süden schwerlich die Sympathien für unsere Volksvertretung erhöhen wird. Es ist das Postmonopol.

In Bayern und Württemberg bestand bisher kein Postzwang für Zeitungen, kein Monopol amtlicher Beförderung derselben. Als man über das neue Postgesetz verhandelte, wurde ein von demokratischer Seite gestellter Antrag: „die betreffenden Bestimmung findet nicht Anwendung auf Bayern und Württemberg", mit großer Majorität verworfen!

Das ist die erste Errungenschaft, welche die sogenannten Fortschreiter des Südens als Abschlag auf die verheißene Volksfreiheit heimbringen. Wahrscheinlich stehen noch größere Ueberraschungen bevor!

Der bayerische Constitutionalismus ist wieder einmal in die Brüche gegangen.

In der „Augsb. Abdztg." las man vor einigen Tagen folgende Notiz: „Der König ernannte proprio motu den Ministerialrath Herrn v. Lipowski zum Präsidenten der Regierung von Niederbayern, während die vom Minister des Innern vorgeschlagenen Ministerialräthe Haudt, Dubois u. A. im k. Cabinet keine Berücksichtigung fanden. Es begreift sich, daß diese Thatsache mit verschiedenen Randbemerkungen nacherzählt wird." Wir sind begierig zu erfahren, durch welches Gesetz diese Ernennung begründet wird, die offenbar mit der Verfassung in directem Widerspruch steht. Doch wer kehrt sich in unserer großen Zeit an solche Kleinigkeiten!

Die Kreisregierung von Oberbayern hat dem Antrag des Magistrats der Stadt München stattgegeben, daß Dr. Streber von seiner Stelle als Religionslehrer an der höheren städtischen Töchterschule enthoben werde. Die Lehre aller anderen ebenso unsinnigen Dogmen ist gestattet! So recht viel Lärm um Nichts!

Vor einigen Tagen gab in Kaiserslautern ein norddeutscher Soldat den Bewohnern ein Pröbchen militärischer Begriffe von der Stellung unserer Soldaten im Frieden. Der Wackere war mit einem Gutsbesitzer aus der Umgegend in Streit gerathen und wollte diesen arretiren. Da der Bedrohte es wagte, Widerspruch zu leisten, riß unser Krieger seinen Säbel aus der Scheide und nun begann eine Hetzjagd, die erst durch die Dazwischenkunft des Polizei-Commissärs unterbrochen wurde, der dem wüthenden Soldaten den Säbel abnahm. Vor den militärischen Vorgesetzten geführt, erhielt der Soldat seinen Säbel wieder und der Polizeicommissär einen — strengen Verweis dafür, daß er es gewagt, den Soldaten zu entwaffnen. Rosige Aussichten!

Da hat sich in Waldmohr in der Pfalz eine wunderbare aber recht zeitgemäße Geschichte zugetragen. Die Tochter des protestantischen Pfarrers saß in der Schule an der Seite eines jüdischen Mädchens! Das mußte unseren gestrengen Pfarrer, dem auf der Welt nichts verhaßter als der Anblick von Juden war, höchlichst entrüsten und so trug er denn bei dem Lehrer auf Versetzung der beiden [illegible]der an.

Um Ruhe zu bekommen, gab der Lehrer entsprechend nach. Die Anordnung desselben genügte aber dem frommen Manne nicht, vermuthlich weil [illegible] Judenkind nicht weit genug weg zu sitzen kam. [illegible] ließ sein Töchterchen, nachdem er sich hiezu die [illegible]willigung der Schulcommission (!) geholt, [illegible] Schule nicht mehr besuchen.

Es ist wahrlich an der Zeit, daß sich die [illegible]völkerung die sogenannten Liebesapostel vom Hals schafft.

In nächster Zeit tritt der württembergische Landtag zu einer kurzen Session zur Geldbewilligung zusammen, in der Hauptsache dem Militär [illegible] hat er natürlich nichts mehr zu sagen!

In Oesterreich ist wieder einmal eine Ministerkrisis ausgebrochen. Wird man jetzt die rechten Männer finden? Wir bezweifeln es!

Ausland.

Die Revisions-Commission des Schweizer Ständeraths hat sich zur unangenehmsten und undankbarsten Maßregel von der Welt, zu einer neuen eidgenössischen Steuer, entschließen müssen. Sie beschloß die Einführung einer Tabaksteuer auf dem Wege der Bundesgesetzgebung, welche mit zur Bestreitung der Ausgaben des Bundes dienen soll.

In den spanischen Cortes haben die Republikaner den Antrag auf Bildung der Republik gestellt. Die Aufregung ist ungeheuer.

Die Wahlen im rumänischen Bauerncollegium sind für die Ordnungspartei ausgefallen, so daß die Regierung bei Eröffnung der Kammern einer starken Mehrheit sicher ist.

Aus Philadelphia meldet man: Die unveränderte Annahme des Alabama-Vertrages wird noch im Laufe der Woche erwartet. Angeblich werden bloß 15 Senatoren (von 65) opponiren.

△ Von einer bösen Frau, wie Zwei einig werden und was sie für einen Wunsch haben.

(Schluß.)

„„Auch darüber habe ich so meine Gedanken, und hoffentlich wirst Du einverstanden sein. Vielleicht schließen sich auch Andere an und dann könnten sie zur Ausführung kommen. Von der Fortschrittspartei halte ich nichts, weil sie nur schwätzt und nichts thut. Das Volk muß also belehrt werden, daß es nur Erfolge von der Demokratie, der demokratischen Volkspartei zu erwarten hat, die handeln und nur das Nothwendige reden will.""

„Freund, dann könnten die Gewählten nachher doch immer noch anders stimmen, reden, handeln, als sie uns versprechen."

„„Hast recht, sie könnten, sie werden aber nicht. Aber auch für den schlimmen Fall, daß sie es wollten, glaube ich ein Mittel gefunden zu haben, gegen das sich allerdings die Fortschrittler schon eifrig ausgesprochen haben, als es einmal angeregt wurde. — Die Herren Fortschrittler behaupten nämlich, und in gewisser Beziehung steht ihnen das Gesetz zur Seite, sie vertreten nicht ihren Wahlkreis, sondern das ganze Land, schuldeten also ihren Wählern keine Verantwortung. So lange nicht directe Wahl im ganzen Lande ist, und wer im ganzen Lande die

Feuilleton.

* Die Polenflüchtlinge.

Erzählung von A. Fr.

(Fortsetzung.)

„Was starrst Du mich an," wandte sich der Gouverneur wieder zu der Alten, die still nachgefolgt war. „Du stehst mir für die Kranke. Der Arzt wird kommen. Pflege sie sorgfältig, aber sie darf nicht fort. Ich ... ich ... Sie ist meine Gefangene."

Ludoiska erwachte unter den vereinten Bemühungen der Alten und des Arztes. Der Letztere fand ihren Zustand nicht gefährlich, verordnete nur ein stärkendes Bad, Ruhe und sorgfältige Pflege. Die Alte führte dies Alles mit solcher Umsicht und Pünktlichkeit aus, daß das Mädchen schon nach einigen Tagen aufstehen konnte. Ihr Wunsch, dies zu thun, schien der Frau die Zunge zu lösen.

„Recht so, mein Täubchen," rief sie, „sieh nur wieder munter drein, und scheuche Dir die Sorgen von der Stirne, daß Deine Augen nicht leiden. Hast ein paar schöne Fensterchen, zu denen die jungen Herren gern hineingucken."

„Nun, nun, werde nicht böse," fuhr sie fort, als sie Ludoiska's tiefes Erröthen bemerkte, „ich meine es gut; ich weiß, was schöne Augen sind, war auch einmal schön, ach, es ist ein gefährliches Ding um schöne Augen."

Sie starrte plötzlich wie irrsinnig vor sich hin und murmelte unverständliche Worte, so daß Ludoiska erschreckt aufblickte und sich aufrichtete. Ihre rasche Bewegung schien die Frau zu wecken.

„Ha, ha," lachte sie in eigenthümlicher Weise, „da stehe ich und sehe Gespenster, während Du aufstehen willst. Sieh hier, mein Vögelchen, gefällt Dir dies oder dies? Die Wahl ist schwer, nicht wahr?"

Sie wies mit diesen Worten auf eine glänzende und geschmackvolle Garderobe, die seitwärts auf einem Tische lag.

Ludoiska erschrack.

„Willst Du mich kränken," sagte sie, was soll mir, der Unglücklichen, der Gefangenen, der Trauernden, dieser reiche Putz? Gieb mir ein einfaches, schwarzes Kleid."

„Närrchen," lachte die Alte, „schwarze Kleider sind verboten*), das weißt Du ja, und der Herr Graf will es haben, darum mußt Du Dich fügen. Willst Du ihm denn keinen Gefallen thun. Sieh nur, wie er für Dich gesorgt hat."

*) Die russische Regierung verbot den Polen und ihren Frauen, Trauerkleider zu tragen, da man dies für eine Art von politischer Demonstration ansah.

Das Zimmer war in der That reizend eingerichtet worden, so daß ein fröhliches Herz dadurch erfreut werden mußte. Eine Fülle blühender Gewächse, so schön, wie die Jahreszeit sie irgend bieten konnte, waren geschmackvoll an den Fenstern und auf zierenden Consolen aufgestellt. Eine kleine Bibliothek voll zierlicher Einbände stand über einem eleganten Schreibtische; daneben lagen auf einem Arbeitstischchen Stickereien und Anfänge zu feiner weiblicher Handarbeit und in einer Ecke sah man auf einem geöffneten Pianino ein aufgeschlagenes Notenheft.

Durch das arglose Herz des Mädchens zog ein Gefühl dankbarer Freude. Sie wählte schnell das einfachste der angebotenen Kleider und überließ sich willig den Bemühungen der Alten, die mit bewunderungswürdiger Behendigkeit und unter beständigem Plaudern ihre Toilette vollendete. Als sie fertig war, klatschte sie in die Hände und betrachtete das Mädchen wie ein Künstler, der so eben eine schöne Bildsäule vollendet hat.

„Ta, ta, ta," rief sie, „so gefällst Du mir, mein Täubchen, wußte ich's doch, o, die alte Matuschka weiß wohl, was schön kleidet."

Ludoiska warf einen Blick in den hohen Spiegel vor ihr, schlug die Hände vor's Gesicht und brach in Weinen aus.

„Was giebt's," rief die Alte erschrocken, „jetzt weinen? Gieb Acht, mein Schätzchen, Du wirst

meisten Stimmen erhalten, Abgeordneter ist, und so fort mit weniger und weniger Stimmen, bis die Zahl der Vertreter voll ist, sind und bleiben sie zunächst Wahlkreisvertreter, dürfen freilich aber nicht die Interessen des ganzen Landes außer Acht lassen. Nach meiner Ansicht müßte jeder Abgeordnete während der Sitzung, sei es Landtag oder Reichstag mit seinen Wählern in Verbindung bleiben. Zu diesem Zweck, in einer Versammlung, wo die Wähler ihn nach vorgelegtem Programm zu ihrem Candidaten gemacht, sei es für Land- oder Reichstag, müßten aus der Zahl der Wähler 10 — 20 — 30 — 40 — 50 Vertrauensmänner, je nachdem der Wahlkreis es will, in Vorschlag gebracht werden, wobei dem Candidaten das Recht zustände, abzulehnen, zu wem er nicht Vertrauen hat. Diese 10 — 50 wählten einen Vorsitzenden, mit dem eben der Abgeordnete in ununterbrochenem Briefwechsel bleiben müßte, ihm über alle Vorlagen berichten, seine Abstimmung begründen, jede Anfrage beantworten müßte. Auf diese Weise wurzelte er ununterbrochen mit Gedanken und Abstimmungen im heimischen Boden, den Willen des Volkes und nicht einer Fraction sucht er so zur Geltung zu bringen. Wann, wo und wie oft diese 10—50 zusammen zu kommen, wäre ihre Sache, stände ihnen aber auch das Recht zu, und an sie hätten sich wieder die Wähler des Kreises mit ihren Anträgen zu wenden — von dem Abgeordneten die Stellung bestimmter Anträge, bestimmte Stimmabgabe zu verlangen. Fügte er sich nicht, so wären diese Vertrauensmänner befugt, von ihm zu fordern, daß er sein Mandat niederlege und nach Hause käme.““

„Trautster Mensch, die Abgeordneten werden aber darauf nicht eingehen.“

„„Bruder Herz, die Fortschrittler nicht. Das haben sie bereits gesagt, als aus der demokratischen Volkspartei ein ähnlicher Antrag gestellt wurde. Die Anhänger dieser Partei aber, denen als wirkliche Demokraten der Volkswille die Hauptsache ist, werden darauf eingehen. — Ist im Einklange mit seinen Wählern zu bleiben und dabei ein bischen Eigenwillen zu verlieren denn so unendlich schwer? — — Sind die vorher erwähnten Abgeordneten, die ihr Wort nicht gehalten, denn noch unsere Abgeordneten?““

„Gewiß, wir haben sie doch gewählt.“

„„Wir haben sie gewählt. Hast recht! Wir haben sie aber gewählt um zu stimmen, wie sie uns versprochen, nicht aber sich dort einer andern Ansicht als der ihrer Wähler zu fügen und anders zu stimmen. Meine Abgeordneten sind das nicht mehr!““

„Wenn ich mir die Sache recht überlege, hast Du recht, meine sind's auch nicht mehr!“

„„Also — lassen wir einstweilen, was Du Storchgeschichten nennst, daß die constitutionelle Monarchie mit dem ganzen Parlamentarismusschwindel nicht unser Höchstes sein kann aus dem Spiele — so sind wir doch in der Hauptsache einig, daß unsere jetzigen Abgeordneten es nicht machen werden, und daß wir und tausend Andere eigentlich nicht vertreten sind, da die Männer unserer Wahl nicht ihr Wort gehalten haben. Laß, uns Hand an's Werk legen, daß es anders werde und es muß anders werden, wenn wir dahin wirken, zur Ausführung zu bringen, was wir eben besprochen. — Adieu!““

„Adieu, Nachbar!“ Aber Weber war nicht wohl, als er sich seinem Hause zuwandte.

„„Kopf hoch!““ rief ihm Brauer nach. „„Vergiß doch nicht, was Du zu thun hast, um zu Hause zu Deinem Recht zu kommen!““

Eine schändliche Verleumdung
oder
die Chinesen und die Hamburger Postsekretäre.

So sind wir doch endlich ein großes Volk geworden! Unzählbar sind unsere Bajonette und kein Staat in der Welt hat so gewaltige und weittragende Geschütze als unser allmächtiger Kaiser! Ja, wir haben alle Ursache mit unseren jüngsten Errungenschaften zufrieden, auf unser neudeutsches Staatsbürgerthum stolz zu sein. Fürchtet uns nicht das Ausland, zittert es nicht schon beim bloßen Namen Deutschland? Und je weiter man kommt, desto mehr wächst die Ehrfurcht. Die Chinesen aber, ein gar tückisches Volk, das in letzter Zeit auf uns wegen unserer hohen Reichsregierung sehr neidisch geworden ist, trachten danach, unseren guten Ruf zu schänden. Sie erzählen sich, daß unser Volk, welches den Krieg so glorreich beendigt, aus lauter Helden bestehe, daß sich dieses Volk wohl eine stramme Zucht im Kriege, jedoch niemals im Frieden gefallen lasse. Ja, sie gehen in ihren Verdächtigungen so weit, zu behaupten, das deutsche Volk ließe sich nicht die Butter vom Brode nehmen, wie es im himmlischen China üblich, sondern es trete seiner Heldenregierung mit Heldenmuth entgegen, ja, es wage sogar, derselben das jährliche Budget zu entziehen, bis die Regierung ihm sein Recht gewährt! Wer nur einigermaßen unsere Verhältnisse kennt, weiß, daß solche Behauptungen ganz niederträchtige Verleumdungen sind, daß uns die bauchrutschenden zopfigen Chinesen dadurch nur den Ruhm unserer weltberühmten Unterthanentreue streitig machen wollen. Selbstverständlich glaubt derartigen Unsinn in der übrigen Welt auch kein Mensch. Und Unsinn, pure Verleumdung ist es! Wohl sind wir groß nach Außen in Thaten und Worten, aber nach Innen wissen wir auch den Mund zu halten, ohne Murren unsere Steuern zu zahlen und unter Umständen sogar, was man in China schwerlich kennt, unsere Militärzeit als Offiziersbursche abzudienen. Wie sollten wir nun dazu kommen, Opposition zu machen, uns gegen unsere hohe Reichsregierung aufzulehnen? Schändliche Verleumdung. Waren da in Hamburg zwei Postsekretäre, vorlaute Bursche, die nicht damit zufrieden waren, mit dem, was ihnen der Oberpostdirector zur Bestreitung ihres Daseins beschieden. Machten sich diese Menschen das ganz harmlose Vergnügen, den Reichstag um Aufbesserung ihres Gehalts zu bitten. Als ob der was aufzubessern hätte! Der Oberpostdirector aber verstand keinen Spaß; im neuen deutschen Reiche muß Jedermann zufrieden sein, wer es nicht ist, ist ein Unzufriedener und Unzufriedene werden bekanntlich eingesperrt oder — wenn mildernde Umstände vorliegen, versetzt. Die beiden Postsekretäre wurden denn auch schleunigst versetzt, der eine nach Schwelm, der andere nach Stallupönen. Die Geschichte war aber noch nicht aus, denn sie kam vor den Reichstag. Aha, denken die Chinesen frohlockend, jetzt kommt's, jetzt wird der Reichstag aufbrausen und der Regierung keinen Groschen bewilligen, so lange die Postsekretäre nicht wieder zu ihrem Rechte gekommen sind! Fehlgeschossen! Wohl ist der Reichstag aufgebraust, wohl hat er eine Faust gemacht, jedoch, nachdem die Regierung erklärt, sie wolle die Versetzung der Postsekretäre nicht rückgängig machen, ist der Reichstag, trotzdem es jedem Deutschen freisteht, nach Belieben zu petitioniren, hübsch zu Kreuz gekrochen und hat der Regierung gleich hinterher nicht blos ordentliche, sondern sogar außerordentliche Ausgaben bewilligt.

Wir sehen also, wie ungerecht uns diese Chinesen beschuldigen. Wir können getrost sagen, nach Jenen sind wir keine Helden, sondern unmündige Kinder, die ohne Prügel von ihrer himmlischen Regierung gar nicht leben können, die sich vor ihr noch unterthäniger im Staube wälzen als die Chinesen vor der ihrigen und daß der Wahlspruch jedes guten Deutschen sein und bleiben wird:

Maulhalten, Steuernzahlen,
Soldatwerden.

So weit ist man in China doch noch nicht! Heil Deutschland!

---

* Wie der deutsche Reichstag der unmoralischen Prämienanleihe den Garaus macht.
(Eine ergötzliche Geschichte.)

Wie viel ist nicht schon über den Schwindel geschrieben worden, der mit den sogenannten Prämienanleihen getrieben wird! Man hatte es da mit einem alten Uebel zu thun, das im Grunde genommen jedoch lange nicht so schädlich war wie die großen Staatslotterien. Man hätte der Bevölkerung getrost den Verkehr mit diesen Papieren überlassen können. Ein gebranntes Kind scheut das Feuer! Durch Schaden wäre man klug geworden! Was thut nun aber der Reichstag, um das Volk vor dem Verbrennen zu bewahren? Er verschließt diesen unmoralischen Papieren des In- und Auslandes den deutschen Geldmarkt und gestattet gleichzeitig die Ausgabe dieser Papiere in Deutschland zum Zwecke der Anleihe eines Bundesstaates oder des Reichs. Und die Moral und Volkswirthschaft? Ja, Bauer, das ist ganz was anders. Die kleinen Diebe hängt man, während man die großen laufen läßt und ihre Klugheit bewundert. Vor auswärtigen Glücksspielen wird Deutschland gerettet, um den inländischen desto sicherer in die Hände zu fallen. Und daß unsere Landesväter von diesem Monopol, das ihnen der Reichstag eingeräumt, ergiebigen Gebrauch machen werden, kann man bei der ewigen Ebbe in den Staatskassen mit voller Sicherheit annehmen. Der Reichstag, der für unsere Bundesregierungen ein so fühlendes Herz zeigte, hatte für den Reichsfinanzminister noch eine ganz besondere Ueberraschung vorbehalten. Lange schon hatte er über die spärlichen Einnahmen geklagt und da hatte der Reichstag denn eine kostbare Idee. Die bisher im Verkehr befindlichen Prämienanleihen konnte man doch nicht aus der Welt schaffen, ihre feindliche Stellung zu den Reichsprämienanleihen mußte ihnen aber fühlbar gemacht werden, und da verordnete der Reichstag denn, daß sämmtliche vor dem 30. April 1871 ausgegebenen ausländischen Prämienpapiere zur Abstempelung einzureichen sind, wenn sie nicht gleichfalls den Ausschluß vom deutschen Geldmarkt ge-

---

hier noch viel Schönes genießen. Ha, ha, weinen, weinen, wenn man so jung und so schön ist?“

„Matuschka!“ rief das Mädchen, „mein Vater liegt noch unbeerdigt in der Höhle jener Waldschlucht, mein Bräutigam hier in dem Walde. Wo haben sie ihn begraben? Sage es mir, liebe Matuschka, der Graf ist so gütig, er wird mir gestatten, sein Grab zu besuchen, ... nur einmal ... nur ein einziges Mal ... er wird meinen Vater beerdigen.“

Die Alte schien gerührt.

„Armes Kind,“ sagte sie, „weine nicht, wenn es in seiner Macht steht, wird er's gewiß gern thun. Aber er muß selbst vorsichtig sein. Sieh, diese Vornehmen haben viele Feinde und namentlich der alte Murawieff in Wilna ist ihm nicht sehr gewogen. Ich will's ihm sagen. Nur nicht weinen, nicht weinen, immer freundlich sein. Er kommt bald selbst zu Dir.“

Sie brachte das Zimmer schnell in Ordnung und eilte hinaus. Nach kurzer Zeit meldete ein Klopfen an der Thür die Ankunft des Grafen. Er trat ein, strahlend im schönsten Schmuck der glänzenden, goldgestickten Uniform, die seine hohe, schlanke Gestalt auf das vortheilhafteste kleidete. Als er Ludoiska in der geschmackvollen Kleidung erblickte, glänzten seine Augen in sichtlichem Entzücken. Mit gewinnendem Lächeln und feinem Anstande trat er auf sie zu und fragte, ihr die Hand reichend:

„Nun, wie geht's meiner schönen Gefangenen?“

Ludoiska schlug das Auge zu Boden.

„Herr Graf,“ sagte sie verwirrt, „Ihre große Güte ....“

„Keinen Dank,“ entgegnete dieser, indem er sie auf den Divan zog, „wer möchte dulden, daß eine so zarte Blüthe zertreten werde. Ich wünschte, daß Sie hier ein Asyl fänden, das Sie für die großen Leiden der Vergangenheit ein wenig entschädigen könnte.“

Die Verwirrung des Mädchens stieg auf's höchste. In peinlicher Unruhe schlug sie das Auge auf und sah den Grafen an. Es lag in diesem Blicke eine solche Fülle von vertrauensvoller Unschuld, Dankbarkeit, Bescheidenheit und lieblicher Verwirrung, daß jener den seinigen zu Boden senkte. Doch leicht sich fassend, fuhr er fort:

„Sie haben mir durch die alte Matuschka Bitten aussprechen lassen, denen ich schon zuvorgekommen bin. Die Leichen Ihres Vaters und Bräutigams ruhen bereits in geweihter Erde.“

Diese Worte gaben dem Mädchen die Sprache wieder.

„O Gott, wie danke ich Ihnen,“ rief sie unter hervorbrechenden Thränen, „wo, wo ruhen sie, darf ich ihr Grab besuchen? O, sicherlich, ich darf es, Sie sind so gut ...“

Der Graf erröthete leicht.

„Später, liebes Kind, später, augenblicklich ist's unmöglich. Sie begreifen, daß ich dies nur heimlich mit Hilfe einiger besonders ergebener Diener habe ausführen können. Wenn Murawieff es erfahren sollte, könnte es mir leicht großen Nachtheil, geradezu Gefahren bringen.“

Es entstand eine Pause.

„Dürfte es nicht unbescheiden sein,“ fuhr der Graf fort, „zu fragen, wo Sie Stanislas kennen gelernt haben? Doch, ich errege damit Gefühle, die ....“

„In dem letzten Kampfe,“ begann Ludoiska, „wollte mein Vater nicht unthätig zu Hause bleiben. Die alten Erinnerungen aus dem Jahre 1830, in dem er eine hervorragende Rolle gespielt hatte, wurden wieder wach, und da der Aufstand seiner Meinung nach gut organisirt war, beschloß er, für die Befreiung unseres unglücklichen Vaterlandes Alles zu wagen. Auf unserem Gute versammelten sich die Häupter der Verschwörung und unter ihnen auch Stanislas, der durch das Pariser Comité benachrichtigt worden und aus Amerika herbeigeeilt war. Wir lernten uns kennen, ach nicht zu unserem Glücke. Seine tapferen Thaten kennen Sie. Ich begleitete meinen Vater und bin Zeuge aller jener Kämpfe gewesen. Zwei Mal hat mich seine Hand im Schlachtgewühl vom Tode gerettet, zum dritten Mal mußte er selbst als Opfer fallen.“ (Fortsetzung folgt.)

wärtigen wollen. Der Stempel beträgt bis 100 Thaler 5 Sgr. oder 17½ kr. und über 100 Thaler 10 Sgr. oder 35 kr. Das Geld fließt in die Reichskasse und der Reichsfinanzminister wird schon wissen, was er damit zu thun hat. Der Reichstag hat sich um solche Kleinigkeiten auch nicht zu kümmern!

Um das Staatsmonopol nicht zu schädigen, wird das öffentliche Ausbieten, Ankündigen und Empfehlen eines neuen Prämienpapiers, das sich nicht der reichstäglichen Gnade erfreut, bei einer Geldstrafe von 100 Thalern oder bis drei Monat Gefängniß untersagt. Das Kapitel der Preßfreiheit ist somit um ein neues Blatt bereichert.

Ein Antrag der Fortschrittspartei, die Lotterie zum Fall zu bringen, fand keine Annahme.

Zur Ehre des Reichstags dürfen wir nicht unerwähnt lassen, daß das Gesetz fast bei allen Parteien eine große Anzahl Gegner fand.

Patriotismus und Frömmigkeit.

Eine Zeitbetrachtung aus Schwaben.

(Fortsetzung.)

Das Geschrei über Treulosigkeit, Verrath und Verruchtheit der französischen Eroberer ist selbst ein treuloses Gehetze des verwilderten Patriotismus! Denn die moralischen Flecken in dem Verluste von Lothringen sind schwärzer auf deutscher Seite; und wenn sich Oesterreich im westphälischen Frieden den Anspruch an sein verlorenes Elsaß um drei Millionen ablaufen ließ, wenn Ludwig XIV. in den Verwickelungen, die auf den Spruch seiner „Reunionskammern" folgten — solcher augendienernder Gerichtshöfe, wie sie auch in Preußen neuerdings, in den Streitigkeiten der Regierung mit dem Volke, so viel Aufsehen machten — wenn Ludwig XIV in diesen Kämpfen, ohne welche ihm auch der feigste Gerichtsspruch nichts genützt hätte, Dänemark durch Zahlung, England durch Jahrgehalt, den deutschen Reichstag durch Bestechung, Brandenburg, Münster u. s. w. durch Sonderverträge von der Sache des Rechts, letztere zugleich von der des Vaterlandes abwendig zu machen wußte: so ist der Käufer gewiß nicht ehrloser als der Verkäufer und der Bestochene. Wenn aber nachträglich gar — und trotz der unterdeß eingetretenen fürchterlichen Behandlung der Pfalz — all dieser Besitz durch einen Frieden feierlich bestätigt worden ist, wie es zu Ryswick 1697 geschah: dann kommt wohl kein ehrlicher Geist, sondern nur der Hetzgeist, der Fanatismus und Racenkrieg zu entzünden gewissenlos genug ist, auf den Fremdbesitz solcher Provinzen als auf eine ehrlose Dieberei zurück! Nein, man nimmt einfach das Kriegsglück in Anspruch, das Recht des Stärkeren, welches auch früher gewaltet hat, wenn er auf's Neue nach ihnen seine Hand ausstreckt.

Allein auch dann, Gott sei Dank, liegen die Sachen nicht mehr ganz so, wie vor Jahrhunderten. Seit die französische Revolution die Menschenrechte proklamirte, hat das Nehmen und Geben, das Vertauschen und selbst das Besitzen ganzer Länder und Völker als Personalrecht einzelner Menschen und Geschlechter eine wesentliche Einbuße im öffentlichen Rechtsbewußtsein erlitten. Man hat sich gewöhnen müssen, auch den Willen der Bevölkerung hiebei in Anschlag zu bringen, und der Volkswahrspruch, das Plebiscit, ist allmählig an die alten Stelle des Seelenhandels getreten. Die Abwendung davon ist die Rückkehr zu mittelalterlicher Barbarei. Gegen solche Volksabstimmung in Elsaß und Lothringen wäre nichts einzuwenden; der Volkswille ist, wo Menschenrechte gelten, die höchste Appellationsinstanz. Aber dieser Volkswille fehlt uns, er ist gegen uns — darum läßt man ihn nicht sprechen. Wenn eroberte Provinzen volles Eigenthum, national wurden, nicht nur durch Jahrhunderte lang verjährten Besitz, sondern auch durch Geist und Willen: dann ist, im Sinne der Neuzeit, das frühere Besitzrecht verloren, untergegangen. Denn der Körper folgt dem Geist; der Geist ist der Herr. Hat doch auch die heilige Allianz an kein Abtrennen von Elsaß und Lothringen mehr gedacht. Und in der That, wenn die Einwohner dort ein neues geliebtes Vaterland gefunden haben, wenn dieser französische Osten mit einem Haß und einer Erbitterung wie kein anderer Theil Frankreichs gegen die deutsche Herrschaft sich wehrt, und an seine Befreiung von ihr Blut und Leben setzt —: wo bliebe dann noch ein Titelchen von Recht übrig, das nicht pure Selbstsucht, Vergewaltigung und Unbill wäre? — Statt also eine allenfalls gerecht zu nennende Rache zu nehmen, würden wir ein mißgestaltet Unrecht begehen, indem wir einen widerwilligen bösen Bestandtheil in das nationale Blut aufnehmen, ein Unrecht, welches durch Störung, Schwächung, böses Gewissen, durch Haß, Rache und einen Rückschlag im nationalen Leben da, wo wir ihn am wenigsten abwehren könnten, unausbleiblich die Sünde wider den Geist an uns rächen muß.

Es gibt somit weder gerechte Rache noch gerechte Rückforderung mehr an Frankreich; selbst der Grund, den der hetzende Patriotismus mit höchstem Erfolge geltend macht: daß die Spitzbuben uns — freilich dann im Widerspruch zum Wortlaute der Kriegserklärung — uns ganz gewiß die Rheinlande genommen hätten, ist leider eben so gewiß nur ein Argument für niedrige Seelen, welche Unrecht mit Unrecht vergelten müssen, und sich selbst nicht so hoch und werth halten, um am Gemeinen nicht mitschuldig zu werden. Sondern das wahre Argument zu aller Rache, Niedertretung oder Plünderung ist dies: um unserer Sicherheit willen so viel zu nehmen, als wir irgend können. Und das spricht denn auch der genügend vorgeschrittene Patriotismus schließlich ganz offen aus. In der Beschränkung auf ehemaliges deutsches Gebiet, meint er*), wobei man nur ausnahmsweise auf Metz reflectirte, zeigte sich wieder recht deutlich die große deutsche Bescheidenheit, unser friedliebender Charakter, der weit entfernt von jedem Eroberungsgeiste ist. (!!) Aber wir würden Kraft und Energie besitzen, um auch noch weitere widerwillige französische Unterthanen zu germanisiren, wenn wir nur eine gesicherte militärische Stellung nehmen; und die sei sehr klar durch Abtretung der Maaslinie erreicht! Wenn wir die Linie von der belgischen Grenze von Givet über Mezières, Sedan, Verdun bis Pagny, von da an die Mosel herüber bis Epinal, und endlich den Höhenrücken mit Belfort und Montbéliard als Grenze nehmen, so können wir den Feind jederzeit sowohl in der rechten, wie in der linken Flanke überflügeln, und eine Situation schaffen, die es für Frankreich fast unmöglich macht, mit uns wieder anzubinden; zwei ausgiebige Festungsreihen werden uns eine unüberwindliche Stellung geben. Und — wir brauchen uns nicht einmal auf Frankreich zu beschränken: wir werden, indem wir hiebei Belgien im Süden umfassen, zugleich „in diesem Lande sehr an Einfluß gewinnen." — Solchen Stimmen gegenüber, welche die Stimmung beherrschen, singt der Dichter freilich vergebens:

> Den wir allein bis heute kennen,
> Laß uns den Ruhm der Menschlichkeit!

(Fortsetzung folgt.)

*) S. Schlesische Zeitung: „Aus Versailles" vom 17. Januar.

* Literarisches.

A. P. (Die Nibelungen und Heinrich v. Treitschke.) Unser vielbewunderter Gegner sagt einmal (im II. Bd. histor. und polit. Aufsätze Seite 741): „Doch gerade vor diesem schönen Drama [Hebel's Nibelungen, dem Schwanengesang des [illegible] Bauernsohnes] haben wir auf's Neue empfunden, wie ganz eigen unser Volk in seiner Geschichte steht, wie vertraut und zugleich wie fremd die Jugend unseres Volkes uns erscheint. . . . Das Empfindungsleben jener [illegible] Zeit ist uns in solchem Maße fremd geworden, daß wir dreist behaupten können, ein Trauerspiel aus der französischen oder italienischen Gegenwart dürfe sich heute mit größerem Rechte ein deutsches Trauerspiel nennen, als eine Dramatisirung der Nibelungen sage."

Dem [illegible] muß es [illegible] gegeben sein, daß uns Anderen bei [illegible] großen [illegible] [illegible] ganz anders [illegible], als er, der [illegible] Treitschke. Man kann nicht seltsamer [illegible] wieder vorbringen, als er es thut.

Soweit wir nämlich in unseren gemeinsamen Quellen [illegible], ist es eine [illegible] Annahme, daß [illegible] [illegible] seit Christi Geburt in Europa [illegible] gewesen ist. Kein modernes Volk steht ohne die [illegible] [illegible], [illegible], neben dem andern; [illegible] [illegible]. Wir, [illegible] in Ostdeutschland sind Alle von Bromberg bis Riga auf slavischem Untergrund erwachsen; die Bayern und Allemannen auf celtischem Boden; [illegible] Schwaben und Hannover sind rein deutsche Provinzen. Unverfälscht lebte Garibaldi's [illegible] Name, sowie das blaue Blut des spanischen ([illegible]) Adels; lehrt die moderne Benennung der Länder von [illegible], Andalusien, Frankreich, Burgund, Lombardei, daß überall dort germanisches Reis auf celtisch-romanischen Stamm gepfropft ist. Der [illegible] Mich. Bréal u. a. Franzosen haben das Recht eine unserer [illegible] Wissenschaft gegeben und ganz [illegible] als eine große aus Asien eingewanderte Familie, als Eroberer als [illegible] Colonisten sich gegenseitig kennen und lieben gelehrt.

Mit dem Instinct des Genies ergriffen unsere großen Dramatiker Stoffe aus allen Landen Europas: Fiesko, Don Carlos, E. Galotti, Tasso, Jeanne d'Arc, M. Stuart, Egmont, Demetrius, Iphigenie, die Braut von Messina, die natürliche Tochter — sie alle sind „undeutsche Deutsche," wie [illegible] sagt, der sich selbst „den Zögling der Griechen" und [illegible] nannte und seinen Jubel über Frankreichs Revolution laut bekannte. Sein eigener „[illegible] Kreuzzug ging nach Golgatha's Höhe, ausländische Götter zu ehren;" die andern 2 [illegible] [illegible] [illegible] von Bordeaux und den [illegible]. Alle Deutschen [illegible] Rückert's Begrüßung der „Weltliteratur" und Treitschke wundert sich, daß wir die [illegible] Kinderschuhe los sind!

Ganz Europa ist nur ein Drittheil des neuen Menschthums, welches aus Amerika und dem eben erst erschlossenen Ostasien seine zweite große Geschichtsepoche des unmittelbaren Verkehrs zu eröffnen im Begriff steht. Wenig wie die [illegible] [illegible] dem freien Geiste des [illegible] Menschengeschlechts der alten verbrauchten Antagonismen von [illegible] und [illegible] [illegible]. [illegible], die [illegible], die die lateinische Race! Es [illegible] das [illegible] Feldgeschrei. In Hinterpommern vielleicht ohne [illegible] [illegible], daß wir die [illegible] Germanen [illegible], die wir jetzt einander so [illegible]. Allein im übrigen ganzen Europa ist längst unsere gemeinsame indogermanische Abstammung Glaubenssatz. Eine [illegible] oder [illegible] Absonderung im nationalen Schmollwinkel ziemt nur noch ungebildeten Fanatikern!

Schon ist Nordamerika der Schauplatz des wunderbarsten Prozesses der ganzen Erdgeschichte. Die drei Hauptrassen, Neger, Chinesen und Europäer, verschmelzen sich im Lande der Rothhäute und colonisiren die Heimath der braunen polynesischen Race!

Und der [illegible] Historiker der „Welland-Preußischen Jahrbücher" kommt mit [illegible] Weisheit ganz verwundert auf die [illegible] Entdeckung, daß uns die Nibelungen und Wolfram von Eschenbach ferner stehen, viel fremdartiger uns anmuthen, als der Don Quixote und Don Juan, als Shakespeare und Tasso.

Gewiß war Moritz Haupt ein [illegible] Germanist in Leipzig; aber wie [illegible] er den [illegible] Fremde, von der Hagen mit [illegible] Behagen.

Und Heinrich von Treitschke fällt in die [illegible] Schwärmerei des „wunderlichen Alten" zurück!! — [illegible] Heine erklärt die Vorliebe für Walter Scott's Schottenromane aus dem allgemeinen [illegible] der Deutschen [illegible] des Untergangs ihrer Nationalitäts-[illegible] und Heinrich Treitschke treibt uns in die Romantik zurück!

Verantwortlicher Redacteur und Verleger Carl Luebeck.
Druck von Ph. Rohr in Kaiserslautern.

Marktbericht.

* Mannheim, 21. Mai. An nahern [illegible]. Weizen [illegible] 15 fl. 30—45 kr., ungar. 14 fl. 45 kr.—15 fl. 30 kr., Roggen 11 fl. 20—30 kr., [illegible] 11 fl. 15 kr., Gerste pfälzer 11 fl. 30—12 fl., ungar. 11 fl. 30 kr., Hafer 10—11 fl. 30 kr. —

* Frankfurt, 22. Mai. (Fruchtbericht.) Man bemerkte zwar am heutigen Markte etwas mehr [illegible], und manche [illegible] erreichten auch eine kleine Avance; allein ein lebhafter Verkehr [illegible] zum Durchbruch gekommen. Man kaufte Wetterauer Weizen 14 fl. 30—15 fl. 15 kr., fremden 11—14 fl. 45 kr., Roggen 11—11 fl. 15 kr., Gerste 9—10 fl., Hafer 10—10 fl. 40 kr. Alles 100 Kilo netto nach Qualität. — Rüböl [illegible], [illegible] 26 fl. 30 kr.

* Köln, 24. Mai. (Schlußbericht.) Weizen höher effect. hiesiger 8½ Thlr., per Mai 7 Thlr. 29 Sgr., per Novbr. 7 Thlr. 25½ Sgr. Roggen höher, effect. hies. 6½ Thlr., per Mai 5 Thlr. 26 Sgr., per Nov. 5 Th. 26 Sgr. Rüböl [illegible] eff. [illegible] 14⅞, per Mai 14½, per Novbr. 14⅞. — [illegible] 12. [illegible]

* Berlin, 24. Mai. (Schlußbericht.) Roggen pr. Mai-Juni 49⅝, per Juli-August 51½. Rüböl per Mai-Juni 26½, per Sept.-Okt. 25⅝. Spiritus pr. Mai-Juni 16 thlr. 26 sg. per Juli-August 17 thl. 7 sg.

* Hamburg, 2[illegible]. Mai. (Schlußbericht.) Weizen per 2000 Pfd. netto [illegible] 127 Pfd. hell, per Mai-Juni 161— Br. 160— G., (in Thaler à 3 RM.). Aug.-Sept. 157— Br., 156 G. (RB.) Roggen per 2000 Pfd. netto [illegible] 118 Pfd. hell, per Mai-Juni 110— Br., 109— G. (in Thlr. à 1 RB.), per Aug.-Sept. 110— Br. 109— G. (RB) Rüböl loco 29—, per Okt. 27⅝. Spiritus loco 2[illegible], per Juli-August 21½. Kaffee still.

* Königsberg, 20. Mai. Weizen für 85 Pfd. 100—10[illegible] Sgr. — Roggen für 80 Pfd. 54—62 Sgr. — Gerste, große und kleine für 70 Pfd. 45—51 Sgr. — Hafer für 50 Pfd. 28—34 Sgr. — Erbsen, weiße für 90 Pfd. 55—65 Sgr. graue, 55—70 Sgr., grüne 60—70 Sgr. — Bohnen für 90 Pfd. 65—74 Sgr. — Wicken für 90 Pfd. [illegible] Sgr. — Buchweizen für 70 Pfd. 44—48 Sgr. — Leinsaat für 70 Pfd. [illegible]—95 Sgr. — Rübsen für 72 Pfd. 118 125 Sgr. — Kleesaat, rothe 12—19 Thlr., weiße 11—22 Thlr. per Centner. — Thimotheum 5—9 Thlr. per Centner. — [illegible] mit Faß 12[illegible] Thlr., Rüböl mit Faß 13[illegible] Thlr. per Cent. Leinkuchen 83—86 Sgr., Rübkuchen 70—[illegible] Sgr. per Centner. Spiritus 16[illegible] Thlr. für 8000% Tr. ohne Faß. Auf Lieferung Juni 16⅞ Thlr.

* Mannheim, 23. Mai. (Fettviehmarkt.) Es wurden verkauft 300 Stück Kühe und Rinder und 70 Stück Ochsen. Die Preise stellten sich:

1. Qual. Rind- oder Schmalfleisch 31—35 fl. 2. Qual. 30—31 fl., Ochsenfleisch 1. Qual. 37—38 fl., 2. Qual. 35 bis 36 fl. Gesammterlös 66,5[illegible] fl.

* Frankfurt, 22. Mai. Der heutige Viehmarkt war gut befahren, wenn nicht zum Verderben der hiesigen Metzger [illegible] schon vieles für den heutigen Markt angekauftes Vieh aufgestellt gewesen wären. Die Preise hielten sich auf früherer Höhe. Es waren zugetrieben: 290 Ochsen, 240 Kühe und Rinder, 200 Kälber und 300 Hämmel. Die Preise stellten sich: Ochsen 1. Qual. fl. 36 p. Ctr., 2. Qual. fl. 34, Kühe 1. Qual. fl. [illegible], 2. Qual. fl. 24, Kälber 1. Qual. fl. 26—27, Hämmel 1. Qual. fl. 27.

† Berlin, 22. Mai. Neuer Berliner Viehmarkt. Es kamen zum Verkauf 2346 Stück Hornvieh, 6019 Stück Schweine 1357 Kälber und 13349 Hämmel.

Für das Export-Geschäft machte heute die Nachricht einen unangenehmen Eindruck, daß die betreffenden Eisenbahnen nur eine sehr geringe Anzahl von Wagen würden stellen können, da der Rücktransport französischer Gefangener erfolge, das Geleiten unserer Truppen dieselben stark in Anspruch nähmen. Die auswärtigen Käufer zögerten daher anfangs ein wenig und nur der Umstand, daß heute ungewöhnlich viele [illegible] erschienen waren, verhinderte es, daß der Markt für Hornvieh nicht unbedeutend schlechter wurde, als an der vorigen Woche, dennoch drückten sich die Preise und es wurde nur bezahlt für erste Waare 17—18, für zweite 13—14 und für dritte 9—10 Thlr. per 100 Pfd. Schlachtgewicht.

Auch bei Schweinen schleppte sich das Geschäft im Anfange etwas hin und erst, als einer der größeren Exporteure allein ca. 1500 Stück acquirirte, kam Leben hinein und verblieben schließlich die Preise auf 16½—17½ Thlr. per 100 Pfd. Schlachtgewicht.

Kälber brachten sehr gute Preise, wozu die Nähe des Pfingstfestes das Ihrige that.

Von Hämmeln wurde hauptsächlich nur gute, exportfähige Waare gefragt, die sich auch bis auf 7½—8 Thlr. pro 45 Pfd. hielten, von geringerer Qualität verblieb ein ziemlich bedeutender Ueberstand.

Deutscher Demokrat.

Erscheint wöchentlich einmal und wird den auswärtigen Abonnenten Freitags mit der Post zugesandt.

Nro. 23. Vierteljährlich 5 Sgr. = 18 kr. in Preußen 6 Sgr. 9 Pf. **Kaiserslautern, 4. Juni** Inserate 3 Sgr. = 12 kr. die 1spaltige Zeile. 1871.

Die „Süddeutsche Post"

in München, ein entschieden demokratisches Blatt, über dessen schwere Kämpfe mit der Münchener Censurbehörde wir vielfach berichtet, bedarf der kräftigsten Unterstützung Seitens der Parteigenossen. Ein opferwilliger Gesinnungsgenosse Herr Jean M. Bauer, Kaufmann in Nürnberg hat bisher allein die nicht geringen Mittel zur Unterhaltung des Blattes aufgebracht, eine eigene Druckerei mit Schnellpresse hierfür eingerichtet und die Vergrößerung der Zeitung bewerkstelligt. Mag nun auch jeder Parteigenosse soviel in seinen Kräften steht, zur Unterstützung unserer wackeren Collegin beitragen, das geschieht am Besten durch zahlreiches Abonnement und Insertion. Der Preis pro Quartal ohne Postaufschlag beträgt 48 kr. oder 14 sgr.

---

* Paris

ist nach entsetzlichem Kampfe gefallen. Alle undenkbaren Gräuel des Bürgerkrieges hat die unglückliche Stadt über sich ergehen lassen müssen. Schrecklich sind die Einzelnheiten des schauerlichen Bildes und mag auch Vieles davon von den Versaillern übertrieben worden sein, um das bevorstehende Schreckensregiment zu rechtfertigen, so ist doch schon das unzweifelhaft Wahre entsetzlich genug, den Menschenfreund mit tiefster Trauer zu erfüllen. Verdammenswerth sind die grausigen Ausschreitungen, welche sich die sterbende Commune zu Schulden kommen ließ, doch ein ungleich härteres Urtheil muß die Reactionären von Versailles treffen, welche die Hand der Versöhnung, gewiß auf billiger Grundlage geboten, zurückwiesen und den Verzweiflungskampf unvermeidlich machten. Die Herren von Versailles haben es heute leicht, sich in den Mantel der Tugend zu hüllen wie jener Pharisäer und Krokodilsthränen um das zerstörte Paris zu weinen. Wenn auch heute die europäischen Staaten ihre Grenzen hermetisch gegen die Pariser Flüchtlinge, das „europäische Zigeunerthum" verschließen wie gegen eine Horde Verbrecher, wird die Weltgeschichte dereinst doch gerechter und dann auch milder urtheilen.

Der nächste Schritt der Versailler dürfte dahin abzielen, den Sieg zur Wiederherstellung der Monarchie zu benutzen. Bereits berichtet der Telegraph, daß die Minister Jules Favre und Picard ihre Entlassung genommen hätten, offenbar weil die Versailler Reaction die Zeit zum Handeln gekommen glaubt. Dann stände auch der zweite Akt des Bürgerkrieges vor der Thür!

Ueber die Zerstörungen in Paris theilen wir folgende nachträglich gemeldete Einzelheiten mit:

Die Werkstätten des Pariser Ostbahnhofes sind abgebrannt. Es bestätigt sich, daß das Louvre ganz unversehrt geblieben ist, mit Ausnahme des dem Palais Royal gegenüberliegenden Pavillon Richelieu. Die bisher zerstörten Staatsgebäude sind: Die Tuilerien zum Theil, das Finanzministerium, die Polizeipräfektur, der Rechnungshof, das Palais der Ehrenlegion, die Kaserne am Quai d'Orsay, das Stadthaus und der Mont de Piete (Leihhaus). Gerettet sind die Ministerien der Marine, des Innern, des Aeußern und des Ackerbaues, das Pantheon, die Sainte Chapelle, die Ecole des Beaux-Arts, die Bank von Frankreich, das Gebäude des Credit foncier und sämmtliche Kirchen. Unter den erschossenen Chefs der Insurrection werden genannt: Jules Valles, Amouroux, Brunel, Rigault, Parisel, Dombrowski, Lefrancais und Bosauet. — Die Grausamkeiten der Versailler gegen die Anhänger der Commune sind nach englischen Berichten grauenvoll.

---

* Wochenschau.

Deutschland.

Ueber Johann Jacoby's Zustand geht uns ein Schreiben aus Königsberg zu, das wir im Interesse seiner zahlreichen Freunde gern veröffentlichen: „Ich konnte Ihnen über unseren Patienten bisher nichts Besonderes berichten, da er bis gestern keine Besuche annahm. Gestern nun ließ er mich rufen und ich freute mich, aus seinem Munde zu hören, daß er zu seiner vollen Wiederherstellung nur noch der Bewegung in freier Luft bedürfe und auf warmes Wetter warte; das Bett hat er natürlich ganz verlassen, sein Aussehen hat nicht sehr gelitten, aber seine mir dargereichte Hand glühte noch stark."

Der Triumph der Nationalliberalen über ihre Gegner von der Fortschrittspartei in der Verhandlung über Elsaß-Lothringen war einer tiefen Niedergeschlagenheit gewichen. Der Reichskanzler Bismarck hat ein strenges Gericht über seine Lehrlinge gehalten, die sich erkühnt hatten, anders zu beschließen, als er es in seiner Weisheit für gut befunden. Die Verlängerung des verfassungslosen Zustandes bis zum Jahre 1873 sowie die Zustimmung des Reichstages beim Schuldenmachen für die neuen Provinzen behagte ihm nicht. Nachdem er seinen Freunden gehörig den Kopf gewaschen, hatten diese denn auch nichts Eiligeres zu thun, als die Vorlage wieder an die Commission zur nochmaligen Berathung zu verweisen. In der Commission trat Bismarck noch rücksichtsloser auf und die Nationalliberalen aus Süddeutschland fanden reichlich Gelegenheit, den bismarckischen Parlamentarismus, für den sie stets geschwärmt, zu bewundern. Der Reichskanzler hatte denn auch die Genugthuung, die Commission zu Kreuz kriechen zu sehen. Der Reichstag behält sich nur das Recht der Zustimmung bei Anleihen vor, die das Reich beschließt.

In der zweiten Frage, der Verkürzung des rechtlosen Zustandes wird der Reichstag wohl die moralischen Bedenken der Commission heben. Es ist wirklich weit mit unserem Parlamentarismus gekommen! Jetzt natürlich ist heller Sonnenschein im nationalliberalen Lager!

Die Nachricht, daß der Antrag auf eine Dotation für den Fürst-Kanzler aus dem Reichstage hervorgehen werde, wird in parlamentarischen Kreisen auf das Bestimmteste als unrichtig bezeichnet. Wir trauen den Nationalliberalen nicht so viel Selbstüberwindung zu!

Im Reichstage ist anläßlich der Versetzung der beiden Postbeamten der Antrag eingebracht, dem Herrn Reichskanzler die Erwartung auszusprechen, daß das verfassungsmäßige Recht der Beamten, sich mit Petitionen an den Reichstag zu wenden, in Zukunft nicht mehr werde beeinträchtigt werde.

Wer darauf wohl hören wird! Hätte man eine bessere Verfassung, ließe sich ein günstiges Resultat wohl erwarten. So lange man keine Demokraten in den Reichstag wählt, wird die Schandwirthschaft kein Ende nehmen!

Der Postsecretär Richter, welcher nach Schwerin strafversetzt ist, ist am 16. d. M. von Hamburg dorthin abgereist. Der Postsecretär Ernst, welcher nach Gumbinnen gehen sollte, soll, wie der „Hamb. Ref." hört, ein Krankheitsattest vorgelegt haben, auf Grund dessen er seine Pensionirung beantragt hat. Ein dritter Postsecretär, welcher nach Itzehoe versetzt werden sollte, wird auf sein dringendes Gesuch in Hamburg bleiben.

An die deutschen Privateisenbahnen war in Sachen der den Reichstagsmitgliedern zu gewährenden Reisefreiheit die Anfrage ergangen, ob sie geneigt sein würden, die dafür nöthigen Zugeständnisse zu machen. Einzelne Verwaltungen erklärten sich bereit, freie Fahrt zu bewilligen, während andere Einwendungen machten. So bekäme der Reichstag nicht einmal den Knochen, den man ihm hinzuwerfen gedachte!

Es war wiederholt die Frage angeregt worden, ob Einrichtungen, nach welchen der Einkauf von Lebensmitteln auf Wochenmärkten einzelnen Classen von Käufern (z. B. Aufkäufern) nicht während der ganzen Dauer des Marktes, sondern nur während einer gewissen Zeit gestattet ist, mit Erlaß der neuen Gewerbeordnung außer Wirksamkeit getreten seien. Der preußische Handelsminister hat nun durch einen Erlaß vom 18. d. M. diese Frage im bejahenden Sinne entschieden, da nach § 64 der Gewerbeordnung der Besuch der Messen, Jahr- und Wochenmärkte, sowie der Kauf und Verkauf auf denselben einem Jeden mit gleichen Befugnissen freistehe.

Eine kaiserliche Cabinetsordre vom 16. Mai, betr. Anrechnung des Feldzuges gegen Frankreich von 1870/71 als Kriegsdienstzeit bestimmt Folgendes: 1) Denjenigen Betheiligten, welche in jedem der beiden vorbezeichneten Jahre an einer Schlacht, einem Gefecht, resp. einer Belagerung Theil genommen, oder welche je zwei Monate aus dienstlicher Veranlassung in Frankreich zugebracht haben, kommen zwei Kriegsjahre in Anrechnung. 2) Denjenigen dagegen, welche diese Bedingungen nur in einem der Jahre 1870 oder 1871 erfüllt, sowie denjenigen, welche ohne an einem Kampfe Theil zu nehmen, nur in beiden Jahren zusammen zwei Monate fortdauernder Zeit aus dienstlicher Veranlassung in Frankreich zugebracht haben, ist nur ein Kriegsjahr in Anrechnung zu bringen. Die Anrechnung des Jahres 1871 als Kriegsjahr für diejenigen, welche in diesem Jahre nicht an einem Kampfe betheiligt gewesen, findet jedoch überhaupt nur in dem Falle statt, wenn die Betreffenden bis zum 2. März dieses Jahres mindestens zwei Monate aus dienstlicher Veranlassung in Frankreich anwesend waren.

Eine Krähe hackt der andern die Augen nicht aus! Vogel v. Falkenstein wird von dem Advokat Fischer II. in Hannover wegen widerrechtlicher Verhaftung und dreimonatlicher Freiheitsberaubung und von dem Herausgeber der „Hannover'schen Volkszeitung" wegen achtmonatlicher Unterdrückung des Blattes gerichtlich angeklagt. Und der schwarze Adlerorden? —

Das Gerücht, daß im Reichsrathe eine Gesetzesvorlage ausgearbeitet sei, welche den aus Frankreich ausgewiesenen Deutschen eine Entschädigungssumme von 7 Mill. Franken überweisen wolle, hat eine Versammlung der Betheiligten veranlaßt, die einstimmig diese oder eine ähnliche Summe für viel zu gering hielt und eine Petition in diesem Sinne an den Reichstag beschloß. —

Nicht ewig kann man die erste Stelle behaupten! So ist's den berühmten Sobbe und Putzko gegangen. Bisher leuchteten ihre Namen unübertroffen am Himmel als Sterne erster Größe in Vertheidigung der besonderen militärischen Ehre gegen Civilisten. Aber was hatten sie eigentlich für ihren Ruhm gethan? Nichts weiter, als daß sie, — und das nicht einmal nüchtern, sondern thatsächlich im Rausche — einen friedlichen Hausknecht erstachen, der nicht rasch genug nach ihren Begriffen die Hausthüre öffnete. Eigentlich ist's erbärmlich, daß diese lumpige That so lange unübertroffen bestehen konnte, daß sie den v. Eulenburg'schen Mord an dem Straßburger in Bern nicht zur Geltung kommen ließ, daß die besondere militärische Ehre nichts Außerordentliches leistet. Endlich ist's geschehen. Ein Oberst Beales hat die Herren von ihrem Postamente gestürzt. Wären die Herren nicht bereits nach Amerika gegangen, jetzt bliebe ihnen nichts übrig, sie müßten denn sonst vor Scham umkommen, so wenig geleistet zu haben. Zwei nur einen Hausknecht und im trunkenen Muth der besondern Ehre zu opfern, ist zu erbärmlich. Da ist Oberst Beales ein anderer Kerl. In Wien im Hotel Schröder wohnend, kommt er Abends nach Hause, zankt sich mit dem Fuhrmann und setzt den Streit, das ganze Haus störend bis in seinem Zimmer fort, so daß einem Nachbar die Geduld reißt und er, sich Ruhe erbittend, an die Thür klopft. Unser Oberst geht schlafen, um Nichts im Dienste der besonderen Ehre zu versäumen, und erst am andern Morgen, ohne zu untersuchen wer ihn so frech beleidigt, sich bei ungebührlichem Spektakel Ruhe zu erbitten, betritt er das nächste Zimmer und schlägt mit seinem Säbel den Bewohner, einen Herrn Lares — daß der nicht an die Thüre geklopft, schadet ja nichts — ohne Weiteres nieder. Sobbe und Putzki schämt Euch! Das war eine That, der besonderen militärischen Ehre würdig, gegen alles Civil war sie gerichtet, gleichgültig wen sie traf! — Mehr! mehr der Art! — damit es einmal anders werde!

Der „Congreß der social-demokratischen Partei Deutschlands," der in Dresden während der Pfingstfeiertage hätte stattfinden sollen, aber verschoben worden ist, wird vom 15. bis 17. event. 18. Juli d. J. in Dresden tagen. Außer den inneren Parteiangelegenheiten sind folgende Gegenstände von prinzipieller Natur auf die Tagesordnung der öffentlichen Verhandlungen gesetzt worden: der Normalarbeitstag; die politische Stellung der Partei; das allgemeine Stimmrecht für die Vertretung der Staatskassen und der Communen; der Reichstag und das Gesetz, betreffend die Verbindlichkeit der Unternehmer für Tödtungen und Körperverletzungen.

Nach kurzer Tagung wurde der gemeinschaftliche Landtag für Coburg-Gotha wieder geschlossen, nachdem er den Gesetzentwurf, die Ausführung des Bundesgesetzes über den Unterstützungswohnsitz betr., sodann die Vorlagen über Rückzahlung des Pachtgeldes für den Militärschießplatz bei Gotha, soweit dasselbe seither vom preußischen Kriegsministerium entrichtet wurde, ferner über unverkürzte Gewährung des gesetzlichen Ruhegehaltes an pensionirte Staatsdiener, so lange sie sich im Gebiete des deutschen Reiches aufhalten und endlich ein Postulat über Erhöhung der Besoldungen der Beamten des gemeinschaftlichen Oberappellationsgerichts zu Jena erledigt, bezw. genehmigt hatte.

Nach einem Erlaß des hessischen Ministeriums des Innern an die großh. Kreisämter hat sich das Reichskanzleramt veranlaßt gesehen, Maßregeln zur Fernhaltung von Zigeunerbanden aus dem Reichsgebiet bei den Bundesregierungen in Anregung zu bringen und sind bereits Anordnungen getroffen, um den Uebertritt fremder Zigeunerbanden auf das gedachte Gebiet zu verhindern.

Verläumdung, nichts als Verläumdung! Da hatten böse Zungen verbreitet, der Abgeordnete für Kaiserslautern-Kirchheimbolanden Golsen drücke im Reichstage nur die Bänke und stimme besten Falls für die bismarck'sche Reaction. Wir sind in der glücklichen Lage auch etwas Gutes über diesen edlen Volksvertreter berichten zu können. Man höre! er nimmt Petitionen der Pfälzer in der Jahrentschädigung zur Uebermittelung an den Reichstag entgegen! Ist das noch nichts?

Die Localschulcommission Kempten hat mit allen gegen die eine Stimme des Stadtpfarrers Meyerhofer beschlossen, daß die Vorschriften über Versäumnisse des Religionsunterrichts und der Christenlehre für die Schulpflichtigen so lange nicht mehr verbindlich sein sollten, bis die Frage von der Unfehlbarkeit in irgend einer Weise gesetzlich geregelt sein würde. Die katholischen Volksschullehrer wurden angewiesen, die päpstliche Unfehlbarkeit weder direct noch indirect bei Vermeidung der Suspension zum Gegenstande des Unterrichtes zu machen. Stadtpfarrer Meyerhofer bestand, diesem Beschlusse gegenüber, darauf, daß das neue Dogma in der Schule gelehrt werden müße, worauf der Magistrat Kempten einstimmig Beschwerde bei der Regierung gegen diese Willkür der Stadtpfarrgeistlichkeit zu führen beschloß.

In der Unfehlbarkeitsfrage hat übrigens das erzbischöfliche Ordinariat in München eine schwerwiegende Verfügung getroffen, wodurch die Seelsorgsgeistlichen zu Bekehrungsversuchen bei den Unterzeichnern der Döllinger-Adresse aufgefordert werden. Wo der Bekehrungsversuch scheitert, erfolgt die kirchliche Ausschließung. Der bayerische Cultusminister will gegen die Geistlichkeit mit aller Entschiedenheit vorgehen — ob's wahr ist?

Vom Bezirksgericht in Passau wurde der katholische Pfarrer Kasberger von Wollaberg wegen Vergehens der Verläumdung zu 1 Monat Festungsarrest und Tragung der Kosten verurtheilt. Der Thatbestand der Anklage gründete sich darauf, daß der Geistliche die Angehörigen seiner Gemeinde vor dem Besuche eines bestimmten Wirthshauses warnte, da daselbst „schlechte Zeitungen" auflägen und über die heilige Beichte geschimpft werde. Die Rache des Himmels werde früher oder später über dies Haus kommen und der Fluch Kind und Kindeskinder treffen. Der Staatsanwalt hatte einen Arrest von 4 Monaten Gefängniß und 300 Gulden Geldstrafe beantragt.

In vielen bayerischen Städten bestrebt sich die Gemeindevertretung durch Aufstellung eines weltlichen Schulrathes die Schule, soweit es innerhalb der bestehenden gesetzlichen Normen möglich ist, von dem Einflusse und der Bevormundung der Kirche zu emancipiren. Dem Beispiele Münchens folgend, soll jetzt auch in Nürnberg, Regensburg, Passau ein weltlicher Schulrath angestellt werden.

In München trat am 28. Mai der fünfte Verbandstag deutscher Consumvereine zusammen. Diesem Verbande gehören zur Zeit 52 Vereine an und zwar 17 bayerische, 16 württembergische, 9 österreichische, 8 badische und 2 hessische. Vertreten waren die Consumvereine in Karlsruhe, Stuttgart, Eßlingen, Weißenburg, Immenstadt, Augsburg, Eningen, Ulm, Eßlingen, Wien, Ansbach, Rosenheim, Aalen, Kipfingen, Pforzheim, Mannheim und München, sowie der sächsische und der oldenburgische Gauverband.

Am 1. Juni fand der Redactionswechsel im Stuttgarter „Beobachter" statt. Neben Dr. v. Hafenkamp ist ein junger Rechtsgelehrter des Landes als zweiter Redacteur gewonnen. Das Blatt wird nach wie vor die föderativen und demokratischen Interessen des deutschen Volkes im Sinne der deutschen Volkspartei vertreten.

Im österreichischen Abgeordnetenhause hatte eine Adresse, welche ein starkes Mißtrauensvotum gegen das Ministerium enthielt, Annahme gefunden. Die Freude im Lager der Verfassungspartei ist natürlich groß, — jedoch nicht von langer Dauer gewesen, da der Kaiser, wie man telegraphisch berichtet, trotz alledem das Ministerium nicht fallen läßt. Was nun? — Die bittere Pille dürfte der Verfassungspartei noch manche Leibschmerzen verursachen.

Ausland.

Das Amtsblatt der Versailler Regierung veröffentlicht eine Depesche Javres vom 26. Mai an die auswärtigen Vertreter Frankreichs, worin er sagt: Die Handlungen der Insurgenten sind nicht politische Acte; Diebstahl, Mord, Brandlegung sind Verbrechen, welche in den Gesetzen aller civilisirten Völker vorgesehen sind und bestraft werden. Keine Nation kann den Urhebern und den Mitschuldigen derartiger Verbrechen Schutz gewähren. Sobald daher am Pariser Attentate betheiligte Individuen die Gränzen des Landes, wo die betreffenden Gesandten accreditirt sind, überschritten haben, sollen die Gesandten deren Verhaftung begehren und Javre davon in Kenntniß setzen, damit er ein Auslieferungsgesuch stelle. Die „Amtszeitung" fügt hinzu, die Ausführung dieser Instruction werde keinen Schwierigkeiten begegnen, alle Regierungen würden begreifen, daß es ihr gemeinsames Interesse sei, Gerechtigkeit gegen die Uebelthäter zu üben.

Die Mehrzahl der Regierungen hat sich zum Schergendienst auch schon bereit erklärt.

Eine entschiedene Ausnahme von der allgemeinen Zustimmung haben bisher nur die Schweiz und auch England gemacht. Im englischen Unterhause erläuterte der Minister des Innern den Standpunkt Englands in folgender Weise:

Wie es nun auch um der Macht der belgischen Regierung stehen möge, die englische Regierung hat ohne allen Zweifel nicht die Befugniß, irgend einem dieser Männer, wenn es ihnen gelingt, zu entfliehen, den Eintritt in dieses Land zu versagen. Sind sie einmal hier, so können allerdings Anklagen gegen sie erhoben werden, und es wird alsdann die Frage zu lösen sein, ob die Vergehen, derentwegen sie angeklagt sind, politischen Character tragen, oder ob sie zu der Classe der gewöhnlichen Verbrecher gehören.

Während der Kampf in Paris tobte, waren die Delegirten des Congresses in Lyon, auf welchem 16 Departements vertreten waren, am Abend mit folgender, an Thiers und an die Commune gerichteten Erklärung in Paris eingetroffen: Die unterzeichneten, in Lyon versammelten Delegirten der Gemeinderäthe von 16 Departements erklären, im Namen der Bevölkerungen, welche sie vertreten, die Republik für die einzige rechtmäßige und mögliche Regierung des Landes, die Gemeinde-Autonomie als die einzige Grundlage der republikanischen Regierung, und verlangen: die Einstellung der Feindseligkeiten; Auflösung der Nationalversammlung, deren Mandat mit der Unterzeichnung des Friedens vollendet ist; Auflösung der Commune; Gemeindewahlen in Paris; Wahlen für eine Constituante in ganz Frankreich.

Die Mühe hätte man sich bei den Versaillern sparen können.

Die Anhänger des Papstthums haben noch immer nicht ihre Pläne auf Wiederherstellung der weltlichen Herrschaft des Papstes aufgegeben. Die Jesuitenpartei liebäugelt stark mit den Versailler Reactionären und dadurch findet eine Depesche der „Post" aus Florenz, daß der französische Gesandte den Befehl erhalten, der italienischen Regierung nicht nach Rom zu folgen — eine gewisse Begründung. Uebrigens verlautet, daß der König von Italien im Augenblick der Hauptstadtverlegung abdanken und daß der Kronprinz die Regierung in Rom antreten werde.

Großbritanniens ganze Staats-Schuld am Schlusse des Finanzjahres 1870-71 (31. März 1871) betrug, einem parlamentarischen Blaubuche zufolge, 796,104,155 Pfd. St., was gegen den Stand der Schuld vom 1. April 1868 eine Abnahme von 10,468,728 Pfd. St. ergiebt. Vor siebzehn Jahren, unmittelbar vor dem Krimkriege, belief sich die ganze Schuld auf über 800 Millionen Pfd. St.

Nach Berichten der „petersburger Börsenzeitung" soll in ganz Südrußland eine Verschwörung gegen die in Städten wie auf dem Lande dort zahlreich angesessenen Juden bestehen, welche die Ermordung derselben bezweckt, die Ausführung des sorgfältig vorbereiteten Mordplanes sollte auf den

Feuilleton.

* Die Polenflüchtlinge.

Erzählung von K. Fr.

(Fortsetzung.)

„Der Elende, von dessen Händen Sie mich befreit haben, sprang ihm entgegen, als er mir zu Hülfe eilte. Jener Zweikampf ist noch meine letzte schreckliche Erinnerung."

Sie verhüllte ihr Gesicht und weinte still.

„Armer Stanislas, glücklicher Stanislas," sagte der Graf, „wohl dem, der einmal so geliebt wurde, der einmal das Glück genossen hat, ein treues hochschlagendes Herz das seine nennen zu dürfen."

Er warf einen glühenden, verzehrenden Blick auf die schöne Gestalt des Mädchens, dann stand er auf und ging, die Arme gefaltet, die Brauen finster gezogen, mit heftigen Schritten im Zimmer auf und ab. Plötzlich blieb er vor ihr stehen und sagte mit finsterer Bitterkeit:

„Ist's hier nicht schön, Ludoiska, schimmert hier nicht Alles in glänzender Pracht, bücken sich die Sclaven nicht vor mir bis in den Staub? Ei ja wohl; aber hier, hier in meiner Brust, da fehlt ein Etwas, das man Lebensfreude nennt. Das kann mir mein Reichthum, mein Stand nicht geben, das kann mir der Kaiser nicht verleihen. Ich bin nichts, als sein golbgeschmückter Henker."

Ludoiska sah dem Erregten mit Ueberraschung und Erstaunen in's Auge. Dann färbten sich ihre bleichen Züge und mit edler Erregung begann sie:

„Verzagen Sie nicht am Leben, Herr Graf, ein Herz, wie das Ihrige kann nicht ewig unglücklich sein. Ihre Herzensgüte wird Ihnen endlich den Frieden gewähren, nach dem Sie sich sehnen. O, wenn das Wort eines armen Mädchens Etwas über Sie vermag, so flehe ich Sie an, erbarmen Sie sich der vielen Unglücklichen, die dieser neue Kampf geschaffen, und wenden Sie Ihre Macht dazu an, die strengen Maßregeln zu mildern, welche Ihr Kaiser über uns verhängt. Der Gedanke, daß ich vom Kloster aus daran werde Theil nehmen können, ist für mich ein erhebender Trost in meinem Unglück und ich flehe Sie nochmals an, mir dazu verhelfen zu wollen."

Der Graf hatte beim Anfange der Rede mit stillem Entzücken dem Mädchen in's Auge geschaut, beim Schluß überflog eine sichtliche Verstimmung seine Züge. Doch schnell sich beherrschend sprach er lächelnd:

„Armes Kind, Sie malen sich das Klosterleben zu schön. Die Zeiten sind dahin, als die Klöster noch in werkthätiger Liebe, in freiwilliger Entbehrung und redlicher Arbeit ihre Aufgabe suchten. Sie würden bitter enttäuscht werden. „Ich möchte Ihnen," fuhr er zögernd fort, „eine andere Lebens-Aufgabe stellen. Sie sind dazu geschaffen, der gute Genius eines Mannes zu werden und an seiner Seite das Glück Vieler dauernd zu begründen, was Ihnen vom Kloster aus nie gelingen wird."

Ludoiska sah bei diesen Worten erschrocken zu dem Sprecher empor. Dann senkte sie erröthend den Blick zu Boden und wehmüthig das Haupt schüttelnd, sagte sie:

„Nie, nie mehr, Herr Graf. Ich erkenne Ihre Güte dankbar an, jedoch werden Ihre Worte sich nie erfüllen. Falls Ihre Fürsprache mich von der Verbannung retten sollte, werde ich ja wohl irgendwo ein Plätzchen finden, an dem ich still der lieben Todten gedenken und durch hilfreiche Unterstützung leidender Mitmenschen ihr Andenken ehren kann."

Als sie wieder aufblickte, begegnete sie einem Auge, welches mit so leidenschaftlichem Ausdruck auf ihr ruhte, daß sie unwillkürlich zusammenfuhr. Doch augenblicklich veränderten sich seine Züge und wieder zeigte sich das feine, gewinnende Lächeln, das Ludoiska bisher mit so großem Vertrauen erfüllt hatte. Er reichte ihr die Hand und sagte:

„Ich muß Sie jetzt verlassen. Seien Sie ohne Sorge, ich wache und arbeite für Sie. Ihre Wünsche lassen Sie mir gefälligst durch Matuschka mittheilen. Vergessen Sie, daß ich der Feind Ihres Vaterlan-

ersten Pfingsttag bestimmt sein. Die Erzählung von den Thaten der Griechen und Einwohner Odessas — heißt es in einem dieser Berichte — erweckt im südrussischen Volke und namentlich in den Kosaken wilde Instincte, und man spricht von der bevorstehenden Judenmetzelei wie von einer unzweifelhaften Sache. Recht erbauliche Zustände!

Vor Kurzem starb in Petersburg einer der Todtengräber Polens der bekannte ehemalige Curator des warschauer Lehrbezirks General Muchanoff.

Wie aus Konstantinopel berichtet wird, steht das dortige Kriegsministerium im Begriffe, ein Gesetz zu Stande zu bringen, wodurch die Wehrpflicht auch auf die nichtmuselmännischen Staatsangehörigen der Türkei ausgedehnt würde.

Wenn sich zwei Spitzbuben zanken, kommt der Bauer zu seiner Kuh.

(Eine Hundegeschichte.)

Das ist ein altes Sprichwort, das leider in unserem Fall keine Anwendung finden kann, da der Bauer zu dumm ist, um bei dem Gezänk seine Kuh wieder zu bekommen. Der Bauer, von dem wir reden, hatte sich Anno 48 eine Kuh angeschafft, die zwar manchen Fehler besaß, jedoch die gute Eigenschaft hatte, so viel Milch zu geben, daß der Bauer sich und seine Wirthschaft davon erhalten konnte. Zur Zeit der Anschaffung war er noch halber Leibeigener gewesen, verstand er jedoch die Kuh gut zu verwerthen, konnte er dermaleinst ein freier selbstständiger Mensch werden. Leider war unser Bauer zu dumm dazu und die Kuh wurde ihm bald darauf von seinem Oberstallmeister, den er mit in den Kauf genommen, und dessen Helfershelfern gestohlen. Der Bauer zog nach Preußen und erhielt hier von seinem Oberstallmeister eine Leibgedings-Kuh, die jedoch von ähnlichen Kühen sehr verschieden war. Damit der Bauer bald aus der Welt kommen sollte, wurde die Kuh von den Leuten des Oberstallmeisters theils heimlich, theils offen gemelkt, so daß unser Bauer täglich weniger zu essen bekam. Das ging ihm denn doch über den Spaß und er schaffte sich nun eine Anzahl höchst bissiger Hunde an, die seine Kuh beschützen sollten. Das ging eine Zeit lang recht gut, doch die Hunde wurden mit der Zeit alt und bald hatten sie ihre Zähne verloren. Dazu kam noch, daß der Oberstallmeister sich ihre Gunst zu erwerben wußte, so daß sie schließlich mit wenigen Ausnahmen sich als Eigenthum des Oberstallmeisters, nicht aber des Bauern betrachteten. Jetzt hatte der Erstere leichtes Spiel, wollte er die Kuh wieder einmal melken, erhob die Meute zwar ein wildes Gebell, so daß der Bauer dachte: „Aha! jetzt haben sie ihn wieder gehörig abgewiesen!" — doch biß sie nicht.

Da bekam der Bauer Lust, mit seinen zerstreuten Verwandten eine große gemeinsame Wirthschaft zu gründen; er dachte sich dabei, sind wir unserer viele beisammen, können wir eher mit dem bösen Stallmeister fertig werden. Der Stallmeister war aber auch nicht auf den Kopf gefallen. Bisher, dachte er bei sich, hast du nur eine Kuh zu melken gehabt, jetzt bekommst du ihrer mehrere! Also muß man dem Bauer gut zureden, dafür, daß er keine Quersprünge machen kann, will ich schon sorgen.

Der Oberstallmeister wurde von Stund an freundlicher — der Bauer glaubte aus Angst — und erließ zur Gründung der gemeinsamen Wirthschaft sofort Einladungen an die Stallmeister der Verwandten. Der Bauer hatte nichts dagegen einzuwenden; er lächelte auch nur, als die Stallmeister ein Leibgedingsverhältniß für die große Wirthschaft vereinbarten, wie sein eigenes. „Meine Hunde haben auch noch ein Wort mit drein zu reden," tröstete er sich. Was that nun aber der Bauer, als es sich darum drehte, die Vereinigung zu Stande zu bringen?

Statt die alten Wächter durch junge kräftige Beißer zu ersetzen oder ihnen wenigstens solche zur Seite zu stellen, nahm er bei der ersten sich darbietenden Gelegenheit zum Schutze der Wirthschaft nationalliberale Kläffer, die sich der Oberstallmeister groß gezogen, oder solche, die ein Interesse daran hatten, daß der Plan des Bauern zu seinem eigenen Schaden ausschlug.

Was war die Folge? — Statt daß der Ertrag der neuen Wirthschaft dem Bauern und seinen Verwandten zu Gute kam, hatte die neue Wirthschaft nur für den Oberstallmeister zu arbeiten und der Bauer saß auf einem ärgeren Leibgedinge als je zuvor mit dem einzigen Unterschiede, daß er jetzt eine Anzahl Leibensgenossen hatte.

(Schluß folgt.)

v. Dalwigk und v. Watzdorf.

—r. Aus dem Großherzogthum Sachsen-Weimar-Eisenach, den 14. Mai. — Ihr Corr. aus Hessendarmstadt in Nro. 19 des „Deutschen Demokrat" und die eigene Sachsen-Weimarische Bescheidenheit drücken mir die Feder in die Hand. Wenn Herr v. Dalwigk verflossen und Herr v. Watzdorf selig neben einander gestellt werden, so wird sich letzterer allerdings vortheilhaft genug ausnehmen, allein eigentlich doch nur durch den Gegensatz, weniger durch das eigene Licht. Uns Weimaranern geht es mit der Freisinnigkeit unseres Staats-, Kirchen- und Schulwesens etwa so, wie unseren Nachbaren den Coburg-Gothanern früher mit ihrem Herzog Ernst, außer Landes im besten Ruf stehend, finden sie im Lande selbst weder allgemeine Anerkennung noch verdienen sie solche. Zwar hatte v. Watzdorf in den letzten Jahren seines Lebens seinen guten Ruf wieder herzustellen sich bemüht; es soll ihm unvergessen sein, daß er im Jahre 1866 auf der Seite des formellen Rechts blieb trotz der andrängenden preußischen Einflüsse und darüber fast sein Portefeuille verloren hätte, und daß er nach Einführung der Nordbundsverfassung sich beeilte, die Beschränkungen des Vereins- und Versammlungsrechtes, welche der alte Bundestag veranlaßt hatte, wieder zu beseitigen. Allein das kann ihm kein Mensch nachsagen, daß er trotz aller Wandlungen der Zwischenzeit in Gesetzgebung und Verwaltung seinen 1848 ausgesprochenen freisinnigen Grundsätzen, vor Allem in der Richtung möglichst ausgedehnter Selbstverwaltung des Volks bis zur letzten Stunde treu geblieben sei. Ganz im Gegentheil hat er alle Wandlungen der Reaction seit 1851 getreulich mit durchgemacht und mit Hülfe serviler Landtage durchgesetzt. Wohl hatten wir seit 1849 einen durch allgemeines directes gleiches Wahlrecht gewählten Landtag, schon nach zwei Jahren mußte er einer Interessenvertretung weichen, hervorgegangen aus Classenwahlen der corruptesten Art mit fast durchgängiger Beseitigung des directen Wahlrechts. Wohl hatten wir eine verhältnißmäßig freisinnige Strafprozeßordnung, schon nach 5 Jahren wurde sie durch ungebührliche Ausdehnung der staatsanwaltlichen Rechte verballhorn't. Wohl hatten wir einen unabhängigen Richterstand, ungebunden an polizeiliche Willkührverordnungen, weniger Jahre genügten, um den entgegengesetzten Zustand zum Gesetz zu erheben. Wohl hatten wir die Todesstrafe abgeschafft, schon nach 6 Jahren mußte wieder geköpft werden, obgleich während der ganzen 6 Jahre kein einziges todeswürdiges Verbrechen im Lande vorgekommen war. Wohl hatten wir eine freisinnige Gemeindeordnung mit consequent durchgeführter Selbstverwaltung der Gemeinden und Hr. v. Watzdorf war der eigentliche Vater derselben; nach 4 Jahren schon fand er, daß man mit einer solchen nicht regieren könne und flugs wurde der Regierung das Recht der Bestätigung und eventuell, im Falle der Widerspenstigkeit der Gemeinden, der eigenmächtigen Einsetzung der Gemeindevorstände gegeben. Schon diese kleine Blumenlese würde genügen, den Herrn v. Watzdorf von dem Verdacht der Demokratie zu reinigen, in welchem er bei dem alten Herzog von Meiningen stand, sie ließ sich leicht noch ansehnlich vermehren.

Wie sein kürzlich ernannter Nachfolger, Herr v. Groß, die Geschäfte führen wird, läßt sich zur Zeit nicht, wahrscheinlich aber bald, beim Zusammentritt des nächsten Landtags sagen. Soviel glaube ich indessen mit Sicherheit annehmen zu können, daß er einerseits den preußischen Zumuthungen und den Bestrebungen der Einheitsstaatler entgegentreten und andererseits mit verhältnißmäßig vorurtheilsfreien Grundsätzen regieren wird, so weit es in seiner Macht steht; darum scheinen die Bureaukraten und die Nationalliberalen von seiner Ernennung nicht allzusehr erbaut. Er war in den letzten Jahren Vicepräsident des den thüringischen Staaten — außer Meiningen — gemeinschaftlichen Appellationsgerichts zu Eisenach; er hat sich in dieser Stellung allgemeine Achtung erworben, und wird schwerlich einen Nachfolger bekommen, von dem man sich eines Gleichen versehen dürfte. Vor kurzem wurde vor dem Appellationsgericht eine Anklagesache gegen einige Führer der socialdemokratischen Arbeiter in Gotha verhandelt, in welcher der Staatsanwalt appellirt hatte, weil einer derselben in einer Volksversammlung aufgefordert hatte, den jetzigen Staat zu „unterminiren" mit Hinweis darauf, daß man das Militär auf seine Seite bringen müsse; hierin sollten „vorbereitende Handlungen zum Hochverrath" liegen; wie wir vernehmen, ist der Herr Staatsanwalt eines Besseren belehrt und mit dieser Appellation zurückgewiesen worden und soll Hr. v. Groß Referent bei dieser Verhandlung gewesen sein.

Patriotismus und Frömmigkeit.

Eine Zeitbetrachtung aus Schwaben.

(Fortsetzung.)

So ungeheuer ist der Umschwung seit den Tagen, da die „Wacht am Rhein" alle Herzen mit dem Entschluß durchbebte, einzustehen für der Völker gemeinsames Recht, für Ehre, Freiheit und Vaterland! Jetzt übernehmen wir jene Schuld, deren

---

des bin; ich wünsche, daß Sie mich als Ihren Freund betrachten."

Er ging. Ludoiska schaute ihm wie fragend nach. Der Blick, den sie vorhin an ihm bemerkt, hatte ihr bisher arglose Herz verwirrt. Doch nein, sie konnte, sie mußte sich getäuscht haben. Sprach er doch so edel, so wohlwollend, so ganz uneigennützig. Mit Gewalt suchte sie die beängstigenden Gedanken zu unterdrücken.

Der Mittag kam heran. Mit geschäftiger Hand und unter beständigem Schwatzen ordnete Matuschka auf dem Tische ein kostbares Diner. Ludoiska konnte einen Schrei der Ueberraschung nicht unterdrücken, als sie, sich zu Tisch setzend, das Silbergeschirr aus ihrem väterlichen Hause erblickte. Thränen traten in ihre Augen, als sie den Löffel zur Hand nahm, mit dem ihr Vater zu essen pflegte. Mit geschwätziger Zunge und unter vielen Lobpreisungen erzählte Matuschka, daß es dem Grafen gelungen sei, Vieles von ihrem väterlichen Besitzthum zurückzukaufen; er wolle ihr damit ein Geschenk machen, um sie zu erfreuen.

Ludoiska's Unruhe stieg bei der Erzählung. Ihre Ahnung, daß der Graf nicht in Folge wohlwollender allgemeiner Menschenliebe so handele, wurde durch diese Worte zur Gewißheit. Schweigsam und zerstreut ließ sie sich von der Alten bedienen, und wartete sehnsüchtig auf den Augenblick, da sie allein sein werde. Als Matuschka endlich gegangen war, warf sie sich wie in Verzweiflung auf das Canapé und rang die Hände.

„Mein Gott, mein Gott!" rief sie schmerzlich, „bin ich denn bestimmt, der Spielball der Schicksalslaune zu sein? Habe ich nicht Unglück genug erduldet? O, mein Gott, hilf mir und laß mich nicht verzagen."

Sie sank auf die Kniee und verhüllte leise schluchzend ihr Antlitz. Ein Geräusch hinter ihr weckte sie endlich aus ihren trüben Träumereien. Der Graf war leise eingetreten und betrachtete sie mit dem unverkennbaren Blicke tiefer Leidenschaft.

„Wieder in Thränen, schöne Ludoiska," sagte er sanft. „Ist's nur der Schmerz um die Verstorbenen, oder hat Sie Jemand beleidigt? Sagen Sie mir's offen. Wehe ihm und wenn es die Alte wäre ...."

„Niemand, Niemand, Herr Graf," fiel das Mädchen hastig ein.

Es folgte eine Pause tiefer Stille.

„Zürnen Sie mir?" nahm Jener wieder das Wort, „daß ich mich für Sie bemüht, daß ich Ihnen durch die Erinnerungszeichen aus Ihrem Elternhause eine kleine Freude habe machen wollen?"

Es lag in diesen Worten ein solcher Ton sanften, liebevollen Vorwurfs, daß Ludoiska's gutes Herz schwer getroffen wurde.

Mit dankbarem Blicke sah sie empor und sagte: „Nein, Herr Graf, halten Sie mich nicht für undankbar."

„Und doch, Ludoiska," fuhr Jener mit bitterem Tone fort, „verkennen Sie mich. Sie halten mich für Ihren Feind, Sie wenden sich von mir ab, wollen mich nicht als Ihren Freund betrachten, während ich doch in Wahrheit ...."

Er vollendete den Satz nicht, denn in dem Augenblicke wurde die Thüre hastig geöffnet und Matuschka trat eilfertig ein.

„Herr Gouverneur," sagte sie unter ihrer gewöhnlichen, devoten Verbeugung, „Lieutenant R. wünscht Sie in einer dringenden Angelegenheit zu sprechen. Der preußische Beamte, Herr v. Cäsar, hat wichtige Nachrichten gebracht über die entflohenen Polen. Es soll darunter ...."

Ein furchtbarer Blick des Grafen schnitt ihr das Wort ab. Er stand auf und winkte ihr, hinauszugehen. Ludoiska hörte, daß er vor der Thür halblaut einige Worte zu ihr sagte. Sie mußten schwer in's Gewicht gefallen sein, denn als die Alte, wieder eintretend, den Teller mit Erfrischungen, welchen sie vorhin schon in der Hand gehalten, auf den Tisch stellte, zitterten ihre Hände und das Gesicht war kreidebleich geworden.

Die Worte der Frau hatten Ludoiska wunderbar ergriffen.

(Fortsetzung folgt.)

Ebwehr unsern Kampf zu einem heiligen gemacht hatte, jetzt ist brutale Stärke das Losungswort. Der Gewaltmensch dünkt sich allein für die Erde zu genügen, rechts den russischen Coloß, links den französischen Baden im Zaume zu halten — und das nennt er: „seine Sicherheit, das seine Selbsterhaltung!" Der Gewaltmensch muß erst wieder lernen, daß er, so stark er sei — Individuum oder Volk — von der Billigung seiner Nächsten abhängt, und an ihrer Mißbilligung früh oder spät zu Grunde geht, daß das Böse sein Schaden, daß das Gute seine höchste Kraft ist!

Und wie hätte der Deutsche es lernen können an seiner eigenen Geschichte! Wie unbegreiflich ist er, der Weltbürger, der Kämpfer für ideale Wahrheit, zur Anerkennung der materiellsten Principien, der blödesten Selbstsucht durch den in Sturm und Drang erjagten Patriotismus geführt worden! Daß die Kraft in der rohen Materie, im bloßen Besitze sei, und nicht im Recht und im Geiste: das redet er sich ein am Ende und noch in Gegenwart desselben Krieges, der herrlich, wie selten bisher in seinem Anfang offenbarte, daß dem moralischen Impulse, den Gemüthskräften eines Volkes ungeahnte Erfolge gegeben sind! Das reden die Enkel und Söhne einer Generation sich ein, welche einen übermüthigen Eroberer, der Deutschland gänzlich zu Boden warf, der Preußen nicht nur Grenzprovinzen, sondern selbst zwei Drittel seines Gebietes abnahm, schon nach kurzen 5 Jahren in unwiderstehlichem Sturme sittlich edlen Freiheitsdranges aus dem Lande trieb! Das, nachdem 1793 französische Sansculotten und 1813 preußische Landwehrmänner, ungedrillt und unerfahren, oft ohne Schuhe und Mäntel die kriegserfahrenen sieggewohnten Heere des Feindes schlugen, und wahr machten, was Fichte dem deutschen Volk in seiner Noth zurief: „Nicht die Kraft der Arme, noch die Tüchtigkeit der Waffen, sondern die Macht des Gemüthes ist es, die die Schlachten schlägt, die Siege erficht!" — Trotz alledem soll unsere Sicherheit, unsere Unüberwindlichkeit jetzt auf eben solchen, bösen bitteren Haß erweckenden Gewaltthaten beruhen, wie sie damals scheiterten an der Alles-bewältigenden sittlichen Erhebung der Unterdrückten?

Welche Verblendung, ein großes ebenbürtiges Volk lahm legen, ihm die Zähne ausbrechen, es in Abhängigkeit halten zu können! Wenn es zum Frieden kommen, wenn man alles, was möglich war, von ihm erpreßt haben wird, wie sicher werden dann die Bemühungen um den guten Willen des Nachbars wiederkommen, die schönen Worte des Friedens, der Ausgleichung, der Achtung, der Freundschaft; denn auch der eitelste Kraftmensch und auch das übermüthigste Hirn verschließt sich nicht der Erkenntniß, daß Erniedrigung und Unterdrückung festzuhalten, ein heilloses Beginnen wäre und den eigenen Ruin bedeutete, daß nur in menschlich guten Beziehungen zwei solche Nachbarvölker blühen können, und in Feindschaft, die das Vergehen ihrer Cultur ist, vergehen müssen!

Muß man also zu der Achtung und Billigkeit gegen den Feind zurückkommen, warum es zu spät thun? Der Lohn ist dahin! O welch ein Sieg wäre der Sieg von Sedan gewesen, wenn die Menschlichkeit, das Rechtsgefühl, die Großherzigkeit, zu denen der deutsche Charakter angelegt ist, mit ihm zu Recht, mit ihm zu weltgeschichtlicher Erscheinung gekommen wären! Die Neuschöpfung des deutschen Reichs wäre eine neue Epoche der Politik, des Völkerlebens der ganzen Menschheit geworden. Wäre es denn wirklich unpraktisch und nur ideal gewesen, nach diesen Siegen, wie sie entscheidender die Geschichte nicht kennt, dem regierungslosen, gedemüthigten, rathlosen Volke, obwohl es die Republik annahm — nebenbei die einzig damals mögliche Form der Existenz — deine ab jene Rücksicht und Achtung zu bezeigen, zu der seine Geschichte, seine Kraft, seine Cultur uns zwingen? Die reichlich dargebotenen Entschädigungen anzunehmen, und seine Freundschaft zu suchen? Die Grenzen zu entwaffnen, aber unerschrocken, unbedroht die Nation, die bereits jene Regierung, welche den Angriff vollzog, selbstwillig gestürzt und aus Frankreich verjagt hatte, sich selbst zurückzugeben? Wäre das alles minder wahr, minder praktisch und heilsam gewesen, als was Ludwig der Bayer that, da er „im Kampf um Germaniens Scepter" den gefangenen Feind zum Freunde annahm, im Kampf gegen Habsburg den Habsburger zum Wächter des eigenen, des Bayerlandes, bestellte? Besingen noch nach 500 Jahren unsere Dichter umsonst solche That als die ächte Sprache des Genius Deutschlands? Warum sollte den Völkern der schönste unvergänglichste Lorbeerkranz unzugänglich sein, den die Geschichte der Menschheit nicht dem Eroberer, sondern dem Besieger seiner selbst bewahrt? Alle Staaten Europa's hätten dem siegenden Deutschland, das nach großartiger Vertheidigung seiner Grenzen nichts als seine Grenzen, seine Freiheit, seine Unverletzlichkeit proclamirt hätte, gehuldigt, alle Völker ihm zugejauchzt als einem Messias des Völkerrechtes, der Völkerfreiheit, der Brüderlichkeit aller Nationen, und die Macht, die einzig wahre, die sittliche Macht wäre fortan bei ihm gewesen, die Fülle dieser Wahrheit zu erweisen: „Und wer ist, der euch schaden könnte, so ihr dem Guten nachkommt?"

Das französische Volk von dem allzulange unsäglich lastenden Alp einer gewissenlosen Regierung befreit, und so lebhaft empfänglich für Edelmuth und Großherzigkeit, es wäre dem Feinde ein dankbarer Genosse, ein edler Waffenbruder in künftigen Gefahren geworden — während es jetzt, nachdem man leibliche und geistige Pein an ihm erschöpfte, einen unmöglichen Frieden eingehen mußte, der, wie man bald genug selbst in Deutschland behaupten wird, nur ein Waffenstillstand sein kann — der unmöglich ist, weil ein Volk, in Cultur und Ehrgefühl unverletzt lebendig, die schimpfliche Abhängigkeit, in die es gezwungen wird, nicht dauernd ertragen kann, sondern untergehen oder, wenn es leben soll, frei werden muß.

Noch läßt der verwilderte Patriotismus sich's wohl sein in der starrenden Herrlichkeit der Bajonette, des Triumphs, des Gewaltsiegs, der ein großes Volk verzweifelt zu seinen Füßen wirft — aber frei wird er nicht von dem bösen Gewissen, daß das Uebermaaß sich rächt, daß die Völker ihm zürnen, daß in dunkler Zukunft ein Gespenst seiner wartet, mit dem er ringen muß, und das ein neues Blutbad fordert, unsägliche Anstrengungen, qualvolle Opfer! ... Wie anders wäre ihm wohl geworden, wenn er, unverführt, statt des Ehrgeizes hätte das Herz sprechen lassen, wenn er im Ziel seines Strebens er sich treu geblieben wäre, und so die höchste Würde, die Selbstüberwindung, ihn verherrlicht hätte unter den Völkern! Es war die Stunde, da des Deutschen Charakter sich offenbaren konnte, als des Vorbildes der Menschheit, als Bild der Menschlichkeit; da die Nation die Erscheinung des Christenthums, des neuen Lebensprincipes der Menschheit, bewahrheiten konnte, nicht mehr als unter Jüngern und Priestern und Kirchen, sondern als Fleischgewordenes in wahrhaften Erdgebornen, zu dem der Heiland kam, im Volke!

(Fortsetzung folgt.)

Vermischtes.

* (Gelegenheit macht Diebe. Gelegenheit macht aber auch Sparer.) Ich erbot mich, Pfingsten 1870 im hiesigen Anzeiger Spareinlagen von 3 Pfg. an von einem Jeden anzunehmen, Quittung darüber zu ertheilen (das Quittungsbuch berechne ich dem Sparer mit 3 Pfg., es ist zu 600 Quittungen eingerichtet), die einzelnen Beträge zu sammeln, und jeder Zeit wieder zurückzugeben. Dieses mein Pfingsten geborenes Kind taufte ich „Deutsche Volks-Sparbüchse".

Ich hatte die Freude dieses Anerbieten recht freundlich aufgenommen zu sehen, denn bis jetzt gab ich 265 Bücher aus und quittirte darin 1860 Mal über Beträge von theils über theils unter 10 Sgr.

Wer also dem Volke Gelegenheit zum Sparen geben will, dem Publikum, welches bis jetzt von der Sparkasse, welche nicht unter 10 Sgr. annimmt, zurückgewiesen wurde, der thue desgleichen, und er wird Sparer machen, denen es früher nicht möglich war, etwas zurückzulegen, denn Gelegenheit macht Sparer!

Erfurt, den 19. April 1871.

Theodor Poppe, Kaufmann.

Landwirthschaftliches.

Am 2. d. Mts., Nachmittags 5 Uhr, fand in Berlin unter Vorsitz des Hrn. v. Nathusius-Hundisburg eine allgemeine Versammlung des Vereins der Wollinteressenten Deutschlands, bei ziemlich zahlreicher Theilnahme von Wolle-Producenten und Fabrikanten statt. — Nachdem der Herr Vorsitzende in kurzen Worten des am Vormittag anberaumt gewesenen Börsenlagers zum An- und Verkauf ungewaschener Wollen erwähnt, welcher leider kein günstiges Resultat erzielt habe und erst die Hingetretung neuer und geeigneter Momente abzuwarten sein dürfte, bevor in diesem Unternehmen eine Aenderung eintreten könne, wurde zur Tagesordnung geschritten und es kamen folgende Fragen zur Berathung:

1) Welche Aussichten bietet die nächste Zeit a. für den Absatz der Wolle? Herr v. Nathusius sprach sich dahin aus, daß beim diesjährigen Wollmarkt günstige Resultate erzielt werden würden, namentlich für mittlere und gröbere Wollen, daher würden auch feinere Preis haben. Frankreich, welches bis jetzt exportirt habe, würde importiren müssen und dadurch schon hier die Nachfrage gesteigert werden. b. für den Absatz von Wollfabrikaten seien, wie Herr Rosenstiel mittheilt, die Aussichten ebenfalls günstig, trotz des Krieges, da theilweise Mangel an Fabrikat eingetreten sei. Wenn der deutsche Fabrikant bis jetzt wohl immer geringeren Absatz erzielt habe, wie Frankreich und England, so habe dies zum Theil in der Zerrissenheit (?) Deutschlands gelegen, welchem Uebelstande nunmehr aber abgeholfen sei.

2) Welche Resultate sind bei dem Streben, gleichzeitig Fleisch und Wolle bei Schafen zu erzielen, erreicht worden? Die über diese Frage zur Sprache gebrachten Mittheilungen waren von einander äußerst abweichend. Die Vorzüge und Nachtheile der verschiedenen Schafracen und Kreuzungen wurden von den betreffenden Herren Züchtern mehr oder minder hervorgehoben, ohne daß ein einstimmiges Resultat festgestellt werden konnte. Darin waren im Ganzen und Großen die Meinungen einig, daß es sowohl möglich als rentabel sei, auf Fleisch und Wolle zugleich zu züchten — wie dies bereits geschehen — und daß bei zu erzielender großer Statur und bei Wollreichthum solche Racen zu wählen seien, welche bei beiden Eigenschaften zum Ansatz von Fettschweiß wenig geneigt seien, wogegen nach Behauptung einzelner der Herren Producenten namentlich das Negrettischaf inclinire, wiewohl dieser letzteren Behauptung von anderer Seite widersprochen wurde. Zugegeben wurde, daß die Bodenverhältnisse einen wesentlichen Einfluß ausübten und daß diesen die verschiedenen Racen, namentlich in Betreff der Wolle, angepaßt werden müßten, da man Tuchwollen auf besserem Boden, Kammwollen auf leichteren Ackerflächen mit Vortheil erzielen könne.

(Fortsetzung folgt.)

Verantwortlicher Redacteur und Verleger Carl Luebeck.

Druck von Ph. Rohr in Kaiserslautern.

Marktbericht.

* Frankfurt, 31. Mai. (Fruchtbericht.) Das Getreidegeschäft war in der verflossenen Woche still. Preise blieben unverändert. Der heutige Markt verlief bei sehr schwacher Bewegung geschäftslos. Wir notiren: Wetterauer Weizen 15 fl. 30—45 kr., Roggen 11 fl. 15—30 kr. Gerste nach Qualität 10 fl. 30—11 fl., 15 kr. Rüböl per 200 Pfd. eff. loco hier. Hafer 6 fl. 15—30 kr. per 120 Pfd. eff. loco hier.

* Köln, 31. Mai. (Schluß-Bericht.) Weizen effect. hiesiger 8[illegible], per Mai 7 18, per Nov. 7 15. Roggen effect. hies. [illegible], per Mai 5 24, per Nov. 5 28. Rüböl effectiv hiesiges 14[illegible], per Mai 14[illegible], per Okt. 14[illegible]. Branntwein effect. hies. [illegible]. Weizen matter, Roggen behauptet, Rüböl fester. Wetter veränderlich.

* Berlin, 30. Mai. (Schlußbericht.) Roggen pr. Mai-Juni 51[illegible], per Juli-August 53—, Rüböl per Mai-Juni 26[illegible], per Sept.-Okt. 25[illegible]. Spiritus pr. Mai-Juni 16 thlr. 24 sgr. per Juli-August 17 thlr. 5 sgr.

* Hamburg, 31. Mai. (Schlußbericht.) Weizen per 2000 Pfd. netto mindestens 127 Pfd. holl. per Mai-Juni 161— Br. 161— G., (in Thaler a 3 MB.), Juni-Juli 159— Br., 158 G. (MB.) Roggen per 2000 Pfd. netto mindestens 116 Pfd. holl. per Mai-Juni 111— Br. 110— G. (in Thlr. a 3 MB.), per Aug.-Sept. 111— Br. 110— G. (MB.) Rüböl loco 29[illegible], per Okt. 28—. Spiritus loco 21[illegible], per Juli-August 21[illegible]. Kaffee matt.

* Königsberg, 27. Mai. Weizen für 85 Pfd. 100—108 Sgr. — Roggen für 80 Pfd. 54—62 Sgr. — Gerste, große und kleine für 70 Pfd. 40—51 Sgr. — Hafer für 50 Pfd. 28—33 Sgr. — Erbsen, weiße für 90 Pfd. 56—65 Sgr. graue, 55—70 Sgr., grüne 60—70 Sgr. — Bohnen für 90 Pfd. 65—74 Sgr. — Wicken für 90 Pfd. 50—55 Sgr. — Buchweizen für 70 Pfd. 44—46 Sgr. — Leinsaat für 70 Pfd. 80—95 Sgr. — Rübsen für 72 Pfd. 118—125 Sgr. — Kleesaat, rothe 12—19 Thlr., weiße 14—22 Thlr. pro Centner. — Thymotheum 5—8 Thlr. pro Centner. — Rüböl mit Faß 12[illegible] Thlr., Rüböl mit Faß 14[illegible] Thlr. per Centn. Leinkuchen 83—86 Sgr., Rübkuchen 70—[illegible] Sgr. per Centner. Spiritus 16[illegible] Thlr. für 8000% Tr. ohne Faß. Auf Lieferung Juni 16[illegible] Thlr.

* Frankfurt, 29. Mai. Der heutige Viehmarkt war gut befahren, viel ungetriebenes Rindvieh blieb unverkauft. Die Preise hielten sich auf früherer Höhe. Kälber zogen etwas an. Es waren zugetrieben: 540 Ochsen, 260 Kühe und Rinder, 800 Kälber. Die Preise stellten sich: Ochsen 1. Qual. fl. 35 p. Ctr., 2. Qual. fl. 31, Kühe 1. Qual. fl. 30, 2. Qual. fl. 21, Kälber 1. Qual. fl. 27—28, Hämmel 1. Qual. fl. —.

† Berlin, 30. Mai. Neuer Berliner Viehmarkt. Zum heutigen Markte waren aufgetrieben 1779 Stück Hornvieh, 1013 Stück Schweine 6301 Hämmel und 719 Kälber.

Obwohl der Auftrieb wegen der Pfingstfeiertage bedeutend geringer als an den letzten Märkten war, waren außerdem auch Käufer weil aus demselben Grunde in geringerer Anzahl erschienen und wenn auch beste Qualitäten wohl gut und zu unveränderten Preisen gingen, so blieben doch für Mittel- und Ordinär-Qualität sehr Käufer und blieben ziemlich Einiges unverkauft stehen. Beste Qualität Rindvieh und Hämmel wurden bereits am gestrigen Tage viel gehandelt und waren heute da der Bedarf bereits größtentheils gestern gedeckt wurde, etwas gedrückter im Preise.

Bei Schweinen wirkte die große Hitze etwas hemmend auf das Exportgeschäft, dennoch wurden vorwöchentliche Preise mindestens erzielt.

Es wurde gezahlt: Rindvieh erste Qualität 17—18, für zweite 13—14 und für dritte 8[illegible]—9[illegible] Thlr. per 100 Pfd. Schlachtgewicht.

Schweine beste Qualit. 16[illegible]—17[illegible] Thlr. per 100 Pfd. Schlachtgewicht.

Hämmel beste Qualität 7—7[illegible] Thlr. pro 45 Pfd. Fleischgewicht.

Kälber erzielten feste Mittelpreise.

Deutscher Demokrat.

Erscheint wöchentlich einmal und wird den auswärtigen Abonnenten Freitags mit der Post zugesandt.

Nro. 24. Vierteljährlich 5 Sgr. = 18 kr. in Preußen 6 Sgr. 9 Pf. Kaiserslautern, 11. Juni Inserate 3 Sgr. = 12 kr. die 1spaltige Zeile. 1871.

Bitte an die Leser!

Um allen Lesern in Deutschland bringen zu können, was sie besonders interessirt, bitten wir, uns besondere Ereignisse, namentlich Thaten der Behörden direct brieflich mitzutheilen, oder besser uns durch Vertrauensmänner die an Ort und Stelle im Stande sind die Thatsachen zu prüfen, zugehen zu lassen. Dergleichen Mittheilungen wurden uns bisher fast nur aus Ostpreußen und zwar mehrentheils durch Vermittelung unsers Mitarbeiters Reitenbach-Plicken, dem sie aus seiner Provinz eingesandt wurden. Wir bitten damit fortzufahren, und alle andern Provinzen des deutschen Reiches, in derselben Weise vorzugehen. Die geeigneten Persönlichkeiten um dergleichen Uebermittelungen zu besorgen und zu prüfen, brauchen wir nicht namhaft zu machen, sondern jeder Demokrat, der sich nicht direct an uns wenden will, wird den dazu geeigneten Demokraten zu finden wissen.

Das Ende der Pariser Commune

war, wie wir berichtet, schrecklich, doch schrecklicher noch ist das grausige Nachspiel, das der Einnahme der Stadt gefolgt ist.

Die Zahl der Anhänger der Commune, die von den Versaillern summarisch ohne besonderes Verfahren erschossen worden, wird auf 16,000 angegeben, und nach einem in Berlin eingelaufenen officiellen Telegramm des Generals Fabrice, von dem die „C. S." Notiz nimmt, soll diese Zahl eher zu niedrig gegriffen als übertrieben sein.

Warum wurden diese Menschen erschossen? Weil sie es gewagt, für Frankreichs Städte die Selbstverwaltung, für den französischen Staat die Republik zu fordern. — Mit der Zeit wird es immer klarer, daß die Versailler auf Kosten der Pariser nach Kräften gelogen. Das lag auch in der Natur der Sache, je mehr sie die Pariser anschwärzten, desto mehr mußte sich das französische Volk, mußte sich Europa von der Commune abwenden. Zu Frankreichs Unheil war dies den Versaillern nur zu wohl gelungen. Obgleich die Pariser die Sache aller französischen Städte vertraten, konnten sich die letzteren doch nur zu matten Protesten aufraffen, die bei den reactionären Plänen der Versailler gänzlich resultatlos bleiben mußten. Die Franzosen werden ihre Unentschlossenheit und Gleichgültigkeit wohl noch bitter zu bereuen haben. Den ersten Vorgeschmack der neuen Ordnung, die in Paris herrscht, erhält man bereits. Das Morden und Plündern ist nach den zuverlässigsten Berichten in Paris grauenhaft. Schuldige und Unschuldige, Alles, was nur irgend im Verdachte communalistischer Gesinnung steht, Männer, Weiber und Kinder, sind der blutgierigen Meute verfallen. Wohl haben die Pariser die wehrlosen Geißeln gemordet, doch das bewußte berechnete Wüthen der Versailler Reaction stellt diese schreckliche That weit in den Schatten. Um die Arbeit der Abschlachtung zu verkürzen, bedienten sich die Versailler der Mitrailleusen! Man glaube nur nicht, daß diese entsetzliche Herrschaft der Ordnung nur auf Paris beschränkt bleiben wird, ist man mit Paris fertig, kommen die andern Städte an die Reihe — so ist Paris nur der Anfang des Schreckens. Die von den Versaillern verbreitete Nachricht, daß die Pariser die französische Bank beraubt, erweist sich als unwahr.

Daß in Bezug auf den Umfang der Zerstörungen von Versailles aus vielfach übertrieben ist, stellt sich jetzt mehr und mehr heraus. So ist auch das Wohnhaus von Thiers, das die Commune von Grund auf zerstört haben sollte nur in dem zweiten Stockwerke demolirt. Der Grund, die Keller und das erste Stockwerk, sowie die Bäume und Gewächshäuser des Gartens sind unverletzt erhalten, und die Architekten glauben das Hotel in einigen Monaten wieder bewohnbar zu machen. Auf dem Vendome-Platz ist man damit beschäftigt, die Trümmer der Siegessäule, welche die Commune gestürzt, sorgfältig aufzuraffen; auch von diesen wird der größte Theil für die Restauration verwendbar werden können.

Wochenschau.

Deutschland.

Der gestrenge Reichskanzler hat den rebellischen Reichstag nur augenblicklich gebraucht, um die getreue Opposition zum schweigen zu bringen. In der Elsaß-Lothringer Vorlage hat der Reichskanzler seinen Willen in der Hauptsache durchgesetzt. Mit der Verkürzung der Dictatur bis 1873 hat er sich einverstanden erklärt es ist übrigens auch Zeit genug, ein Volk durch reactionäre Maßregeln der Freiheits-Arbeit zu entwöhnen.

Mit der Genehmigung des Gesetzes über Elsaß-Lothringen hat ein glorreiches Zeitalter des Faustrechts ein würdige That vollbracht. Keinem der fortschrittlichen Abgeordneten ist es eingefallen, dem demokratischen Grundsatz des Selbstbestimmungsrechtes der Völker das Wort zu reden, gegen den Menschenschacher zu protestiren. Nur der demokratische Abgeordnete Sonnemann sowie die Socialdemokraten und der Professor Ewald von Hannover hatten den Muth, dagegen zu sprechen und zu stimmen. Es ist von Interesse die Namen derjenigen, welche gegen das Gesetz gestimmt, genau zu erfahren.

Noch unter dem Eindruck der eben überstandenen Angst vor Bismarcks Zorn ist der Reichstag in die Berathung des Militärpensionsgesetzes getreten. Etwas Gutes kommt dabei sicher nicht heraus. Das Gesetz erhöht die Friedenspensionssätze der Offiziere nur um 3 Procent!

Nach der Berliner „Provinzial-Correspondenz" wird der Reichstag voraussichtlich am 15. d. M. geschlossen werden. Die Mitglieder des Reichstags werden noch den Einzugsfeierlichkeiten beiwohnen. Demselben Blatt zufolge treten die Communallandtage am 20. oder 21. d. M. zusammen. Dieselben werden zunächst die Wahlen und Beschlüsse über die Errichtung von Deputationen für das Heimathswesen, gemäß dem Gesetze über den Unterstützungswohnsitz vornehmen.

Die äußerste Rechte des Reichstages bereitet einen Antrag vor auf Verbot, beziehungsweise Ausschluß solcher Mitglieder, deren Reden mit ihrer Mandatsübernahme im Widerspruch stehen und außerhalb des Reichstages irgehen oder Verbrechen involviren. Die übrigen Fractionen sind dem Antrage, der sich gegen Bebel richtet, in dieser Form abgeneigt. Wir denken, der Reichstag wird überhaupt einem derartigen Antrage nicht zustimmen, welche Form er auch haben mag!

Die in Straßburg von Frankreich ausgezahlten 40 Millionen Frcs. sollen zur Deckung der Kriegsschäden in Elsaß-Lothringen verwendet werden, und zwar in der Art, daß diese Summe auf die verschiedenen betheiligten Städte nach Maßgabe des erlittenen Schadens vertheilt wird. (Straßburg erhält von dieser Summe 10 Millionen als erste Rate).

Weniger, als über diese wenigstens theilweise Sühnung der furchtbaren Kriegschäden werden die neuen Provinzen durch eine Verordnung des Reichskanzlers befriedigt sein, welche die ungesäumte Vollziehung der durch Napoleonisches Decret auf den 6. und 7. August 1870 bestimmten Municipalitäts-Wahlen anordnet, die in Folge des Einmarsches der deutschen Truppen in einem großen Theil von Elsaß-Lothringen unterblieben waren.

Es verlautet, an maßgebender Stelle sei man unzufrieden mit dem Beschluß der Berliner Communalbehörden die Kosten für die Einzugsfeierlichkeiten durch einen Steuerzuschlag zu decken.

In Frankfurt a. M. tagte letzthin die Bundesversammlung der freien religiösen Gemeinden Deutschlands unter dem Vorsitze des Predigers Uhlich. Nach den erfolgten Berichten haben die freireligiösen Gemeinden einen erfreulichen Aufschwung genommen. Es ist auch endlich an der Zeit, daß man den dogmatischen Lehren der verschiedenen Confessionen den Rücken kehrt.

Die Dotation für den Fürsten Bismarck soll aus den Domänen des Herzogthums Lauenburg beschafft werden. Da Lauenburg bisher noch Domäne des Königs von Preußen ist, wird sich das Ding leicht machen lassen. Die Domänen sollen im Werthe von einer Million Thaler ausgesondert und dem Könige zum unbeschränkten Eigenthum überwiesen werden. Ein rührender Constitutionalismus!

Dienstbeflissene Unterthanen des Oberpostryrannen Stephan, an deren Spitze der Oberpost-Director Friedrichs in Düsseldorf steht, haben in der ungeschicktesten Weise neuerdings Oel in das Feuer gegossen. Ein Comite der „Postbeamten-Adresse" in Düsseldorf verschickt eine Zustimmungsadresse an alle Vorsteher der „Postanstalten" mit der Aufforderung, die Adresse „bei sämmtlichen nachgeordneten Beamten circuliren zu lassen" und alsdann nach Düsseldorf zurückzuschicken.

Ende Juni oder Anfangs Juli findet auf Veranlassung des Generalpostamts in Berlin eine allgemeine Postkonferenz statt, zu welcher Einladungen an die verschiedenen europäischen Regierungen ergangen sind. Gegenstand der Berathung wird die allgemeine Regulirung der Briefportosätze und namentlich eine Herabsetzung und vereinfachte Berechnung des Porto's für Packete, Gelder &c. sein. Ferner soll das Post-Telegraphenwesen zum Gegenstande einer eingehenden Prüfung gemacht werden.

In Oppenheim tagte kürzlich die Jahresversammlung des 1130 Mitglieder umfassenden Landesvereins der hessischen Lehrer. Man faßte folgende Beschlüsse: 1) Der Erlaß eines das Volksschulwesen regelnden Gesetzes ist dringendes Bedürfniß. 2) In einem solchen Gesetze ist zu verfügen: Confessionslosigkeit der Lehrerseminarien, höhere Bildung der Präparanden, namentlich in den Realien, Trennung der Schule von der Kirche, Verwaltung und Leitung des Schulwesens unter ausschließlicher Aufsicht des Staates mit Beirath von aus Lehrern und Laien gebildeten Schulsynoden, Aufnahme der Lehrer als Staatsdiener mit allen deren Rechten bezüglich deren Pensionen &c., Unentgeltlichkeit des Unterrichts, Schulzwang für die Pflichtigen, Vertretung des Lehrerstandes bei den leitenden Oberbehörden, Unvereinbarkeit der niederen Kirchendienste mit dem Lehramte, Extravergütung der Organisten, Vorbeter- und Vorsänger-Functionen, Fixirung der Gehalte zwischen 600 fl. Minimum und 1600 fl. Maximum, letzteres einschließlich der Alterszulagen. — Das wäre so etwas für Herrn v. Mühler!

Die über den Abschluß der hessischen Militär-Convention verbreitete Nachricht soll verfrüht sein und sollen sich die beiden hessischen Bevollmächtigten, Oberst von Lyncker und Ober-Kriegsrath Niepoth, nochmals nach Berlin begeben haben.

Die vierundvierzigste Zusammenkunft deutscher Naturforscher und Aerzte, welche im vorigen Jahre des Krieges wegen ausfallen mußte, wird in der letzten Septemberwoche dieses Jahres in der Universitätsstadt Rostock stattfinden.

Der Bad-Homburger Gemeinderath hat mit Stimmeneinheit beschlossen, höheren Orts alle geeigneten Schritte zu thun, um eine Verlängerung des Spiels herbeizuführen. Hoffentlich bleiben diese Schritte resultatlos.

Am 3. Juni 1867 beschloß die Fürther Gemeindevertretung die Einführung von confessionell-gemischten Schulen, und trotzdem seit dieser Zeit 4, sage mit Worten vier volle Jahre verflossen sind, hat das Cultusministerium noch nicht die Genehmigung zur Ausführung dieses Projektes ertheilt!

Die socialdemokratische Bewegung beginnt in Bayern immer höher zu fluthen; die Arbeitseinstellungen mehren sich; ein Zeichen, daß die Arbeiter sich ihrer gedrückten Lage zu entziehen bestrebt sind! Man ist in Süddeutschland zu sehr gewöhnt, die sociale Frage von der leichtfertigsten Seite zu betrachten, man sieht die Forderungen der Arbeiter, so bescheiden sie in Süddeutschland auch sind, als etwas Unerhörtes an, worüber man mit Achselzucken zur Tagesordnung schreitet. Nicht einmal die zahmen Schulze-Delitzschen oder Max Hirsch'schen Reformbestrebungen können auf Beifall rechnen. Durch diese vornehme Gleichgültigkeit schärt man nur das Feuer und erweitert die sociale Kluft statt sie durch billiges Entgegenkommen zu überbrücken, und so zwingt man die Arbeiter, sich selbst Recht zu verschaffen.

Vom bayerischen Kriegs-Ministerium wurde bezüglich der Zurückführung der Armee vom Kriegs- auf den Friedensfuß angeordnet, daß sämmtliche Truppenabtheilungen der activen Armee bei Auflösung ihrer Ersatzabtheilungen sich durch Einreihung von Mannschaften dieser Abtheilungen von ihrem effektiven auf den formationsmäßigen Stand ergänzen; die hiernach noch übrig bleibenden Mannschaften werden je nach ihrer Loosnummer zur Ersatzmannschaft erster Classe versetzt, und der auch dann noch bleibende Rest als Ueberzählige überhaupt geführt; die im Jahre 1870 eingereihten Wehrpflichtigen sind listenmäßig als jüngster formationsmäßiger Jahrgang zu führen. Vom Tage der Ratification des Friedensvertrages zwischen Deutschland und Frankreich, dem 20. April 1871, dürfen bei allen Waffengattungen wieder Capitulanten eintreten, beziehungsweise wieder angenommen werden.

Es soll die Verlobung des Königs von Bayern mit der Großfürstin Marie von Rußland demnächst stattfinden.

Die Dinge in Oesterreich spitzen sich immer mehr zu. Die Verfassungspartei will die Antwort des Kaisers mit einer Budgetverweigerung beantworten. Ob man dazu die Kraft haben, ob sich die anscheinend zum Aeußersten entschlossene Regierung daran kehren wird? — Unser Wiener Correspondent schreibt uns darüber:

„Mit meinem vollsten Vertrauen ausgerüstet," so sprach der Kaiser, „ist mein Ministerium, und ich hege die Zuversicht, daß es demselben gelingen werde, auf verfassungsmäßigem Wege den Kampf um die Verfassungsreformen zu Ende zu bringen." — Mein „tollstes Vertrauen" ergänzte ein demokratischer Zeitungsschreiber in der Journalistenloge des Reichsrathes; aber der Mann hat Unrecht. Vom Kaiser ist es ganz und gar nicht toll, von dem Programme des Grafen Hohenwart das Heil Oesterreichs zu erwarten; daß dieses Programm unausführbar ist, will und darf man aber eben nicht glauben. Herr Hohenwart manövrirt weiter und ist nun schon beim Ausgleiche mit den Czechen angelangt, denen er die formelle Anerkennung des böhmischen Staatsrechtes zugesteht; das kann uns Deutschen nur angenehm sein; ein paar Jährchen slavischer Herrschaft werden die Sache doch zum Brechen bringen und die für jeden ehrlichen Menschen nachgerade unausstehlich gewordene Lage ändern. Die Verfassungstreuen wollen die Budgetberathung nochmals vertagen; jetzt, nachdem sie sich mit dem jämmerlichen Machwerke der Adresse eine Nase geholt, verschlüge es nichts, wenn sie das Budget ohne weiteres bewilligten; denn im anderen Falle wird die Regierung ja doch ohne ihre Bewilligung fortwirthschaften! Wir empfinden eben die Segnungen der constitutionellen Regierung gegenwärtig am Eindringlichsten; das Parlament hat das Recht, Rekruten und Steuern zu verweigern, nur kann es aus gewissen Rücksichten von diesem problematischen „Recht" keinen Gebrauch machen; es hat das Recht, die Entfernung des Ministeriums zu verlangen, das Ministerium seinerseits hat aber das Recht, sich darum nicht zu kümmern; es hat das Recht, das Budget zu verweigern, nur — siehe ad 1 und 2 und endlich hilft alles nichts, wenn Sr. constitutionelle Majestät nicht will! O edler Mosquieu, Dein Name sei gepriesen! — Unser Müer Dr. Schäffle beabsichtigt, Postsparcassen, wie sie in England bestehen, hierzulande einzuführen, ich möchte ich Niemandem rathen, seine Ersparten sauer bei den k. k. Postämtern zu deponiren, denn man pflegt gewöhnlich nicht den Bock zum Gärtner zu machen; diese Postcassen wären nichts Anderes, als eine „freiwillige Zwangsanleihe" in neuer Form; das Ersparte verschwände gar bald in den unermeßlichen Leere unserer Staatscassen und denen ihr Geld Gekommenen könnten sich dann mit dem Bewußtsein trösten, für die Anschaffung neuer Uniformen oder die Pensionirung etwelcher überflüssiger Hofräthe gearbeitet zu haben! —

Der Proceß Karagegievich, seit zwei Jahren ein würdiges Document ungarischer Rechtspflege, ist am 3. Juni endlich erledigt worden. Der bekanntlich der Mitschuld am Morde des Fürsten Michael von Serbien angeklagte Fürst Karageorgievich wurde sammt seinen Mitgeschuldigten vom obersten Gerichtshof wegen unzulänglicher Beweise freigesprochen.

Ausland.

Die italienischen Blätter veröffentlichen eine päpstliche Encyclica, worin die Völker aufgefordert werden, Gott anläßlich des päpstlichen Jubiläums zu danken.

Der egyptisch-türkische Conflikt ist noch nicht beigelegt. Der Vicekönig von Egypten suchte Englands Vermittlung nachdem Oesterreich bereits Schritte wegen Schlichtung des Conflikts gethan hatte.

Zwei Gutachten über eine schwebende Frage.

L. R. In manchen wohlgesinnten, einheitsbeflissenen Zeitungen und Zeitschriften wird viel Aufhebens gemacht von dem Freudengefühl, das sich im Elsaß über die endlich erfolgte Wiedereinverleibung in den deutschen Reichskörper kund geben und seit den in Paris zum Ausbruch gekommenen Wirrnissen, fort und fort sich gesteigert habe. Möglich, aber nicht wahrscheinlich wenigstens erhält jenes angebliche Wohlgefühl der Elsässer durch manche unleugbare Thatsache ein ganz eigenthümliche Beleuchtung. Thatsache ist es nämlich, daß während des letzten sogenannten „lustigen" Krieges, als die Annexion von Elsaß und Deutsch-Lothringen bereits eine ausgemachte Sache worden war, viele Tausende junger Elsässer Leib und Leben daran setzten, um in dem republikanischen Heere Frankreichs den kühnen Kampf gegen den sieggewohnten deutschen Erbfeind kämpfen zu helfen. Thatsache ist es ferner, daß die westwärts gehende Auswanderung aus dem Elsaß, trotz der gewissen Aussicht auf die nahe Vermählung mit dem deutschen Kaiserthum, eher im Zunehmen als im Abnehmen begriffen ist. Außerdem ist das Vaterland kein Rock, den man nur so nach eigenem Belieben oder auf Commando wechselt; und vollends im Franzosen, obgleich der Arme nach der Entdeckung manches deutschen Völkerpsychologen ohne alles Gemüth ist, hat das Vaterlandsgefühl ein unverwüstlich Leben, so unverwüstlich, daß es zum Preise der belle France und der belle patrie im Liederschatze des französischen Volkes vielleicht mehr Lieder gibt, als der Deutsche Trinklieder aufzuweisen hat.

Den Großmeistern der Politik freilich wird die Frage, ob die Leute im Elsaß gern oder ungern sich verdeutschen lassen, eine höchst müßige sein. Nach der Logik der höheren Politik, sind die Völker das lebende Inventarium eines Ländergebietes, das heute so gut wie morgen in die Hände eines andern Herrn übergehen kann. „Hassen mögen sie, wenn sie nur Steuern zahlen und die Rekruten stellen." So wenig man die Polen, die Hannoveraner, die Kurhessen, die Nassauer, die Frankfurter, die Nordschleswiger gefragt hat, ob sie gern oder ungern sich zu preußischen Unterthanen machen ließen, so wenig wird man diese Frage an die unter Gottes sichtbarer Führung und mit Hilfe des Schwertes wohlerworbenen Elsässer verschwenden.

Zur Sache! d. h. zur theilweisen Beantwortung der Frage, ob im Elsaß eine so überwiegende Sympathie für Deutschwerdung vorhanden sei, oder das Gegentheil. Wir treten das Wort ab an zwei Männer, die an Ort und Stelle, und zwar lange vor dem Kriege, sich ein Urtheil über die schwebende Frage gebildet haben.

Der von allen demokratischen Herzen hochgefeierte Ludwig Börne hat vor etwa 35 Jahren in der von ihm herausgegebenen „Balance" folgendes Gutachten über die Frage, die der Gegenstand dieser Zeilen ist, abgegeben:

„Fragt die Elsässer, ob sie einwilligen, wieder Deutsche zu werden; ob sie sich glücklich schätzen würden, ihren König gegen einen der deutschen Bundesfürsten, ihre Deputirtenkammer gegen die Frankfurter Bundesversammlung, die Freiheit der Presse gegen die schändliche Censur, die Nationalgarde gegen die Gendarmerie, die Oeffentlichkeit der gerichtlichen Verhandlungen gegen geheime Tribunale, die Geschworenen gegen abhängige Richter und die Gleichheit der Stände gegen den Hochmuth und die Unverschämtheit des Adels und der Satrapen zu vertauschen. Fragt sie das, und sie werden euch antworten: Wir sind die wärmsten und treuesten Patrioten unter allen Franzosen, gerade weil wir an der deutschen Grenze wohnen ..... Für niedrige Privatinteressen haben die Voreltern der heutigen deutschen Fürsten auf dem Congresse zu Münster in die Zerstückelung des deutschen Reichs gewilligt, einen Theil davon an Frankreich, einen andern an Schweden abgetreten .... Ist es eine Niederträchtigkeit von Seiten Frankreichs, daß es das Elsaß angenommen? Stiehlt man Völker und Provinzen schändlicherweise wie ein Schnupftuch? Wenn es Unehre ist, wie Heerden verkauft und umgetauscht zu werden, so fällt die Schmach davon nicht auf die, welche sie kaufen, sondern auf die, welche sie verkaufen und noch mehr auf die schafsmäßigen Völker, die sich verkaufen lassen."

So weit Börne. Ein zweites Gutachten über unsere Frage stammt von Carl Vogt, dem Niemand weltkundige Erfahrung und scharfe Beobachtungsgabe absprechen wird. In den vor nunmehr 12 Jahren von Carl Vogt herausgegebenen „Studien über die gegenwärtige Lage Europas" heißt es: „Ich habe öfters wochenlang im Elsaß zugebracht und besitze vertraute Freunde in allen Städten der Provinz, unter allen Schichten der Bevölkerung, unter allen politischen Parteien; andere Freunde, Flüchtlinge aus den dreißiger Jahren, sind in allen nur

---

Feuilleton.

* Die Polenflüchtlinge.

Erzählung von A. Fr.

(Fortsetzung.)

Lebhaft trat Ludwiska auf Matuschka zu und fragte:

„Liebe, gute Matuschka, theilen Sie mir mit, was Sie gehört haben, wer ist entflohen, sind es Einige unserer Schaar?"

Die Alte warf ihr einen giftigen Blick zu.

„Möchtest mich wohl in's Elend bringen," rief sie, „ha, ha, so schnell läßt sich Matuschka nicht fangen. Sie kann auch schweigen. Ich weiß nichts, nichts, nicht ein Sterbenswörtchen."

„Aber, liebe Matuschka, ich möchte ja nur wissen, ob es Einige der Unsrigen sind, vielleicht Janko, oder der tapfere alte Thaddäus, der uns durch alle Gefahren bis zur Höhle gerettet hatte."

Bei den letzten Worten fuhr die Alte zusammen und starrte sie mit weit aufgerissenen Augen an.

„Thaddäus, Thaddäus?" fragte sie mit einer fast tonlosen Stimme, „Thaddäus, sagst Du, war Euer Führer, ein Thaddäus hat Euch durch die Wälder geführt?"

Ludwiska bejahte.

Die Alte starrte ihr wie geistesabwesend in's Gesicht.

„Wie sah er aus?" sagte sie endlich.

„Es war ein ältlicher, aber noch sehr rüstiger Mann, breitschultrig, von großer Körperkraft. In seinem Gesicht hatte er eine breite Narbe auf der rechten Wange. Er war ein vorzüglicher Schütze. Mein Vater war seit einer langen Reihe von Jahren mit ihm befreundet. Wo sein Wohnort lag und wie er lebte, habe ich nie erfahren können. Er hielt sich oft Wochenlang auf unserem Gute auf, namentlich zur Zeit der großen Jagden. Dann verschwand er wieder, ohne daß ich erfahren konnte, wohin er gegangen war."

„Hat er nie von seiner Vergangenheit erzählt?"

„Niemals. Oefters zeigte sich im Gespräch ein tiefer Haß gegen die Russen, doch hat er besondere Veranlassungen dazu nie hervorgehoben."

„Sprach er nie," fuhr die Alte stockend fort, „von dem Vater ... meine ... dieses ... unsers Herrn Grafen?"

„Nein, doch ja, ich entsinne mich, daß er einmal, als der Name des Herrn Gouverneurs genannt wurde, die Fäuste ballte und zu meinem Vater sagte: Die Brut kommt mir wieder in den Weg."

Die letzten Worte schienen auf die Alte einen furchtbaren Eindruck zu machen. Sie fing so heftig an zu zittern, daß sie sich auf einen Stuhl setzen mußte.

„Die Todten stehen auf," murmelte sie, „o nicht, nicht, fort .... fort ...."

Sie focht mit den Händen in der Luft umher, während ihre dunkeln Augen mit wirrem Flackern in's Leere starrten.

Ludwiska sah ihr erschreckt in's Antlitz; sie begann sich vor der Alten zu fürchten.

„Matuschka," rief sie angstvoll, „hören Sie auf, ich will nicht mehr fragen, kommen Sie zu sich ... liebe Matuschka, ich bitte Sie ..."

Die letzten Worte schienen die Frau zu wecken. Der Anfall ging vorüber. Sie ließ ihre Hände erschöpft in den Schooß fallen, schüttelte wehmüthig den Kopf und sagte leise:

„Hast Recht, Kind, laßt die Todten ruhen; aber sie ruhen nicht, sie kommen wieder!" ...

„Ach, wenn sie wiederkämen," fuhr sie plötzlich auf und rang wie betend ihre mageren Hände, „aber lebend, lebend, um mich zu erlösen von dem Drucke, der hier, hier nicht weichen will!"

Sie wies mit der Hand auf ihren Kopf, faltete die Finger über dem Knie zusammen und saß eine Zeit lang so zusammengekauert und unbeweglich.

„Er würde mich von sich stoßen, würde mich tödten, aber besser so, als ..."

Plötzlich sprang sie auf.

erdentlichen Stellen, in Handel und Gewerben, in Schreibstuben von Notaren und Advokaten, als Aerzte und Apotheker über das Land verbreitet, — und niemals, selbst in den heftigsten Kämpfen gegen die Regierung, selbst unter den ärgsten politischen Verfolgungen, unter den gespanntesten Verhältnissen, wo man sich mit aller Macht gegen das Eindringen französischen Wesens, französischer Sitte stemmte und für deutsche Sprache, deutsche Sitte und deutsche Erziehung mit aller Energie in die Schranken trat, niemals hat auch nur einer den leisesten Wunsch nach einer Lostrennung von Frankreich und nach einer Vereinigung mit Deutschland vernommen. Sobald dieser Punkt zur Sprache kommt, so schweigen alle Klagen über unerschwinglichen Steuerdruck, unerträglichen Beamten-Despotismus, über welsche Geckerei und Anmaßung. Das mag ein trauriges Zeugniß für uns und unsere deutschen Zustände sein; aber seine Wahrheit wird Niemand in Abrede stellen können."

Als Carl Vogt also schrieb, existirte noch kein einiger aus dem Bürgerkrieg von 1866 erstandener norddeutscher Bund, noch viel weniger ein auf den Schlachtfeldern von 1870 errungenes altdeutsches Kaiserthum. Umstände verändern bekanntlich die Sache, und Besinnen, sagt das Sprichwort, ist das Beste am Menschen. Um das Volk im Elsaß gründlich zu belehren und, nach dem Vorgange der alten biedern Spartaner, schon die Kleinen zu lehren und sie mit der frommen Milch deutscher Denkart zu tränken, hat Herr v. Mühler bereits die preußischen Schulregulative als Lockvögel über den Rhein fliegen lassen. Probatum est.

△ Militärisches.

Würzburg, 23. Mai. Das „Würzb. Journ." enthielt folgendes „Eingesandt": „Vor einigen Tagen exercierte der Oberlieutenant L . . . . auf dem Sanderwasen mit etwa 60 Mann und ließ diese über die dort zum Trocknen ausgebreitete Wäsche marschiren, ohne den Waschfrauen vorher das Entfernen der Wäsche anbefohlen zu haben. Auf ca. 6 Soldaten, welche die Wäsche schonen wollten, schlug er mit dem blanken Säbel d'rauf und d'rein. Alle Zuschauer, darunter auch ein paar fremde Offiziere, waren über diese Handlungsweise empört. Die Wäsche war ganz ruinirt, theilweise ganz zerfetzt, weil die Soldaten auf derselben Kehrt machen mußten."

Sonderbare Leute die Würzburger! Preußen ist ein Militärstaat, Deutschland ist jetzt einig, es hat einen Kaiser und zwar den König von Preußen, es hat so ungefähr die norddeutsche Verfassung, also — ist ganz Deutschland ein Militärstaat! Und doch wundern sie sich? Das Militär hat in Preußen, also jetzt in ganz Deutschland eine große Domäne, und das ist alles Land, welches andern Leuten gehört. Es gibt Gesetze, sagt man, welche Vorschriften darüber enthalten, wo militärische Uebungen abgehalten werden können, sind dieselben aber nie Gesetz geworden, also — es gibt keine. Nur eins steht fest, wer sich über gemachten Schaden beschwert, soll entschädigt werden: „von dem, der den Schaden gemacht, resp. die Schuld daran trägt."

Ob nun die Herren Soldaten auf zufällig daliegende Wäsche manövriren, oder Wiesen, Saaten, ohne Schonung zertreten, das ist immer ein Teufel und soviel steht fest, daß uns nicht bekannt, daß die zähesten Naturen was dagegen durchsetzen konnten. Referent hat viele Erfahrungen in dieser Branche, kann aber mit keinem andern Resultate dienen, als 4 Wochen Gefängniß, die eine solche Bodenbeschädigung ihm einbrachte.

Hätte das einige Deutschland in seinem Reichstage mehr brauchbare Abgeordnete als es hat, so könnte man versuchen zu erinnern, ob der deutsche Reichsrath sich der deutschen „Unterthanen vom Civil" nicht annehmen wollte. Aber nun — läßt man manövriren bis das dumme Volk Demokraten in den Reichstag gewählt haben wird.

Patriotismus und Frömmigkeit.

Eine Zeitbetrachtung aus Schwaben.

(Fortsetzung.)

II.

Werfen wir zum Schlusse einen Blick auf die ausgezeichnete Frömmigkeit, welche die preußische Evolution des deutschen Geistes, die unser Heil zu sein und uns zu veredeln beansprucht, so auffällig begleitet.

Nichts ist bezeichnender für den niedrigen politischen Horizont des preußischen Erlösungswerkes, als der niedrige religiöse Horizont, unter welchem sich dasselbe vollzieht. Denn politischer und religiöser Fortschritt ist ein Aufschwung des Volksgeistes, sein Heraustreten in größere Gesichts- und Wirkungskreise; ein Athem befreiender Erkenntniß ist in beiden, und dieselbe Seele kann nicht ausleben und erstarren zu gleicher Zeit. Nicht das Verengen, sondern das Brechen der überkommenen historisch verlebten Schranken ist der untrügliche Stempel des erhöhten Selbstgefühls, des veredelnden Fortschritts der Völker. Den neuen Most fassen nicht alte verrottete Schläuche, und ob man noch so eifrig sie mit neuen Banden umschnüre, sie können ihn nicht halten!

Der Führer des civilisatorischen deutschen Geistes aber hat es nicht nur fertig gebracht, seine „souveraineté" der gesetzliche Volksvertretung gegenüber durch Gewaltacte, nach dem Ausdruck eines seiner Vorfahren „als einen rocher de bronce zu stabilisiren," sondern auch sein Land oder „Haus" nach dem Wort seines Vorgängers: „Ich und mein Haus wollen dem Herrn dienen," rückwärts zu concentriren in den Buchstabengraben des Mittelalters, und an den reactionären alttestamentlichen Gott der Schrift so fest zu binden, daß trotz alles Sträubens, Zappelns und Lamentirens der freiheitsdurstigen Seelen das Ministerium eines Mühler unerschütterlich alle Segnungen des neuen Geistes in den Blindsack des Pietismus steckt, und die neue Culturepoche, die der Züchtigung mit Dorn widerstrebt mit der Scorpionengeißel der berüchtigten Schulregulative regiert! Hier, in dem typischen Kaote des neuen Deutschland, in Preußen — wo 1810 alle Klöster als unnütze, unheimliche und schädliche Reste des Mittelalters aufgehoben waren — gab es 1864 bereits wieder 249 Klöster; 1866 aber sogar 491, und wieder zwei Jahre später 80, darunter 13 Jesuitenklöster . . . ein bezeichnend Wachsthum, das bekanntlich noch heute in der schönsten Blüthe steht. Sind doch in den letzten 20 Jahren in Preußen über 800 religiöse Anstalten neu baut worden, und machen doch, trotz alles stillen Einschmuggelns, die in und um Berlin hausenden Dominikaner, Franziskaner, Frauen vom guten Hirten, Töchter des heiligen Borromäus, graue Schwestern von der h. Elisabeth, Ursulinerinnen u. dergl. von Zeit zu Zeit immer durch Anrufen des ausgiebig bereiten Staatsschutzes gegen die Anfeindungen des öffentlichen Geistes ihre Existenz kund, und damit zugleich die im Dunkeln wachsende Macht ihres Einflusses. Hier in Preußen kann es geschehen, daß in einem frommen Krankenhause (Bethanien) die Vorsteherin auf Beschwerden des Arztes über verpestende, alle Heilung vernichtende Atmosphäre antwortete: „man muß dem lieben Gott nicht in den erhobenen Arm fallen," und in einer anderen Diakonissenanstalt auf die Klage über den an Cholerakranke verabreichten sauren Kohl die Oberin erwiderte: „Wir geben den Kranken, was wir haben. Sollte es ihnen schaden, so beten wir ein Mal mehr, das hebt die schädliche Wirkung wieder auf." Hier stehen aber auch gelegentlich in einer einzigen Provinz, wie in Altpreußen vor dem Kriege, 300—400 Lehrerstellen unbesetzt wegen Geldmangels im Cultusministerium; hier wird gelegentlich auch der Hungertod — dem das Elend meist schweigend erliegt — beredt, wie in der Anzeige des biederen Eduard Sack von dem Tode seines Vaters, des Dorfschullehrers, in Folge einer Jahrespension von 51 Thalern, die ihm mit Gattin und noch 5 unerwachsenen Kindern nach 35jährigem Dienste gereicht ward und ihn dem Hungertyphus überlieferte! Hier hat ein reactionärer Volksvertreter, wie v. Waldow-Steinhövel, den Muth, erst eine verhungerte Lehrerswittwe sehen zu wollen, ehe er in Aufbesserung der Lehrergehalte willige. Hier, in Preußen, gilt die Stiehl'sche Regulative und der Schiller-Heinrici'sche Stundenplan, d. h. wöchentlich eine Schreibstunde und 22 Religionsstunden für die Volksschule! Hier bringen Tisselhof und Bormann und ihre Nachtreter die persönliche Existenz und Leibhaftigkeit des Teufels wieder zu Ehren, schärft der Generalsuperintendent von Königsberg ein, „daß, wer den Satan verneint, nicht Christ wahrhaft bekennen könne," und erklärt Dr. Ebrard in Erlangen den Teufel in gleicher Weise für eine geschichtliche Person wie Napoleon. Hier stellt die erleuchtete Universität der Residenz durch ihren Rector in feierlicher Sitzung (am 31. August 1870) sich als „ein Garderegiment, als das geistige Leibregiment des Hauses Hohenzollern" der Macht zur Disposition; und erklärt der Rector des angesehensten Berliner Gymnasiums ungetadelt, nein hochbelobt, in seinem Festprogramm für die wahre Culturaufgabe des Staates den Krieg! Hier darf ein Pastor Knak mit hoher oberkirchenräthlicher Bewilligung die Verleugnung der Wissenschaft, die verstockte Dunkelheit des Mittelalters im Stillstand der Erde lehren, ein Consistorialrath Heinrici den Stern der Weisen des Morgenlandes als „im besonderen (!) Dienste Gottes gestanden" den ihm untergebenen Lehrern aufnöthigen, und ein Consistorialrath Fournier unter oberkirchenräthlichem Schutze am Altare Ohrfeigen austheilen, und trotz durch Zeugen erwiesener Lüge fortpredigen, bis die Bänke der Gemeinde leer sind. Hier werden pietistische, aber höchst königstreue Diener, die in ihrem Lehramte als Kinderschänder oder als Diebe anrüchig sind, wie der Berliner Preuß oder der Gumbinner Michelbach, mit zarter Liebe vor Untersuchungen geschützt, und wenn sich das öf-

---

„Die Leute sagten damals, ich sei wahnsinnig geworden, sie nennen mich noch die tolle Matuschka, aber ich bin's nicht, nicht wahr, ich bin gesund, o, ich weiß, ich weiß!" . . .

Mit diesen Worten sprang sie auf und eilte hinaus.

Luboiska war auf das Höchste erregt, ja erschreckt. Die Alte schien wirklich an Anfällen von Geisteszerrüttung zu leiden, die allem Anscheine nach die Folge einer großen Schuld waren. War Thaddäus darin verwickelt, oder hatte nur der Name und ein zufälliges Zusammentreffen ähnlicher Umstände alte Erinnerungen wach gerufen? Luboiska sann nach, ob ihr vielleicht durch einige Worte, die Thaddäus früher gesprochen, die nöthige Aufklärung gegeben werden konnte; aber es war vergebens. Ihr Herz wurde tief traurig. Sie stützte den Kopf in die Hand und starrte hinaus nach dem Himmel, über den der Abend bereits seine düsteren Schatten legte. Die Dunkelheit nahm zu; sie wagte nicht zu klingeln. Sie fürchtete den Anblick der alten Frau und das wilde Flackern ihrer schwarzen Augen. Allmählich wurde es Nacht, so daß sie draußen nicht mehr die Kronen der hohen Lindenbäume erkennen konnte, die ihre Aeste bis in die Nähe des Fensters streckten. Sie saß noch immer still und lauschte auf das Sausen des Herbstwindes, der in scharfen Stößen durch den Park fuhr, daß die Aeste der Bäume krachend gegen einander schlugen. Plötzlich fuhr sie auf. In dem Gezweig der Linde, welche ihrem Fenster am nächsten stand knackte und polterte es so laut, daß das Heulen des Windes übertönt wurde. Ein starker trockener Ast mußte gebrochen sein. Ihre Furcht nahm jetzt so zu daß sie im Begriff stand, nach Licht zu klingeln, als Matuschka mit der strahlenden Lampe in's Zimmer trat.

Ihr Gesicht war stark geröthet, ihre Bewegungen hastig.

„Du riefst mich nicht, mein Täubchen," begann sie mit einer Stimme, die lauter und gellender, als gewöhnlich klang, „und die alte Matuschka hätte Dich beinahe vergessen."

Sie trat an's Fenster und setzte sich Luboiska gegenüber, die unwillkürlich ihren Stuhl zurückzog.

„Fürchte Dich nicht mein Täubchen," fuhr die Alte mit geschwätziger Zunge fort. „Ach, Du bist so schön, so jung, gerad so wie ich einst war. Sie nannten mich die Lili von Pleskow und Er hat mich wohl tausendmal so genannt und mit seinen feinen Händen, an denen die Diamanten blitzten, meine schwarzen Locken von der Stirn gestrichen. Ach, er war so schön, so schön, er hatte mir's angethan mit seiner lieblichen Schönheit. Und doch hatte ich immer Furcht, wenn ich seinen Tritt hörte und bange, schreckliche Furcht und Sehnsucht, wenn er ging, wenn ich seine hohe Gestalt hinter den Bäumen verschwinden sah."

Luboiska war mit Interesse der Erzählung gefolgt.

„Warum?" fragte sie unwillkürlich.

„Warum?" antwortete die Alte in fast flüsterndem Tone, „weil ich verheirathet war, weil ich ihn nicht lieben durfte . . ."

Ihr Mund zuckte schmerzlich. Sie schwieg eine Weile, dann fuhr sie fort:

„Ja, ich mußte, ich mußte ihn lieben, er hatte mir's angethan mit seinen schönen Augen, von dem ersten Augenblicke an, da er im grünen Jagdkleide in unser Försterhaus kam und mich so freundlich ansprach. Ich war so jung, so jung und wollte lieben und geliebt werden, und Thaddäus war so verschlossen und streng. Er sprach nur von seiner Liebe zum Vaterlande, von seiner Pflicht und hatte zu Hause keine Ruhe. Du weißt, Kind, es war Anno 1830. Er blieb Tage lang fort, ohne daß ich wußte, wo er sich aufhielt, und wenn er nach Hause kam, war er finsterer als je. Ich rang, ich kämpfte, ich wollte dem Grafen mein Haus verbieten, aber wenn er kam und mir in's Auge sah, flog ich an seinen Busen und er küßte mir jegliche Angst aus der Seele."

(Fortsetzung folgt.)

sentliche Bewußtsein nicht mehr zähmen läßt, heimlich nach Amerika spedirt oder auf ferne bessere Stellen befördert — nicht anders wie in dem zur Herrschaft gelangten Soldatenstande Offiziere, die Mädchen im Kohlendampfe erstickt, oder den Hausherrn, der sich derlei Mädchenbesuche verbat, niedergeschossen, oder irgend einen persönlichen Feind im Bette gemordet haben, vor aller Oeffentlichkeit der Untersuchung bewahrt und mit väterlich liebendem Ernste gerichtet werden, bis sie aus der Festung nach Amerika entlaufen, oder zu höheren Stellen begnadigt werden...

Was kann in der That auch der Zweck aller Staatskirchenfrömmigkeit, die nicht mehr die Angelegenheit des Einzelnen, sondern die Angelegenheit des Staates Gott gegenüber vertritt, was kann er anderes sein, als die Vergöttlichung der Auctorität des Staates und der Staatszwecke, die bei uns sämmtlich in der Person des Fürsten gipfeln; von welcher Verherrlichung, je nach ihrer Nähe zu diesem, alle kleinen Gewalthaber im Staate ihr Theil profitiren wollen. (Fortsetzung folgt.)

* Was Einem recht i, ist dem Andern billig.

Der Urheber des furchtbaren Krieges zwischen Frankreich und Deutschland, der gekrönte Bandit Napoleon wurde auf Wilhelmshöhe gefangen gehalten und nach einem wahren Schlaraffenleben bei Beendigung des Krieges n Freiheit gesetzt. — Bei der Pariser Revolution ll eine Anzahl Anhänger der Commune in deutsch Gefangenschaft gerathen sein und die Deutschen sollen die Absicht haben, diese Leute ihren Henkern auszuliefern. So schreibt man wenigstens in Blättern, welche den Regierungskreisen nahe stehen.

Mit Napoleon lebten wir im Kriege, mit der Pariser Commune jedoch nicht, wenn man Napoleon dem französischen Vo auszgeliefert hätte, wäre das dennoch ganz in r Ordnung gewesen, die Pariser Flüchtlinge dürft wir jedoch nicht ausliefern, das wäre der hmählichste Polizeidienst, schmählicher als der, den reußen an der polnischen Grenze den Russen geleist.

Wäre Deutschland ein ziner von seinen Nachbarn abhängiger Staat, der tanzen muß, wie seine Nachbarn pfeifen, dann läge vielleicht eine Nothwendigkeit zur Auslieferung vor. Da wir jedoch, wa wir ja alltäglich zu hören bekommen, eine gro Nation geworden sind, ohne die kein Kanonenschur in Europa fallen darf, wäre es Deutschlands unwürdig, ein unverlöschlicher Schandfleck auf sein vielgepriesenes Ehrenkleid, wollte es die in's deutsche Lager gekommenen Pariser ausliefern.

Die deutschen Monarchen mögen wohl recht ger dem Versailler die Hand zu diesem brüderlichen Liebesdienst reichen, das deutsche Volk aber darf nimmermehr dazu seine Zustimmung geben. Für uns sind die Pariser nichts als politische Flüchtlinge u. als solche darf man sie auch nur behandeln.

Verantwortlicher Redacteur und Verleger Carl Luebeck.
Druck von Ph. Rohr in Kaiserslautern.

Der „Deutsche Demokrat,"

ein politisches demokratisches Wochenblatt für das deutsche Reich,

fängt mit dem 1. Juli ein neues Quartal an, in derselben Form wie es der unterzeichnete Verleger und Redacteur im Zusammenwirken mit Dr. Johann Jacoby und J. Reitenbach-Plicken und andern bewährten Mitarbeitern in allen Theilen Deutschlands seit drei Quartalen geschaffen.

Für den gebildeten Leser, für die Masse des Volkes werden wir fortfahren, politische Nachrichten zu bringen, Artikel, die die Masse auf den richtigen Weg zur Freiheit leiten sollen. Hoch voran soll uns leuchten die alte schwarz-roth-goldene Fahne deutscher Freiheit und Einheit. Gleiches Recht und gleiche Pflichten für Alle wird unsere Losung bleiben.

Demokraten! Dringend bitten wir, helft dem „Deutschen Demokraten" sein Ziel erreichen, indem ihr ihn in Schichten des Volkes verbreitet, in denen größere Zeitungen keinen Eingang finden, oder unverständlich bleiben.

Der „Deutsche Deokrat" erscheint jeden Samstag, wird für Auswärtige aber schon Freitags zur Post gegeben. Alle Postanstalten nehmen Bestellungen auf denselben an. Für Süddeutschland kostet er 18kr. = 5 Sgr., für Preußen (in dessen großem Post-Zeitungs-Preiscourant er im Nachtrage unter Nr. 689 a. verzeichnet ist) bei Selbstabholung von der Post 6 Sgr. 9 Pfg., in de Stadt mit Bestellgeld 8 Sgr., auf dem Lande mit Bestellgeld 9 Sgr. 6 Pfg.

Inserale finden fü 12 kr. = 3 Sgr. die Petitzeile die weiteste Verbreitung in Deutschland und im Ausland.

Kaiserslautern, im Juni 1871.

Der Verleger und Redacteur,
Carl Luebeck.

Marktbericht.

* Frankfurt, 5. Juni. (Fruchtbericht.) Die Stimmung für Getreide hielt sich trotz des Regens ziemlich fest, der Umsatz ging aber nicht über den laufenden Bedarf hinaus. Man [illegible] Weizen, der sogar einen besseren Preis errang, mit 11 fl. [illegible] 15 fl. 30 kr., [illegible] 13 bis 14 fl. 45 kr., Roggen 11—11 fl. 15 kr., Gerste mit 8 fl. 45—10 fl. und Hafer mit 10—10 fl. 40 kr. Alles per 200 Pfd. nach Qualität. Rüböl [illegible]

* Köln, 6. Juni. (Schlußbericht.) Weizen matter, effect. hiesiger [illegible], per Juni 7.24 per Nov. 7.29. Roggen matter, effect. hies. 6.20, per Juni 5.24, per Nov. 6. Rüböl geschäftslos, loco [illegible] 14[illegible], per Okt. 14[illegible]. Leinöl [illegible] 11[illegible]. Wetter [illegible]

* Berlin, 7. Juni. (Schlußbericht.) Roggen pr. Juni-Juli 51[illegible], per Juli-August 51[illegible]. Rüböl per Juni-Juli 25[illegible], per Sept.-Okt. 25[illegible]. Spiritus pr. Juni-Juli 17 thl. [illegible] sgr., per Juli-August 17 thl. 9 sgr.

* Hamburg, 6. Juni. (Schlußbericht.) Weizen per Juni-Juli 158 — Br., 157 — G., per Sept.-Okt. 160 — Br., 159 — G., Roggen per Juni-Juli 111 — Br., 110 — G., per Sept.-Okt. 112[illegible], Br., 111[illegible], G., Rüböl loco 29 —, per Okt. 27[illegible], Spiritus loco 20[illegible], per Sept.-Okt. 28. Kaffee fest.

* Königsberg, 5. Juni. Weizen für 85 Pfd. 100—106 Sgr. — Roggen für 80 Pfd. 54—62 Sgr. — Gerste, große u. kleine für 70 Pfd. 45—51 Sgr. — Hafer für 50 Pfd. 28—33 Sgr. — Erbsen, weiße 90 Pfd. 56—65 Sgr., graue, 55—70 Sgr., grüne 60—6[illegible] Sgr. — Bohnen für 90 Pfd. 65—74 Sgr. — Wicken für 90 Pfd. 50—55 Sgr. Buchweizen für 70 Pfd. 14 [illegible] Sgr. — Leinsaat für 70 Pfd. 80—95 Sgr. — Rübsen für 72 Pfd. 118—125 Sgr., Kleesaat, rothe 12—19 Thlr., weiße 11—22 Thlr. der Centner. — Thymotheum 5—9 Thl. der Centner. — Leinöl mit Faß 12[illegible] Thlr., Rüböl mit Faß 13[illegible], Thlr. der Cent. Leinkuchen 83—90 Sgr., Rübkuchen 70—80 Sgr. der Centner. Spiritus 16[illegible] Thlr. für 8000[illegible] Tr. ohne Faß. Auf Lieferung Juni 16[illegible] Thlr.

* Mannheim, 6. Juni. (Viehmarkt.) Es wurden 450 Stück Rinder und 90 Ochsen verkauft. Die Preise stellten sich wie folgt: Ochsenfleisch 1. Qual. 39—40 fl., 2. Qual. 37—38 fl., Schmal- und Rindfleisch 1. Qual. 34—36 fl., 2. Qual. 30—31 fl.

* Mannheim, 6 Juni. Der Milchviehmarkt war mit 72[illegible] Stück befahren. Die Preise stellten sich auf 85 bis 2[illegible] fl per Stück.

* Frankfurt, 6 Juni. Der heutige Viehmarkt war mit Ochsen gut befahren. Kühe u. Kälber waren wenig am Platz und in Folge dessen im Preis angezogen. Die Grenzsperre nach Niederösterreich hatte [illegible] keinen Einfluß auf den Markt. Es waren angetrieben: [illegible] Ochsen, 160 Kühe und Rinder, 150 Kälber und 300 Hämmel. Die Preise stellten sich: Ochsen 1. Qual. fl. 35 p. [illegible] 2. Qual. fl. 33, Kühe 1. Qual. fl. 31—32, 2. Qual. fl. 29, Kälber 1. Qual. fl. 27 bis 28, Hämmel 1. Qual. fl. 27.

† Berlin, 5. Juni. (Neuer Berliner Viehmarkt.) Es standen zum Verkauf: 244[illegible] Stück Hornvieh, 3641 Stück Schweine, 684 Kälber und 13716 Hämmel.

Bei Hornvieh zögerten die Exporteure anfangs einigermaßen, vielleicht in der Besorgniß, daß die Behandlung der Wagen Schwierigkeiten haben würde, doch wurde das Geschäft bald lebhafter, da heute, eine Woche nach dem Pfingstfeste sich auch der Localbedarf wieder vollständig geltend machte, und wurden schließlich verhältnißmäßig Preise erreicht; es wurde bezahlt: erste Qualität 17—19, die zweite 13—14 und für dritte 8—10 Thlr. per 100 Pfd. Schlachtgewicht.

Bei Schweinen machte sich der Handel recht lebhaft; der Auftrieb war verhältnißmäßig gering und da auch für den Export ziemlich rege Nachfrage war, wurde der Preis von 17 bis 18 Thlr. per 100 Pfd. Schlachtgewicht ohne Schwierigkeit erreicht.

Die geringe Anzahl der am Markt gebrachten Kälber war schon am frühen Vormittage zu sehr guten Preisen verkauft.

Bei Hämmeln wurde eigentlich nur gute und in geringer Anzahl mittlere Waare gefragt; geringere Qualität blieb fast ganz zurück; es waren durchschnittlich 7[illegible] Thlr., für feine Waare bis 8 Thlr. pro 45 Pfd. Fleischgewicht zu erreichen.

Deutscher Demokrat.

Erscheint wöchentlich einmal und wird den auswärtigen Abonnenten Freitags mit der Post zugesandt.

Nro. 25. Vierteljährlich 5 Sgr. = 18 kr. in Preußen 6 Sgr. 9 Pf. — **Kaiserslautern, 18. Juni 1871.** — Inserate 3 Sgr. = 12 kr. die 1spaltige Zeile.

Der Bürgerkrieg in Frankreich.

Die Standgerichte, welche die Pariser verurtheilen, haben ihre Thätigkeit begonnen, das gesetzliche Mähen wird folgen. Die Strafe wird nur — der Tod oder Deportation sein.

Zur Aufnahme der Deportirten soll nicht Cayenne oder Lambessa, sondern die Insel Neu-Caledonien bestimmt sein.

Jede Idee hat ihre Märtyrer, schreibt uns ein nordischer Freund, auch die Idee der Commune hat die ihrigen gehabt. Heute, wo die Verhältnisse klarer zu Tage liegen, hat sich als unzweifelhaft herausgestellt, daß die Vertheidiger der Commune sich keiner verächtlichen Handlungsweise schuldig gemacht, sie haben das Privateigenthum geehrt und nur der Idee galt der schreckliche Vertheidigungskampf. Mit welchem Heldenmuth sich die Pariser gewehrt, das erzählt uns die „Kreuzzeitung", für unseren Gegenstand gewiß keine freundschaftliche Quelle. Das Blatt schreibt:

„Tausende haben allerdings im letzten Augenblicke Furcht gehabt, und gesucht, sich zu retten. Aber die große Mehrzahl Derjenigen, welche sich mit Muth geschlagen haben und mit den Waffen in der Hand ergriffen wurde, wußten sehr gut, welches Schicksal sie erwartete. Es schien, als ob eine unerbittliche Logik sie forttreibe. Sie hatten getödtet, um eine Partei zu gewinnen. Die Partei war verloren, sie fühlten, daß die Reihe, getödtet zu werden, an ihnen sei. Die Meisten gingen dem Tode entgegen, wie die Araber nach den Gefechten, mit Gleichgültigkeit, mit Verachtung, ohne Haß, ohne Zorn, ohne Injurien gegen ihre Richter. Alle Militärs, welche an den Erschießungen Theil nahmen und nehmen mußten, bezeugen diese Thatsache. Einer sagte mir: „Wir haben in Passy etwa vierzig dieser Canaillen erschossen, aber gestorben sind sie wie Soldaten." Die Einen kreuzten die Arme und hielten den Kopf hoch; die Anderen öffneten ihre Röcke und riefen uns zu: „Schießt, wir fürchten den Tod nicht!" Ein Offizier von dem Corps des Generals Clinchant erzählte mir, daß seine Compagnie 84 Gefangene auf die Wälle geführt habe. „Sie haben sich in Reih und Glied gestellt, als ob sie zum Exerciren gingen. Nicht Einer zeigte Unruhe oder Aufregung. Einer bat uns ganz ruhig: „Zielt nach der Brust und schont den Kopf!" So fast allenthalben. Mit Ausnahme einiger der „politischen" Matadoren der Rebellion, die im Augenblicke ihrer Verhaftung jammerten oder schimpften, haben, so viel man bis jetzt erfahren hat, sämmtliche Erschossene eine ruhige Todesverachtung zur Schau getragen. In Paris dauern die Haussuchungen nach Waffen fort. Bis jetzt ist kaum ein Drittel von den Gewehren, die an die Nationalgarden vertheilt worden waren, gefunden worden."

Die in Wien lebenden Verwandten Leo Fränkel's, welcher bekanntlich Mitglied der Regierung der Pariser Commune war, haben die Nachricht erhalten, daß es demselben gelungen ist, nach England zu entkommen. Dem Insurgentenchef Dombrowski war, wie aus glaubhafter Quelle versichert wird, von der Versailler Regierung eine sehr bedeutende Summe geboten worden, wenn er Paris überliefern wollte. Dombrowski hatte aber dieses Anerbieten mit tiefster Entrüstung zurückgewiesen.

Nach der „Times" wurden die Versailler durch den Verrath eines gewissen Duranel, früher Unteroffizier bei der Marine, nach Paris geführt. Er hatte den Versaillern vorher schon die Befestigungsarbeiten der Pariser verrathen und leistete ihnen auch bei dem inneren Kampfe die trefflichsten Dienste, so daß die Aufständischen in einzelnen Positionen völlig überrascht wurden.

Wochenschau.

Deutschland.

Ueber Dr. Johann Jacoby wird uns aus Königsberg unterm 8. Juni geschrieben: „Unser Freund ist ziemlich munter und sieht fast wieder so gesund aus wie früher; das Zimmer hat er aber bisher nicht verlassen und wird es auch nicht eher, als bis er seine zum 20. bis 24. Juni beabsichtigte Reise nach dem Süden Deutschlands antreten wird."

Der Reichstag hat das Militärpensionsgesetz zu Ende berathen, die für Offiziers-Pensionen bewilligten Sätze enthalten eine so große Anlockung zum Militärdienste, daß der Andrang zur Offiziers-Carriere noch massenhafter wie bisher sein wird. Bekanntlich schickte der preußische Adel bisher seine für jede bürgerliche Beschäftigung zu vornehmen Söhne in die Armee, dort stiegen sie zu den höchsten Stellen, oder fanden, wenn sie etwa im Avancement wegen Dummheit oder anderer Eigenschaften übergangen wurden, durch die Pensionirung ein sorgenfreies Leben. Das wird jetzt noch besser werden, da die Offiziere schon nach zehnjähriger, statt wie bisher nach fünfzehnjähriger Dienstzeit pensionirt werden können.

Die letzten Vorlagen des Reichstags bestanden in der Dotation für die Feldherren in Höhe von vier Millionen und der Zahlung von Retablissementsgeldern an Offiziere und Soldaten gleichfalls in Höhe von vier Millionen. Der Reichstag ging natürlich auf den Leim und bewilligte beide Vorlagen. Auf den gemeinen Mann und Unter-Offizier kommt dabei kaum eine Million — das ist für die Ehrlosen — wie der Bundescommissar v. Plötz die gemeinen Soldaten bezeichnete — auch genug!

Bismarck bekömmt, wie wir gemeldet, die Lauenburgischen Domänen im Werthe von einer Million.

Der Kaiser aller Reussen hat dem Kaiser aller Deutschen einen Besuch gemacht. Europa liegt den beiden Herrschern wehrlos zu Füßen — die Aera des europäischen Kosakenthums ist in ihrer ganzen Herrlichkeit über uns gekommen — glückliches Deutschland — doch der Dumme bekommt in der Kirche Prügel!

Der große Lärm über das Petitionsrecht der Postbeamten ist, wie wir voraussahen, echt chinesisch verlaufen. Man hatte es mit unzweifelhaften Thatsachen zu thun — fügte sich jedoch in's Unvermeidliche, was jedenfalls das Beste war, da die bisherige Wirthschaft sich nicht durch Worte ändern läßt. Um den Stall zu reinigen, bedarf es Männer — Demokraten!

Es taucht wieder einmal das Gerücht vom Rücktritte des preußischen Mühlers und Eulenburgs auf — wenn's wahr wäre, giebt es ja doch nur dieselbe Couleur in schwarz-weiß!

Soldatenehre! In Ludwigshafen in der Pfalz attaquirten bayerische Soldaten den Etappencommandanten, der sie ungebührlich behandelt haben soll. — In Bielefeld wurde der aus Frankreich zurückkehrende Grenadier Reservist Herzog aus Winkelshütte bei Bergholzhausen von dem Hauptmann v. Falckenstein vor dem gesammten Publikum und in Gegenwart seiner entsetzten Verwandten zu verschiedenen Malen geohrfeigt. — Er war zur Begrüßung seiner Verwandten ausgetreten.

In der letzten Wanderversammlung des Berliner „Demokratischen Vereins," wies Dr. Guido Weiß nach, daß die Pariser Commune nichts weiter gethan habe, als was alle kriegführenden Parteien immer thun. Wenn dabei Ausschreitungen vorgekommen seien, so erkläre sich das dadurch, daß Bürgerkriege mit mehr Erbitterung geführt werden, als solche gegen auswärtige Feinde. Man solle die Commune nicht mit „Communismus" verwechseln, denn der Kampf der Commune sei nur für Volksrechte geführt worden.

In Dresden tagte jüngsthin die evangelisch-lutherische Landessynode. Dieselbe beschloß u. a. die Abschaffung des Feiertags Mariä Verkündigung und die Abänderung des bisherigen streng orthodoxen Religionseides in ein Handgelöbniß milder Form. Da von dieser Synode gar keine freisinnige Maßregel zu erwarten stand, so war ihr leicht, mit keinen der Zeit gemachten Zugeständnissen sich noch einige Anerkennung zu verschaffen.

Der in der Sitzung der Berliner Stadtverordneten-Versammlung vom 1. d. Mts. bei der Berathung der Magistratsvorlage wegen der Errichtung dreier höherer Lehranstalten gestellte Antrag, zu beschließen, daß diese Anstalten keinen confessionellen Charakter erhalten, ist in namentlicher Abstimmung mit 47 gegen 25 Stimmen abgelehnt worden.

Die Regierung in Wiesbaden hat die Einführung confessioneller Lesebücher in Nassau untersagt. Nichts ist vollkommen unter der Sonne — das von der Regierung zur Einführung bestimmte confessionslose Lesebuch leistet dafür in der Lobhudelei nach oben desto mehr.

Der Reichstagsabgeordnete Dr. Becker ist als Bürgermeister von Dortmund bestätigt.

Es hat sich jetzt als unzweifelhafte Thatsache ergeben, daß der Expräsident der sogenannten Schweitzer'schen Arbeiterpartei Herr v. Schweitzer von den Conservativen Geld (400 Thaler) zur Bekämpfung der Wahl des Abg. Harkort von der preußischen Fortschrittspartei erhalten. Daß v. Schweitzer im Solde der preußischen Regierung stand, war längst kein Geheimniß mehr.

In Frankfurt finden zwischen preußischen und französischen Bevollmächtigten Nachtragsverhandlungen zum Friedensvertrage statt.

Ein wichtiger Plenarbeschluß des Obertribunals betreffend die Pensionen der von der Staatsregierung angestellten Polizeibeamten, ist unterm 1. Mai d. J. dahin ergangen: „Im § 3 des Gesetzes über die Polizeiverwaltung vom 11. März 1850 sind unter den Gehältern der von der Staatsregierung angestellten besondern Beamten, welche der Staat zu tragen hat, die diesen Beamten nach ihrer Versetzung in den Ruhestand zu gewährenden Pensionen begriffen."

Wie in Bayern ist auch in Sachsen eine Amnestie für Militärvergehen erlassen. — Der Missionsprediger Borchert wurde wegen Beleidigung der Leipziger Polizei vom Stadtgericht Berlin zu 25 Thaler Strafe verurtheilt. Der Verurtheilte zog jedoch die Heidenbekehrung in Japan der Bezahlung der Strafe vor und — verschwand ersichtlich vom Himmel begünstigt.

Zu unserer neulichen Mittheilung über die Freisprechung des reactionären „Ostpreußischen Volksboten" bez. dessen Redacteur A. Klein wegen eines „der Jude Johann Jacoby" überschriebenen Artikels bemerken wir heute nach einer eingehenden Schilderung der „Insterburger Zeitung", daß Dr. Johann Jacoby „es unter seiner Würde gehalten hätte," einen Strafantrag zu stellen.

Uns geht über den Fall von zuverlässiger Hand die Nachricht zu, daß der Redacteur des lügenhaften Schandblatts nur der Prügelknabe für einige lichtscheue Geister sei. Man schreibt uns darüber:

Als Redacteur zeichnet Herr A. Klein in Insterburg, das Volk aber glaubt nicht an ihn, sondern bezeichnet als wirklichen Redacteur Herrn Zacharias, weiland Seminardirector in Karalene, entlassen wegen zu aufgeregten Geisteszustandes, und v. d. Oelsnitz, Hauptmann oder dergleichen, Landwehrcompagnieführer in Gumbinnen, Vorsteher am schwimmenden Waisenhause, Verfasser des „Katechismus für die Wachtstube" ꝛc. ꝛc. ꝛc. — Gott schütze uns übrigens vor dem Verdienste, preußische Gerichte vertheidigen zu wollen.

Wir bemerken an dieser Stelle, daß uns lediglich die gewaltige Stoffanhäufung hinderte, über den Preßproceß des „Bürger- und Bauernfreundes", wie wir versprochen, zu berichten.

Die Nachricht, daß Baden unmittelbares deutsches Reichsland geworden, schreibt man uns aus dem badischen Oberlande, wird allerwärts beifällig aufgenommen, weil uns dadurch hoffentlich die Unterhaltung eines glänzenden Hofstaats mit noch manch anderem jetzt ganz unnöthig gewordenen abgenommen wird, wozu wir unter Anderem besonders auch die landständischen Vorstellungen von Zeit zu Zeit auf Kosten des Ländchens zählen, wie auch die verhaßten Kosten der Kreisversammlungen.

Warum Bismarck den Reichstagsabgeordneten keine Diäten geben will, hat seinen guten Grund, meinte kürzlich ein müßiger Rechner; denn hätten sie Diäten, nur wie ein badischer Landstand, so wäre die Adresse auf die kaiserliche Eröffnungsrede, so unnöthig sie auch ist, allein auf 3500 fl. gekommen — so lang und breit wurde darüber geschwatzt. Und wenn man dann die Zeit für noch andere nichtssagende Reden dazu rechnet, so käme im Ganzen eine während einer Session riesig steigende Summe heraus, mehr als Bismarck seither ersparte. Diese Meinung hat — auf den gegenwärtigen Reichstag, der eigentlich nur der gehorsame Diener Bismarck's ist, angewandt — allerdings viel für sich; allein wenn's so bleiben müßte, könnte man die Sache ganz ohne allen Reichstag abthun, indem Bismarck ja nur einfach zu befehlen hat. Wozu noch die reichstägliche Spiegelfechterei!

Mit gesperrter Schrift meldet der Stuttgarter „Beobachter" eine Regierungsvorlage für den demnächst zusammentretenden Landtag.

Dieselbe beantragt, vom 1. Juli an eine Erhöhung der Grund- und Gewerbesteuer von 10 auf 50, der Kapitalien- und Renten- sowie etwelcher indirekten Steuern von 10 auf 25 Prozent. Gleichzeitig soll eine neue Emission von Papiergeld in der Höhe von 3 Millionen Gulden in Aussicht stehen!!!

Der „Beobachter" bemerkt dazu:

Man hat uns so oft gesagt, daß die Freiheit theuer sei. Hier lernen wir, wenn wir es sonst nicht wüßten, daß auch der Einheitsgedanke nicht zu mäßigem Tarife verzollt wird. Denen aber, welche uns seit Jahren einzureden sich abmühten, daß die Lasten des Militärstaats nur erleichtert werden könnten und müßten, wenn sie gemeinsam von den Schultern Alldeutschlands getragen würden, überlassen wir es, sich mit diesem „unvorhergesehenen Ereignisse" abzufinden, das so plötzlich „in ihrer Träume wundervolle Mährchenwelt" hereinbricht.

Es geht doch nichts über einen treugehorsamen Magistrat! Die weisen Väter der Stadt München hatten früher den Beschluß gefaßt, mit der Frohnleichnamsprozession nur dann zu gehen, wenn Sr. Maj. sich daran betheiligt. Also, sagt ein Berichterstatter der „Fr. Ztg.": wenn Se. Maj. fromm zu sein geruhen, sind auch die Väter der Stadt fromm; wenn dagegen Se. Maj. durch kirchlichen Katarrh abgehalten zu sein belieben, — so hat der ganze Magistrat Katarrh.

Uebrigens jedes Thierchen hat sein Pläsirchen, die Nationalliberalen die zur Verdeckung der Berliner Schande die Backen noch immer voll nehmen, um die Unfehlbarkeit zu verurtheilen, haben es sich zum größten Theil nicht nehmen lassen, an der Frohnleichnamsprozession Theil zu nehmen. Auch die bayerischen Minister, Graf Bray, v. Lutz und v. Braun hatten sich der Prozession angeschlossen. So lange so etwas am grünen Holz geschieht, hat es mit der Kirchenreform, die die Altkatholiken erstreben, sowie mit der Wiedervereinigung der Confessionen lange Wege.

Mit der Bildung von freireligiösen Gemeinden ist es auch traurig bestellt, die Beamten, welche sich einer solchen anschließen wollen, verlieren ihre staatliche Stellung. Die bayerische Gesetzgebung kann sich in dieser Beziehung der des Herrn v. Mühler würdig an die Seite stellen.

Der Redacteur des „Volksboten" in München ist wegen Amtsehrenbeleidigung des Ministers v. Lutz und des Polizeidirektors v. Burchdorff vor das Schwurgericht verwiesen worden. Herr v. Burchdorff wird, wie die „Südd. Post" sattsam erfahren, sehr leicht beleidigt.

Bischof Heinrich in Passau hat diesmal die Frohnleichnamsprozession in Passau in einfachster Weise abhalten lassen und sich selbst mit dem Domcapitel nicht daran betheiligt, um, wie er ausdrücklich erklärte, durch diese Manifestation den liberalen Bestrebungen, wie sie sich in der Stadt Passau in kirchlicher Beziehung geltend zu machen suchen, entgegenzutreten. Geschieht den Passauern schon recht!

Bei Gelegenheit eines Preßprozesses vor dem Glaubensgerichte in Graz erklärte der Staatsanwalt wer die beiden Cardinalsätze — die Existenz eines persönlichen Gottes und die Unsterblichkeit der Seele — verwerfe, mache sich des Unglaubens schuldig, und die Gesetzgeber, welche den Unglauben für strafbar erklärten, hätten wohl gewußt, daß durch denselben die Moral untergraben und die Sicherheit der Gesellschaft gefährdet werde. Das muß ein Muster von Staatsanwalt sein! Der k. k. Gerichtshof trat dieser Ansicht bei!

Der Arbeiterverein „Vorwärts" in Graz wurde wegen „staatsgefährlicher Umtriebe", ein der österreichischen Polizei immer geläufiger werdendes geflügeltes Wort, — aufgelöst, die Aufregung bei der völlig unbegründeten Auflösung war in den Arbeiterkreisen groß. Es kam zu Straßendemonstrationen, Verwundungen und Verhaftungen.

Man glaubt, daß die Auflösung des Arbeitervereins „Vorwärts" nur die Einleitung zur Auflösung sämmtlicher demokratischen Arbeitervereine ist.

Das hieße bei den versumpften socialen Verhältnissen des Landes Oel ins Feuer gießen. Darauf kömmt es indeß dem Despotismus, der sich in Oesterreich breit macht, gar nicht an.

Ausland.

Die Versailler Versammlung drängt mit allen Kräften Frankreich der Monarchie in die Arme. Das Verbannungsgesetz gegen die Prinzen von Orleans ist aufgehoben und der Wächter der französischen Republik Thiers ist der Ansicht, daß die constitutionelle Monarchie nichts anderes als die Republik mit einem erblichen Regierungspräsidenten sei! — Davon können wir ein ander Liedlein singen — eine constitutionelle Monarchie kann auch sehr gut die traurigste Despotenherrschaft sein.

In Livry (Seine-et-Oise) hat ein junger Mann bei einem Streite einen preußischen Offizier erschossen. Mit dem Sohn ist auch der unschuldige Vater verhaftet. Beide sollen erschossen werden. Jules Favre hat sich für die Unglücklichen im Hauptquartiere verwandt.

In Lyon ist ein neues republikanisches Organ gegründet worden: das „Journal de Lyon." Hauptredacteure sind Hr. Schneegans, bis zum Kriege Redacteur des „Niederrhein. Courriers", zuletzt Abgeordneter der Stadt Straßburg in der Nationalversammlung von Bordeaux und Eugen Jung, ehemaliger Mitarbeiter des „Journal des Debats."

Sämmtliche Nationalgarden sollen in Frankreich aufgelöst werden. — Die Regierung beabsichtigt einen großen Schlag gegen die Aufständischen in Algier zu führen.

Die italienische Regierung will am 1. Juli nach Rom übersiedeln.

War die Pariser Commune zur Revolution berechtigt?

Diese Frage hat in letzterer Zeit die öffentliche Meinung lebhaft beschäftigt und in erster Reihe waren es die Versailler, welche dieses Recht bestritten. Sehen wir uns die Verhältnisse einmal genauer an. Wohl war die Versailler Versammlung aus der freiesten Abstimmung hervorgegangen, doch verdankte der Exkaiser nicht auch seinen Thron der Volksabstimmung, hatte ihm nicht das ganze französische Volk noch kurz vor dem Kriege ein großes Vertrauenszeichen gegeben? Wer kann heute behaupten, daß das französische Volk den Parisern, wenn sie gesiegt hätten, nicht zugestimmt haben würde. Wir glauben sogar, daß dies geschehen wäre, da alle Städte Frankreichs auf Seite der Commune standen und die Nationalversammlung nur die Wiederkehr der Reaction und der Monarchie bedeutete.

Die Nationalliberalen und die Pariser Zerstörungen.

Wir gehören sicher nicht zu denen, welche das Verbrennen der öffentlichen Gebäude in Paris durch die Anhänger der Commune gebilligt, wundern müssen wir uns aber doch über die Nationalliberalen, welche vor Schmerz und Zorn über die Greuelthaten schier aus dem Häuschen gerathen zu sein schienen. Diese Tugendhelden! Als die Deutschen vor Paris lagen und die Stadt mit ihren Kunstwerken bombardirt werden sollte, da schrieen diese Tugendhelden: Das moderne Babel muß zerstört werden, kein Stein darf auf dem andern bleiben. Es fehlte damals nicht an Stimmen, welche das Unglück von Paris abwenden wollten, wir erinnern an die Petitionen der englischen Universitäten. Eine deutsche Universität, Göttingen, hatte damals die Stirn, die Zerstörung der Brutstätte der Revolution förmlich zu fordern. Was kann man jetzt von der sittlichen Entrüstung dieser Nationalliberalen sagen? Sie predigten die Zerstörung von Paris aus reiner Zerstörungswuth und sind deshalb noch schlechter als die von ihnen so schrecklich geschilderten Brandstifter von Paris, bei denen man zur Entschuldigung doch noch die Verzweiflung annehmen kann, zu der sie im Erliegen getrieben wurden.

Die Städte-Zerstörung

gehört sicher zu den furchtbarsten Erscheinungen des letzten Krieges. Ein wahrhaft entsetzliches Loos war den Städten beschieden, die das Unglück hatten, mit einem Festungsgürtel umgeben zu sein. Hab und Gut des friedlichen Bürgers, des Mannes, der keinen sehnlicheren Wunsch als das Ende des Mordens,

---

Feuilleton.

* Die Polenflüchtlinge.

Erzählung von A. Fr.

(Fortsetzung.)

„Er verlangte, ich sollte ihm folgen, er wollte mit mir entfliehen, aber ich widerstand, ja ich widerstand, aber endlich mußte ich's thun. Thaddäus überraschte uns, er sprang wie ein Tiger auf den Grafen los .... ich sehe noch das wilde Funkeln seiner Augen .... sie rissen die Hirschfänger von der Seite und im Nu war's geschehen. Mit zerspaltenem Haupte sank mein Mann zu Boden .... sein brechendes Auge sah noch mir mit einem Blicke so gräßlich, so gräßlich! Kind, Kind, hüte Dich, Du bist auch schön!" ....

Ludoiska erbebte.

„Hu, was ist das?" rief die Alte plötzlich, vom Fenster springend, „hörst Du dort, dort draußen, wie das Leichenhuhn ruft?"

Mit innerem Grausen horchte das Mädchen. Von der alten Linde her, dem Fenster gegenüber, [illegible] laut der klagende Ruf des Käuzchens.

„[illegible]m fort von da, komm hierher in's Helle," bat die Alte, indem sie sich wie im Fieber schüttelte, „dort ist's so grausig düster."

Ludoiska gehorchte zögernd und schien eifrig auf den Ruf des Vogels zu lauschen. Wie ein Lichtstrahl war ihr der Gedanke gekommen, daß der kühne Thaddäus den armen Flüchtlingen wohl bekannte Zeichen gegeben habe. Das Krachen des Astes, welches sie vorhin gehört hatte, schien ihre Vermuthung noch zu bestätigen.

Wieder rief draußen der Vogel. Sie zählte genau. Bei Gott, er mußte es sein. Aber in welcher Absicht war er gekommen?

„Komm, Kind," bat die Alte, „laß den Vogel, komm her, setze Dich, ich will Dir Alles erzählen."

„Ich warf mich neben dem Todten auf die Erde und versuchte in meiner Verzweiflung das strömende Blut zu stillen. Da traf mich des Grafen Ruf. „Komm eilends fort," rief er mit bittender Stimme, „oder wir sind Beide verloren." Ich wollte ihm nicht folgen, aber er sah mich so flehend an, so voller Liebe; und als er hinzufügte: „Um Deinetwillen bin ich zum Mörder geworden, und Du willst mich verlassen?" Da vermochte ich nicht zu widerstehen. Ich warf mich in seine Arme, küßte ihm den kalten Schweiß von der bleichen Stirn, und schwur, ihm zu folgen, wohin er mich führen würde.

Wir eilten aus dem Hause und just zur rechten Zeit, denn wir konnten noch deutlich hören, daß Männer unser Haus betraten, und mit wilden Lauten einander zuriefen.

Die Stellung des Grafen sicherte ihn vor Entdeckung. Um vollends Allem auszuweichen, reisten wir nach Italien. Ach, wie glücklich hätte ich leben können, wenn .... wenn .... hu, hu, hörst Du dort den Vogel? Das bedeutet Unglück, Kind. Ja, ja, ich bin eine Unglückliche, o heiliger Gott, Gnade, Gnade!"

Sie fiel auf die Kniee, bekreuzigte sich, und ihre krampfhaft gefalteten Hände schienen ein Gebet auszudrücken, welches die bebenden Lippen nicht zu stammeln vermochten.

Ludoiska war tief erschüttert.

„Ist der junge Graf Ihr Sohn?" fragte sie endlich, um die Alte aus ihrem Zustande zu reißen.

Diese schüttelte das Haupt.

„Nein, nein, nicht mein Sohn, o Gott sei gelobt, daß der Fluch sich nicht forterben kann. Der Graf war Wittwer und hatte das Kind in eine Erziehungs-Anstalt gegeben. Aber ich habe ihn gepflegt, wie meinen eigenen Sohn, ich habe für ihn gewacht, für ihn gebetet, für ihn gearbeitet. Das giebt Ruhe, siehst Du, Ruhe, Ruhe, und er hat mich nicht verstoßen, er hat mich nicht hinausgetrieben in's Elend,

die Wiederkehr des Friedens hatte, war rettungslos dem Verderben preisgegeben und Millionen und Abermillionen Werthe wurden vernichtet, Tausende von unschuldigen Bürgern wurden geopfert. Ebenso wenig wie sich der Krieg an die Bürger und ihr Eigenthum kehrt, hat er auch kein Herz für die Schätze der Kunst. Die öffentlichen Gebäude Straßburgs wurden absichtlich zerstört, da man in ihnen leicht brennbare Stoffe wußte, die das Feuer schneller über die Stadt verbreiten mußten. So wurde das Theater, die Bibliothek, der Justizpalast, Kirchen und andere hervorragende Gebäude in Brand geschossen und bei dem großartigen Feuerwerk in der Stadt klatschte Deutschland rasenden Beifall und bewunderte die Trefflichkeit unserer Zerstörungsmaschinen. Niemand dachte an das Unglück der Bürger. Ein gleiches Schicksal traf das kleine Städtchen Bitsch, Pfalzburg, Toul, Belfort u. a. Ueberall hatten unsere Geschosse Tage des Ruhms zu verzeichnen, aber bei jeder neuen Ruine wuchs auch das Wehegeschrei des Unglücks. Die Städtezerstörungen haben mit Paris einen furchtbaren Abschluß erfahren. Die Artillerie hat bei dem Bombardement der unglücklichen Stadt einen großen Theil von Paris in Schutt und Asche gelegt, gegen diese Zerstörungen war das Anzünden einzelner öffentlicher Gebäude durch die Anhänger der Pariser Commune fast nur eine Kleinigkeit. Wenn wir all das namenlose Unglück überschauen, das der Krieg in seinem Gefolge hatte, mischt sich in die Siegesfreude ein bitterer Tropfen und unwillkürlich erstickt der Siegesjubel in der Kehle. Kein Sieg kann das entsetzliche Elend aufwiegen, das sich in seinem Gefolge befindet und wer weiß wie bald uns ein neuer Völkermord bevorsteht!

⊙ Allerlei aus Braunschweig.

Von dem Grundsatze ausgehend, den wir noch immer ausgesprochen und auch befolgt haben, daß es zuweilen geradezu nothwendig, geradezu heilige Pflicht sei, tief in's Fleisch einzuschneiden, und daß gerade dadurch sich die Ehrlichkeit des Freundes viel besser bestätige, als in schönen Redensarten, weil man doch nicht „anstoßen, nicht beleidigen" möchte, wollen wir es versuchen, in wenigen Zügen ein kleines Bild von den Verhältnissen unserer Stadt zu geben. Der Umstand, daß es hier Stoff genug gibt für einen reformlustigen Geißler, und daß von den hiesigen Verhältnissen wenig, oft gar nichts in die Oeffentlichkeit dringt, sowie, daß wir nicht das Glück haben, Braunschweiger, sondern Fremder zu sein, und die Sache also mehr objektiv zu betrachten im Stande sind, bestärkt uns in unserm Vorhaben.

Unter manchen andern Eigenschaften, welche dieser alten Stadt zugeschrieben werden, und von denen bei weitem die meisten ein der Vergangenheit angehörendes Verdienst haben, wird auch die eine hervorgehoben als heute noch geltend: „der Braunschweiger ist gemüthlich." Wir wollen den Bewohnern der alten Welfenstadt dieses Lob durchaus nicht streitig machen, erlauben uns aber, darauf aufmerksam zu machen, daß es sich mit der vielgepriesenen Gemüthlichkeit geradeso verhält, wie mit der Liebe und Gerechtigkeit manches Gottes. Aus Liebe läßt es dieser dem Einen hundeschlecht ergehen und den Andern im Ueberfluß leben; aus Liebe läßt er den Einen im Elend schmachten und den Andern aller Menschenrechte spotten. So geht es gerade auch mit der Gemüthlichkeit. Dieser Sack ist oben so weit, daß sich zu gesundem Verstande und ehrenwerther Vernunft, zu offenem Sinn für alles Schönere und Bessere auch die faulsten Uebelstände mit hineinschieben lassen. Während z. B. der Süddeutsche es gemüthlich findet, wenn auch die Ausübung seines Berufes von andern geschieden ist, doch aber es Keinem einfällt, diese Schranke auch bis in das Unterhaltungs- und Erholungslokal zu ziehen, findet der Braunschweiger nur da Gemüthlichkeit, wo man ihn ruhig mit seinen „alten ächten Bürgern" an den Verwesungsresten der Vergangenheit zehren und von der Höhe seiner staatlichen und städtischen Zustände herab über andere Verhältnisse urtheilen läßt. Dabei herrscht allerdings — wie könnte man es sonst auch gemüthlich nennen, — die größte Einstimmigkeit; denn die gleichen Seelen finden sich, besonders hier am Biertisch. Tag für Tag, Abend für Abend derselbe Sitz, dasselbe Gesicht gegenüber, derselbe Unterhaltungsstoff, dasselbe „einstimmige" Nicken. — Wagt es ein Uneingeweihter eine solche heilige Halle zu betreten, so fragen ihn sofort aller Augen mit Entrüstung: was willst du hier, Verwegener? — Das ist ein Stück braunschweiger Gemüthlichkeit! Es ist nicht unsere Absicht, diese Gemüthlichkeit ganz zu schildern, obwohl dieses ein interessantes Charakterbild böte, wir wollen diesem Stücke noch einen Zug aus ganz anderen Kreisen beifügen, und dann mögen die Leser den Maaßstab haben, um das folgende zu bemessen. Wir wissen nicht, ob jedem bekannt ist, der sich nicht besonders mit der Geographie der Gegenwart befaßt hat, daß Braunschweig auch ein selbstständiges Herzogthum ist, und dem zufolge auch noch einen eigenen Herzog hat; jedenfalls wollen wir es nicht verlangen, daß es Jeder weiß, da ja auch beide, Herzogthum und Herzog gegenwärtig ganz harmloser Natur sind und nur der alte aus Erz gegossene Löwe hinter der Domkirche den Geschichtskundigen noch an Heinrich den Löwen und die Welfen erinnern kann. Also Braunschweig hat einen Herzog, der jährlich etwa 20000 Thaler Gehalt erhält, die meiste Zeit des Jahres abwesend ist, seine Staatsgewalt einige Mal durch Unterschrift noch zeigt, sonst aber in seiner Anwesenheit ebenso bekannt ist wie in seiner Abwesenheit und nichts mehr scheint als Menschen. Braunschweigs Herzog hat aber während diesem Kriege doch für Verwundete und Verwaiste, etwa 5000 Thaler gegeben; ist allerdings hierin von einem hiesigen Kaufmann, der sogar Jude ist, überboten worden, das aber macht nichts, denn er hat auch der Balletttänzerin Gernreich ein Haus für 10.000 Thaler gekauft, und das thut so ein jüdischer Kaufmann nun allerdings nicht. Genug von ihm, er ist wieder abgereist, und hat bis Verbrauch des Winters Braunschweig wieder seiner Gemüthlichkeit überlassen. — Die eigentliche Regierung des kleinen Staates besteht in einer politisch ministeriellen Drei-Einigkeit. Mehr braucht man nicht zu sagen. Aber diese Einigkeit erstreckt sich nun, und das ist das Seitenstück zu der oben erwähnten Biertisch-Einigkeit, bis herunter zum Chef der Straßenbau- und Beleuchtungsmannschaft. Wahrhaftig, lieber Zeitungsleser, ein Muster von harmonischem Ineinandergreifen aller Einzelglieder; lauter Freunde, Verwandte und Empfohlene —

> Und alle im Streben vereint
> Erreichen das herrliche Ganze.

In die Fortsetzung dieser einstimmigen Gemüthlichkeit und gemüthlichen Einstimmigkeit ist nun Braunschweig wieder eingetreten, nachdem es als deutsche Stadt auch seinen gewissenhaften Beitrag zum kaum verhallenen Jubel-Katzenjammer geliefert hat, da es in seiner erwähnten lobenswerthen geistigen Lebensweise sowohl in Form der Landtagssitzung als der Biertisch-Einmüthigkeit gestört worden. Da also nun das Schifflein des ganzen braunschweiger Lebens wieder ruhig und gemüthlich weiter gleitet, und Jeder, der mit dieser Fahrt nicht einverstanden ist, über Bord in die Untiefen geworfen wird, und wir selbst vorläufig gezwungen sind, diese Fahrt mitzumachen, haben wir uns, um nicht hinausgeworfen zu werden, vorgenommen, einem auswärtigen Freund und Gesinnungsgenossen, nämlich dem „Deutschen Demokrat" mitunter über das eine oder andere Abenteuer auf dieser gemüthlichen Fahrt einen kleinen Bericht zu schreiben; allerdings nicht auf Correspondenzkarten, diese möchten doch auf höheren Befehl, weil für jeden Postbeamten lesbar, in ein unbekanntes Jenseits befördert werden; sondern in einem gut versiegeltem Umschlag. — Der Braunschweiger, klein, und groß, scheut Nichts mehr als die Oeffentlichkeit und gerade darum veröffentlichen wir. Vielleicht wird das Schifflein doch einmal ausgefegt und erhält einen andern Steuermann.

(Fortsetzung folgt.)

Patriotismus und Frömmigkeit.

Eine Betrachtung aus Schwaben.

(Fortsetzung.)

So ist denn auf die einfachste Weise aller Gottesdienst und alle Frömmigkeit im rechten Geleise, wenn sie sich zuspitzen oder zuspitzen lassen bis zu den Doctrinen des Orakels preußischer Traditionen, der sogenannten Kreuzzeitung — in welcher u. a. ein Herr v. Kracher predigte: „Es giebt einen Gott im Himmel, und dieser Gott will, daß es auf der Erde einen König von Preußen gebe, den Gesalbten des Herrn. Dadurch wird der Satz bestätigt: Wenn Gott für uns ist, wer wird gegen uns sein? Darum werden alle Handlungen unserer Regierung so wunderbar gesegnet. Er, der Herr Herr will, daß es auf Erden einen König von Gottes Gnaden gebe, und dieser König ist der König von Preußen"; oder bis zu den Predigten des Oberhofpredigers Krummacher, der den blinden Gehorsam und den Segen des Leibeigenwerdens preist, und über das Gottesgnadenthum sich an einem Bußtage also ausließ: „David hatte dem König Saul einen Zipfel vom Mantel abgeschnitten, später jedoch sich tief gedemüthigt, daß er auch nur dieses gewagt! Nach der Schrift haben auch wir in unseren Fürsten die Gesalbten des Herrn, die Stellvertreter Gottes auf Erden zu verehren, und die Krone, die sie tragen, als ihnen vom Oberherrn verliehen anzusehen. Was hat aber unser Volk gethan? Aehnliches wie dort David! Es hat, als der König sorglos und zutrauensvoll in seinem Schlosse ruhte, ohne dazu wie David verfolgt oder bedrängt worden zu sein, ja gegentheils mit Gnaden überhäuft, dem-

---

wie die Verwandten verlangten. O, er ist gut, und Du mußt ihn lieb haben, hörst Du, Du mußt."

„Kind, Kind," fuhr sie fort, als sie Ludoiska's Erschrecken bemerkte, „fürchte nichts, ich kenne das, er liebt Dich, ich sage Dir, ich verstehe mich darauf und wenn Du ihn wieder liebst, so ist Dein Glück gemacht. Ach, er ist so gut, wie sein Vater, und die alte Matuschka wird für Euch arbeiten und wieder ruhig werden."

„Matuschka, hören Sie auf," fiel Ludoiska ein, „sprechen Sie nicht solche Worte. Wollen Sie mich in's Unglück stürzen? Eher der Tod, als solch eine Verbindung!"

Die Alte sah sie mit großen Augen an.

„So?" fragte sie betroffen. „Steht es so? Ei, mein Täubchen, wenn Du nicht willst, wirst Du zuletzt wollen müssen. Ei, mein Schätzchen, willst wohl jetzt mir gegenüber die Tugendsame spielen und mich verachten? Ich sage Dir, Du mußt ihn lieben, Du mußt, ich will es, denn ich muß für ihn sorgen, er ist mein Sohn, und ...."

Plötzlich stand sie still und sah Ludoiska mit mißtrauischem Blicke an.

„Weißt Du vielleicht?" fuhr sie fort, hielt dann plötzlich inne und murmelte vor sich hin:

„Doch nein, nein, da hätte ich bald .... ich muß fort, mein Kopf brennt .... ja, ja, ich muß schlafen, das thut gut ... noch einen Trunk ...."

Sie stand auf und ging hinaus, ohne ein Wort weiter zu sagen.

Als die Thür in's Schloß fiel, athmete Ludoiska hoch auf. Es war ihr nun Alles klar, und sie konnte wenigstens der Gefahr fest in's Auge sehen. Wie sie noch so da saß und sinnend die Worte der Alten durchdachte, klirrten die Fensterscheiben, als ob man mit Sand dagegenwerfe. Sie horchte auf. Ein neues Klirren brachte ihr Gewißheit. Schnell stand sie auf und öffnete vorsichtig einen Flügel. Wie sie denselben noch in der Hand hielt, um ihn vor dem Anstürmen des Windes zu sichern, flog von der Linde her ein Steinchen zum Fenster hinein und rollte in die Stube. Ein Papier war umgewickelt. Mit hochklopfendem Herzen und zitternden Händen trat das Mädchen zur Lampe und las folgende Worte:

„Stanislas lebt, die Wunde heilt schon, komme morgen am Vormittage in die Grotte, welche sich im Park befindet. Ich bleibe die Nacht dort verborgen.
Thaddäus."

Ein leichter Schrei der Ueberraschung entrang sich der Brust der Gefangenen. Ihre Pulse klopften so heftig, daß sie eine Ohnmacht befürchtete. Im ersten Augenblicke wollte sie zum Fenster stürzen und Thaddäus zurufen, aber noch zur rechten Zeit brachte der Gedanke an die Gefahr, in der der wackere Freund schwebte, sie zur Besinnung zurück. Es galt jetzt klug sein und handeln. Sie verbarg das Papier und wollte eben das Fenster schließen, als die Stubenthür geräuschlos geöffnet wurde und die Alte mit katzenartigem, leisem Tritte hereinkam.

„Warum hast Du das Fenster geöffnet?" fragte sie argwöhnisch, „laß doch einmal sehen, was Du da machst?"

Sie trat herzu und guckte nach allen Seiten hin. Schon befürchtete Ludoiska, daß sie vielleicht ihren Beschützer in den Aesten der Linde entdecken könne, aber ihre Angst war unnöthig. Die Alte schien nur an eine Leiter gedacht zu haben.

„Warum hast Du denn das Fenster geöffnet?" fragte sie noch einmal, „zum Hinabspringen ist's zu hoch und die Wachen da unten," fuhr sie mit Betonung fort, „sind die ganze Nacht munter."

„Fürchten Sie nichts," beruhigte sie Ludoiska, indem sie alle Kraft aufbot, gleichgültig zu erscheinen, „die Hitze im Zimmer und Ihre Erzählung hatten mich so sehr aufgeregt."

„So, so, nun, ich glaube wohl," meinte die Alte, indem sie noch einen prüfenden Blick umherwarf, „es sollte Dir auch sehr schwer werden, zu entrinnen, mein Täubchen, wir wachen gut, verlaß Dich darauf."

(Fortsetzung folgt.)

selben auch einen Zipfel vom Herrschermantel losgerissen. Dieser Zipfel und Fetzen nun ist unsere Verfassung, wie er in unseren Kammern, dem Ober- und Unterhause, zur Schau aushängt."

Ebenso einfach ist aber alle Frömmigkeit im unrechten Geleise, ja gottlos und verrucht, wenn sie, was Allen gehört und die Menschen gleich macht, sucht, wenn sie Menschenrechte dem Rechte des Königs gegenüberstellen oder dieses durch den Volkswillen einengen will —: so daß derlei Prediger, Richter, Verwalter, wenn ihre Gesinnung bekannt wird, um ihre Aemter kommen, und selbst Wähler, die für demokratische Volksabgeordnete stimmen — ein im Grunde nur pleonastischer Ausdruck, da jeder Volksabgeordnete naturgemäß für Volksherrschaft stimmen muß — der Mißhandlung durch Gensd'armes, der Concessionsentziehung durch Landräthe, der Ausschließung von Nothstandsunterstützungen, wo solche irgend von oben her zu beeinflussen sind, ebenso unterliegen, wie — wo dies ausführbar ist — directen geistlichen Ermahnungen, Strafen und Mißhandlungen. Alle Frömmigkeit der Staatskirche muß sich ihre Duldung, ihre Existenz erkaufen dadurch, daß sie an den Willen und an die Persönlichkeit des Monarchen, als des sichtbaren Stellvertreters Gottes, zunächst sich hingiebt, und daß sie den Schaden, den die Schulen durch Verbreitung von Rechtsbegriffen und Kenntnissen stiften, dadurch sühnt, daß sie die Gewissen fesselt und die Gemüther zur Anbetung des Fürsten von Gottes Gnaden erzieht. Kein Absolutismus kann ohne die Grundlage einer solchen, mit Himmel und Hölle für den göttlich-irdischen Monarchen streitenden Kirche bestehen. Und ein Ausdruck solcher Frömmigkeit ist es dann, wenn officielle Berichte vom Allerhöchsten Kriegsherrn sprechen, dem die Fürbitte der Kirche an den Höchsten um Sieg dargeboten wurde, wenn Minister erklären, daß für den König, für seine Staatszwecke das Geld zu nehmen sei, wo man es finde, oder daß Gewalt vor Recht gehen müsse, oder wenn sie bekennen, nachdem ihre Gewaltthat gelungen, daß sie einen verbotenen strafbaren Weg gegangen seien „im Vertrauen auf den Herrn der Herrschaaren", weil Preußen sich nothwendig habe vergrößern müssen ...; wenn der Fürst selbst sein Recht „vom Tische des Herrn" nimmt mit 3—400,000 Mann, oder bekennt, schwer und lange mit Gott gerungen zu haben, ehe er die von Gott eingesetzten Fürsten, deren Gottesgnadenthum noch sein Vorgänger unantastbar erklärte, verjagte, und Millionen Menschen wie erworbene Sachen seiner Herrschaft annektirte. Es ist ein Ausdruck dieser Frömmigkeit, wenn der Eroberer, wie Napoleon, der Großtürke und Tschingisthan auch gethan, jeden blutigen Sieg als eine besondere Veranstaltung Gottes für ihn preist, und wenn Gemeinden und Volksvertretungen ihm um die Wette das Echo nachhallen von Gottes sichtbarem und wunderbarem Schutz für den Stärkeren, den Sieger!

Die Moral dieser Frömmigkeit ist allzeit eine tiefere Demüthigung, eine vollkommnere Anbetung vor dem, der als Inbegriff alles Rechts, aller Größe, aller Gewalt des Volks Selbst die göttlichen Aufgaben ersinnt oder sich ersinnen läßt, um sie, der Volkskraft gewiß, und mit den vortrefflichen Instrumenten, die er sich geschaffen, im Namen Gottes mit oder gegen den Willen des Volkes durchzuführen — bis einmal die wunderthätigen Instrumente selbst schwach werden und zerbrechen.

(Fortsetzung folgt.)

Auch ein eisernes Kreuz.

War da in der guten Stadt Dürkheim in der Pfalz ein gar grimmiger Demokratenfresser und Sängerbundspräsident, Stürzenacker geheißen. Die nationalliberale Reaction konnte auf ihn in jeder Lage bauen, immer war er bei der Hand, galt es die Demokraten zu steinigen, oder Franzosen abzuschlachten. Obgleich unser Mann das Pulver weder erfunden noch gerochen, waren seine Tugenden doch so groß, daß die Reaction nicht umhin konnte, sie würdig zu belohnen. Man dachte an einen Ehrensäbel, an Dotationen, auch an einen Loyalitätsfrack für eine bevorstehende diplomatische Mission des Gefeierten an den kaiserlichen Hof in Berlin. Endlich kam ein rettender Gedanke, der werth ist, dem Reichskanzler für das ganze heilige deutsche Reich zur Berücksichtigung überwiesen zu werden. Man beschloß, dem Demokratenfresser das eiserne Kreuz für seine Verdienste gegen die inneren Franzosen zu verleihen. Die Ausführung jeder großen Idee hat bekanntlich mit vielen Schwierigkeiten zu kämpfen, die Verleihung des eisernen Kreuzes hier mit der Pockenseuche. Nachdem es den Reactionären nach vieler Mühe gelungen, sich als pockenfrei auszuweisen, erhielten sie die obrigkeitliche Genehmigung zur Abhaltung des Ordensfestes. Zwo weißgewaschene Jungfrauen vollzogen den feierlichen Act der Ordensverleihung. Auf einem Sammetkissen überreichten sie dem Wackeren an blauweißem Bande das eiserne Kreuz. Ein donnerndes Hoch und Tusche der Musik vollendeten die erhebende Feier. Die Nationalliberalen aber waren schier närrisch vor Freude geworden — und wollen auch Vogel v. Falckenstein in Anbetracht seiner strammen Zucht gegen die inneren Franzosen ein Kreuzlein feierlichst überreichen lassen.

Wenn sich zwei Spitzbuben zanken, kommt der Bauer zu seiner Kuh.

(Eine Hundegeschichte.)

(Schluß.)

Aehnlich wie unserem Bauern ist es dem guten deutschen Michel mit seiner deutschen Einigung gegangen. Seine milchende Kuh, die unversiegbare Quelle seines Lebens, die Freiheit ist ihm gleichfalls abhanden gekommen, seine alten Wächter sind alt und müde geworden und keiner von ihnen hat mehr rechte Lust, der Reichsregierung zu Leibe zu gehen, die nationalen Kläffer aber, die er in den Reichstag gewählt, bewachen nur die Rechte des Oberstallmeisters und fletschen die Zähne, wenn Michel darauf dringt, daß ihm endlich sein Recht werde.

Doch, zu unserem Sprichwort. Da hat der Oberstallmeister, in unserem Falle der Reichskanzler Fürst Bismarck den Nationalen trotz aller Kriecherei und Schweifwedelei bei der Debatte über die Einverleibung von Elsaß und Lothringen mal gründlich die Peitsche fühlen lassen, weil sie es gewagt, in seiner Abwesenheit selbst Stallmeister zu spielen. — Die Natur verleugnet sich jedoch niemals auf die Dauer. Im ersten Augenblick sah es so aus, als wollten die Nationalen sich gegen den Reichskanzler auflehnen, doch hatte er sie gut abgerichtet und sie waren auch zu sehr Brod gewöhnt, um mit dem gestrengen Herrn entschieden zu brechen. Sie krochen deßhalb schnell zu Kreuz, erfüllten, was der Meister verlangte und ernteten von ihm ein allergnädigstes Fußstreicheln. Obgleich Michel Aehnliches schon häufig erlebt und auch überzeugt ist, noch Schlimmeres zu erleben, ist er doch zu dumm und schlafmützig, um bei dem Gezänk zu seiner Kuh, seiner Freiheit zu kommen. Würde er nur ein klein wenig politisches Bewußtsein und Thatkraft besitzen, müßte er leicht das Spiel, das man mit ihm getrieben, durchschauen und erkennen, daß ihm zur Wiedererlangung seiner Kuh niemals die nationalliberalen Kläffer, auch nicht die abgelebten Fortschrittler, sondern nur eiserne, ihm treu ergebene Demokraten verhelfen können.

Hauptmann v. Plötz.

Im deutschen Reichstage fand letzthin bei Berathung des Pensionsgesetzes für die deutsche Armee ein recht heiterer Zwischenfall statt. Es erklärte nämlich der Vertreter der Bundesregierung, Hauptmann v. Plötz, daß man den Soldaten in Betreff der Pensionirung mit den Offizieren nicht gleichstellen könne, da die letzteren im Kriege bekanntlich viel mehr Ehrgefühl walten ließen als die gemeinen Soldaten. Der Reichstag ist darob in große Verwunderung und Entrüstung gerathen, wir haben uns darüber nicht gewundert. Wie kann der Soldat auch im Kriege Ehrgefühl haben, nachdem er im Frieden durch die sorgfältigste Drillung darum gebracht worden ist. Als Prügelknabe der militärischen Aristokratie oder als Offiziersbursche kann er niemals zu Ehrgefühl gelangen, und im Kriege wird der Soldat einfach zur Schlachtbank getrieben, er darf sich nicht einmal die Frage vorlegen, ob der Krieg, zu dessen Theilnahme er gezwungen wird, auch ein ehrenhafter ist, ja er muß sogar begeistert scheinen, wenn der Krieg zum Länderraub, zur Eroberung geführt wird. Der Hauptmann von Plötz hat ganz recht und das fühlten unsere edlen Volksvertreter auch, sie brummten zwar ein wenig, beruhigten sich aber bald und — keinem von ihnen fiel es ein, das Uebel an der Wurzel zu fassen und Schritte gegen die Militär-Drillung und das Offiziersburschen-Unwesen zu thun. Das wäre ja aber wieder ein schwerer Verstoß gegen die stramme Zucht gewesen, welche unsere Armee bekanntlich unüberwindlich macht. Deutschland kann beruhigt schlafen; es wird weiter gedrillt!

Landwirthschaftliches.

† Augsburg, 12. Juni. (Wollmarkt.) Zufuhren lebhaft, übersteigen die vorjährigen, die Wäschen sind gleichfalls schöner als voriges Jahr, wenn auch manche trübe Wäschen sich darunter befinden. Handelswolle ist viel zugeführt. Tendenz steigend, wie auf allen norddeutschen Wollmärkten.

Versammlung des Vereins der Wollinteressenten Deutschlands. (Fortsetzung.)

3) Welche Vortheile oder Mängel bietet das deutsche Wollfabrikat gegenüber dem englischen und französischen? Hierüber referirt Herr Rosenthal: wie in Frankreich, England und Deutschland die Wollinteressen sich verschieden entwickelt hätten; Frankreich habe seit langer Zeit feine Waare, England vermöge seiner Maschinen billige geliefert; in Deutschland sei die Entwickelung langsamer vor sich gegangen. Frankreich habe immer das modernste, England das beste egale Fabrikat producirt. Wenn auch Deutschland in der Wollfabrikation bedeutend fortgeschritten sei, so habe es bis dato gegen Frankreich den Nachtheil gehabt, daß es von diesem erst das Moderne nachgemacht habe und damit zu spät auf den Markt gekommen sei. Gegen England habe es um deshalb nicht aufkommen können, weil jede der dortigen Fabriken nur eine einzige Sorte Tuch webe, deshalb darin eine ausgezeichnete Egalität erziele, daß der Käufer ohne Schaden nach Proben kaufen könne, was bei den Deutschen nicht der Fall sei, weshalb die deutschen Fabrikate auch zur Messe gebracht werden müßten. In Deutschland sei von den Fabricanten diese Egalität um deshalb nicht herzustellen, weil sie dieselben Maschinen und Stühle zu allen möglichen Fabricaten benutzen. Wenn in Deutschland diese Einrichtungen ebenso getroffen würden wie in England, so würden die deutschen Fabriken bei den geringeren Löhnen mit allen anderen concurriren können.

(Schluß folgt.)

Verantwortlicher Redacteur und Verleger Carl Luebeck.

Druck von Ph. Rohr in Kaiserslautern.

Marktbericht.

† Stuttgart, 12. Juni. Produktenbörse. Verkehr war minder lebhaft in Folge der günstigen Witterung. Ungarischer Weizen 7 fl. 24 kr., bayer. 7 fl. 36—51 kr., Kernen 6 fl. 42 bis 7 fl. 21 kr., Dinkel 4 fl. 54 kr. bis 5 fl., Haber 5 fl. 27 bis 36 kr. Mehlpreise per 200 Pfd. incl. Sack: Nr. 1 21 fl. 15—45 kr., Nr. 2 19 fl. 15—45 kr., Nr. 3 17 fl. 15—45 kr., Nr. 4 15 fl. 15—45 kr.

* Frankfurt, 12. Juni. (Fruchtbericht.) Unter den Käufern herrschte heute nur Lustlosigkeit, und kam es zu keinem weiteren Umsätzen, als zu denjenigen, welche der nöthigste Bedarf veranlaßte. Die Preise haben sich dabei ziemlich behauptet. Wetterauer Weizen galt 14 fl. 45—15 fl. 40 kr., fremder 13—14 fl. 45 kr., Roggen 11—11 fl. 15 kr., Gerste 9 fl. 30—10 fl. 40 kr. und Hafer 10 fl. 30—10 fl. 45 kr. Alles per 200 Pfd. nach Qualität. Rüböl ziemlich fest. Oelschläger der Umgegend fordern 21 fl. 30 kr.

* Köln, 14. Juni. (Schluß-Bericht.) Weizen effect. hiesiger 8[illegible], per Juni 7.21, per Nov. 7.21, Roggen effect. hies. 6.20, per Juni 5.20, per Nov. 5.20, Rüböl effectiv hiesiges 14, per Okt 14. Leinöl effec. hies. 11. Weizen matter, Roggen still, Rüböl fester. Wetter: Schön.

* Berlin, 13. Juni. (Schlußbericht.) Roggen pr. Juni-Juli 52, per Juli-August 52. Oel per Juni-Juli 26, per Sept.-Okt. 26. Spiritus pr. Juni-Juli 17 thlr. 7 sgr. per Juli-August 17 thl. 8 sgr.

* Königsberg, 10. Juni. Weizen für 85 Pfd. 100—108 Sgr. — Roggen für 80 Pfd. 54—62 Sgr. — Gerste, große und kleine für 70 Pfd. 45—51 Sgr. — Hafer für 50 Pfd. 26—31 Sgr. — Erbsen, weiße für 90 Pfd. 55—65 Sgr. graue, 55—70 Sgr., grüne 60—70 Sgr. — Bohnen für 90 Pfd. 65—74 Sgr. — Wicken für 90 Pfd. 50—55 Sgr. — Buchweizen für 70 Pfd. 44—46 Sgr. — Leinsaat für 70 Pfd. 80—95 Sgr. — Rübsen für 72 Pfd. 118—125 Sgr., — Kleesaat, rothe 12—19 Thlr., weiße 14—21 Thlr. der Centner. — Timotheum 5—9 Thlr. der Centner. — Leinöl mit Faß 12 Thlr., Rüböl mit Faß 13 Thlr. der Cent. Leinkuchen 60—66 Sgr., Rübkuchen 65—75 Sgr. der Centner. Spiritus 16 Thlr. für 8000 Tr. ohne Faß. Auf Lieferung Juni 16 Thlr.

* Mannheim, 14. Juni. (Viehmarkt.) Auf dem gestrigen Viehmarkte wurden 307 Stück Rinder und Kühe und 40 Ochsen verkauft. Die Preise stellten sich wie folgt: Schmal- oder Rindfleisch 1. Qual. 34—37 2. Qual. 33—35 fl.; Ochsenfleisch 1. Qual. 39—40 fl., 2. Qual. 37—38 fl. per Centner. Der Gesammtumsatz berechnet sich auf 54780 fl.

* Frankfurt, 12 Juni. Der heutige Viehmarkt war mit Ochsen gut, mit Kälber überfahren. Kühe und Hämmel wenig am Platz. In Folge starker Ankäufe auswärtiger Händler zogen die Preise für Ochsen und Kühe an, Kälber waren etwas billiger. Es waren angetrieben: 500 Ochsen, 150 Kühe und Rinder, 300 Kälber und 200 Hämmel. Die Preise stellten sich: Ochsen 1. Qual. fl. 38 p. Ctr., 2. Qual. fl. 34—37, Kühe 1. Qual. fl. 32, 2. Qual. fl. 30, Kälber 1. Qual. fl. 26 bis 27, Hämmel 1. Qual. fl. 27.

† Berlin, 12. Juni. (Neuer Berliner Viehmarkt.) Es standen zum Verkauf: 2499 Stück Hornvieh, 4799 Stück Schweine, 2109 Kälber und 13291 Hämmel.

Der heutige Markt war in Betreff des Localbedarfs recht lebhaft, der des [illegible] Einzuges und des großen Fremdenzuflusses halber augenblicklich außergewöhnlich stark ist.

Bei Hornvieh war gestern schon ganz hübsch gehandelt worden und wenn auch heute Vormittag nach Befriedigung des dringendsten Bedarfes das Geschäft ein wenig schleppender wurde, so hielten sich die Preise doch mindestens auf vorwöchentlicher Höhe, zweite und dritte Waare, die für Berlin hauptsächlich begehrt wird, sogar etwas gehobener; es wurde bezahlt: für erste Qualität 17—18, für zweite 14—15 und für dritte 9—11 Thlr. per 100 Pfd. Schlachtgewicht.

Auch bei Schweinen war das Geschäft angenehm belebt wegen sowohl der starke hiesige Bedarf, als auch einer der größeren Exporteure, der heute wieder recht bedeutend kaufte, beitrug; es wurde per 100 Pfd. Schlachtgewicht gerne 17—18 Thlr. bezahlt.

Von Hämmeln war sehr wenig erste Qualität am Platze, die sich für den Export eignet; die Preise stellten sich kaum 7 Thlr. per 45 Pfd.